高一涵

（1885—1968）

与宪法公言社同仁合影（后排左一为高一涵，前排右二为李大钊）

和大剑同志相处的时候

高一涵

我与李大剑同志初次見面的时間是1916年春天，那时我們都在日本东京留学。說起来有趣，原来我們并不相識，他从「新青年」上看到我的文章，便四处寻找，約我同他共同反袁。中国留日学生总会成立以后，我們就在該会的編輯委員会中共事，1916年回国后一直到1926年，我們在北京「晨鐘报」、「甲寅日刊」、北京大学共事，后来还在北京皮庫胡同及竹竿巷同住了一个时期。事情雖隔三、四十年，但他給我的为人正直、急公好义、生活朴素、不苟言笑的印象，仍像在眼前一样。

李大剑同志的生活，一直是朴素的。在日本时，常常穿着一件旧和服；在北京时，經常穿一件灰布棉袍，連皮大衣也沒穿过。个人生活上不亂花一文錢，但他对穷苦青年却慷慨資助。革命工作的費用，他总要想法弄到。他一生的工資牧入，大半是接济青年学生和花費在社会革命运动上边了。所以，他不但兩袖清風，無所积蓄，而且妻子还經常为了油鹽柴米發愁。蔡元培校長特地吩咐会計科，每月給大剑同志發薪时扣下一部分錢。蔡校長說：「要不然，他把錢全給了貧苦学生，李夫人就不好生活了。」

李大剑同志对待朋友，处处是推心置腹的。我記得湖南易白沙先生說：「李大剑同志眞正是北方的豪侠之士，他眞有「路見不平拔刀相助」的气魄！」我記得他在北京的学生运动中，有多少次都是亲身出馬的。有一次羣众到北京的北洋政府去請願，政府的大門外鉄柵欄里擺着机关槍，他見此情形大为憤怒，就一人当先向前面直冲，只因为羣众把他園住把他拉回来，才沒有遇險。

李大剑同志的思想总是站在时代的前边。他在日本时学的是經济，但他对于資本主义的經济学从来不感兴趣。那

在东京时的李大剑同志

李大剑同志不但挺身出馬，与胡适論战，并且在討論的文章中公开承認他自已是爱好苏联革命理論，相信布尔什維主义的。从这些地方就可以看出李大剑同志的意志是何等堅强，信心是何等堅定了！

李大剑同志对革命的信心是不可动搖的。他对于革命前途始終是乐观的。在革命进行的道路中，虽然遇到許多困难，但他从来就不向困难低头。我記得有一个时期，有些人对革命前途失去信心，意志有些消沉。他針对这些人的情緒發表了許多文章，如「青春」、「厭世心与自覚心」等。他想使我們的祖国再生，变成一个青春的中国，他这种信心鼓舞了許多革命同志，使他們在困难中

馬克思列宁主义的社会主义革命家。

李大剑同志不管在什么时候，都是堅决地实行自己的主張，从不作絲毫退縮。在一九一六年創办的晨鐘报，是那时众議院議長湯化龙的政治資本，湯化龙想拉攏北洋大小軍閥做自己的爪牙，李大剑同志則集中力量攻击这些軍閥的專横。因此，他在晨鐘报中为时不过兩个多月，为着主張不能貫徹，馬上就辞职而去，宁可自己失業，不願作半点迁就。我同他住皮庫胡同时，看他在失業时心安理得，天天讀書和研究問題，意志絕不向境遇低头。

李大剑同志在北大时，看到有許多青年学生家境貧困，想求学而不能求学，他就發起組織一个「工讀互助团」。讓学生在团內工作，「工讀互助团」团內給他們飯吃，不收飯費。入团后，不論是否为北大学生，都一律允許他們到北大課堂上去听課。这个办法使有志前进的学生皆得到求学的机会，不因貧穷而失学，因此，就培养出来許多艰苦奋斗的青年革命运动家。

那时北京大学的教授們，因为北洋政府欠薪，一年拿不到三四个月的薪水。李大剑同志安于穷困，毫不在意，有时中午一餐仅吃兩个饅头。但他如果袋中有錢，接济穷困学生絕不吝惜。因此，有人說他是急公好义、肝胆照人的侠客。我們看到他在每一次羣众运动中都亲身参与，一往直前。他的無产阶級的大公無私的本色，只尽义务，不圖享受的精神，眞令人十分感佩！

在李大剑同志所处的时代里，进行社会革命运动，的确是一件極其困难的事体。那时馬克思主义在中国人眼中还是洪水猛兽，旣沒有像今天有中国共产党的正确領导，而对于革命斗爭又沒有实际的經驗。何况那时又有封建的势

载在一九五七年四月二十七日工人日报三版上　李大剑烈士殉难三十年纪念日前一日、

1957 年 4 月 28 日为李大钊同志遇难 30 周年。高一涵在《工人日报》上发表纪念文章。

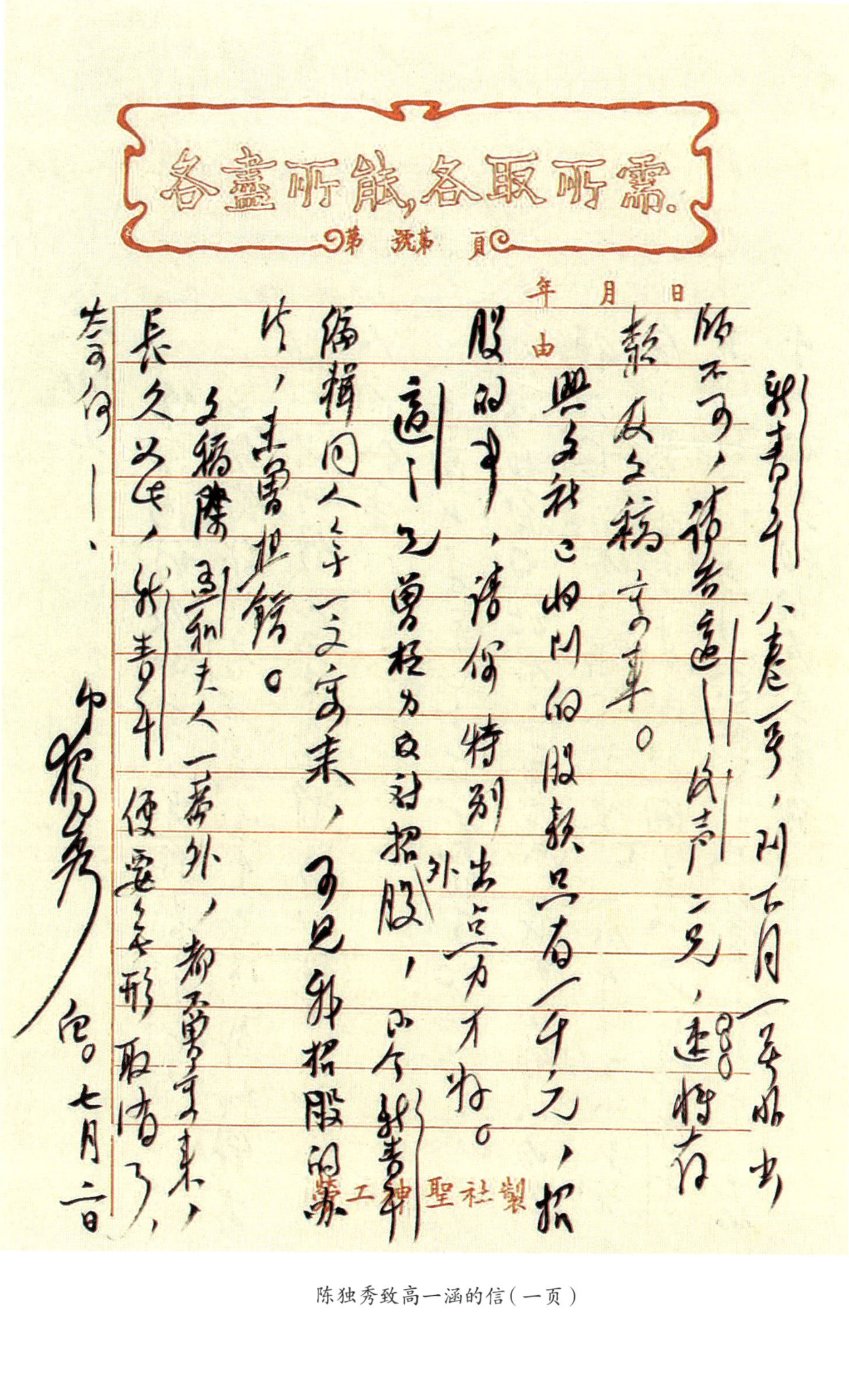
各盡所能，各取所需。
第　號第　頁
年　月　日
由

一涵兄：

新青年八卷一号，到下月一号非出版不可，请告适之、洛声二兄，速将存的款及文稿（文的更要）寄来。兴文社已收到的股款只有一千元，招股的事，请你特别出点力才好。适之曾极力反对招股，现今新青年编辑同人无一文寄来，可见非招股的办法，未曾想错。文稿除孟和夫人一篇外，都不曾寄来，长久如此，新青年便要无形取消了，奈何！

独秀白。七月二日

劳工神聖社製

陈独秀致高一涵的信（一页）

各尽所能，各取所需。

第　号第　页

年　月　日

一涵兄：

你两函均及此刻来信都收到了。《互助论》已经李石曾先生已译成，就快出版，所以便不必重複译了，你可以就近托人问他一声。

西南大学早已宣告死刑了。

你想做的《社会主义史》很好，我以为名称可用《社会主义学说史》，似乎才可以和《社会主义运动史》分别开来。听说李季君译了一本Kirkup《社会主义史》，似乎和你想做的有点重複。

劳工神圣社製

陈独秀致高一涵的信（二页）

《新青年》主编及主要撰稿人：（上排左起）陈独秀、高一涵、李大钊、鲁迅、钱玄同，（下排左起）刘半农、周作人、沈尹默、胡适、陶孟和

“五四”运动被捕师生获救后合影

1930年，高一涵（左一）、马君武（左二）、蔡元培（左三）、胡适（右二）等合影照

陈独秀与高一涵编辑的“五四”新文化旗帜刊物《青年杂志》(后改名为《新青年》)

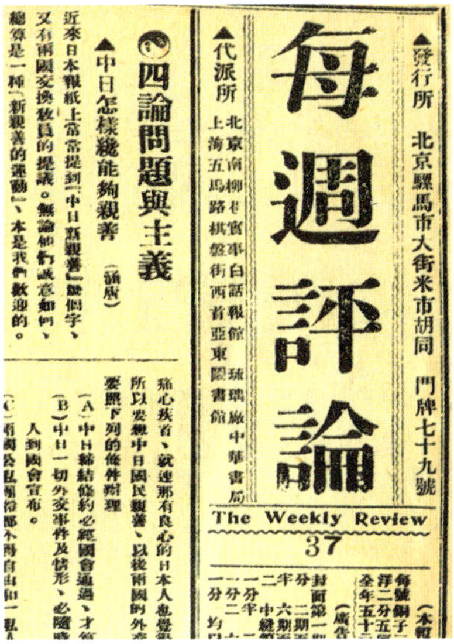
▲發行所 北京騾馬市大街米市胡同 門牌七十九號

每週評論

The Weekly Review

37

▲代派所 北京南柳巷實事白話報館 琉璃廠中華書局 上海五馬路棋盤街西首亞東圖書館

四論問題與主義

▲中日怎樣纔能夠親善 (涵廬)

近來日本報紙上常常提到「中日新親善」這個字、又有兩國交換教員的提議。無論他們誠意如何、總算是一種「新親善的運動」、本是我們歡迎的。

高一涵在《每周评论》上发表头版头条评论，揭露日本假亲善、真侵略的嘴脸(括号中的“涵庐”为高一涵笔名)

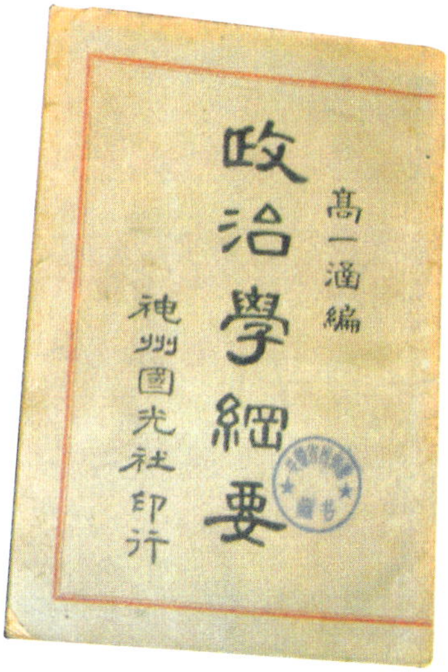

高一涵编《政治学纲要》

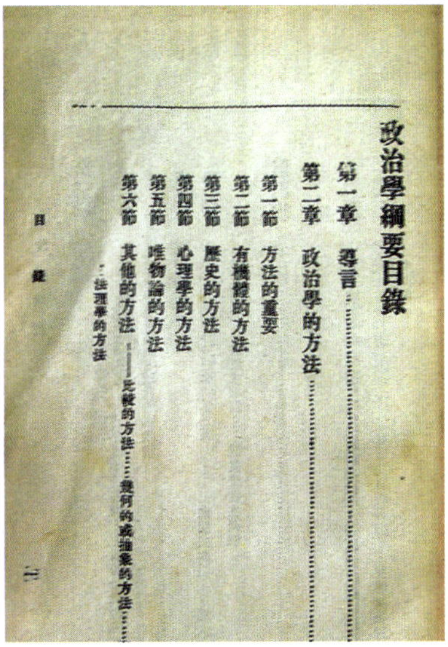
政治學綱要目錄

第一章 導言

第二章 政治學的方法

第一節 方法的重要

第二節 有機體的方法

第三節 歷史的方法

第四節 心理學的方法

第五節 唯物論的方法

第六節 其他的方法——比較的方法……幾何的或抽象的方法……法理學的方法

目錄

《政治学纲要》中作者立专节，介绍马克思唯物史观

1914 年，陈独秀、高一涵在日本为章士钊创办《甲寅》杂志，开始宣传科学与民主

《欧洲政治思想史》原版及两种新版本

高一涵专著《中国内阁制度的沿革》

高一涵专著《中国御史制度的沿革》

左边第一列上数第三人为高一涵

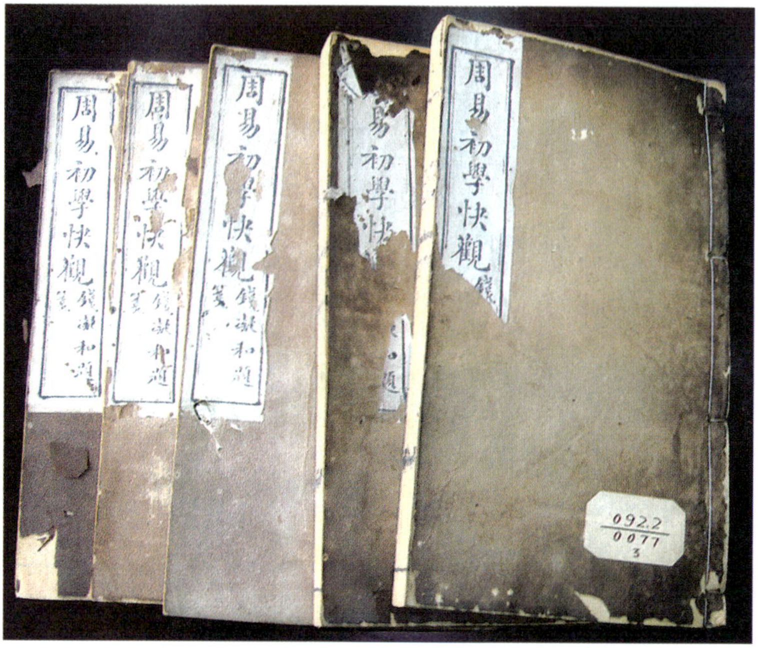

高一涵的私塾读本《周易初学快观》(为其高祖见思公所著)

高一涵(左)、许怡荪 1915 年摄于日本东京

高一涵与夫人陈廷祺在南京市莫干山路3号合影

高氏宗祠（现为小学）

2016 年 7 月，民盟六安市委召开《高一涵传》初稿评审会

“十三五”国家重点出版物出版规划项目

谨以此书献给五四新文化运动一百周年

高一涵传

陈良亭　编著

中国民主同盟六安市委员会
政协六安市文化文史和学习委员会　编

群言出版社
QUNYAN PRESS
·北京·

图书在版编目（CIP）数据

高一涵传 / 陈良亭编著；中国民主同盟六安市委员会，政协六安市文化文史和学习委员会编. -- 北京：群言出版社，2019.3

ISBN 978-7-80256-845-7

Ⅰ. ①高… Ⅱ. ①陈… ②中… ③政… Ⅲ. ①高一涵（1885-1968）—传记 Ⅳ. ①K827=7

中国版本图书馆 CIP 数据核字（2016）第 306262 号

责任编辑：李　群　刘占凤
封面设计：逸品书装

出版发行：群言出版社
地　　址：北京市东城区东厂胡同北巷 1 号（100006）
网　　址：www.qypublish.com（官网书城）
电子信箱：qunyancbs@126.com
联系电话：010-65267783　65263836
经　　销：全国新华书店

印　　刷：河北画中画印刷科技有限公司
版　　次：2019 年 3 月第 1 版　2019 年 3 月第 1 次印刷
开　　本：710mm × 1000mm　1/16
印　　张：28.5　插页 12
字　　数：392 千字
书　　号：ISBN 978-7-80256-845-7
定　　价：78.00 元

《高一涵传》编委会

名誉主任： 钱念生

主　　任： 司　敏

副 主 任： 胡　刚

成　　员：（以姓氏笔画为序）

马德俊　王首炳　邓典厚　司　敏

陈习中　陈良亭　张继保　周年官

胡　刚　徐运明　蒋二明

编　　审： 钱念生　吴元康　司　敏　王首炳

邓典厚　蒋二明　徐维武　孙　静

特聘顾问： 吴汉全　李新宇　张春丽　高大同

目　　录

在北大前后

新的历程

小传　自传　年表

附录一

附录二

前　言

司　敏*

很久以前，在我国新文化运动的发起者——陈独秀创办的《新青年》杂志上，我第一次知道了高一涵其人。《新青年》封面上有一排人名，对于其中的绝大多数我都有不同程度的了解，唯独对高一涵这个名字很陌生。由于当时不像现在查找资料这么容易，加之自己对这方面知识研究甚少，很快也就将这件事遗忘了。直到2014年，六安市金安区东河口镇原政协联络委员会主任陈良亭先生将其主编的《金安文史第三辑·高一涵文选》送至我办公室（因为高一涵是民盟前辈，而我是现任民盟六安市委主委），我偶然翻看《文选》内容时，被文中的思想性、时代感、先进性所震惊，再查其人，才知道高一涵原来是近代著名的启蒙思想家、政治学家、社会活动家和教育家。他与李大钊、邓中夏等人在北京大学秘密发起成立的马克思学说研究会，是最早在中国研究传播马克思主义学说的理论学术阵地。他高举科学与民主两面大旗，是《新青年》的重要主编之一。“五四”爱国运动爆发，高一涵积极参加游行、做演讲、写文章，营救陈独秀、李大钊和被捕学生，是我国新文化运动的重要推动者和领

---

* 司敏，政协安徽省六安市委员会副主席，民盟六安市委员会主委。

导者之一。他是第一个系统全面地论述现代国家的性质、个人与国家的关系、政府的权限及自由、民主、人权等问题的人，是我国现代国家理念的奠基人，他的法治、监察理念更是具有重要的历史意义和现实意义。他在被贪腐充斥的国民党政府为官18载却始终维护国家和民族利益，揭露时弊、抨击黑暗、弹劾贪官国贼，始终保持清正廉洁、两袖清风、一身正气，他出淤泥而不染，并利用自己的身份优势掩护和保护共产党高级干部。解放前夕，他拒绝国民党的高官厚禄，坚持留在大陆不去台湾，并为迎接解放军渡江、解放南京开展积极工作。他一生追求科学与真理，追求民主与法治，追求光明与正义的崇高政治品格，值得世人学习，更值得我们世代弘扬。尤其是高一涵是我们六安人，他与我国近现代著名的社会活动家、民主斗士、第五届全国人大常委会副委员长、第五届全国政协副主席朱蕴山同为我市金安区东河口镇人，他们是一个乡镇的同乡。作为家乡人，我们为他们感到骄傲和自豪。

由于历史原因，人们对高一涵先生的贡献了解不多，在六安，朱蕴山可以说是家喻户晓，而对高一涵人们却知之甚少。如今，在高一涵的故乡六安市金安区东河口镇，原政协联络委主任陈良亭先生怀着对一代先哲的无比崇敬，充分发挥晚年余热，下南京，访友人，找专家，查文献，通过多年努力，收集到高一涵生前大量的珍贵资料，在完成《高一涵文选》出版任务后，很快形成了约50万字的《高一涵传》文稿，2017年3月，陈良亭先生把《高一涵传》初稿呈现到我的案头。《高一涵传》再现了高一涵先生爱国的情怀、开放的视域、求真的精神、正直的态度、清廉的品格和文人的风范，记录了高一涵先生一生曲折而艰辛的道路，也从一个侧面记录了中国百年近代史，为安徽革命史乃至整个中国近代史增添了新的珍贵史料。看到我们六安从事高一涵研究的最新成果，我感到了此书的分量之重，为高一涵为中国民主革命所做出的巨大贡献而震撼，为本书作者的敬业精神和无私奉献精神所感动。

民盟六安市委本着“存史、资政、团结、育人”的方针，通过与作者商定，由民盟六安市委与政协六安市文化文史和学习委员会共同来完成《高一涵传》的编印出版，希望借此进一步宣传高一涵，吸引更多的专家学者深入研究高一涵；希望此书能成为宣传六安绿色发展，推介六安红色旅游资源的优秀读本；并希望将此书作为我们民盟六安市委员会献给中国民主同盟75周年的生日礼物，让它成为民盟组织团结育人、践行社会主义核心价值观的一部好教材。

2017年4月开始，民盟六安市委将此书初稿分别呈送有关专家审定，并于7月召开编审会，初步完成此书的审定，10月送群言出版社出版。由于年代远久及时代的特殊等原因，能收集的资料有限，加之高一涵先生学术研究的理论性很强，我等难以完全真正理解，书中不免有很多不足甚至错误，欢迎大家提出商榷。

在本书的编辑和出版过程中，安徽省社会科学院、中共六安市委党史研究室、群言出版社等机构和本书顾问吴汉全、李新宇、张春丽、高大同等学者给予了很大的支持和帮助，在此一并表示感谢！

2017年

序

吴汉全[*]

陈良亭先生来信，告诉我已经完成了《高一涵传》的初稿，并随信附上《高一涵传》的目录，希望我为该著写一个序。陈良亭撰写《高一涵传》，是一件十分有意义的事情，有助于推进高一涵研究走向深入，因而应该给予大力支持。

这些年来，安徽六安市政协、民盟六安市委和金安区政协为高一涵研究做了大量的、卓有成效的工作。安徽六安是高一涵的家乡，做好高一涵的研究工作是一项重要的任务。2013 年，金安区政协成立编委会，出版了陈良亭主编的《高一涵文选》，对推动高一涵研究起了十分重要的作用。在《高一涵文选》中，附录有陈良亭撰写的《民主共和国的先驱者：高一涵传略》，分“游学时代”“学成回国”“在大革命的洪流中”“抗日战争时期”“解放盛世”等几个部分，概述了高一涵一生的主要活动。这是学术界第一篇比较系统的“高一涵传略”文章。这次，陈良亭又撰写了《高一涵传》，就提供的目录来

---

[*] 吴汉全，法学博士，二级教授，国务院特殊津贴专家，中国李大钊研究会理事，国家社科基金重大招标项目《中国马克思主义学术史》首席专家，南京航空航天大学马克思主义学院博导，获教育部高等学校科学研究（人文社会科学）优秀成果奖一等奖（2015 年）、二等奖（2013 年）。

看，按照历史的进程叙述高一涵的思想和道路，展示了高一涵一生活动的轨迹，注意凸显高一涵活动的主要方面，并就高一涵在中国现代历史上的地位作出评价。2015 年秋，六安市政协、市民盟高度重视，决定将该书出版。可以预期的是，该传的出版也将有助于高一涵研究的深入，使人们进一步了解和认识具有历史内涵和学术意义的高一涵研究。就此来说，撰写出版《高一涵传》的意义也就不言而喻。

全国的学者对于高一涵研究也做了大量的工作。早在 1999 年，我的师妹张春丽教授在《中共党史研究》上发表《“五四”新文化运动中高一涵启蒙思想初探》，这是学术界第一篇研究高一涵的学术论文。随后，学术界开始重视对高一涵的研究，包括笔者在内的研究者发表了一些研究高一涵的文章，对推进高一涵研究的兴起起了很大的作用。由此，有些高校的硕士生，也将高一涵研究作为毕业论文的选题。

这就是说，高一涵逐渐进入研究者的视线，为研究者所关注。在此期间，笔者出版了《高一涵“五四”时期的政治思想研究》（吉林人民出版社 2012 年版），这是学术界第一部有关高一涵研究的学术专著。上海的高大同出版了《高一涵先生年谱》（上海文化出版社 2011 年版），这是学术界第一部有关高一涵的年谱。其后，高大同还编写了《高一涵监察工作文选》（凤凰出版社 2015 年版），北京的郭双林等编了《中国近代思想家文库 · 高一涵卷》（中国人民大学出版社 2015 年版）。在这个过程中，北京师范大学马克思主义学院博士生导师朱志敏，对于高一涵研究有着特别的贡献，是高一涵研究最主要的倡导者、指导者和推动者。前述张春丽发表学术界第一篇研究高一涵的论文，就是在朱志敏教授指导下完成的。朱志敏教授擅长于“五四”时期的历史研究和中国共产党历史的研究，同时也发表过关于高一涵研究的论文。笔者开展高一涵研究工作，一开始也是在北师大攻读博士学位期间，在朱志敏教授具体指导下进行的。笔者所著《高一涵“五四”时期的政治思想研究》一书出版后，朱志敏教授于2013年在《中共党史研究》上发表书评《高一涵思想研究的拓荒之作》，不仅介绍拙著的研究思路和学术价值，向学术界推介拙著，而且进一步阐明高一涵研究的学术意义，认为“高一涵成为重叙‘五四’思想史时不可缺失的环节”。

高一涵研究走过了一条不寻常的道路，有可以总结的经验教训。我于2007年在《安徽史学》上发表《高一涵研究的现状及今后的努力方向》中，认为高一涵研究在今后一个时期，有六个具体领域需要着力研究：(1)高一涵政治思想的研究；(2)高一涵生平和活动的研究；(3)高一涵在“五四”时期历史地位的研究；(4)高一涵政治学思想的研究；(5)高一涵与同时代历史人物关系的研究；(6)高一涵与“五四”时期期刊的研究。并指出，高一涵研究应该有一个整体的研究思路：一是学术研究资料的积累和搜集，主要是编辑出版《高一涵文集》《高一涵生平史料编年》；二是研究观念的提升，主要是补充“五四”历史方面的知识，调整知识结构并在传统学术和西方政治学方面下工夫，增加对现实世界的感知特别是提高洞察历史人物的能力；三是研究视野的扩大，主要是要确立社会史研究的视野、现代化研究的视野、文化研究的视野、学术研究的视野；四是研究方法的更新，主要是要适当借鉴社会学的研究方法，增加比较方法的运用；五是研究队伍的建设，期待新的研究者加入到高一涵研究的行列，呼吁有关部门在课题立项等方面向高一涵研究倾斜，高校在博士论文、硕士论文的选题时多注意高一涵研究方面。10年过去了，有些方面只是初步做到了，如出版了《高一涵文选》《高一涵年谱》及《高一涵政治思想研究》的专著等，但多数的目标并没有达到。看来，高一涵研究要想取得比较大的进步，困难还很多，可以说是任重道远。

高一涵研究如何继续向前推进？在笔者看来，必须实事求是，根据可能的条件，坚持不懈地、一步一步地努力。在目前，基本文献的搜集与整理、生平活动的描述、传记的撰写，仍然是最为基本的工作。尽管这些工作已有一定的基础，但也不是说就完全到位了，不再需要做了。事实上，要做的事还很多。譬如，目前已有《高一涵文选》《高一涵监察工作文选》《高一涵卷》等，但还没有《高一涵文集》或《高一涵全集》，相当多的文献未能搜集起来，这对高一涵研究是非常不利的。又譬如，目前已有《高一涵先生年谱》，但还没有《高一涵生平史料编年》，因而对于既存史料的状况还不是十分清楚。至于高一涵传的撰写，陈良亭的《高一涵传》业已脱稿，我与高大同合著的《高一涵评传》也已经完成，即将出版。但是，对于高一涵研究而言，单有一两部传记或评传，显然不够。“五四”时期的重要历史人物，如陈独秀、李大钊、胡适、蔡元培、鲁迅等，每个历史人物都有好多个传记或评传，一两部高一涵传或评传仍然不多。因此，仅就基础工作而言，高一涵研究要做的工作还很多，十年八年在这方面能有较大的起色，就很不容易了。故而，高一涵研究就整体来说，还是处于初级阶段，还没有形成气候，更未出现热潮。

上面说的，还是高一涵研究的基础性工作。专题性的研究专著，可能是高一涵研究今后得以突破的关键。听说六安市有关方面正在筹划成立高一涵研究会，这个问题很重要，故借此多说几句。笔者所著《高一涵“五四”时期的政治思想研究》，花费了10年时间，可见写成一部专题性的高一涵研究专著并不容易。那么，撰写专题性的高一涵研究专著，困难在哪里呢？

首先，研究者必须亲自掌握第一手材料。依靠他人弄出的文集或文选，可以节省大量的时间，有助于研究工作的推进，但撰写学术专著仍然要靠自己勤加搜集。不是自己得来的材料，不觉得珍贵，理解也不深，领会也不透，运用起来当然也不自如。这不是否定既有的资料搜集工作，不是说《高一涵文选》等资料搜集工作没有作用，而是说作为严谨的研究者，要深入地研究并取得重大的发现，必须亲自搜集材料。回想自己撰写《高一涵"五四"时期的政治思想研究》这部著作，单是搜集材料就在图书馆抄录了一年，结果抄录了高一涵的文章就有100多万字。正是有这个基础，撰写出的专著才能有一定的质量，出版后才会为学术界所看重。

其次，研究者必须具有多学科的知识，并有相当的研究能力。史学研究是以基本材料为基础，但研究者具备了相关的研究资料，是否就能写出高一涵研究的专著呢？答案是否定的。研究者具有相关学科的知识，并具备相当的研究能力，则是关键的一环。譬如，高一涵是"五四"时期著名的政治思想家，研究者如果没有中国现代政治思想史的知识，没有很好地掌握近代以来中国政治思想发展的脉络，则无论如何写不出高一涵在政治思想方面的突出贡献。而就高一涵政治思想的实际来看，不仅涉及中国传统政治思想的状况，而且也涉及西方思想演变的历程及众多的思想家、哲学家。就此而言，研究者如果不通晓中国思想通史、西方思想通史，则写出来的东西很难说有多大的深度。政治思想有着思想文化上的渊源，同时也是现实政治演变的反映。具体而言，高一涵的政治思想既有中外思想文化上的渊源，同时也有近现代中国社会中政治演变的有力作用。在此，就需要研究者能够通晓近现代中国政治的历史，否则也就难以刻画出高一涵政治思想与近现代中国政治演变的关系。正是因为这个缘故，笔者在人民出版社出版了3卷本、120万字的《中国现代政治史》，目的在于为相关的研究工作提供基础。以上，还只是就高一涵作为政治思想家来立论，事实上，高一涵不仅是著名的政治思想家，而且也是著名的政治学家、"五四"时期著名的报人、现代中国的政治活动家，其诗作亦有很高的造诣。因此，真正地凸显高一涵的形象，如实地、历史地走进真实的高一涵，研究者需要的学科知识基础及研究能力是多方面的。

最后，研究者需要较好的理论抽象能力，能够将研究工作提升到新的高度。任何人文社会科学的研究工作，都需要有正确的理论指导，在中国就是要在马克思主义指导之下。这没有疑义。问题是，研究工作如何将指导理论与研究工作结合起来，通过怎样的结合方式、经过怎样的环节、形成怎样的研究路径，这都是需要讲究的。只有在科学理论指导下，充分地发挥抽象思维的作用，才能将研究结果加以提炼，从而上升到新的层次。具体到高一涵研究而言，研究者一方面需要有广阔的学术视域，站在人类文化演进的高度和民族发展的高度，来评论高一涵的思想和道路，另一方面则需要能够小中见大，细微之中把握精要，突出重点。这里，就要发挥理论思维的作用，就需要将研究结论加以抽象。以笔者研究高一涵的体会，高一涵留给我们的东西很多：(1)爱国的情怀。高一涵的一生是爱国的一生、奋斗的一生，为民族复兴、国家富强，矢志追求，从不懈怠，其血液中流淌着民族的精神，有着火热的中国心和振兴中华的梦想；(2)开放的视域。高一涵不仅早年求学东瀛，追寻世界潮流，接受先进文化的洗礼，而且中年以后运用现代知识学基础研究政治学，研究马克思主义，有着世界性的眼光；(3)批评的精神。高一涵身体力行地追求社会的正义，弘扬正气，揭露社会中的不合理现象，对贪官恶吏深恶痛绝，勇于为下层社会民众立言，尽管有过短暂的从政经历，但一生中始终保持知识分子的身份和良知，为社会进步、民族兴盛而建言献策；(4)求真的态度。高一涵一生追求真理，勇于探索，发现新知，他研习唯物史观，阐发社会主义理想，尽管道路曲折，但矢志不渝，在做人和治学方面的表现尤为突出；(5)文人的雅致。高一涵是著名学者，政治学研究的开创者，有着科学的思维方式，同时也有文化人的一面，表现出对人类历史行程的人文关怀和对生命意义的追问，故而早年的办报经历及文学革命中的言论，中年的诗词创作及晚年的书法，处处洋溢着文化人的气息。以上这几点，只是笔者根据自己的研究所作的提炼，这种提炼并不自然地存在于具体的研究结论中，而是需要对研究结果加以理论的抽象才能得到。

专题性的高一涵研究专著，需要有高一涵传记的撰写为基础。近20年的高一涵研究，由于前期性基础工作严重不足，实际上是走上一条独特的研究道路。今天的研究工作虽然已经开展起来，但补课的任务还是需要的。撰写高一涵的传记或评传，就是这个补课工作中的一个重要方面。按照常理和一般的研究程序，研究一位历史人物，首先要进行文献的搜集，编辑文集和生平史料编年，然后开展相关的初步研究；在有了初步的研究之后，撰写历史人物的传记或评传，从而奠定研究的基础。接着，就是重点开展相关的专题研究，撰写相关的研究性专著，推动研究工作向纵深的方向发展。而在研究工作取得成效后，又可以反过来进一步撰写高水平的传记或评传。以此来看，目前的高一涵研究虽然有关于其政治思想的专题性研究专著出版，但因为前期性的研究不足，学术界的整体研究水平不高，故而有关高一涵的传记或评传一直没有能写出来。现在，大体上具备了撰写传记的条件，因而应该把传记尽快地写出来。在这种意义上说，陈良亭撰写《高一涵传》是十分必要而又非常有意义的工作，为高一涵研究补了重要的一课。

高一涵研究的意义与价值，在中国学术界业已形成共识。因而，现在已经不是讨论高一涵需要不需要研究的问题，而是进到如何开展高一涵研究、如何将研究工作深化下去。我希望本书的作者和其他研究者继续努力，在高一涵研究方面结出硕果。

2016年2月15日于南京

高一涵研究是我们共同的事业(祝词)

张春丽*

今年2月中旬,笔者接到了安徽六安高一涵家乡政协陈良亭先生的电话,得知陈先生完成了《高一涵传》初稿的写作。这是一件值得祝贺的喜事,也是大事。自笔者1999年发表《"五四"新文化运动中高一涵启蒙思想初探》)一文以来,高一涵研究逐渐走入学界的视野,十几年来出现了一些研究成果,但是还没有一本高一涵传记出版,陈先生《高一涵传》的完成,是一件值得祝贺的喜事。说是大事,是因为《高一涵传》是迄今为止高一涵先生的第一部传记,很有意义。从陈良亭先生提供的《高一涵传》初稿可以看出,此传记按照历史时期的演进展示了高一涵的一生,并突出了高一涵一生的主要和重要活动,对高一涵在中国现代史上的地位作出了评价。这部传记的完成,必将使得高一涵研究进入一个新的阶段。六安市政协、民盟六安市委邀请我担任本书顾问之一,实话说,顾问确实不敢当。

---

* 张春丽,女,法学博士、历史学学士,中国青年政治学院马克思主义学院副教授、教研室主任。著有《中国现代化意识历史考察与现实思考》《李大钊与高一涵》《高一涵与"五四"爱国运动》《"五四"新文化运动时期高一涵启蒙思想初探》等十多篇论文,在国家和省级权威刊物发表,其中《初探》一文开高一涵研究之先河。

不过高一涵研究是笔者重点关注的学术领域之一，与从事高一涵研究的诸位同仁多多交流确是本人十分愿意的，高一涵研究是我们共同的事业。

高一涵，安徽六安人。民国初年，高一涵到日本明治大学政治科学习，系统接受了西方政治学的专业教育。在日期间，高一涵发表了多篇政论文章，突出强调西方现代国家的社会契约理念和发扬民权、限制公权的现代治国理念，表现出西方民主政治的理论素养。与其倡导民主、民权的思想相一致，高一涵早期政治理念的另一个突出特点是强调“有容”，呼吁通过协商、调和的手段，共同推动社会进步。回国后，高一涵通过《新青年》《努力周报》《现代评论》《甲寅》日刊等刊物发表了大量的文章，一方面抨击时弊，另一方面对民主、人权等现代国家理念进行详尽的阐释，是中国近代政治学科的奠基人之一。同时，高一涵始终关注民众政治素质的提高，注重从共和民主、人权自由、面向未来等角度来引导青年人，以期为民主政治培育新的国民。研究“五四”，绕不过高一涵这一历史人物。

1999 年我在北京师范大学攻读硕士学位，师从著名学者朱志敏教授。朱志敏老师是博学且温和谦逊的学者，在和朱老师请教硕士论文选题时，他委婉地问我：你在翻看“五四”时期的期刊时，是否注意到高一涵这个人物？我说，注意到了，我看到高一涵写了许多文章，但是我没有看到研究他的文章。朱老师告诉我：高一涵是很值得关注的，长期以来由于种种原因，人们忽略了对高一涵的研究，这是不应该的。随后，在朱老师的指导下，我开始查阅有关高一涵的资料，并完成了《“五四”新文化运动中高一涵启蒙思想初探》一文，此文入选了 1999 年 5 月在北京大学召开的纪念“五四”运动八十周年国际学术研讨会，受到了专家学者的关注和好评。我知道，专家学者的关注和好评是针对这个选题的，换句话说，是对高一涵这个历史人物走入学界视野的接纳和肯定。朱志敏教授在倡导高一涵研究方面具有特殊的贡献，是朱老师以敏锐深邃的学术眼光把高一涵这个被遗忘的历史人物重新挖掘出来，并一直指导和推动着高一涵研究的开展。在开展高一涵研究时，不应该忘了朱志敏教授的贡献。

近年来，学界在高一涵研究方面取得了一些成绩。吴汉全教授是高一涵研究的佼佼者，发表了一系列高一涵研究的论文，特别是《高一涵研究的现状及今后的努力方向》一文，指出了高一涵研究的具体领域和整体研究思路，为高一涵研究指出了努力的方向。吴汉全教授2012年出版的《高一涵“五四”时期的政治思想研究》一书是学界第一部高一涵研究的学术专著，得到了朱志敏教授的肯定。高大同先生的《高一涵先生年谱》是第一部高一涵的年谱，按年份翔实地介绍了高一涵一生的著述、社会活动和生活经历，并概述了高一涵主要作品的内容，是研究高一涵的重要资料。还有其他一些学者也发表了高一涵研究的有份量的文章，一些高校相关专业研究生的毕业论文中也出现了高一涵研究的选题，这些都是值得欣喜的成果。

这些年来，高一涵的家乡安徽六安市政协、市民盟和金安区政协为高一涵研究做了很多工作，特别是金安区政协陈良亭先生主编的《高一涵文选》2013年正式出版，为高一涵研究者提供了极大的便利。在去年赴美访学期间，《高一涵文选》就是我随身携带的书籍之一。在《高一涵文选》中，陈良亭先生不仅收录了高一涵各个时期的重要文章，并且还附有高一涵传略，概述了高一涵一生的主要活动。

现在，又欣喜地得知陈良亭先生的《高一涵传》即将出版，并看到了该传记的初稿。陈良亭先生的辛苦工作值得称道，《高一涵传》值得期待。随着高一涵研究的不断深入，也一定会有更多的研究成果涌现出来，让我们共同努力。

得知陈良亭先生将把拙文《“五四”新文化运动中高一涵启蒙思想初探》引用在本书中，不胜惶恐。其实，当年那篇东西还是很肤浅的，有些分析也还不够妥当，需要进一步研究。

2016年7月18日于北京

游学时代

第一章　一门三秀才　初涉新式教育

安徽六安的大别山地区，是一片金色的土地，一片古色的土地，一片红色的土地，一片绿色的土地。在这片神奇的土地上，自古以来也不知走出多少名人志士，造就了多少英雄贤达。

1885 年，又一位文星娃娃诞生了，他就是本传的主人公，中国近代启蒙思想家，我国著名的政治学家、法学家和社会活动家高一涵。

第一节　故乡名胜

高一涵的祖籍，为安徽大别山区的古六安州。清人《咏六安州》诗曰：

屏障东南水陆通，
六安不与别州同。
山环英霍千重秀，
地控江淮四面雄。
……

六安，一片古老而美丽的热土。远在旧石器时代，这里便有人类活动。新石器时期，人类活动遗迹、遗址，赛如繁星。在中华民族的文明史中，六安是南北文化交汇融合的枢纽地区之一。

高一涵的故乡，在今六安市金安区东河口镇，原属六安南乡。镇内的大华山区为省级风景名胜区，国家级地质公园。园区内有云峰寺圣境、金狮寨古迹、二天门奇观、嵩寮岩胜景四大主景区。古庙、圣水、奇树、怪石各具特色，相映生辉。春天，山花烂漫，处处锦绣；夏天，云天缥缈，蓊郁清凉；秋天，层林尽染，晕赭流丹；冬天，玉树琼枝，瑶峰素裹。

1995 年，合肥工业大学专家课题组考察发现：大华山区方圆百里的地层下，有一个巨大的地下优质矿泉水湖，呈东北向分布。大约从侏罗纪起，矿泉水从地壳下喷涌而出，形成千条溪流，终年流淌不断，滋润着山乡万物和生灵。经科学测试，矿泉水中含有偏硅酸、锶、锂等十多种微量元素，对人体健康和智慧的发育十分有益。

考察还证实，与矿泉水带相吻合的大华山区，还存在一条地壳磁场负异常带。“磁场负异常与人类文明、文化、长寿和智慧之间，存在一定相关性规律。”于是《人杰与地灵确相关》的报导在全国许多报刊上发表。前来探胜求宝的外国友人、国内有识之士接踵而来。此后，这里度假区此起彼立，日产数万吨的矿泉水产业集团不久也在这里落户。

正是这些独特的自然地理条件，造就了此地独特而深厚的人文历史。上古时期，这里曾是上古四圣之一的皋陶的封地，“三星拱月”等上古遗址至今还在向游人叙说着当年文明初开的故事。商王武丁时，皖西一批

高一涵出生地——金狮寨远眺

"高级知识分子"——巫师(祭师)走进朝廷,参与创造了中国最早的文字"甲骨文"。秦、汉、隋、唐至宋元各代,这里文化繁荣,文明昌盛。在汉代,此地农民祈神农求丰收的祭祀民歌《挣颈红》成了汉高祖刘邦《大风歌》的"样板"。明代嘉靖年间,此地兽医喻本元、喻本亨兄弟二人所编的《元亨疗马集》,曾编入乾隆时期皇家的《四库全书》,新中国成立后被俄罗斯、日本等十多个国家翻译出版。晚清以来,此地出了进士高永孝、熊一本和兵部尚书涂宗瀛。民国时期,这里出了辛亥革命老战士朱蕴山(新中国成立后曾任民革中央主席、全国人大常委会副委员长)、胡浩川(新中国第一代茶叶大师)、王肖山(新中国成立后任教育部参事)和本书主人公高一涵。

第二节　书香门第

一、家世人伦

金狮古寨,海拔 298 米,系本地第一高峰。因古寨的西北方有一巨大天然块石,活像金狮而得名。

寨顶有 100 余亩的平顶古战场。四周用块石垒成的古城墙两丈余高,古城墙下有三道古壕沟绵延环绕分布寨腰,东西有两个古闸门。西闸门是在天然花岗岩上开凿而成的,"一夫当关,万夫莫开"。4 门古炮分架在东西二门。寨顶上,古点将台,古军营地,古瞭望台,古饮马塘,今仍历历在目。

金狮寨西南山坡,怪石嶙峋,古树参天,翠竹修林,黄精、玉竹、丹参、石斛等珍贵药材丛生于间。山凹有一巨大核桃古园,约一百余亩。10 多年前,笔者曾多次前往考查,见表露在岩石间的核桃古根大如团簸小如缸,如盘龙、如金狮、如寿星、如天鹅,各显奇态。园中有数个自然喷泉,如盅粗的矿泉水终年从地下喷涌不断,尤在旱天,更是涌流活跃。

在金狮寨西南的山脚下,有一个张家湾。湾内有个高家大书房。书房前后三进,灰砖青瓦马头墙。前进明三暗九,为书房。后两进为居住生活区。光绪五年(1879),以耕读为家的高显犀率全家从东两河口保,迁到南官亭保的张家湾大书房庄。从此,读书声、纺织声交织回响于山湾丛林。高家大书房一时誉满六安南乡。

高一涵破蒙的张家湾书院一角

高一涵的高祖熙爽(1758—1817),字见思,号燕左,庠名贤,人称乡贤公,清郡庠生,"少能励志,长益多闻。为学者以圣贤大义微言为根本,荟萃先儒性理之书为一意。著作有《四书解读》《春秋节释》《河洛理解》,道统一贯,述及马史韵编,续《龙文鞭影》诸书"。所著《易经初学快观》一书五卷,原版收藏于安徽省图书馆古籍部。乡贤公平生"品行高洁,持仁规而扬善行,主公理而不偏私。衣冠礼邻,虽盛暑而不去长衫"。乡贤公逝世后的光绪三十年,礼部将乡贤公的事迹报告朝廷,"请将乡贤公入祀乡贤祠"[①]。当年,乡贤公的牌位崇祀六安州乡贤祠。旧址为今六安城区云路街大成殿,现为六安市文物局住址。

曾祖父鸿杞,生于乾隆庚戌年(1790),卒于道光甲午年(1834)。

祖父灿炉,字纯青,早年应童子试,名列前茅。青年入州学,享受皇家

① 本段文字援引自《高氏宗谱》。

膏伙(学习生活补贴)。咸丰三年(1853)太平军陈玉成部从六南进攻舒城,清朝廷即令凡享受皇家俸禄的人等,组织团练,投入"抗击"。灿炉受儒家学说影响,加入团练,与部员在大华山区与太平军游斗数月,不幸遇害。名入本乡(州)忠义祠。

父亲显犀(1842—1892),清从九品衔,字联臣,号殿南。在先父去世后,不得已改儒从商。在南官亭街上开了一个小油坊,兼营杂货。留长子永著在老住庄大书房,带二子永昭、三子永澈等读儒塾。高家有祖田二百余亩,故在新中国成立后的土地改革中,被划为工商业兼地主成分。显犀的夫人胡孺人(1845—1918),幼时在战乱丛林中度过。嫁入高家后,起五更睡半夜,纺织持家,陪孩子们专心攻读。每有乡人过门者,均闻房内的纺织声、读书声,说:"此家安得而不兴哉?"

二、"一门三秀才"

胡夫人一生共生四子二女。

长子永著,清郡庠生(州学学员的尊称),庠名梦溪,字熔经,号册章。背负传承高祖家风的重任,九岁读私塾,州试中秀才。四应江南乡试(即省级考试),以副贡生(副举人)而终其科。父亲去世后,靠教私塾、收田租,敬母哺兄,使高家书香门第得以传承。

次子永昭,清郡庠生,庠名梦龄,字涣文,号德章。幼时从兄长读私塾。后应童子试(即州试)八九次,始得补博士弟子员(秀才)。

永昭之下,胡夫人连生二女。幼年随父兄读私塾,成年后,一嫁徐家,二从胡姓。旧时,重男轻女,不给女孩起名字。但高门毕竟是礼学世家,老联臣还是给二女分别起了名字,可惜没有在家谱中留下。

三子永澈,谱名梦松,字澄清,号槛章,一生科榜无名,便花钱捐(买)了一个九品廪生学位,位高秀才一级,但不被乡人承认。

光绪乙酉年二月十九日(1885 年 4 月 4 日)卯时,胡夫人在张家湾高家大书房诞下第四子,取名永灏(亦作浩),字效梁,号一涵,庠名梦弼,笔名涵庐。民国以后,即以号为名。在父母、兄长、姐姐的关爱下,一涵度过童年时光。6岁起跟随长兄永著读私塾。“13岁即能诗善文”,17岁时高家人口浩繁,长兄永著分迁至金狮寨东北方的小田埠庄。一涵随二兄德章分迁到南官亭茶叶冲另起新宅,即今高德章小庄。故今天一般史料都称高一涵的故居在茶叶冲,属今东河口镇中旺院村。高一涵迁至新庄后,辞长兄而随二兄游。1904年,19岁的高一涵与同乡学友朱蕴山一起,同中清代末科案首,成了“秀才”。据家乡老人传言:当秀才红榜传到茶叶冲的这一天,高家张灯结彩,杀猪宰羊,同乡学友纷纷前来道喜庆贺,胡老夫人特将她的老纺纱车蒙上大红布,以示除旧布新之意。至此,高家四兄弟全都获得秀才学位。但因老三九品廪生是花钱买的,不被乡人承认,故“高家一门三秀才,三不秀才(意思是说老三不是秀才)”,一直传言至今。

对于旧科举制度的时弊,高一涵在《先兄熔经传》中分析点评得入木三分:

> 同治三年,曾国荃克复南京,太平天国亡。先是被乱,诸省科考久停。清廷至是仍恢复羁縻汉人政策,举行科考。大乱初定,向之籍武功进身者,至是不得不籍科考以图仕进。而考试全凭八股文,故读书人荣身之道惟有诵文章做举业而已。先兄适生是时,故毕生心力俱消磨于八股文之一途。
>
> 先兄九岁从塾师识字,年十二开始从先伯东旭公习诸经至光绪元年。先兄年十四即学作八股文。先父因家贫世乱不能治学,于先兄八岁时即弃儒而业商于官亭镇。是时,继先高祖乡贤公之儒业者仅有先兄。故先兄遂不得不在继承累代书香之美名下而埋头于八股文,举子业之中矣。光绪五年,吾家由东两河口保迁居于官亭保之田埠榜。先兄仍就读于东两河口保东旭公之家。光绪六年,先兄年十九初应童子试,小试终覆。年二十二再应童子试,小试取列第六名。年二十三,三应童子试。年二十五,四应童试。年二十六,五应童试。年二十八,六应童子试,小试俱终覆。年二十九,七应童子试始入(州)学。先兄性谨慎,故每届考试前轧日夜默诵诗文至夜深人静,

始辍人后。每次落第轧愤慨而泣。吾家距州城几百里,每缘夜步行归惧于途中,逢友人询问。先兄前后计考试四十余场,始博得一领青衿[①],清廷之玩弄文人有如此。先兄入学后仍攻八股文不懈。窗课文稿积至数十卷。先是多作小巧清浅之文,至是始揣摩名家,务为博大精深之作。年三十,初应江南乡试,邀房荐而未中。年三十二再应江南乡试,年三十三,三应江南乡试,年四十一,四应江南乡试,再邀房荐。先兄消磨毕生精力仅以一副贡生[②]终其身,益不能归咎于科考制之草贼人才矣。

1905年11月23日,一涵原配夫人陈儒人谢世。1907年葬茶叶冲住庄山后。关于陈儒人的其他情况,笔者至今未能获相关文字记载。乡人传言说陈氏自小身弱多病,成年嫁到高家后,病情加重,故而早逝。

对于家世人伦,高一涵在《先兄熔经传》中说得较为详细:

吾家世代清贫。先祖母遭慌乱七年之间,夏无蚊帐,冬无被褥,保守祖田数石。先父性爽直,常为邻戚作借贷保。保人借贷者不能偿还,先父往往自为还本利。以故商业数十年,家贫依然如故。先兄年三十一先父弃世,始亲理家政。吾家人口众多,仅收田租以供食用。而先父遗债计一百六十余元,又半属重利,所以先兄日夜焦心。不数半年头发大减,残余者且黑白相间。先兄至是不能离家,乃在家设塾教育贫寒子弟,每年收入不及现时国立大学教课两小时之酬金。年四十,出就馆于彼外舅刘宅,束脩稍丰,合储二兄德章馆金,始将旧债偿毕。农村产物以稻米为大宗。吾家年收租稻百余石,适值米贵,由每银元七八斗降至二斗上下。故先兄已将家由债务者地位移至债

① 青衿,指衣襟。此处指获得一个空头秀才学位。科举时代,秀才、举人、副举人均无官可做,举人仅有参加会试即京试的资格。——编者注

② 即副举人。——编者注

权者地位。数年积蓄居然稍置田产矣。农事乡村以勤俭为美德。先兄之勤苦俭朴每为乡里所称道。顾先兄之勤俭志不在守财而在用财。先高祖入祀乡贤祠,及其所著《易经·初学快观》之刊行,所费不下数百金。科考停后,余由中学而高等,每年学膳书籍等费均由先兄节衣缩食以供应。先兄常自慰曰:予生平无他长,惟为高祖请祀乡贤祠及培养四弟成学,为予称心之两事。先兄之快意如此。而先兄之苦心可知矣。先兄自恨才具平庸,每遇大事必深思熟虑然后行。居恒隐晦不愿与闻外事。年四十三总理祠事。每届族大事起轧迟回审慎不露锋芒。及至他人发言盈庭乃博采众议而汇其通。故一生行为均无错过。盖先兄之稳处正是先兄属人望处也。先兄胸襟阔大,常谓治处之难,不在能尽言处,惟在不能尽言处。吾家数十口全感受先兄和蔼之气,常现于家人眉睫间。非先兄大度能容曷克臻此。余自幼即从先兄读。且读且与群儿戏。一句书每口教数十遍而不怒。十余年间未尝怒责余一次。且先兄教余不执己见。常因势利导,俾余性有充量发展之余地。故对于先兄总觉畏惧之心少,而爱戴之意多,于此见先兄循循善诱之功焉。自清廷诏罢科举,先兄即绝意仕进。先兄处人蔼然可亲。而律己则是一丝不苟。余在外读书,得先兄之书数百封。大半嘱余外圆而内方。余与先兄性情多属合。独于处世之道分途而驰。处世之道须先论理之是非,然后乃能顾及一己之祸福,苟其理万不可不争,则虽外不圆亦不足为病。至于圆云方云则先应视于理是否有当。不然则与其因外圆而失内方,何如内外皆方?犹近于率性。余服膺先兄训,而自有其限度如此。先兄善待邻人居,尝备邻人之顾问。夏日西沉,长人休沐后多就先兄闲话。故吾家门前常备板凳烟茶以待。邻人王盛广距吾家半里许,负债将破产,诸事听先兄指点,卒得保持其家。邻人有好赌博者,常恐先兄得知,谓得先兄之呵叱不足畏,惟得先兄之劝勉斯惭愧无地自容矣。先兄晚年寄竟于阴阳风水之说,常徒步奔走数十里,入深山密林中相地。邻人婚葬多请先兄为之择吉。故觅先兄绝不迷信风水,谓为先人择吉壤,惟在使为人子孙者自安其心,非为后人谋福荫也。余自日本归,见先兄晚年日记一巨册,所记水旱虫荒彗星地震诸事甚详。谓汉儒董仲舒之天人感应说。余并不相信,然用以警惕。愚人则胜于说理万倍。又谓因畏天而为善总胜于不畏天而为恶。因不信地理措先入骨骸于水蚁之中,总不若信地理而措先人骸骨于山清水秀之地为多得人心之安。先兄之谈阴阳风水其用意大都若是。先兄自绝意科考后,每日仅阅曾文正(公)家书国朝,先正事略,历代名臣言行录,读书而其治家执范,得力于曾文正(公)粗书者尤多。

民国三十一年(1942)十一月初一,二兄德章去世。时在任甘宁青监察使的高一涵闻噩耗,哭撰《德章二兄传》全文曰:

二兄名永昭。郡庠生,庠名梦龄,德章其字也。余兄弟四人,长兄永著,字熔经,郡痒生,庠名梦溪。三兄永澈,字澄清,登仕郎,册名梦松。余谱名永灏,字一涵,学名梦弼,民国后即以字为名。吾家自高祖乡贤公以来,世以耕读为业,先父联臣公,疏财济急,负债累累。洪杨变后,家产荡然。仍令两兄弟从东旭伯父游,未尝辍学。清代以八股取士。两兄寝馈于八股制艺中,各二十余年,皆应童子试八九次,始得补博士弟子员。[1] 鸡窗灯火假寐不遑。此中甘苦有非局外人所能知其万一者。余年十七,辞长兄塾而从二兄游。二兄日则课徒,夜则默读前人制艺。余中夜偶醒轧从纱窗中见一灯如豆,黯澹无光,而二兄犹瞑端坐,隐隐闻沉吟默诵之声焉。二兄自入泮后,曾应两江乡试。后因科举中停,在家设帐授徒,兼理家政。长兄逝世后,丁口浩繁,遂析产分爨。而二兄操持家务,训导子侄如故。民国以来,六安迭遭兵匪。殷实之家多徒居大都市以避匪锋。二兄独在家

① “博士”“祭酒”皆为皇家学堂教师的称谓。此处博士弟子员同秀才一样,是时人对“案首”的誉称。——编者注

持门户坚壁厚堡，与四邻勤守望之助。匪氛急则夜中袱被入山藏身丛林绝壑间。风霜雨露，未尝言苦。匪患甫平，抗战之军复起，馈粮输刍，日不暇给。节甘旨以纾国难而自奉益薄，以致积尤成衰，积衰成疾，医药之资复无措。遂于抗战期中溘然长逝。呜呼，痛哉！二兄天性纯笃朴实无华，持躬接物人我之界甚严。一布衣一敝裘常御数十年不忍弃。余旅居上海时，曾远道亲来视我，皤然须发，握手异乡，欢池塘之梦，隔念风雨之离，相思对泣。下奉以食，不尽食。分以衣，不忍衣。居无何？仍以家事为念，束装返里。方期他日得返故乡，聚首田园，重叙天伦之乐。讵知一别，竟痛千古耶！二兄澹心名利，因族人环请，始出而总理祠事。民国肇兴体制，自异家规家训，亟待重新。余时服官湖湘，数以书往还，商讨所定礼规，则皆厘然有当，于人心知。其尊祖宗之情深，而辑睦宗支树立风范之识，更远且大矣。二兄有子三人，宗溥、宗淳、宗涛分业儒农。女一人适徐门。孙一人尚幼。兄生于清同治十年九月二十九日。卒于民国三十一年十一月初一日。享年七十有一岁。余别二兄久未能尽悉其言行。谨述其大节，以为后人楷模。并附录哭二兄诗四章，仿仄问俗者之采择焉。

中华民国三十三年八月一日

第一涵泣撰兰州使署

今读两《传》，我们清楚地看到，在那个时代，那个社会，登科求仕的道路是何等的艰难？耕读持家需要多大的付出？战乱频繁又给社会黎民带来多大的危害？当然，这一切都成了过去。

第三节　初涉西学

19 世纪中后叶，在清王朝统治下的中国，世界列强肆意侵略中国，瓜分中国，使中国逐步沦为半封建半殖民地国家。清政府媚外投降，国力衰竭，民生凋敝，全国救国救民的呼声四起。革命党革新事件不断发生。孙中山创建的以"驱除鞑虏，恢复中华，创立民国，平均地权"为目标的"兴中会""同盟会"先后诞生。康有为、梁启超掀起的"戊戌变法"差点把西太后拉下宝座……在这种情势下，为保得清廷苟延残喘，垂帘听政的西太后被迫宣布"预备立法"，并于1905年9月2日发布"停罢科举，广建学堂令"，做出一些有限"改革"。据《六安县文化志》记载，六安缙绅商贾在当时改革思潮影响下，至迟已于当年春开办了六安州中学堂。

一、入六安州中学堂

六安州中学堂是利用老赓飏书院的部分旧址开办的，是现今的六安市第一中学的前身。中学堂设国文、历史、地理、算术等科目，面目一新。高一涵和许多同学一样，从老八股跨到新学堂，成了中学堂的第一批学生。与众不同的是，他不仅对所学新学内容熟记掌握，还把少年时所读的一些儒书，如《小蒙童》《上、下论》《大学》《中庸》等全都带到学校，藏在身边，不时对照新学内容，串联比较，融化理解。同时，一有机会他就四处寻找同盟会的一些进步书刊阅读充饥，并在作文课中抒发读后感，常常受到他的国文老师喻康侯的大加赞赏。

二、游览名胜

朱蕴山与高一涵的老家相距不过十五华里。青少年时代上集购物常常在附近的东两河口街上相见。读书时代，两人常常互相借阅进步书刊《中国魂》、《新民丛报》（梁启超办）、《仁学》（谭嗣同著）等，建立起深厚的书友情。二人时常相邀一道，去家住东南十华里的施家桥街上的刘希平（安徽新文化运动先驱者）家借书、观市、踏青郊游，纵论天下大势。这年夏天，三人结伴去附近广城书院找同乡学生朱谨怀（笔者恩师，六安新文化运动先驱者）借清代王之春著的清代外交史书《大清柔远记》看。借到后，三人兴奋不已，于是乘兴游览了广王古城附近的"将军山""走马埂""打鼓墩""望高楼""卷棚桥"等名胜古迹。晌午后，三人分手回家前，还你一言我一语为广王古城的名胜古迹作出一联云：

广王卷棚看走马；
将军打鼓望高楼。

这个故事在家乡一直流传至今。

三、故事会上

高一涵的青少年时代，是黎明前的黑暗时代，正是这个黑暗时代的逼促，一切新思想、新事物、新潮流对他来说，却是难得的精神食粮。厌旧、希新、图变成就了他性格思维的一大突出特色。他的二哥高德章也是位多有开明思想的私塾先生。他在教授中国传统文化之余，还常常从同乡学友刘希平、朱蕴山、王肖山那里弄到一些中国新故事、世界奇鲜闻，与高一涵和他的同学们一同分享。正因此点，在高家四兄弟之间，就数老二德章与老四一涵一生相处最密。笔者曾采访到这样一个生动故事，特记录如下：

约在1905年的暑期，在朱蕴山之父朱纮（太平天国天官丞相）的倡导下，朱蕴山、高一涵、朱石安、王肖山等相约在朱家大院举办了一次故事会。出席故事会的同学，每人要讲一个世界新闻故事。这天晚上，故事家们不约而至。纳凉的乡亲也三三两两赶来凑热闹。因为要讲外国故事，又有长辈朱纮在场，不少同学一时未敢贸然开口。高一涵实在忍不住了，开口说道："前天我从二哥德章那里现淘来一个故事，现在讲给大家听听。英国有个叫瓦特的人……"话未说完，一个刚入场的农家冒失小伙就插嘴道："瓦脱？瓦脱了还不砸坏人呀？"朱蕴山说道："瓦特是外国人的名字，别捣蛋，听他讲。"高一涵继续说："瓦特的父亲是个车夫，专门给英国一个贵族大老爷拉洋车。一天，这位贵族老爷接到他母亲从法国打来的电报，说她病重在床，不久将离人世，叫儿子赶快前去送终。这贵族大老爷，看了电报，即命瓦特的父亲拉起洋车，一天一夜就要把他送到母亲身边。瓦特的父亲说：‘大老爷，到法国至少要三天路程，一天怎么能到呀？除非有一辆神仙车还差不多。’大老爷一听火冒三丈，说：‘神仙车哪里找？要是一天到不了你就得陪我母亲一起死！’瓦特父亲只得脚踏老洋车拉着老爷，流尽了汗水，淌干了眼泪，跑破了双脚，一天连半夜，路程未跑一半，就吐血倒在了老洋车下，再也没有爬起来。

“瓦特闻讯，大哭不止。他心想：‘如能真有一张神仙车，父亲的命不就保下来了吗？’于是他一边读书，一边朝思暮想造出一辆跑速像神仙的车子。

“三而九，九而三，瓦特一直没有想到法子，造出神仙车子。这年冬天，他母亲要他烧火炉煮开水。他就坐在火炉旁发呆，苦思冥想造那神仙车的门道。突然，水开了，壶内的水蒸气把壶盖顶出一丈多远。瓦特一见，大叫道：‘有了！有了！’妈妈问他‘什么有了？’他头也不回，一头扎进书房，翻书本，画图纸，历经数年，终于造出世界上第一台蒸汽机。”

朱蕴山插话道：“你们知道什么叫蒸汽机吗？”那位冒失小伙摇头说：“不知道，没听说过。”朱蕴山道：“它就是火车头。什么叫火车？就是这种车子一天能干成千上万人的活儿。”会场上的人一听，说道：“乖乖，这么过劲呀，是真的吗？我们中国有吗？”高一涵说：“是真的。我们中国相信不久也会有的。要不是庙堂上那位老佛爷反对，早就有了。我们中国的四大发明哪样不走在世界的前头啊?!”会场上一阵沉默思考。

朱蕴山接着讲：“我还听说外国人发明了一种打字机。写信下文书不用毛笔写，用手一摇，字就蹦出来了，一天能干几十个人的活。”高一涵说：“这两样都是机器。听说美国地广人稀，凡人力可为者皆用机器，干起活来，比我们的大锹锄头过劲几百倍。他们还管这叫科学技术。”

这样的新故事、洋玩意，使封闭千年的小山村的广大乡亲大开眼界。朱纮的好评更是妙语连珠。并要他们三天后再讲一次中国的故事。

第三天晚上，讲故事的人按时到来，听故事的人越来越多，男女老幼，洗完澡，摇着凉扇，扛着板凳，纷纷来到会场。朱蕴山打头炮说：“从前后山有位刘老汉，五十三岁生了一女，起名刘小爱。小爱十六岁，就长成了如花似玉的大姑娘，被当地王家大财主家的大少爷看中。这王大少爷歪嘴龅牙，长得歪瓜瘪枣，不成人形，凭着家里有钱，一心要把小爱娶到手。于是他首先花钱请媒婆到刘家提亲，又花钱请算命先生合八字。自古道：有钱能使鬼推磨嘛，算命先生见钱眼开，掰着指头就说：‘咳，男八字是天上三奇壬、癸、辛。难得的三奇好八字。柱中财、官、印俱全，主大少爷做大官，掌实权。’大少爷问：‘能做多大的官？’先生说：‘你是戊寅年生，戊寅、己卯城头土，是五行土中最好之土，最小也要当个县令。女八字很弱，但与男八字天合、地合。天合主白头偕老，地合主女占男光，一生荣华富贵。’媒人一句不落地将算命先生的话转告女家。女方父母当即就将刘、王二家的婚事定了下来，秋后就将女儿嫁了过去。哪知道这刘小爱偏偏不爱官、不爱财，只爱自己心目中的人。自从嫁到刘家后，只要丈夫一靠近，她就作恶心，吐白沫，躲到一边。丈夫四处请医生、拜大神、求仙丹，怎么也治不好小爱的病。

“这年夏天的薅秧季节，后山罗湖畈的大师傅小伙子都来帮王财主薅秧除草唱秧歌[①]，到了太阳傍山时刻，小爱挎着篮子出外收衣裳，只听田间传来清脆悦耳的《慢赶牛》歌声：

姐走路来郎走边，
姐走边来郎下田，
大姐拍手哈哈笑，
‘你这样修行怎不上天，
哪个留你在凡间？’

“小伙子们唱得明，小爱听得清，暗赞歌中大姐说得对。这边《慢赶牛》歌声一落，那边《挣颈红》歌声又起：

---

① 这是当地的一种习俗，唱歌、斗歌场面很大，今已列入省级非遗保护名录。

风儿起，浪儿游，
手拿鱼竿上沙洲，
鱼竿插在沙洲上，
愿者的鱼儿才上钩，
算命的姻缘不到头。

“小爱一听明白了，‘算命的姻缘就是不能到头。我本来就不愿意，何必又去上钩呢？该死的算命瞎子呀，害得我守了几年活寡。’于是她三步并作两步走，甩掉了手中的篮子，包起自己的汗衣服，直奔桑树湾，去找她的心上人去了。要知后事如何，且听下回分解。”

桑树湾庄上的几个寡汉子听了，个个心里甜蜜蜜，会场的几个老古董听了却议论纷纷，“这姑娘的胆子也太大了，这明明不是私奔了？”有的说：“要是我家的姑娘，我就把她拖回来活活打死。”高一涵站起来大声说：“古人都说捆绑不成夫妻，男不婚，女不爱，个个都去守活寡，哪有世代薪火相传啦?!”说的大家无言以对。

四、初涉西学

1906年，高一涵于六安州中等学堂肄业，并以优异成绩考入安徽安庆高等学堂学习。师从清末思想启蒙家严复。在高等学堂期间，高一涵初读了当时西方思想家一些西学译著，以及严复翻译的赫胥黎的《天演论》等，西方的民主、法制以及“物竞天择，适者生存”的科学进化思想对他后来的思想理论成长影响很大。

他后来在《辛亥革命前后安徽青年思想转变的概况》一文中说：“对西方国家经济发达、政治开明产生羡慕……认为西方资产阶级民主政治制度是代替我国封建制度的最符合理想的好制度。”

《天演论》中的“物竞天择，适者生存”的科学进化观，对高一涵影响确实很大，后来成了高一涵思想理论体系的活的哲学灵魂。青出于蓝而胜于蓝。那么，《天演论》到底是部什么样的书，它的作者和译者又是怎样的呢？

《天演论》的原作者赫胥黎（Thomas Henry Huxley，1825—1895），英国著名博物学家，达尔文进化论最杰出的代表，自称为“达尔文的斗犬”。赫胥黎发表过150多篇科学论文，内容涉及动物学、古生物学、地质学、人类学和植物学等多方面知识。1893年，68岁高龄的他应友人邀请，在牛津大学举办了一次有关演化的讲演，主要讲述了宇宙演进过程中的自然力量与伦理过程中的人为力量相互激扬、相互制约、相互依存的根本问题。这份讲稿经过整理，即为《天演论》。

《天演论》的基本观点是：自然界的生物不是万古不变，而是不断进化的；进化的原因在于“物竞天择”，“物竞”就是生存竞争，“天择”就是自然选择；这一原理同样适用于人类，不过人类文明愈发展，适于生存的人们就愈是那些伦理上最优秀的人。进化论学说的基础是达尔文在《物种起源》一书中奠定的，赫胥黎坚持并发挥了这一思想。

《天演论》的译者严复（1854—1921），初名传初，字又陵，后名复，字几道，福建侯官（今属福州市）人。光绪三年（1877），严复作为清政府首批派遣留学英法的学员，赴英国学习驾驶。在英国格林威治海军学院（后改名皇家海军学院）学习的两年半中，“考课屡列优等”，成为该校的高才生。《天演论》是严复最著名的译作。

严复译述《天演论》不是纯粹直译，而是有评论，有发挥。他在阐述进化论的同时，联系中国当时积贫积弱的实际，向人们提出不振作自强就会亡国灭种的警告。严复在按语中指出，植物、动物中都不乏生存竞争、适者生存、不适者淘汰的例子，人类亦然。人类竞争其胜负不在人数之多寡，而在其种其力之强弱。

它启示人们，中国目前虽弱，但仍有挽救的办法，就是强力竞争，改变目前弱者的地位，变为强者。

高一涵在安庆高等学堂就学期间，正是我国辛亥革命爆发前的不平凡年代。1907年7月，安徽巡警学堂会办徐锡麟在省府安庆枪刺安徽巡抚恩铭，震惊清廷朝野。高一涵的同乡学友朱蕴山（时为巡警学堂学生）

参加了这次枪刺行动。但由于事先泄密，枪刺行动被迫提前，结果遭到清政府的血腥镇压。徐锡麟被剖腹剜心示众，朱蕴山等20多个参加义举的骨干被逮捕，朱蕴山被绑缚刑场陪斩，后被投下大狱关押，高一涵等许多师生纷纷赶到现场亲身见证了这一重大历史事件。一周后，清政府怕事情闹大，局势不可收拾，将朱蕴山押解回乡。事发后，高等学堂停课。

1908年，熊成基（字味根，江苏江都人）、范传甲（号寿三，安徽寿县人）、薛哲（字明甫，安徽寿县人）、朱蕴山等又在安庆举行马炮营起义。关于这次起义，《朱蕴山传》作了详细记载：11月中旬，光绪帝和慈禧太后相继毙命。清政府大小官吏如丧考妣，乱作一团。岳王会主要领导人认为时机大好，决定立即发动起义。11月19日下午，岳王会在杨氏试馆召开会议。参加者有熊成基、范传甲、张劲夫、薛哲、薛子祥、田激扬、廖盘贞、李朝栋、程芝萱、洪承典与石德宽等十余人，决定当晚起义，公推熊成基为起义总指挥；会议决定以驻守东门外的炮营在城内接应，以安庆作为起义军基地；继而连夜赶往太湖逮捕荫昌和端方。会上熊成基以安庆革命军总司令名义发布密令13条，对起义事项作了具体规定。当晚，起义尚未发动，步兵营两名士兵被捕，供出马营和炮营即将暴动。炮营左队队官徐召伯也入城告密。朱家宝遂下令禁闭各城门，派巡防营严密防守。晚9时左右，熊成基率炮营起义，管带陈昌镛反对，被正目张鸿尧、士兵黄节用炮栓击毙，全营官兵随即开赴城北。马营在革命党人张烈、田激扬、周正铎等人带领下，举火为号，宣布起义，并将全营官兵带至城北，同熊成基统率的炮营起义军会合，直奔离北门约5里的菱湖嘴炸药库。守库正目范传国是范传甲的胞弟，开门迎人。起义军获得炸药后即折回北门，纵火焚烧北门外测绘学堂的步兵营房。该营士兵早已倾向革命，亦加入起义军行列。至此，城外已为起义军所控制。熊成基遂指挥炮、马、步营千余人全力攻城。步兵攻击城东北角，骑兵攻击西北，炮兵开炮轰击巡抚衙门与督练公所，以掩护步兵和骑兵。一时间，枪炮齐鸣，杀声震天。驻守黄花亭的薛哲听到城外密集的枪炮声，即按原定计划率所部士兵百余人向北门冲去，打算开北门迎接起义军。但此时，北门城上已有巡防营守卫，朱家宝也亲自率队，薛哲自感寡不敌众，率队退回，战机被贻误。而担任城内接应任务的范传甲、张劲夫又因官长监视严密脱身不得，岳王会原定的城外进攻，城内开门响应的计划未能实现。

直到次日，起义军屡次攻城，均被击退，泊于安庆江面的"江贞""楚材""保民"3艘清军兵舰原本表示归顺革命，但在朱家宝的威胁利诱下，背弃前约，转而同守城清军配合，炮击起义军阵地。与此同时，清廷严旨催促在太湖会操的两江总督端方，湖广总督陈夔龙等共同派兵镇压起义军，各路清军已逼近安庆。而起义军从19日晚至20日下午4时，坚持战斗一昼夜，伤亡很大，子弹缺乏，饥寒交加，安庆城始终未能攻破。相持到夜晚10时，熊成基决定改变计划，他下令起义军向庐州即合肥撤退，意欲以庐州为根据地，联络皖北各地会党，驰骋中原。途中，熊成基指挥起义士兵击溃了清军提督姜桂题统率的200多骑兵的追击。当起义军至庐州境内时，处境危急，前有庐州、凤阳、寿州等处清军堵截，后有提督程允和、总兵田中玉率部尾追，起义军攻占庐州的计划已不可能，熊成基不得不将起义军残余部队解散，他自己则于1909年辗转潜往日本，加入中国同盟会。

起义军失败后，清政府在安庆大肆搜捕革命党人，范传甲、张劲夫、田激扬、李朝栋、周正峰、湖文彬、张曼五、张志功、刘志贤、易桂安、薛哲及300多新军惨遭杀害。

又据《统战群英》一书记载："朱蕴山于1908年11月19日，参加了由熊成基发动的旨在推翻满清政府的马炮营起义。"①六安的政协文史资料对朱蕴山参加马炮营起义记得更为详细。

高一涵后来在《辛亥革命前后安徽青年思想转变的概况》一文中回忆说："这样两件事都发生在安庆。我和一些青年学生都见到有人捧着徐锡麟的血心在恩铭墓前致祭；看到了薛哲的头颅被砍在府台衙门前。

---

① 见王运洋《朱蕴山传略》，载《安徽著名历史人物丛书·统战群英》第1页，中国文史出版社，1991年12月版。

可是清政府这样的血腥镇压革命，不但没有吓倒青年学生，反而激起了人民对清廷刻骨的仇恨。”他在这篇回忆中还说，当时的进步书刊对安徽青年学生的思想转变都起了极其重要的作用。他说：“一九〇五年在日本东京出版的《民报》，更使革命思潮弥漫全国，自有杂志以来没有像《民报》这样脍炙人口、激动人心的。我个人关于《民报》有一段小故事。我在考取安徽高等学堂以前，曾在六安州中学堂肄业。这个中学监督喻康侯是一位道学先生，他在学校中兼任国文教员，对我的作文大加赏识。当六安县政府选送我投考安徽高等学堂时，他在临别赠言时说：你的前途很有希望，但千万不要同革命党往来，千万不要看《民报》！他把《民报》说得那样可怕，反而引起我的好奇心，一到安庆就设法寻找《民报》，但是没有找到。嗣后与霍邱革命前辈徐迂亭谈起想寻找《民报》事，他教我不要声张。一天他把藏在旅馆房间内地板下的一册《民报》拿出给我看。我在先是喜欢读梁启超主办的《新民丛报》和《中国魂》之类刊物的，看到《民报》后，才认识到国家不强是政府恶劣，而不是国民恶劣，应该建立共和，不应该维持专制，种族革命与政治革命必须同时进行，种族革命绝不会妨碍政治革命。”

后来的事实证明，正是《天演论》和《民报》等这样一些先进书刊，把高一涵引向了中国民主的探索征途。

第二章　反帝反封建　参加辛亥革命

1911年，高一涵从安徽安庆高等学堂毕业。当年，辛亥革命爆发，民国开元，统治中国几千年的封建帝制终于土崩瓦解了。在这场伟大的革命运动中，高一涵这位热血青年与家乡的进步学生朱蕴山、王肖山、史大化等人一起，投入到安徽辛亥革命领袖韩蓍伯的革命阵营之中。从此，开始了他反帝反封建的救国生涯。

第一节　初任教育科

1911年暑期，高一涵从安庆高等学堂毕业，并被授予优质生称号。他先在安徽一个教育部门实习，随后即供职于安徽省督府教育司普通科任中学课员。由于他在工作中不断提出有关改革的意见，高一涵遭到守旧派的反对，终于被迫辞职。他曾与房侄高晓初谈心说：

我在中学堂读书时，就觉得中学应设政治课，光讲历史，不讲当前事，害得我们到处找小报、小刊来看，特别是到高等学堂，这个感觉就更深刻了。那时中小学先生教学生死记硬背。这年夏天，我从六安放暑假回乡，听到同乡小学生刘光浩拿腔拿调，摇头晃脑在背书，这时一位同行大嫂问我说他在干什么？我说我也不清楚，于是上前一问，才知道他在背《小蒙童》。可见背书唱书的办法不好。那时，已处清代末年，政府对教育投资很少，中小学多半邀商贾政客财阀们开办，这些人往往为提高自己的声望，培养自己的势力。也乐于给钱。钱既然是他们给的，学什么、教什么，就由他们说了算，我在六安中学堂时，他们就明令禁止学生读西方的东西。那时中小学不开农桑实验课，只为做官发财教书，也是一大问题，直到“五四”运动前，六安朱蕴山、沈子修（新中国成立后曾任安徽省副省长——编者注）他们在北门下凹的老赓阳书院办了个甲种农校，学校还有农田40多亩，教学生一边学一边种，还用了许多新技术，很有用。

我到安庆教育科工作后，也算是初生牛犊不怕虎吧，就先后提出十多条改革教育的意见，他们觉得我老是在找他们的麻烦，先是冷眼相对，后是生硬回绝，并说我“狂傲，不听话”，甚至说我没有素养。不久辛亥革命爆发，我就辞职不干了。

第二节　安徽光复

据《高语罕传》记载：“1911年春夏，安徽安庆的陆军小学测绘学堂及省会各中学的先进分子，如吴旸谷、廖海粟、王尚（肖）山、朱蕴山、石（史）大化、李光炯、卢仲农、易白沙、高亚宾、高一涵、管鹏、高语罕等都常在萍萃楼聚会，筹划安徽革命事。”

1911年10月，辛亥革命爆发，武昌起义成功。不久统治中国数千年的封建帝制终告结束，中华民国宣告成立。

在安徽，革命党人已把发动革命的重心从省会安庆移到淮河流域。

皖北革命党人召集民军赶走了寿县总兵，先后光复了寿州、六安、凤台、定远、怀远、凤阳等县，成立了淮上军司令部，推王庆云为司令。

孙万乘也组织民军占领了庐州，成立了安徽军政分府。同时，光复了宣城及太平府各县。11月22日后，光复了五河、泗县、灵璧、天长、睢宁等地。12 月 1 日,淮上军光复无为等地。

连珠炮式的光复对安徽省会安庆的局势产生了重大影响。立宪派和安庆绅商希望安徽巡抚朱家宝起来宣布独立,改任安徽都督。

11 月 5 日,士绅童挹芳、洪思亮、黄书霖以及咨议局长窦以珏等联合出面,劝说朱家宝易帜。但朱家宝却摆出一副“忠臣”的架势,大声疾呼,“家宝食清之禄,死清之事,城存与存,城亡与亡,无复多言”。

言犹在耳,朱忽接北京赵秉钧传达袁世凯的密电,要他“顺应时事,静候变化,勿贪小节致昧远图”。接电后的朱家宝一夜之间突然改换脸谱。11 月 6 日,他向省咨议局表示:“军心如此,民心亦如此,各省相继而行,令人束手无策,请诸公筹划自保,采择遵行。”

7 日,江防营被撤到城外,由咨议局自办团防。新军一时召不回来,就暂以军乐队巡查街道。

8 日,省咨议局联合起义军代表在高等审判厅开会,宣布安徽独立,成立安徽军政府,推举巡抚朱家宝为都督,革命党人王天培为副都督,李光炯为秘书长,把龙旗换成了白旗,史称“安徽独立”。

对此,革命党人并不甘心。当天晚上,西上湖北求援的革命党人吴旸谷(同盟会江淮负责人)受上海同盟总会委派回到安庆,负责安庆光复事宜。他带领几十名学生军乘船回到省会安庆,即与王天培共商安徽独立后的有关事宜。围绕都督人选,王天培等齐推吴旸谷,咨议局则推举朱家宝。因吴旸谷坚持不就,结果,朱家宝仍为皖省都督。革命党人王天培等哪能容忍一个屠杀革命党人的刽子手朱家宝窃夺革命果实?他自称是奉了武昌革命政府命令,令咨议局叫朱家宝交出都督大印,由副都督行使都督职权。11 月 9 日,王天培率随员 10 余人、枪,呼啸冲进清巡抚衙门,老奸巨猾的朱家宝早已逃到圣公会中,求得洋人庇护。这时,他闻讯又从后花园逃往教堂,连眷属财宝都一转而空。清朝在皖省的统治宣告结束。王天培夺得大印,自任都督,安徽光复。

第三节　参加“北伐队”

逃亡教堂的朱家宝并不甘心灭亡。他探得王天培势力单薄，便一面与土豪劣绅及清朝残余势力密议复辟，一面鼓动流氓地痞起哄闹事。11月10日，闹事者纠集数百人来到军政府广场，声言请愿。王天培紧关府门不出，唯吴旸谷挺身骑马出府，欲居高临下，向围观群众宣讲革命大义。谁料他一开府门，闹事者即大声高呼：“革命党要来杀人了！”一时间，广场上人声鼎沸，吴的坐骑受惊狂奔，不到百米，吴旸谷被摔下马来，头部跌成重伤，昏迷不省人事，随被送往芜湖弋矶山医院救治。王天培自知无力挽回局面，逃逸无踪。清残土劣复拥朱家宝出任都督，并将朱都督的布告张贴省府安庆市中，时间为11月12日。

11月13日，九江军政府参谋部派直隶营营长黄焕章率部乘兵轮到安庆。15日下午2时许，黄焕章率骑、步兵16名向朱家宝“借饷”不得，遂由骑、步兵在府门外放排子枪示威。朱家宝又旧戏重演逃往洋教堂，后被洋教士护送逃出安庆。黄焕章即带随员人马，沿路放枪示威，一路回营。当时的进步学生朱尊一、高一涵、黄中、史大化及高的同乡王肖山亲眼看见了这一场景。朱后来回忆说：“见其状，便知是故作威慑之状，可畏而不可敬。”随后，“零落枪声终夜不断。后又见沿街市店居民均被抢劫一空。市中心四排楼延烧罄尽。并得悉清藩库所存白银四万余两悉被私饱黄囊。半夜，街上贴出布告安民，黄自称都督”。

朱尊一回忆说：“黄焕章借饷倒朱，殃及市民，引起人民愤怒。当时韩蓍伯（即韩衍，同盟会安徽负责人之一、安徽辛亥革命重要领导人之一）、王肖山、史大化、黄中、高一涵以及中等学校学生，如我辈者十余人，假近圣街涂公馆[①]组织北伐队，发出声明，声称所组织的这支队伍，将由

---

① 清湖广总督涂宗瀛公馆，此时为其孙涂卓庭居住。——编者注

河南信阳州武胜关驰援武汉。理由是因其时清廷启用袁世凯，派兵南下，荫昌、萨镇冰等海陆军已进踞汉口、汉阳等重镇，与武昌元帅府隔江相峙，故号召声援。但实际是借此组织联络各方，以备驱黄，不过以此号召蒙骗黄之耳目。当时就决定由史大化[1]赴枞阳镇筹款，其余成员分别与各方接洽，整理内部，并派人到太湖促皖新军营长胡万泰（胡已先期带队光复太湖），带队来省会，作为驱黄之主要武装力量。”

这时吴旸谷在芜湖治伤，得息黄营祸皖，愤怒异常，便匆匆出院，赶回安庆，径直到黄处咆哮斥责。黄焕章表面谦恭悔过，盛筵款待。内心自是怏怏不乐，十分不满。他的一位新任参谋王则，原为随吴旸谷东下来到安庆，因其在九江狂嫖滥赌，趋附黄焕章，曾受到吴的责备，这时他已看到黄的心事，便生诡计，对黄言听计从，于子夜时分将吴枪杀营中，张贴布告诬告吴为冒名“汉奸”（即清朝奸细），并将尸体着清官服殓之。后来复验时，仍见左颊跌伤未愈，背中数枪弹痕尤在，显然为惨遭枪杀谋害。

皖人陶镕为图进身，也趋附黄焕章，他把北伐队准备驱黄的一切内情向黄和盘托出。黄焕章紧促下令解散北伐队，并派兵到涂公馆抓人。北伐队探得消息，提前撤退，先是退往北城门，中途闻听黄焕章已派兵拦堵，于是辗转从西门而出，来到距北门外二十华里的集贤关，在革命新军桂丹墀营部暂住。九江军政分政府参谋长李烈钧获悉黄焕章祸皖罪行后，便奉令亲自乘兵舰东下，调黄回浔，并布告市民权托督皖，声明继任有人。北伐队知道黄已调走，李参督皖，形势好转，便移到北门附近的陆军小学办公。这时，史大化已由枞阳筹饷返回安庆。胡万泰亦率所部凯旋入城。是时，各界代表备了洋酒诸礼，前往慰劳李烈钧，李当即表示将皖事大权交由革命党人全权处理，自己旋即回浔。于是皖省一时又处于群龙无首的混局之中。

李烈钧返浔，我省新军原出防英山的第六十二标第三营管带桂丹墀，四营营长胡万泰（一说是起义新军总指挥），及二、三营长黎宗岳、刘

---

[1] 新中国成立后曾任安徽省财政厅长。——编者注

□□，为了武装驱黄，早已率部返回安庆。北伐队首领韩蓍伯足智多谋，正义感强，不畏权贵，敢作敢为。这时他为挽救危局，及时发出倡议，召集各方会议，讨论皖省军政大局的人事安排，得到各方的一致回应。为了竞选，各方都准备了数支啦啦队和助选人。这天，北伐队主持召开的竞选协商会议，在测绘学堂召开。韩蓍伯率其骨干高一涵、朱尊一、史大化等10多人，一早便来到会场。各派啦啦队助选人各为其主，当仁不让，先后到会。会上争执激烈。一派以胡万泰、桂丹犀管皖北。一派以黎宗岳、刘□□掌皖南，形成两派，相持不下。因当时我省有南北两大块的习惯说法。韩蓍伯面语胡万泰，北伐队同仁全力帮助胡掌皖北。但胡自知力量不足，表示退让。韩即点拨胡，先行压服会场争论，然后提出共同组织机构，维持当前局势，再谈下一步。

据朱尊一回忆说："至下午，两派的对垒仍气势汹汹。这时胡一跃而起，上台说道：'我胡万泰是一个武夫，粗鲁得很，现在先声明，我绝不争权夺利。今天，听了大家从上午到下午的讨论，没有得到结果，我和我的两个朋友'，说着从裤袋中拿出两支小手枪放在台上，一边指着枪，一边继续说道，'他两位火性比我更暴躁，着实忍不住了。我和他两位都知道，9月25日以后，往来奔走呼号，各方接洽，只有现在北伐队中几位先生，不知道高谈阔论在座的各位先生们那时哪里去了。奉劝诸位，不要逞性放肆，要触动他两位（指着手枪）的火炮性子，恐怕要惹火烧身……'这一阵吓唬，把大家怔住了，个个瞪目相对，不再开口。"

这时，韩蓍伯见会场暂时宁静，便大步流星走到台上，提出暂行组织"维持皖省统一机关处"，军事方面由胡、桂、黎、刘分头负责，会商布置；政事则再行集会，协商安排。这一建议，当即全被采纳。当日下午至晚上，韩蓍伯继续主持会议，并按提议，设立秘书、财务、军需、招待各组。韩蓍伯被推为机关处秘书长，统揽军政事务。高一涵事秘书组，朱尊一操招待组，史大化司财务组。第二天通电各省，很快得到上海皖省同乡会1700多人的复电声援，并推荐刺杀清朝大臣端方未成而下狱才放出来的孙毓筠任皖省都督。皖省各方鉴于当时形势，遂复电欢迎。27天后的12

月12日，孙毓筠督皖，以北伐队为主导的“维持皖省统一机关处”的历史任务始告完成。

第四节　编辑报纸《安徽船》

孙毓筠督皖后的第二天，就致电孙中山，祝贺他在元旦就任临时大总统。第三天，成立军政府。皖籍知名人士李光炯、洪泽臣、陈独秀、卢仲农、高亚宾、邓艺孙等云集军政府中。

唯韩蓍伯不作入幕之宾，而以北伐队为基础，吸收陆军小学、测绘学堂、尚志学堂的学生骨干组建青年军，自任军长。并任朱蕴山为“皖中招抚使”，任命朱的同乡好友朱笃之为别动队队长，派他俩返回六安、霍山、舒城一带宣传革命，招募新兵，建立地方武装。

韩蓍伯在创建新军的同时，又在安庆近郊的怀宁驿口创办安徽船日报社，出版《安徽船》报，聘高亚宾（高一涵的同乡，南官亭人）为主编，高一涵、朱尊一等为编辑和撰稿人。

《安徽船》报主要是介绍反帝反封建的新闻，探讨安徽革命航向，主张北伐反袁，拥护孙中山为临时大总统，竭力鼓吹民主、共和。他在发刊词中这样写道：“堂堂世界撑将去，无限风光自在行。”又以诗勉励办报同志：“怀宁驿口浪滔滔，万马声中第一篙，寄语诸君须坐稳，前途月黑风正高”（据《韩衍传略》）。高一涵、朱尊一还在《安徽船》上发表了多篇讨论安徽民主革命的航向问题的文章。惜因时处乱局，年代久远，事过境迁，今人已无法知道这艘具有光荣革命历史的《安徽船》究竟停泊在哪里？

正当辛亥革命形势向前发展之际，约于1912年初，革命党人内部发生了分裂，一时间，兄弟阋墙，泥沙俱下，一些革命者变成了投降派，孙中山被贬称为“孙大炮”，同盟会十六字纲领被弃之不提，皖省都督、反清斗士孙毓筠被袁世凯用10万重金收买，加入了他的“筹安会六君子”阵营（筹安会是袁世凯为自己登基做皇帝复辟帝制的组织和舆论班子），北伐队青年军领袖韩蓍伯被刺身亡。韩死、孙叛,安徽军政群龙无首,青年军自动解散,《安徽船》办到79期被迫停止出版,北伐计划流产,“雨泣神州又暮天”(朱蕴山诗句),好端端的安徽辛亥革命形势,就这样被葬送在这帮妥协派和投降派的手里。

第三章　留学东瀛　襄办《新青年》

辛亥革命失败，高一涵与许多进步青年一样，于1912年走出国门，留学日本，向西方世界寻求救国真理。1916年学成回国。在日本留学期间，他有幸与陈独秀、李大钊相识，结成挚友。从此他扛起科学与民主两面大旗，为陈独秀、李大钊宣传民主共和担纲助阵。

第一节　苦读西文

安徽辛亥革命失败，高一涵对民主共和的前途一片渺茫。他困惑、彷徨、思考……国内一批先进分子先后迈出国门，向西方寻求救国之道。李大钊、陈独秀等先后去日本留学。这时，家乡进步青年刘希平（六安市金安区施桥镇人，安徽"五四"新文化运动领袖之一）从日本留学六年回乡。他一见到高一涵就说：中国共和革命所以至此，主要是思想理论问题，几千年的封建专制在思想上、理论上、制度上统治着中国主流社会，使中国的社会发展产生惰性，民主共和革命受到挫折也是必然的。我看，要想中华民族早些复兴，民主共和从根本上实现，必须要我国人全体觉醒，从封建思想的牢笼中彻底解放出来，用当今世界上的新思想新文化武装起来，才能奏效，这是我留学日本的深刻体会。刘希平见高一涵已经有所感悟，便直截了当地说：我看你在安庆英文成绩很好，我劝你去日本留留学，读读西学，长长学问，特别是那里的科学理论很值得一学，我看中国民主革命绝不会就这样垮了，你把这些东西学好了，带回来，对中国的民族复兴肯定大有好处。学费不足，我可叫同学们帮帮你，只要你去。[①]

在刘希平的鼓励和支持下，约于1912年2月，高一涵起程，负笈东瀛，自费留学。他在《先兄熔经传》中写道："自费留学日本……到长崎始以书报。先兄来书，告以学费艰难。故仅望友人协助。入(学)后，鬻文(写文章换稿费)自给。无何国内二次革命起，友人多半亡命，协款中止，有文亦不得鬻食，宿费告罄……窘极以书向先兄乞助……"

这天清晨，高一涵着青色中山便装，戴着学生帽，走进明治大学政法科教堂。中山装是用家乡手工机织土布做成的，土布是他母亲起五更睡半夜纺纱换来的，颜色是母亲用乌木树叶染成的。政法科的学生，多半为日本本土学生，也有一些外国留学生。他们一看高一涵的穿着，便知他是一位来自西土中国的留学生，个个主动向他鼓掌，招手，欢迎他的到来。高一涵用一口流利的英语，向他们表示谢意，并恳求他们多多帮助。

日本东京明治大学是当时闻名遐迩的一流大学。高一涵开始在这里系统地接受了西方资本主义上升时期的政治法律和经济理论的教育。他白天一课不落地到校听讲，课余和周日，他即回到租住的小阁楼上，埋头温习功课，书写心得论文。往往一连数周他的衣服都顾不上洗换，等想起来了，他的身上虱子，已在剥削他的血肉……后来，他在见到陈独秀时，还与陈独秀互相脱下衣服捉虱子。

高一涵在苦读本科的同时，每周去大学图书馆借书几乎成了定例。英国著名思想理论家柯尔施的《马克思主义与哲学》、斯宾塞尔的《群学肄言》、马尔萨斯的《人口原理》、亚当·斯密的《国富论》、黑格尔的《精神现象学》、法国卢梭的《论人类不平等的起源和基础》、孟德斯鸠的《论法的精神》、古希腊著名思想家柏拉图所著的《理想国》、日本经济学教授翻译的马克思的《资本论》等等，他都一一借来，熟读消化，并将其中的名句、名段、名篇一一抄录，制成卡片，以备采用。当时，日本思想家幸德佳

---

① 参阅《高氏宗谱》中高一涵著《先兄熔经传》。

士郎翻译的《共产主义宣言》(即《共产党宣言》)(部分)已在日本流传。但高一涵几次去图书馆查阅,未得此书。后来他就通过一名进步教授,才终于得到此书。据高一涵的房侄高晓初回忆,高一涵每读一书一报,就要择其要者,写成小卡片,从日本学成回国时,他的读书卡片就装满整整三皮箱。

1913 年 2 月,中国首次根据孙中山《临时约法》的规定,进行国会选举,国民党获得议席最多,国民党代表宋教仁拟出任内阁总理。

3 月 20 日,宋教仁在上海车站遇刺,袁世凯被指为幕后策划者。7 月 12 日,革命党人李烈钧在江西举兵讨袁,"二次革命"爆发。9 月 1 日,张勋率辫子兵攻陷南京,"二次革命"失败。

第二节　初识陈独秀、李大钊

一、加入同盟会

国内掀起的"二次革命",一时将民主共和的时代强音传到了日本。在日本求学的高一涵得此消息后,精神为之一振,于是在日本参加了孙中山的同盟会。1912 年 8 月 25 日,同盟会联合统一了共和党等四个政团组成国民党,孙中山为理事长,高一涵随之转入国民党。这在其子高宗沪的档案以及 1965 年何香凝先生致高一涵房侄高燧球的信中都得到了印证。在高一涵 20 世纪 50 年代的履历表中,也清楚地填写自己在日本留学期间,"一度加入了国民党"。

二、初识陈独秀

"二次革命"失败后，反袁护国军秘书长、著名革命家章士钊[①]被迫流亡日本，并于1914年5月在日本东京创办《甲寅》月刊，宣传科学与民主的进步思想。

高一涵和反袁先锋时来日本留学的陈独秀[②]先后被章士钊的《甲寅》所吸引，遂加盟《甲寅》，成为章士钊麾下的主要撰稿人、编辑人。

在章士钊的介绍下，高一涵与陈独秀在《甲寅》编辑部里相识。陈独秀与高一涵早就听说过对方，彼此都很欣赏对方的文章，只恨无缘一见。此次相见，陈独秀一口浓重的安庆口音，让安徽老乡高一涵备感亲切，他那乐观大方的革命豪情、深渊的学识、敏捷的思维才能，以及他对政治问题精辟的分析，更让高一涵深为折服。而英姿飒爽、思想进步，对政治问题很有见解的高一涵也给陈独秀留下了深刻印象。

陈独秀与高一涵初次相识时，陈独秀"穷得只有一件汗衫，其中无数虱子在内存活"，而高一涵亦"为穷所迫，常断炊"，于是，两人便相约共同投稿，以每月的十几元稿费勉强度日。患难见真情，陈独秀与高一涵在日本这段艰苦生活，以及两人由此结下的真挚友谊，为他们以后携手编辑《新青年》、开展"五四"运动建立了牢不可破的友情基础。

---

① 章士钊(1881—1973)，字行严，长沙市人。曾任中华民国北洋政府段祺瑞政府司法总长兼教育总长，中华民国国民政府国民参政会参政员。中华人民共和国全国人大常委会委员，全国政协常委，中央文史研究馆馆长。著名民主人士、学者、作家、教育家和政治活动家。

② 陈独秀(1879—1942)，字仲甫。安徽怀宁(今属安庆市)人。新文化运动的倡导者之一，中国共产党的创始人和早期的主要领导人之一。曾当选为中央局书记，中共第二、第三届中央执行委员会委员长，第四、第五届中央委员会总书记等。1922年11月5日，代表中共参加共产国际大会，陈独秀当选为共产国际执行委员。

三、李大钊寻访高一涵

1914 年,李大钊[1]也因国内"二次革命"失败,袁世凯复辟帝制,使中国历史倒退,而来到日本寻求救国真理。

在《甲寅》一卷三号上,高一涵与李大钊都发表了自己的文章。在一卷四号上李大钊发表了《国情》一文,高一涵发表的是《宗教问题》和《民福》。但高一涵常年闭门读书写作,几乎很少出门,不知李大钊为何人。而李大钊读了高一涵在《甲寅》和《新青年》上发表的文章,知道高一涵亦在东京,到处寻访,历时半年多,因高一涵埋头读书立说,不常外出,故没有一个人知道高一涵的下落。后来他在中国留日学生总会的名单上见有高一涵,辗转询问,才知道高的住所。于是,他立即登门求贤。当门客将李大钊的名片递给高一涵时,高一涵竟不知李大钊为何人。但他们很快就回忆起在《新青年》上曾不止一次看到李大钊、李守常的名字。高一涵回忆:"二人一见如故,纵谈国事,所见无不合,遂相交。时有留学生总会出《民彝》杂志,余与守常(李大钊字)被推选为编辑。此余与守常共事之始。守常因袁世凯复辟帝制事生,约余与湖南申文龙、云南王九龄等秘密组织神州学会,作革命机关,一时入会者甚众。"从此,李、高二人亲如兄弟,无话不谈。一次,李大钊告诉高一涵,自己年幼即父母双亡,于是就按北方人的习惯,凡无亲之幼子,可娶年龄大的女子为妻,以司抚养与治家之责。这样自己十岁就成了婚,妻子比自己要大八九岁。一涵听后,惊愕不已,对他们夫妇至今仍能相濡以沫、相亲相敬,敬佩有加。

四、高、李联手从事反袁斗争

与李大钊结交后,高一涵不再离群独居,而与李大钊一起,参加了留

---

① 李大钊(1889—1927),字守常,河北乐亭人,中国共产党主要创立人之一,中国最早的马克思主义者和共产主义者之一,是中国国民党第一届中央执行委员会委员之一,也是在北伐时期推动颠覆中国政府的重要人物之一,同时为共产国际的成员及其在中国的代理人。

日学生组织的许多活动。1915 年 2 月 11 日，留日学生总会在青年会馆召开有两千人参加的大会，成立留日学生总会。李大钊、高一涵参加了大会和总会的工作。大会抗议日本向中国提出“二十一条”。并通过五条决议：(一)电政府请强拒“二十一条”要求，并发布其条件公之人民；(二)以文字警告及励导海内外国民；(三)留日学生对外之宣言；(四)设立分机关于京沪以便进行一是；(五)准备归国办法。留日学生总会后遭袁世凯当局严令解散。

1916 年 1 月 16 日，为了反对袁世凯复辟帝制的斗争，留日学生总会再次举行大会，选举了干事长，继而组建评议部、执行部和经费委员会、文事委员会。当时，李大钊和高一涵均因写作能力强在留日学生中闻名，便负责成立文事委员会。李大钊力推高一涵出任委员长，自己出任编辑主任。与此同时，高一涵又被列为评议部议员、经费委员会委员。在此前后，李大钊与高一涵还同不少志同道合的留日学生组织发起了“再造神州”的活动，成立了“神州学会”的反袁组织，李大钊、高一涵和安徽老乡姚子才同时参加了这个组织。

神州学会以“研究学术、敦崇气节、唤起国民自觉、图谋国家富强”为宗旨，高一涵为主要成员之一，以后发展到四五十人。该会设评议部、编辑部，机关刊物为《神州学丛》，主要通过“分科研究、演讲和编撰书报”等方式进行活动。①

与此同时，李大钊、高一涵一起，组织文事委员会的一些委员，共同筹办《民彝》杂志。从此，两人几乎形影不离。在《民彝》杂志时，他俩工作配合非常默契，关系也越来越密切。高一涵在《民彝》上先后发表了《国本》《共和》《程度与民政》三篇署名文章，大力宣扬共和国体。进一步讲清民主共和国家与封建专制制度的本质不同之处。这年春天，李大钊著作了《青春》《民彝与政治》《“晨钟”之使命》等著名长篇论文。在《青春》等文中，李大钊以不可遏制的热情，表现了他那种迫切要求“青春中华”、

① 《神州学会简章》，载《神州学丛》第一号《白坚武日记》1917. 2. 11。

独立解放的强烈愿望，号召青年“冲决过去历史之网罗，破除陈旧学说之囹圄”，站在民主自由的最前列，为“索我理想之中华”而斗争。高一涵看了《青春》初稿后十分欣赏，深深佩服李大钊深邃的思想和不凡的才气，力主李大钊将《青春》寄给先期回国主办《青年杂志》的陈独秀，以产生更大影响。陈独秀接到李大钊大气磅礴的《青春》之后，特将这篇文章编发在《青年杂志》二卷一号上，并从这一期起，将《青年杂志》改名为令人耳目一新的《新青年》。

第三节　襄办《新青年》

1914 年，章士钊离开日本回到上海。甲寅杂志社也随之迁回上海继续出版。高一涵在新出版的《甲寅》上发表《章太炎自性与学术人心之关系》的约稿。陈独秀则萌发“让我办十年杂志，全国思想都全改观”的斗志。国内“二次革命”失败后，中国时局变化使陈独秀认识到，在中国光搞政治革命行不通，而“欲救中国，建共和，首先得进行思想革命”。于是为了实现自己思想救国的伟大理想，于 1915 年 6 月从日本回国抵沪，开始积极筹办宣扬自己主张的杂志。他曾向仍在日本留学的高一涵约稿。1915 年 9 月 15 日，《青年杂志》在上海群益书社出版了创刊号。从此陈独秀、高一涵等高举科学民主大旗，迈出了思想启蒙的重要一步。

一、《新青年》创刊与中国新文化运动开启

《青年杂志》从第二年第二卷第一号起，改名为《新青年》，为叙述方便，以下皆以《新青年》谓之。《新青年》的创刊出版，标志着中国新文化运动的大幕徐徐拉开。

我们知道，20 世纪的中国经历了三次历史性的巨变：辛亥革命、新中国成立和党的十一届三中全会后的改革开放。新文化运动以其独特的启蒙性和开创性独立于第一次历史巨变与第二次历史巨变之中。由于新文

化运动直接导致了“五四”运动的最终暴发，所以，历史上又称“五四”新文化运动。新文化运动不仅是中国新、旧民主革命的分水岭，而且在中国社会进程中具有划时代的标志性意义。

我们还知道，20 世纪的中国，经历了 3 次思想大解放运动：“五四”新文化运动、延安整风运动和 1978 年的真理标准大讨论。当今史学界认为：“五四”新文化运动是中国思想解放的开端，延安整风和真理标准大讨论是“五四”新文化运动思想解放的继续和发扬光大。

由《新青年》创刊而拉开的中国新文化运动大幕，高举科学与民主的伟大旗帜，向统治中国几千年的封建主义、帝国殖民主义及其赖以生存的封建伦理道德、政治、法律、宗教、教育、文化（包括文字、文学、学术、戏剧、艺术）等发起了一场又一场声势浩大的猛烈攻击，进行了一次又一次历史颠覆性的社会革命，以至把学、工、商、农直至军政各界都吸引到运动中来，深入到国家政治、社会风气、家庭婚姻、妇女解放等方方面面，其影响真可谓深远而广泛。

当代学者、《陈独秀全传》作者唐宝林等曾先后著文说：《新青年》足足培养了中国一代青年人。现已有史料证明，毛泽东、周恩来、张闻天、董必武、冯友兰等老一辈革命家、史学家都曾受到《新青年》的影响。所以，毛泽东在七届二中全会的预备会上评价陈独秀和他主办的《新青年》时说：“我们是他们那一代人的学生。”这个问题后面还要细说。现在就让我们从《新青年》的创刊号说起吧！

《新青年》的创刊号上刊登了醒目的《社告》：

一、国势陵夷，道衰学弊，后来责任，端在青年。本志之作，盖欲与青年诸君商榷将来所以修身治国之道。

二、今后时会，一举一措，皆有世界关系。我国青年虽处蛰伏研求之时，然不可不放眼以观世界。本志于各国事情、学术、思潮，尽心灌输，可备攻错。

这就是《新青年》的创刊宗旨。

就在这个创刊号上，刊登了陈独秀的相当于发刊词的《警告青年》一文，文中他用惊世骇俗、石破天惊的话语，提出先进国民“自觉心”的6条标准：

> 自主的而非奴隶的；进步的而非保守的；
> 进取的而非退隐的；世界的而非锁国的；
> 实利的而非虚文的；科学的而非想象的。

二、襄办《新青年》

《新青年》一创刊，就把陈独秀与高一涵的名字紧密地联系在一起。当代史学界研究高一涵，首先从《新青年》作为切入点来展开研究，且大多从《新青年》初期，即上海时期来评价高一涵在新文化运动中重要的历史地位。随着研究的逐步深入，在过去的30多年里，大量新的历史资料被不断发现，证明高一涵在《新青年》中期，即北京时期为6大主编之一，其历史地位不言而喻。在《新青年》后期，即北京《新青年》阵营分裂解体，《新青年》仍由陈独秀一人带回上海编办，随后发展成为共产党的一份机关报，高一涵仍是《新青年》的铁杆撰稿人。

《新青年》时期的高一涵

1. 初期：《新青年》主笔之一。从创刊号起，《新青年》的宗旨和陈独秀的“六条标准”一直体现在杂志的文章中，体现在作者队伍身上。高一涵在创刊号及二、三号上发表了《共和国家与青年之自觉》的3篇连载文章。从

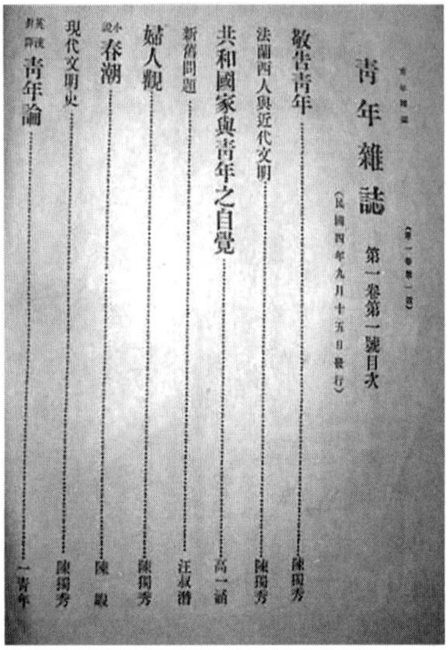

青年雜誌 第一卷第一號目次

（民國四年九月十五日發行）

敬告青年……陳獨秀

法蘭西人與近代文明……陳獨秀

共和國家與青年之自覺……高一涵

新舊問題……汪叔潛

婦人觀……陳獨秀

小說 春潮……陳嘏

現代文明史……陳獨秀

英漢對譯 青年論……一青年

《新青年》创刊号目录

论文的标题看,就与陈独秀遥相呼应。紧接着,在二、三、四、五、六号上,高一涵又接连发表了《近世国家观念与古相异之概略》《民约与邦本》《国家非人生之归宿论》《读梁任公革命相续之原理论》《自治与自由》以及译文《戴雪英国言论之权利论》等著名文章。一卷二号上一连发表了两篇。三、四号上也发了两篇。陈独秀对他写的稿子视为雪中送炭,总是安排在他的主打文章下面,成为贯彻《新青年》宗旨的重要言论。如第一卷头五个期号的前二、三篇稿件安排:

敬告青年(陈独秀)
法兰西人与近代文明(陈独秀)
共和国家与青年之自觉(高一涵)

今日之教育方针(陈独秀)
共和国家与青年之自觉(续本卷一号)(高一涵)

抵抗力(陈独秀)
民约与邦本(高一涵)
共和国家与青年之自觉(续本卷二号)(高一涵)

东西民族根本思想之差异(陈独秀)
国家非人生之归宿论(高一涵)
读梁任公革命相续之原理论(高一涵)

一九一六年（陈独秀）

我（易白沙）

自治与自由（高一涵）

高一涵的这些文章以科学演进论为指导，系统论述了现代国家的性质、个人与国家的关系、政府的权限、自由、民主、人权等，这个现代民主国家理念的重大政治理论命题。在现代政治文明建设再次提上国家议事日程的今天，高一涵当年的努力，意义是重大的。陈独秀后来曾说："本社社员有多数人向来主张绝口不谈政治，我偶然发点关于政治的议论，他们都不以为然。但我终不肯取消我的意见，所以常常劝慰慈[①]、一涵二先生做关于政治的文章。"高一涵不负陈独秀的期望，以他在日本所学专业的深厚功底，出色地为陈独秀创建民主共和理论担纲助阵，成了《新青年》非常重要的主笔之一。唐宝林先生在叙述《新青年》初期作者时，第一个就点到了高一涵，称"高一涵是陈独秀进行新文化运动的第一位得力助手"。接着介绍第二位作者吴虞，最后说："高、吴二人可谓是陈独秀的左膀右臂、哼哈二将。"

吴虞，四川文士，后为北大教授。他紧扣陈独秀封建礼制革命和伦理革命的大主题，著有《家族制度为专制主义之根源》《消极革命之庄老》《礼论》《儒家主张阶级制度之害》等论文，并被陈独秀安排在他的主打文章之后，分别载于《新青年》第二卷第六、七、八、九号上。

2. 中期：《新青年》六大主编之一。1917 年初，《新青年》编辑部搬到北京后，《新青年》改为同仁合办刊物。由陈独秀、钱玄同、高一涵、胡适、李大钊、沈尹默等北大教授逐期轮流主持编务。

期间，高一涵一边与胡适、李大钊等轮流主持编务，一边继续为《新青年》撰写文章。从 1917 年在二卷五号上发表《一九一七年豫想之革命》起，相继发表了《近世三大政治思想之变迁》（四卷一号）、《读弥尔的

---

① 即北大教授张慰慈。——编者注

自由论》(四卷三号)、《皖江先闻录》(五卷四号)、《非君师主义》(五卷六号)、《和平会议的根本错误》(六卷一号)、《斯宾赛尔的政治哲学》(六卷三号)、《选举权理论上的根据》(译文)(六卷四号)、《老子的政治哲学》(六卷五号)等9篇著名政论文章。1919年,陈独秀、李大钊、高一涵等人因在《新青年》上发表反封建专制、宣传马克思主义和俄国革命经验的文章,而被反动军阀政府"特别照看",上了反动政府的"黑名单"。但李大钊毫无畏惧,与陈独秀、高一涵等人共同筹划主编《新青年》的《马克思主义专号》,于这年5月出版。高一涵还帮助李大钊完成了"专号"各篇文章法理学的论证和完善。有评论家说:单就六大主编之一这一点来看,高一涵在《新青年》中期的地位和作用就十分重要。

3. 后期:政论文章的铁笔杆子。在《新青年》后期即回到上海后,高一涵的作用仍然十分重要。这从陈独秀致高一涵的一封信中,得到充分体现。

《新青年》八卷一号因经费和稿源问题,主要是因办刊方向问题,迟迟不能出版。此时,陈独秀曾致信给北京编辑高一涵:

一涵兄:

你回国时及北京来信都收到了,《互助论》听说李石曾先生已译成,就快出版。如此便不必重复译了,你可以就近托人问他一声。

西南大学早已宣告死刑了。

你想做的《社会主义史》很好,我以为名称可用《社会主义学说史》,似乎才可以和《社会主义运动史》分别开来。听说李季君译了一本(英文)的《社会主义史》似乎和你想做的有点重复。

《新青年》八卷一号,到下月一号非出版不可,请告适之、洛声二兄,速将存款及文稿寄来。兴文社已收到的股款只有一千元。招股的事,请你特别出点力才好。

适之兄曾极力反对招外股,至今《新青年》编辑同仁无一文寄来,可见我招股的办法,未曾想错。文稿除孟和夫人一篇外,都不曾寄来，长久如此，《新青年》便要无形取消了，奈何！

弟：独秀　白

（一九二〇年）七月二日

高一涵接到陈独秀的这封信后，马上叹道：这真是“人是英雄财是胆”呀，独秀兄这次找我是找对人了，岂不知我家乡盛传的一句话，叫“京效梁，省寿奇，六安州还有子午二太爷”吗？他们可是当今的大缙绅，小财主啊！“京效梁”是北京有高效梁，即高一涵，一涵字为效梁。“省寿奇”，是指当时在安徽省政府协理财政的高一涵同乡高寿奇（一说他此时主管安徽民政），思想开明，颇受乡人好评。“六安州还有子午二太爷”是指当时在六安县政府统揽财政大权的高子午。高子午即高亚宾，辛亥革命初，曾与陈独秀等同入安徽新政府，并与高一涵同编《安徽船》报，探讨安徽革命航向（详见二章四节）。

高一涵想到这里，立即以高家长辈（寿奇小高一涵一辈，子午小一涵两辈）身份给二高写信，请他们给《新青年》雪中送炭，以解当下的经济危机。

高寿奇见信后的行动结果如何，目前尚无史料可考。高子午接到“四老爷子”（高一涵排行老四）的信后一方面发动高氏宗亲和开明缙绅捐款赞助，一方面面商六安政要从县财政拨款支持。不长时间就筹集一笔可观资金（具体数字无考），由高亚宾直邮上海陈独秀收。[①] 笔者在访问中得知，高亚宾亦因以上主要贡献，新中国成立后受到当地政府政治经济上的特优待遇。南官亭乡召开第一次庆祝解放暨乡政府成立大会，还特邀高亚宾坐在主席台上。

还有史料说：高一涵还同时致电时任鄂军总司令柏文蔚[②]请求援助。

---

① 参见《六安革命史》。

② 字烈武，寿县人，1916 年前后，曾与陈独秀、高一涵同在日本探求救国之道。

柏接电后，立即将他从日本借贷的300元日币[①]大部分捐给了新青年社。

柏文蔚对民主革命事业无私无畏的伟大精神，使高一涵久久不能忘怀，1944年高一涵还作怀念《寿烈武将军》诗一首，全诗如下：

五溪丘壑任栖迟，临水登山远不辞。
三峡楼台供啸傲，八公凤鹤助旌旗。
耆英图画须眉古，淮海威名草木知。
待捣黄龙归痛饮，寿春城下祝期颐。

（《金城集》民国三十三年稿）

此后不久，经陈独秀与高一涵等人的多方努力，《新青年》八卷一号顺利出版。

陈独秀致高一涵的这封信，所用信纸很是特别，一改以往用便签，而特用“劳工神圣社”的红格专用信纸，信纸的天头用红花套边，内印“各尽所能，各取所需”八个大红字，这八个大字是当时共产党人对共产主义社会的描述。这引起了当今史学界的浓厚研究兴趣，说法很多，但多是就信的内容说来说去，各有各的道理。编者认为，陈独秀这时正在创建中国共产党，不少当年志向一致的先进分子如陈望道、施存统、李达等已先后加入中共了，所以陈独秀作这样的特殊安排，似乎用话外音向高一涵喊话：你“一涵兄”对中共可有想法？参加中共可是挽救国家人民于水火的唯一光明之道啊！高一涵极有可能领悟了陈独秀的用意，在此后的岁月里，高一涵研究宣传马克思列宁主义的热情极为高涨，就是证明。

从1915年《新青年》创刊起，到1922年第九卷第二号止，共出54号。高一涵先后撰写了26篇文章，其中译文3篇。主要论述政治学、哲学、法律等问题。在这些文章中，高一涵介绍了西方资产阶级哲学理论家如霍布斯、洛克、卢梭等人的学说，并结合中国的实际加以分析、比较、评说，目

---

① 也有说是柏从日本所募的12万元巨款。

的在于以“政体启政例”，以改造国家；抨击北洋政府与军阀政客瓜分政权而置人民的福祉、国家的根本利益于不顾的丑恶行径，认为现在的革命就是要打倒军阀，使全体国民享福。

关于高一涵借助《新青年》这块影响中国乃至世界的平台，鼓吹科学与民主，构建现代国家理念，介绍传播马克思列宁主义，在接下来的三章里，将作详细介绍。

《新青年》中期，刊社同仁在刊物编办方向上产生分歧。实际上，这种分歧，自1917年胡适加盟《新青年》阵营后就开始了。胡适一开始就主张《新青年》不谈政治，只谈哲学和文学。陈独秀开始也容纳了胡适的主张。但当他逐步转向马克思主义之后，面对中国当时残酷的革命斗争形势，使他逐步认识到要彻底推倒封建专制，让劳动阶级出来掌权，以改造国家为主旨的《新青年》不谈政治是绝对不行的。这种分歧随着当时政局形势的发展和陈独秀南下去上海从事革命活动，不仅分歧程度逐步加大，又出现《新青年》继续在京编办，还是随陈独秀回沪编办问题的争论。1921年1月22日，胡适致信诸同仁，提出“《新青年》稍改内容，以趋重哲学、文学为是”“仍在北京编辑”的主张。2月6日，陈独秀致信胡适，认为“近来（北京）大学空气不太好，现在《新青年》已被查封，非移沪不能出版”。“你们另办一个报，我十分赞成……但我都没有工夫帮助写文章。而且在北京出版，我也不宜做文章”。至此《新青年》同仁编辑团体（阵营）正式解体。[①]

三、《新青年》阵营分裂解体的历史必然

以陈独秀为首的马克思主义者和以胡适为代表的“改良主义者”分道扬镳是历史的必然结果。

改良，原指去掉事物的个别缺点，使更适合要求之义，暗含在现有的基础上修改，不包括推翻重来。改良主义是一种政治思想，一般来说，是

---

① 高大同，《高一涵年谱》53页。

作为暴力革命对立面而出现的。所谓革命，是要求从根本上改变事物的本质。所以改良主义排斥一切暴力革命，以温和的手段在细枝末节上对原有体系制度进行补充修订。改良主义是工人运动中的一种资产阶级和小资产阶级思潮。其主要内容是：反对从根本上推翻剥削制度，主张在不触动资本主义制度的条件下实行点滴的社会改良；美化资本主义制度，抹杀资本主义实质，鼓吹阶级合作，反对无产阶级暴力革命和无产阶级专政；宣扬资产阶级民主，认为无产阶级只有通过扩大所谓民主和取得议会多数就可取得政权，"和平长入"社会主义。

早在1919年10月5日，陈独秀在寓所召开《新青年》编辑部会议，讨论《新青年》的方向和出路问题。会前，胡适主张《新青年》为"改良主义"服务。他的这个主张，首先遭到鲁迅的公开反对，鲁迅当即回应说："《新青年》是仲甫带来的，现在仍旧还给仲甫，让仲甫一人去编吧！"于是，《新青年》自七卷一号起，仍由陈独秀一人主编。1920年2月，陈独秀去上海时，就将其带到上海出版。随着陈独秀全面转向马克思主义，并开始筹建中国共产党，《新青年》也随着全面"赤化"。5月出版了第七卷第六号是"劳动节专号"，从第八卷一号起《新青年》正式成为中国共产党的机关报。胡适试图以《新青年》宣扬改良主义，最终未能达成。①

当然，《新青年》的群体分裂，是南北双方同仁都不愿意看到的结果。注重友情的陈独秀更是如此。他自7月2日致信高一涵以后，又多次致信高一涵与胡适，有时不惜抛去自尊，让步求全，希望北京同仁继续支持《新青年》。12月16日他在即将去广州之前，再次致信胡适、高一涵，说："《新青年》色彩过于鲜明，弟亦不以为然。陈望道君亦主张稍改内容，以后仍以趋重哲学文学为是，但如此办法，非北京同仁多做文章不可。近几册内容稍稍与前不同，京中同仁来文太少也是一个原因。"

但因信的末尾又说，南方盛传胡适与陶孟和与研究系（以梁启超为首的保守派）接近，口碑恶劣，提醒二人注意，而引起了胡适的不满。

---

① 唐宝林，《陈独秀全传》281页。

胡适收到此信，立即回信指责陈独秀不该听信谣言。陈独秀未接到胡适的回信之前，就应广东省长陈炯明的聘请，南下广州，主管教育工作。他一到广州，就又致信高一涵与胡适，大谈友情，还想消除隔阂，拉近南北间的距离。

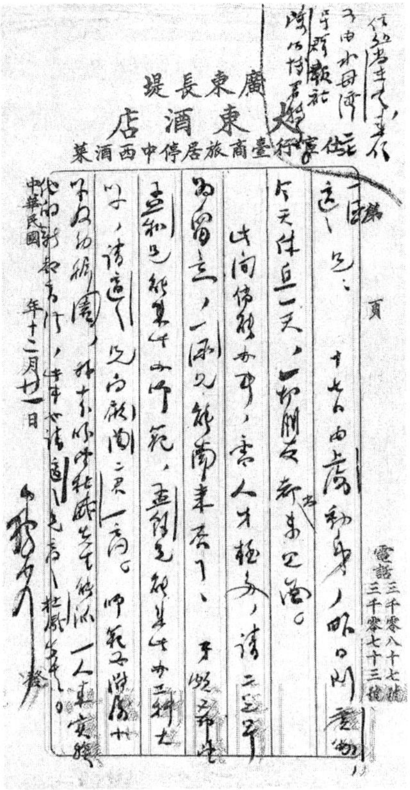

廣東長堤
東亞酒店
住家行臺商旅居停中西酒菜
電話三千零八十七號 三千零七十三號
頁
中華民國 年十二月廿一日

陈独秀致高一涵、胡适的信

编者注：信的天头上方一至三行文字为："来信可由水母湾二十七号群报社陈公博君转"

一涵
适之 兄：

十七日由上海动身，昨日到广州。今日休息一天，一切朋友都尚未见面。

此间尚能办事，需人才极多，请二兄早为留意。一涵兄能南来否？予颇希望孟和兄能来此办师范，孟余兄能来此办工科大学，请适之兄向顾、陶二君一商。师范要附属小学及幼稚园，我十分盼望杜威先生能派一人来实验他的新教育法。此中也请适之兄商之杜威先生。

(1920 年）十二月二十一日

弟：独秀

陈独秀明明知道，《新青年》阵营分裂大势已不可挽回，但他又非要这样做，信中的"兄""弟"二字，充分表明了陈独秀此时内心世界是怎样的复杂和无奈。

直到 1921 年 1 月 3 日，胡适致信陈独秀，提出解决《新青年》阵营即将分裂的三条办法。这封信中带有许多挑战性的话语，实际上是对陈独秀的最后通牒。陈独秀接信后非常生气。1月9日，他立即致信胡适、高一涵、张慰慈、李大钊、陶孟和、鲁迅、周作人、王星拱、钱玄同九人，对胡适的三项“通牒”逐项作了应答。

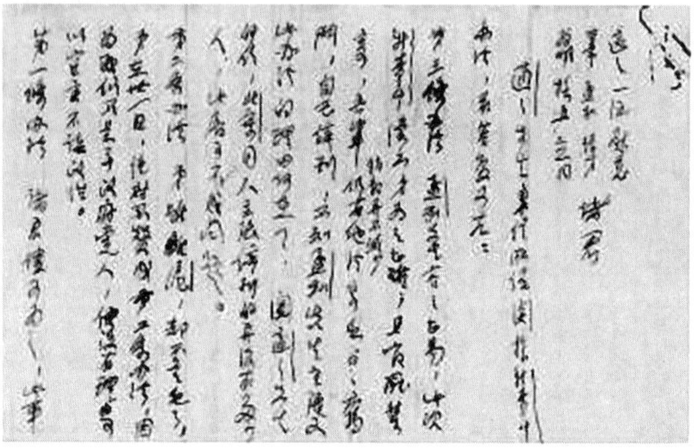

陈独秀致胡适、高一涵等九人信

而北京同仁方面，情况更为复杂，各自意见纷纷扰扰。大致可分为三种情况：

1. 胡适（也仅有胡适）从始至终怕《新青年》落到陈望道手里（因陈是这时期《新青年》的执行主编），成为宣传苏维埃主义的工具，使自己利用《新青年》，宣传改良主义的计划落空，于是千方百计反对《新青年》在上海编办。

2. 高一涵、李大钊等人希望《新青年》能到回北京编办当然更好，如果继续在上海编办，他们起码要继续支持和投稿。这从高一涵以后的投稿行动中得到充分证明。

3. 钱玄同、王星拱、陶孟和等人也希望回京编办，万一不行，有的主张改掉《新青年》之名，有的主张分为两个刊物，但不管怎样，都不能因《新青年》在哪里编办而伤害《新青年》阵营的团结，给梁启超的保皇派看笑话。

这里还要在补充说一句，《新青年》群体分裂过程远不是像本文介绍的这么简单。但仅从陈独秀的这些信中，也可看出高一涵在《新青年》后期的重要作用。

四、一如既往支持陈独秀

现在让我们来看看《新青年》阵营由于陈、胡双方的意见之争而导致最后分裂，高一涵是站在哪一方的？过去一般史料都认为，《新青年》解体后，高一涵是站在胡适一方的。他帮胡适编辑《努力周报》，宣传改良主义就是证明。但是笔者根据目前的史料研究分析，认为这种结论并不准确，应予澄清。

《新青年》阵营解体之前，高一涵在《新青年》上发表的文章，篇篇都是讲政治的，从而赢得陈独秀的信任。所以陈独秀才在1920年9月1日的《谈政治》一文中说道："所以我常劝慰慈、一涵二先生做关于政治的文章。"这句话不仅印证了高一涵以前在《新青年》做那些政治的文章是奉了陈独秀之约，更印证了陈、高二人对谈政治问题的立场观点完全一致。因为高一涵在日本大学学的就是这个专业，干的就是这个活。《新青年》回到上海至阵营分裂解体后，在北京的原《新青年》同仁普遍怠工，不出钱、不出力、不投稿。而高一涵仍一如既往，继续为《新青年》投稿助阵。从七卷一号陈独秀接手主编起，高一涵在七卷二号上发表了《对于"治安警察法"的批评》，在七卷五号上发表了《罗素的社会哲学》，在七卷六号即"劳动节专号"上发表了《日本近代劳动组织及运动》一文，公开宣传要想"劳工阶级"自己起来掌权，就非行"布尔什维主义不可"。接着，在八卷六号上发表了柯尔（英）著《废除工钱制度》的译文，继续谈政治。在第九卷二号上又发表了《共产主义历史之变迁》的长篇论文，批评了以柏拉图为代表的从伦理上立论的伦理共产主义和以基督教为代表的从人道上立论的人道共产主义，崇尚赞扬了以马克思为代表的从经济基础上立论的经济派共产主义，即科学社会主义，旗帜鲜明地与陈独秀站在一起。在《新青年》最后一号上，又发表了高一涵的《省宪法中的民权问题》，继续向封建的军阀统治发起进攻。

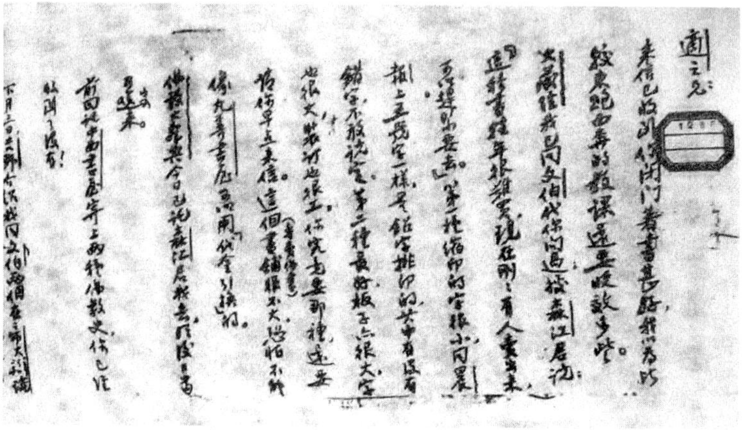

高一涵致胡适信，告诉他自己正在为《新青年》“五一劳动节专号”写一篇《日本近代劳动组织及运动》做调查研究

至于《新青年》回归南方，高一涵在北京与胡适共办《努力》周报，宣传改良主义，证明高一涵在《新青年》解体后，是站在胡适一方的，实际上是一种历史上的误解。本书八章三节中将予详细解析。

第四节　高一涵与鲁迅

通过以上记述，高一涵在《新青年》阵营中的地位和作用一切都回到历史的本真。去年六安方家看了本传初稿后说：“这些史料对六安大多数人来说非常珍贵。……我建议你有必要把鲁迅与《新青年》的关系也作一简单交代。”根据他的建议，我有幸读到《鲁迅与〈新青年〉到底是什么关系》等有关文章，对其作相关介绍：

鲁迅（1881—1936），本名周树人。1902 年公费留学日本。1905 年—1907 年在日本参加过革命党活动。1909 年回国，发表过《文化编志论》等论文。因受达尔文进化论和托尔斯泰博爱思想的影响，改医业，从文艺，“希望用文艺改变国民精神”。他的文艺作品主要以小说、杂文为主。他的小说《祝福》《阿 Q 正传》《狂人日记》等几乎影响了中国几代人;他的杂文开创了中国杂文革命的新时代。这些直到今天,专家学界都给予一致肯定。

关于鲁迅在《新青年》中的地位与作用问题,可分以下几个时间段来谈:

一、《新青年》初期,鲁迅尚不知有《新青年》。1915 年 9 月,《新青年》在上海出版发行,标志中国新文化运动开始。这时期的鲁迅正在北京教育部任"佥事"(旧官名,如同今部级一般办事员),"心态不好""心灰意冷""闲时看看古书,抄抄碑帖,对什么新鲜事都打不起精神"。

二、1917 年元月至 1918 年 5 月,鲁迅开始接触《新青年》。这篇文章说,1917 年 1 月 19 日,鲁迅弄到一本《新青年》,看过后,就转给弟弟周作人看看,并认为"其中一些言论值得一驳"。在这段时间里,鲁迅了解《新青年》大致是通过二弟周作人(此时在北大任教,并为《新青年》编辑部成员)为纽带的。

三、1918 年 5 月到 1920 年 2 月,鲁迅为《新青年》小说撰稿人之一。1918 年元月,《新青年》迁入北京,改为同仁合办刊物,并改为白话文写稿,开始注重刊登小说、文艺作品。这使得鲁迅写小说之心再起。4 月,他应六大主编之一的钱玄同之约,开始写小说《狂人日记》,刊登在《新青年》的四卷五号上。此后,鲁迅又先后在《新青年》上发表了《孔乙己》《药》《风波》等多篇小说。

对于这段时间鲁迅是不是《新青年》编辑部成员,有专家研究认为不是。原因一是身份不便,因为鲁迅是教育部"佥事"。因此连他在《新青年》上发表作品,都得使用化名"鲁迅"。因为当时《新青年》作者都使用真名,他的这个化名,也是编辑部特许的。二是他和编辑部主要人物少有熟悉。他熟悉陈独秀只是通过二弟周作人才有了书信来往;他熟悉李大钊,大致也是这种情况;他与六大主编之一的高一涵这个时候只是闻其人,未谋其面,他的小说《孔乙己》还是通过二弟周作人转呈给高一涵,才得以发表,因为高一涵是这一期号的主编。

不过,当代专家通过考证也认为,《新青年》本来就是同仁合办刊物,鲁迅的小说《狂人日记》等在当时确实引起过不小的轰动，他又与六大主主编之一的钱玄同交往较多，性情相投。更重要的是陈独秀对鲁迅的小说很是欣赏，并渴望他多多为《新青年》投稿。因此，鲁迅作为《新青年》外围重要人士应邀参加一些会议是完全有可能的。

四、从 1920 年 2 月，《新青年》由陈独秀带回上海出版，鲁迅仍是忠实的小说撰稿人。《新青年》群体分裂后，北京作者同仁普遍怠工，只有鲁迅和高一涵二人一如既往，奋力写作。鲁迅先后在七卷二号、三号上发表《一个青年的梦》（连载），在八卷四号上发表《幸福》（译文），在九卷一号上发表《故乡》，在九卷三号（也是最后一号）上发表《三浦右卫门的最后》等文艺作品，充分反映一位人民文学家的崇高品质和革命精神。

五、至于鲁迅批高一涵，大致情况是这样的：高一涵曾在《现代评论》的《闲话》栏目上发表这样的言论：

> 近几年来，最脍炙人口的，绝不是讨论问题和阐发学理的一类文字。只是揭开黑幕和攻人隐私的一类文字。越是扳着学者的面孔，讨论学术问题的文字，看的人越少；越是带着三分流氓气，嬉笑怒骂的揭黑幕攻隐私的文字，看的人越多……社会上既欢迎嬉笑怒骂的文字，而著作家又利用社会的弱点，投其所好，又怎能不造成报界风气，叫人家认为小《晶报》为大雅之声呢？
>
> 我二十四分的希望一般文人收起彼此互骂的法宝。做我们应该做的和值得做的事业。万一骂溜了嘴，不能收束。正可以同那实在可骂而又实在不敢骂的人们，斗斗法宝。就是到天桥走走，似乎也还值得些！否则既不敢到天桥去，又不肯骂人，所以专将法宝在无枪阶级头上乱祭，那么，骂人诚然骂人，却是高傲也难乎其为高傲罢。

对高一涵的这些言论，鲁迅有过多次反击，虽然未用真名，但笔锋相当厉害，骂高一涵是“拿着软刀子的妖魔”，讽刺高一涵是“君子使徒”（见《坟·题记》）。事后，高一涵对于鲁迅的这些言论一直未加理睬，鲁迅出完气也就消了。这件事在当时百家争鸣时代本是一件很平常的事，但由于论辩双方都是重量级人物，还是造成了一定的历史影响，直到今天还有学者对其进行研究，试图分出一个谁是谁非来。

第四章　共举科学与民主大旗

清末民初，中国的上层主流社会由于受数千年封建独裁的统治，闭关自守，夜郎自大，愚昧落后的意识形态还占主导地位。王法古义像铁索牢笼一样，统治着中国人的思想行为。高一涵说："回顾吾邦，事事返古，出死力以排除近世国家原理。似惟民主义能行万方者，独不能行于吾国。非持数千年前陈言古义，逆系人心，则其群必将立涣。凡其制为吾史乘中所未经见，即当视作异端左道，百计驱除。一若国国皆循进化大势以前趋，独吾一国必遥立于天演公例而外，逆进化之大势而退转。自由平等人格权利，在他国视为天经地义，倾国家全力以保护之者，在吾国必视为离经叛道，倾国家全力以铲除之。他国已入于一治不乱之时者，吾国必永罹一治一乱之劫。犹曰：此吾国历史之特征也，此先王之微言大义深入人心也，此亚洲民俗不能强合欧美也。囚心于虞夏商周，定睛在三皇五帝，迷身于一朝一代历史现象之中，举其比例参勘观察会通之官能，屏而不用，则迷于一国史迹，更何待言。"①

第一节　共举科学救国旗帜

在这种形势下，陈独秀、李大钊、高一涵等一批饱受西方文明熏陶的

① 《近世国家观念与古相异之概略》，《青年杂志》一卷二号。

进步青年站出来了。他们总结欧洲近代强盛的原因，认为人权和科学是推动社会前进的两个车轮。他们以《青年杂志》为阵地，高举科学与民主的两面大旗，反复强调“人权”“进化”和“科学社会主义”这三件大事，大声呼唤国人，特别是青年一代的自身觉悟和观念的更新，勉励国人特别是青年一代崇尚自由、进步、科学，要用世界的眼光，讲求实行和进取，以冲破封建牢笼，创造新的国家。

高一涵所以能成为《新青年》阵营的一员主将，是与他早期的努力分不开的。早在安徽安庆高等学堂读书时，他就系统地接受了学堂总监、清末思想启蒙大师严复的教诲。尤其是严复翻译的《天演论》，给他影响很大。《天演论》中的“物竞天择，适者生存”的科学进化思想，在他的脑海中演化成“科学演进论”，成为他日后各类著作的活的灵魂。在日本留学五年，他饱读了包括马克思主义在内的西方资本主义上升时期各国著名思想理论家的著作，使他满腹经纶、纵论天下大势的科学世界观和方法论初步形成。

高一涵和陈独秀一样，传播科学与民主的目的，全是为了挽救积贫积弱、内忧外患的国家。高一涵说：“非变法不能图存，非科学不能救国”，“要从西方的自然科学和社会科学中找到富国强兵之道。”①

为此目的，1920 年元月底，高一涵再去日本，搜集包括马克思主义在内的欧洲政治思想史料。1923 年 1 月和 1925 年 5 月，《欧洲政治思想史》上、中两卷由商务印书馆出版发行。在上卷自序上，他指出：“政治思想的功用，就在把许多有条理有系统的思想，用科学的方法，找出他的派别和来纵去路，为初学的人理出一点头绪……大概每种政治思想总都是时势的出产品。……由时势产生新思想，复由新思想造成新时势……”如此循环往复，不断演进，国家文明，岂不兴载?！高一涵不惜从简单的科学知识讲起，他在《青年杂志》第一卷第一号至第三号上，连载发表了《自由国家与青年之自觉》。在这篇文章中，他号召青年要“练志、练胆、练

① 《辛亥革命前后安徽青年学生思想转变的概况》，《高一涵文选》609 页。

识”，告诫青年，对于国家命运，“第一，戒在抱悲观；第二，戒在图自了”，要以主人翁的姿态尽责尽力，奋斗不已。他还举一反三地向青年们宣讲了科学的宇宙观、世界观，并希望青年们用实事求是的科学头脑识理处事，救国救民。如他说：“地形象球，高悬太空”“知地球之围绕太阳，为引力作用之所致。见落叶金石之浮沉，即理其从比重之法则而然。”“夫求科学之道，不外于万殊物理之中”，并“用以应事”等等。这些道理在今天看来，似乎连小学生都懂得，但在清末民初中国主流社会对西方文明几乎一无所知，“天圆地方”“中国为世界中心论”等夜郎自大、愚昧落后、闭关自守的陈腐观念还大行其道的时候，高一涵的这些宣传，无疑是起了振聋发聩的启蒙作用。又如1917年1月29日，李大钊、高一涵、邵飘萍等人帮助章士钊在北京创办《甲寅》日刊，他们认为：袁世凯的帝制已经废除，共和制度开始逐步建立，这是“新旧代谢”的不可抗拒的规律，所以李大钊、高一涵、邵飘萍等人主张依据“宇宙进化”的规律，要求该刊随着“世界进化”而“蜕变”“流动”，“用甲寅的进化，开导我国民的进化”。他们坚持用“进化论”的思想，宣传反帝反封建，为实现真正的民主共和鼓与呼。

为此目的，高一涵把科学救国理论传播到经济、政治、法律、道德、教育、宗教、文艺等领域的各个方面。

一、在政治和政策方面，高一涵针对当时“举国上下，昏昏终日，腐败停滞之机，触目皆是”的“国情”[①]提出要对国家的政治架构、政治体系来一个彻底的“改革时代”，“夫改革政治，非以革命为归宿”。[②] 他认为只有对国家政治体系改革来一场“革命”，才能创造一个“脱故谋新，日日演进”的“文明国家”。[③]

高一涵不仅给理想目标，还给详细规划。这就是他从1915年起，先

① 《高一涵文选》357页。

② 《读梁任公革命相续之原理》，《高一涵文选》349页。

③ 《高一涵文选》349页。

后发表在各大报刊上的数百篇文章,这就是他所著的《政治学纲要》。如果说他那数百篇文章是针对当时的政治积弊,一事给一济真方良药的话,改革当时年青的共和国政体乱局的总体参考书。

《政治学纲要》是以他在北大教授政治学和政治学史时的讲稿系统编辑而成的。在《纲要》中,高一涵以马克思科学社会主义理论为底子,兼收并包当时西方文明各国的政治法律理论而编成一部鸿篇巨制。《纲要》的章节目录如下:

弁　言

第三版　序

第一章　导言

第二章　政治学的方法

第三章　国家

第四章　主权论

第五章　国权的范围

第六章　人民的权利

第七章　政府职权的分配

第八章　议会制度

第九章　比例代表制与职业代表制

第十章　公民团体

第十一章　行政机关

第十二章　司法机关

第十三章　监察机关

应当说,《政治学纲要》一出版就被抢购一空。在之后不到一年的时间内,又相继出了二版、三版、四版、五版、六版。《纲要》所以这样炙手可热,主要是因为它给国人送来了改革国家政治体系的科学理论。且看高一涵说:“科学既然是人类主观的智识,对于客观的事物的解译,那么当然不能说科学是纯粹的客观了。不过自然科学常常以事实(客观)变理想(主观),而社会科学却常常以理想(主观)变事实(客观)。可是,我们如果细推起来,古往今来凡是配称科学的政治学,绝没有完全脱离的政治的事实,纯粹凭主观思想的。""凡是读过马克思唯物史观的人,大概至少总可以相信人类的思想,总要受物质环境的限制,多少总要相信那经济的构造是建筑法律政治制度的真正根基的格言。所以,我认为真正配称为科学的政治学说,绝不是凭空结撰的。"因此,高一涵郑重申明:他所教授的"政治学,是用科学的方法研究出来的关于管理众人的理论和能够实际运用的政策。"①

他认为国家政策是行政法规,对救国图存极端重要。因此,一定要用科学的方法来制定来实行。他说:"国家的各项政策,第一要用科学的方法决定,对于已经决定的政策,又要以科学的方法去执行。""把向来的政治学、经济学、伦理学和自然学等分类的界线一概打破,把这些科学混合在一块,另外创造起来一种行政科学。在科学行政的时代,需要行政的科学,乃是适应时代欲求的当然结论。"②

针对当时有人想全盘套用西方的民主政治制度来代替中国的封建制度,高一涵运用马克思"实事求是"的根本原理,特别强调:"研究西学文明政治,在经世致用。如果效果很好,便算这个器具有价值,如果效果不好,便抛弃掉,再造一个。"③"英国和法国相距很近,然在民治主义的理想目的各有各的意思,没有哪国抄哪国的。可见得政治思想是要正对着国内事实的发生,是要自由发挥自己的力量去做,不能抄袭人家的理想,也不能偷别人的政治学说,到环境不同的国家来应用,依样画葫芦。"④

值得注意的是:当前出版界有人仅据高一涵在《辛亥革命前后安徽青年学生思想转变的概况》一文中的一句话,就片面界定高一涵是一位

---

① 《政治学纲要·导言》,载《高一涵文选》5页。

② 北大讲稿,见《政治学纲要》十一章五节,载《高一涵文选》157页。

③ 《研究政治学的方法》,《新中国》一卷八号,1919年2月15日。

④ 《高一涵文选》,524页。

向往用“西方资产阶级民主政治制度是代替我国封建政治制度的最符合理想的好制度”的青年，并赫然写在某些高一涵著作再版的“作者介绍”中，是极不妥当的。

二、在社会经济改革方面，高一涵坚持“物质第一”的科学观点：“在马克思看来，政治进化的动机（力）决定不单在人类的意识，乃在物质的生产力……所以说社会组织的进化的原动力，不在心，而在物。”①

基于以上认识，高一涵在潜心研究政治的同时，时刻都在关注研究国内经济方面的问题。即便在他的监察生涯中，也矢志不渝。1935年4月，高一涵调任两湖监察使。5月他著了《国民经济的危机》一文，发表在本月10号的《国衡》创刊号上。在写这篇文章之前，高一涵在做了大量调查研究的基础上，运用“具体情况具体分析”的科学方法，提出了当时国民经济濒临崩溃的严重情况，他认为“危机”的“病因”是因为当局容忍军阀、财团、商贾为了一己私利，不惜损害本国民族经济的生存，疯狂引进外国技术资本，修铁路、办工厂、开公司、发股票，大肆推销“外国货”，大发特赚本国财。结果，使我国的基础农业受到严重冲击，新旧工业、商业、企业一个又一个萎缩、倒闭、破产，于是国民经济出现了严重危机！

接着，他指出：“经济是国家的命脉。故经济的破坏断送人民个人生命是一件小事，断送国家及民族的生命是一件大事。往日自由主义者，承认经济是达到个人生存目的的事业，故主张放任个人去做；现今的经济学者都认定经济是达到国家和民族生存目的的事业，故主张须有国家来统制。个人生产的组织要以国家整个的利害为主，为这些组织的个人，要对于国家负管理生产的责任，国家是主体，个人是客体，凡个人的经济活动，不能单为自己打算，同时要为国家和民族打算……故今天的经济是国家的经济、民族的经济，绝不是个人私有目的的经济……事业可由人民去经营，而利害必定要与国家的利害相一致。故此后建设应改换方向，从间接的生产建设，变成直接的生产建设；从推销外国货的建设，变成生产本国

---

① 见《政治学纲要》二章五节，载《高一涵文选》19页。

货的建设。这是我们的希望，这就是我们的主张。”

他唯恐不能引起当局的重视，又在文章的下方配发“破产的□□信托分公司”“倒闭在即的百货公司”“等待救助难民”“流亡的贫民”实景照片四幅；在文章后又配发《我国输出的递减》表，表中列出从民国二十一年到二十三年我国输出逐年大幅度下滑，进口却逐年大幅增加的惊人数据。据说，国民政府有关要员看了他的这篇文章，打电话给他，称他是“抨击洋资祸国的炮手，挽救民族经济的良医”。但是，此时的蒋介石政权已百病缠身，一心忙于打内战，对付共产党，哪有心思抓经济呢？其结果可想而知。

因为这篇文章至今未能引起研究者们的注意，故将原文原版影印如下：

—國民經濟的危機—

國民經濟的危機

高一涵

近幾年來國內建設的新事業，皆有很大的進步，例如道路的建設，水利工程的建設，以及鐵路電信等等的建設，成績皆卓然可觀，但是這一類新建設的事業，雖然一天一天的增多，而社會中舊有的事業，反而一天一天的減少，甚至於根本破壞。不獨農業破產已成顯著的事實，即其他工業，如棉紗業，絲綢業，毛織業，磁器業，夏布土布等業，亦皆陷入不可收拾的絕境。道路的建設，本以補助國內工商各業爲目的，但是結果，不是爲外國推廣汽車汽油的銷路，便是爲外國傾銷貨物的媒介。甚至於有人說：中國的鐵礦，是爲外國鋼鐵廠開的；中國的道路，是爲外國汽車公司汽油各公司而設的。所以建設事業一天一天的增加，而入口貨物也一天一天的增加。假乎所有的中國人，都是爲消費外國貨而生的，中國人的工作，都是爲消費外國貨而做的了。這話雖或有言過其實之處，但不是完全虛構的。

外國以前舊工商業破壞，是因爲新工商業進步；中國今日舊工商業破壞，不但不是因爲新工商業進步，反而造成新工商業的破產。所以中國舊工商業破壞，起而代之者，不是中國自己的新工商業，而是外國的新工商業。中國勞働階級的窮，是因爲新舊工商業同時破壞而窮；外國勞働階級的窮，是因爲貨財集中在資本家手中而窮。所以中國的窮，是因爲全國破產而窮；外國的窮，是因爲一部分過富而窮。所以中國的經濟恐慌，是因爲不生產而恐慌；外國的經濟恐慌，是因爲多生產而恐慌。外國是資本家富，勞働家窮，中國則不問資本家或勞働家，一齊皆窮。

經濟是國家的命脈，故經濟破產，斷送人民個人的生命尚是一件小事；斷送國家及民族的生命乃是一件大事。往日自由主義經濟學者，承

倒閉在即的百貨公司

等待救助難民

國衡半月刊 創刊號

認經濟是達到個人生存目的的事業，故主張放任個人去自由現在的經濟學者都認定經濟是達到國家和民族生存目的的事業，故主張須由國家來統制。個人生產的組織要以國家整個的利害爲主，這些組織的人，要對於國家負管理生產的責任。國家是主體，個人是客體。凡個人的經濟活動，不能單爲自己打算，同時要爲國家和民族打算。關於生產的組織及管理，國家是委託者，個人是被委託者。故今日的經濟，便是國家的經濟，民族的經濟，絕不是個人私的或達到私有目的的經濟。經濟要由國家來統制，這是毫無疑義的。國家要建設起來的國民經濟，應該以生產方面建設爲主。意大利向爲無煤無礦的國家，向爲入口貨超出的國家，但是近十幾年來，政府對於農業、墾植業、公共工程事業、交通事業、礦業、工業、化學工業、紡織工業等，極力經營，業已有長足的進步，而國民經濟亦一天一天的發達起來了。故今日國民經濟的建設，第一須以生產建設爲主，而這些生產的建設，同時又須要受國家的統制。事業儘可由人民去經營，而利害必定要與國家的利害相一致。故此後建設應改換方向，從間接生產的建設，變成直接生產的建設，從推銷外貨的建設變成生產國貨的建設。這是我們的希望，也就是我們的主張。

我國輸出的遞減

吾國出口各貨，向以原料及半製品爲大宗，如絲，植物油，金屬礦砂，生熟皮貨，花生子仁以及豬鬃，棉紗等，均爲吾國之主要出口品，是故原料及半製造品類之合計，常佔出口貿易總額半數以上。近年因生絲國際貿易之慘敗，原料出口總額，大受影響。因此其價值及百分數，均逐年減縮，計其價值，民國二十一年爲四億四千萬元，二十二年爲三億三千六百萬元，二十三年更降至二億八千四百萬元；其百分數，二十一年爲五十七%，二十二年爲五十五%，二十三年又降爲五十三%，其次爲飲食及菸草類，二十三年出口額爲一億三千八百萬元，佔總出口額百分之二十六。與上年比較，升高尚微。出口製造品，向來爲數不多，僅棉布，綢緞及抽繡品，花邊等數種輕工業或手工製品，各有一、二千萬元而已。而二十三年價更見減少，出口額自九千九百萬元減至七千九百萬元，所佔總出口之百分數，亦自一六、三%減至一四、八%

流亡的農民

破產的華僑信託公司

三、在道德方面，1915 年 5 月，他在《青年杂志》第一卷第一号上发表《共和国家与青年之自觉》一文。文中，他号召中国青年要摈弃古道德，建立新道德，担当起文明进化的重任。高一涵认为，要担负起这份责任，最根本的就是改造道德。他说：“古之所谓道德者，泰西则迷信宗教之威势，东亚则盲从君主之权力及先王之法言。自混沌初开以来，民智浅陋，茫不知人道之本源。言论思维，全与宗教相混杂，以为天地万物，一造于神，人生良心上之制裁，惟有托诸神意。”他指出，道德不是一成不变的，也是应该随时改造的。“道德而不适时势之用，则须从根本改造之，无所惜也。”他论述道德的进步，把古代道德与现代道德进行比较：“古之道德重保守，今之道德贵进取，古之道德拘于社会之传说，今之道德，由于小己之良心，古之道德，以违反习惯与否，为善恶之准，今之道德，以违反天性与否，为是非之标，古道德在景仰先王，师法往古，今道德在启发真理，楷模将来。古人之性，抑之至无可抑，则为缮练。今人之性，扬之至无可扬，乃为修养。此则古今道德之绝对反对者也。”

他在这篇文章中又说：“我绝不信世上所有的道德可以千万世而不变的。拿古人的道德作今人模范，先就违背了自然进化律令了。这种训教主义简直就是专制主义。”

他还认为，这种古道德已统治了社会宗族，并在宗族中形成世代固守的“宗法”。因此，改变古道德，必须从宗族这个基层社会细胞抓起。如1924年8月中秋节，高一涵为《高氏宗谱》撰写《十一修宗谱序》，其中写道：“今于族人约，凡祖宗功业彪炳于一世者，固宜努力继承。而祖宗成法有与时代精神相背者，亦宜改革。”

四、在社会改革方面，他还把《进化论》用到了社会革命上。如他在《民约与邦本》一文中说：“人事，演进者也。民情，流通者也。欲其循常规而之，必因势利导。不激其流，区别条理，不雍其机，否则郁之久者，宣必激，抑之甚者扬必高。凡力以其一冲击其一，必有反动之力以应之，冲力弥甚，抗力弥强……欲消除革命，唯有不挑激革命已耳。”（《新青年》第一卷第三号）正是基于这种科学认识，他又说道：“打倒军阀，使全体国民享幸福，这才是现在的社会革命呢。”“现在南北纷争，正是政治改革的动机。”①

五、在教育方面，他在初任安徽省教育司职员时，就在多方面提出许多科学的改革意见。在“五四”新文化运动中，他又反复强调符合进化论的科学的新式教育的重要性必要性，竭力反对“天地国亲师”的“君师主义”的封建主义教育。1916年秋，保皇党康有为上书黎元洪、段祺瑞，主张定“孔教”为“国教”，列入宪法。后在李大钊、陈独秀等新文化运动主将们的强烈抨击下，没有得逞。1920年11月24日，北洋军阀政府又颁布“大总统令”，命令全国教育普遍实行“天地君亲师”的总统君师教育。高一涵随在《新青年》五卷六号上发表了《非“君师主义”》一文，对“大总

---

① 《新青年》六卷一号。

统令”表示公开强烈反对。文中说：“我所以为天地君亲师的总统观念，所以发生的原因有二：1. 最缺乏历史的进化观念；2. 是实行制度革命而不实行思想革命的坏处。”他说：“所以教育一方面，都是帮助个人，叫他养成这种能力，叫他去自动，叫他去发展，叫他去做创新的先锋。”又说：“一定要拿社会生活做科学教育的背景，使学理帮助实行，使科学帮助道德，如此去做，方才使科学是活的，不是机器的。”①

六、在法律方面，他一再声称：“我们所讲求的是法治，不是人治。”而且，这种法律法规既“要符合历史进化的观念”，又“要体现行制度革命和思想革命的精神”。② 关于科学论法方面，本传在后面还有详细论说。

七、在文艺方面，在《每周评论》第十号上他发表的《我的戏剧革命观》一文，较为集中地体现了高一涵的科学艺术观，他说：“我的意思：说戏剧的进化，应当脱离旧戏的痕迹，创造一种新剧。好像上古的文明，由穴居进到宫室，由结绳记事进到书契一样。……我说不必改窜旧戏，不是说旧戏完全用不着改的，是说无论把旧戏改到什么样儿，到底算不算新戏?”所以他号召戏剧改革家“离经叛道”，大胆创新，“做中国戏剧改革的功臣”。

在高一涵看来，社会的文明进步，文化艺术的不断发展，也要靠“优胜劣汰”的原动力。如他在《国家非人生之归宿论》一文中，介绍了日本政治学家小野冢的“演进社会文化”论，认为“循序渐进，始遵国家生存之本基，继求小已社会之自由之权利，终则鼓舞振兴世界人类之文明者也”。

八、在宗教方面，高一涵针对当时中国政治经济积贫积弱，人民思变思强，外国宗教势力运用上帝神学（更不是科学）大肆入侵中国的情形，于 1922 年 2 月 6 日在《生命》二卷七期上发表《我对于宗教的态度》，指出“中国人现在应该极力讲究欧洲的科学，倒不必生吞活剥的去崇拜欧

---

① 《非君师主义》载《高一涵文选》387 页。

② 《非君师主义》载《高一涵文选》387 页。

洲人所崇拜的宗教”。1922 年 4 月联络北京各界人士 200 多人，发起成立反宗教大同盟，并发表公开声明，号召“全国四万万人民的觉悟和团结，努力钻研科学，追求真理，为广大的人类造福，使四万万同胞……向新的、民主的、自由的社会前进！”

高一涵相信，“科学是到处为家的”。（赫尔岑语）他一生为传播科学而奋斗不止。1943 年，他在任甘宁青监察使期间，不顾体弱多病，多次登台，做了《科学给予政治的影响》等科学演讲。1956 年 12 月 19 日，七十一岁高龄的高一涵还在《人民日报》上发表了《审判工作能不能向科学进军》的著名文章，提出“审判实践既是刑法、民法科学的发源地，同时又是刑法、民法科学的检验所”的著名论断，将“事实是根据，法律是准绳”这一科学审判原则引入我国法治领域。

党的十一届三中全会以后，高一涵所期盼的科学春天终于到来。“科学行政”已成为新时代的主旋律，中华民族在中国共产党的领导下，高举“科学发展观”的伟大旗帜，在建设中国特色社会主义大道上奋勇前进！党的十一届三中全会以后，高一涵所期盼的科学春天终于到来。“科学行政”成为新时代的主旋律。如今，中华民族在以习近平为总书记的中国共产党领导下，高举习近平新时代中国特色社会主义思想的伟大旗帜，在建设中国特色社会主义大道上，奋勇前进！党的十一届三中全会以后，高一涵所期盼的科学春天终于到来。“科学行政”成为新时代的主旋律。如今，中华民族在以习近平为总书记的中国共产党领导下，高举习近平新时代中国特色社会主义思想的伟大旗帜，在建设中国特色社会主义大道上，奋通前进！

第二节　共举民主救国旗帜

高一涵的“民主观”，是反帝、反封建、反军阀专制的锐利武器。1999 年“五四”运动 80 周年之际，中国青年政治学院中国马克思主义研究中心副教授、法学博士张春丽同志，在《中共党史研究》第三期上，发表了《"五四"新文化运动中高一涵启蒙思想初探》一文，文中对高一涵的民主观进行了全面深入的研究，现编辑如下：

一、陈高共举民主旗

高一涵是陈独秀的安徽同乡，幼年接受过私塾教育。进入高等学堂读书是高一涵一生的重大转折。在此，他不仅受到了辛亥志士的"宣传教育"，而且开始接触"西方文明"。高一涵曾喜欢阅读梁启超主办的《新民丛报》和《中国魂》，同时也阅读过宣传革命思想的《民报》。对进步报刊的阅读使高一涵"思想上起了很大的变化"。他开始认识到国家不强是"政府恶劣"，而不是"国民恶劣"，应该推翻封建统治，建立新政府。在高一涵思想开始发生变化之时，安庆又发生了一件大事：1907 年徐锡麟枪杀恩铭未果，被清廷以剖腹剜心的惨刑处死。这件事深深刺激了高一涵，使得他"对清朝统治也十分仇视，对革命则表示同情"。但此时高一涵对革命是个什么样子、革命后究竟要建立一个怎样的政治制度，"心中还没有底"[①]。当时高一涵并不真正了解中国的政治状况，对西方的政治思想及政治制度也知之不多，此时担任学堂学监的恰好是启蒙思想家严复。就是在严复翻译的《群己权界论》《法意》《原富》及《天演论》中，高一涵才开始真正地接触和了解西方文明。他认识到："西方资产阶级民主政治制度是代替我国封建政治制度的最符合理想的好制度"[②]。同时，安徽高等学堂"把学习英语看作压倒一切的功课"也为高一涵以后翻译、介绍西方政论家的思想提供了极大的便利。

可以这样说，梁启超为少年高一涵进行了初步的启蒙洗礼，而对于严复译介新思想的吸收则构成了青年一涵思想发展历程中所必然经过的

① 参阅陈万雄《"五四"新文化的源流》，三联书店 1997 年出版，第 3 页；《新文化运动前的陈独秀》，香港中文大学出版社 1979 年版，第 137 页。

② 高一涵：《辛亥革命前后安徽青年学生思想转变的概况》，《辛亥革命回忆录》（四），文史资料出版社 1983 年版，第 431 页。

一环。

民国初年，已近中年的高一涵来到日本明治大学政治科，开始系统地接受政治学方面的教育。这为他以后宣扬民主思想奠定了坚实的专业基础。高一涵在留学期间，受到民初"头号政论家"章士钊创办于东京《甲寅》月刊的吸引，成为章士钊麾下的主要编辑，并与时在东京同为《甲寅》担任编辑的陈独秀相识。对家乡革命传统的秉承、对政治问题同样异常的敏感和兴趣使得这两位同乡走到了一起。当陈独秀回国创办《青年》杂志时，特约高一涵为其担纲助阵。如同"把人物与甲寅联想，章行严而外，必忘不了高一涵，亦忘不了陈独秀"一样，[①]在《新青年》初期阵营中，言论重要且具有代表性的作者仍是陈独秀和高一涵。如果说，陈独秀在宏观地统领着《新青年》的方向，把握着它的主旨；那么，高一涵则是在具体而微地贯彻着陈独秀的宗旨以"改造青年之思想，辅导青年之修养"。[②]两者的协调分工、密切配合，在新文化运动初期表现得非常明显。陈、高二人长达十几年的合作也从此开始。十余年后，当高一涵忆起这一段经历时，曾这样写道："余时已到日本三年余，为穷所迫，常断炊。独秀约余投稿，月得十数元稿费以糊口。"[③]其实，高一涵早在《甲寅》月刊时就已初露他在政论方面的才华。在《新青年》初期，他更是尽显所长，其笔触涉及西方民主政治制度、民主与专制的区别、国家与国民的关系、民主与自由的关系以及人生的价值等诸多方面。1916年初，高一涵在留日学生自己组织的中国留日学生总会中担任评议部评议员、文事委员会委员长，与担任文事委员会编辑主任的李大钊一起编辑留日学生总会的机关刊物《民彝》杂志，并相约组织了"神州学会"。不久后，高一涵回国。他在继续为《新青年》撰稿的同时，也应章士钊之邀与李大钊一起同为《甲寅》社论撰稿人，"如是者有好几个月"。时人有"高李齐名"及"甲寅派"之说。

---

① 吴稚晖：《章士钊・陈独秀・梁启超》，《吴稚晖先生文粹》第1册，台北华文书店影印本，第316页。

② 陈独秀：《答王庸工》，《新青年》一卷一号。

③ 高一涵：《李大钊同志略传》，《中央日报副刊》（武汉），1927年5月23日。

1918 年，高一涵进入北京大学，并成为《新青年》六位编委之一。至此，高一涵已是新文化运动基地“一校一刊”中的核心人物。胡适曾把他和章士钊、李大钊、李剑农等统称为“逻辑文学”派。[①] 可见，高一涵所谓的卖文“糊口”之说有着文人自谦之意。

二、一心救国传民主

民国初年复杂多变的特殊社会历史环境，是高一涵探索中国民主政治的立足点；而《新青年》杂志则是他宣扬启蒙思想的一个最好阵地。高一涵凭借他深厚的国学功底、丰富的政治学知识，充分施展其政论才华。他以西方较为先进的民主政治理论为参照，对国人尤其是青年人进行民主启蒙教育。高一涵的民主启蒙思想主要包括以下几个方面：

（一）对民主观念的阐释。中国传统文化中固有“民为邦本，本固邦宁”的观念。无疑，这是传统文化中进步的因素，也在历史上不同程度地起过积极作用。受过典型且严格传统教育的高一涵自然接受了这一观念，并把它作为评判现实政治的观念标准。同时，他在日本受过系统完整的新式大学教育，西方的民主人权学说也已深深根植于他的意识中。这样，对传统民本意识的继承和对近代西方人权观念的体认就在高一涵的思想中相互糅合，形成他对民主观念的理解。

首先，高一涵认为民主在政治上的体现是“共和”，而“共和”的真义是“大同福祉”。

民国成立及“二次革命”后，实现民主政治是进步人士的共同呼声。高一涵认为：“共和”才是民主在政治上的体现。在他看来，共和是一形神兼备的有机体。其形式在于国体的非君主。它的主权者是“合万众之生以为生”的“创造团体”。与此相对应，共和精神在于“大同福祉”。高一涵从法律、政治两方面来阐发他的这一思想。就法律言，共和国家内部平等，一切自由，没有上下贵贱的区别，也没有“束缚驰骤”的力量，“凡具

① 胡适：《五十年来中国之文学》，《胡适作品集》8，台北远流出版公司出版，第 115 页。

独立意见者皆得自由发表”；就政治言，存在于国体内部各方的“情感思虑，相济相调，互底于相得相安之域，而无屈此申彼之弊”，避免使“国家意思为一党一派一流一系所垄断”。[1] 在这里，高一涵明显地流露了他对民主宪政的欣赏和艳羡，从而清楚地反映了他对国家的见解和主张：共和国家的主权存在于组成社会整体的人民总意之中。在法律面前人人平等。高一涵并没有把在中国实现真正的民主共和的希望寄托在任何一个党派身上，而是寄全部希望于国民整体。这正与章士钊以“有容”为原则的调和政治观相一致，也与李大钊政尚“有容”的观念有类似的地方。

从高一涵对共和国家的理解看，表明他受到了18世纪瑞士政治学者伯伦智理的影响。高一涵曾在译介伯伦智理的文章时这样评价他：“论者至拟之希腊亚里士多德。学风所被，论政之士，几无一不受其熏陶。”[2] 据梁启超介绍，伯伦智理认为，国家是一个“借人力之创作，经累叶之沿革，而始乃得成”的有机体。这个有机体的“形体”由类似人体“肢骸各官”的构件联结而成，其精神则是体现这种有机结合的宪法。[3] 这也正是高一涵“共和国家”思想的基本精神。同时，高一涵的“共和国家”思想中又明显糅合了法国启蒙思想家卢梭的“人民主权”观念。高一涵认为：卢梭集契约论之大成，倡人民主权之说，以“政府为奉行国家意思之公仆”，“立法之权永存于人民之手”。[4] 这也是高一涵所极力推崇的。显然，高一涵在吸收伯伦智理学说的同时，也接纳了卢梭的思想。

其次，高一涵认为民主的重要内容为“自由”，且“自由”的目的是为了形成新的“道德”。

新文化运动的倡导者从不同的角度在不同的领域对自由加以宣扬。可以说，他们对于自由的强调达到了历史上空前的程度。李大钊认为，

---

① 高一涵：《共和国家与青年之自觉》（一），《新青年》一卷二号。

② 梁启超：《近世国家观念与古相异之概略》，《新青年》一卷二号。

③ 梁启超：《政治学大家伯伦智理之学说》（节录），李华兴、吴喜勋编《梁启超选集》，上海人民出版社1984年版，第397～398页。

④ 高一涵：《民约与邦本》，《新青年》一卷三号。

“自由为人类生存必需之要求，无自由则无生存之价值”[①]。陈独秀更认为，“解放”就是“自由的别名”[②]；“学术上破除迷信，思想自由”是欧美文明进化的一个根本原因，中国如果不解决这个问题“将何以求适二十世纪之生存”[③]。可见，他们均将自由提到生存的高度来认识，这是对中国以往民主思想的重大突破和发展。

同李大钊、陈独秀一样，高一涵对自由也有独到之见。那就是，他把自由放到了道德的体系或范畴中去理解，认为自由与道德是不可分的。

在高一涵看来，“道德者，本着学理，应着时势，根诸人心”，而非一成不变。多少年来，由于对宗教的迷信、对君主权力的盲从，形成了畸形的国民心理状态。与此相对应，专制朝代多崇尚消极道德，有所谓“惩忿窒欲”“克己制私”“守份安命”一类道德格言。这反映出统治者借道德说教以防范人民“犯上作乱”的用心。按照近代国家原理与世界潮流，这些道德准则无不与之相抵触。而“今为共和，故道德亦当活泼进取而含有生机”。于是，“改造青年之道德”便成为高一涵认为思想启蒙应该完成的首要任务。高一涵的自由启蒙逻辑是：“道德之根据在天性，天性之发展恃自由，自由之表见为舆论。”[④]按照这一逻辑，自由的目的是使天性得到充分的发展，而天性的发展则是为了形成新道德。这样，自由的目的就是为了获取新道德，而不是去追求利益。可以说，在高一涵的观念中，道德不仅是自由的起因和结果，甚至也是自由本身。

高一涵认为，自由是出于天性的，不是国家所赐予，也不受法律的拘束。他甚至认为自由与国家是相互冲突的，“及相约而为国，则牺牲其自由之一部”。这里，高一涵似乎误解了西方启蒙思想家所倡导的“自由观”。其实，尽管西方启蒙思想家在不同的时期对于“自由”内涵的界定有所不同，但有一点是始终不变的，这就是，“自由与法律，秩序是始终联

① 《李大钊文集》上册，人民出版社 1984 年版，第 244 页。

② 陈独秀：《解放》，《新青年》七卷二号。

③ 陈独秀：《袁世凯复活》，《新青年》二卷四号。

④ 高一涵：《共和国家与青年之自觉》（一），《新青年》一卷一号。

系在一起的，自由不是绝对的。自由并不等于随心所欲”[①]。也是在同一篇文章中，高一涵又把“自重其品格”列为“自由要义”之首，他说，人要得到真正的“自由”，首先要自尊自爱。同时“亦必尊重他人之自由”，养成互相尊重自由权利的习惯，实现平等的自由。显然，高一涵试图按照卢梭“自然的自由”和“社会的自由”之说来诠释“自由观”。同时，中国传统的“己欲立而立人，己欲达而达人”“推己及人”的“仁”的观念也在制约着他的理解。

高一涵对于自由的理解还包括“思想独立”“舆论自由”这样的内容。他说，“共和国家之本则在舆论”，而“欲造成真正舆论，惟有本独立者之自由意见，发挥讨论，以感召同情者之声应气求”。[②] 这一点颇与李大钊对于自由的认识相似。李大钊认为，自由在思想言论方面的表现就是，不能“以众同禁一异者”，不同的思想言论要经过反复辩证，相互融通。[③] 高一涵甚至强调：“中国今日思想，不要统一，只要分歧。所有学说，不必先去信他，只要先去疑他。”[④]可以说，新文化运动的倡导者力陈思想自由和舆论自由的重要，正是要形成表达民意的政治，也正是对自由个性的呼唤。这成为当时政治民主思想的一个重要方面。[⑤]

（二）针对现实政治宣传民主。高一涵认为：“政治上的改革本来不是一件容易的事体。因为政治现象就是思想的写真，思想到什么地步，政治自然会变到什么地步……做治革命是应该天天做的事，不是几年几十年或几百年一行的事。社会是天天动的，是天天进化的，跟着社会动，促着社会进化，就是政治精神的革命。”[⑥]因此，他在猛烈抨击专制制度，宣扬民主思想的同时，也在对当时国家的现实政治给予敏锐的关注。

---

① 王勤田：《现代西方文化思潮鉴评》，当代中国出版社1993年版，第132页。

② 高一涵：《共和国家与青年之自觉》（一），《新青年》一卷一号。

③ 《李大钊文集》上册，第222页。

④ 高一涵：《读弥尔的自由论》，《新青年》四卷三号。

⑤ 高一涵：《读弥尔的自由论》，《新青年》四卷三号。

⑥ 高一涵：《八年来政治上的罪恶》，《新生活》八号。

首先,“揭破贤人政治之真相”。在一些所谓“士大夫”眼里,中国民智未开,尚不足以实行民主共和。但在民国成立后他们又不敢公然主张专制,便弃名取实,诡其词曰开明专制,或转饰其名曰贤人政治。对此,高一涵从七个方面对比了贤人政治与专制政治,得出“贤人政治殆几与专制同其界说”的结论。因为,所谓的“贤人政治”是“将公有之政权,私之于一部分人士”,这样以少部分人来代理全国人的事务,就使得人民的政治能力无从发展,使人民成为贤人手里的工具和附属。况且,所说的“贤人”也不过是以权力为标准,“权力愈大者,其贤也愈大”,其实,贤人未必真贤。显然,这样形成的是权力政治,而不是民意政治。高一涵特别强调:这是与国家的“民治”精神相违背的。“民治之精神在予以政治上之人格自由权利,藉政治之力以自造于贤人之域。政治其因,贤人其果。”而目前正是处于“贤人其因,政治其果”的“官制”状况。可以说,民国后的政治是一方面呼吁“自治自立”,另一方面却又在号召“依赖他人”。故而,高一涵哀叹:“欲以依人为生之民,行自治自立之事,是命盲者视聋者听之类也!”①应该指出的是,对于国家政治状况的这一认识并未导致他对国家的否定。比如,他曾针对国民制宪倡导会“毁法造法”的主张,呼吁“共和国的法律应当以国民总意为渊源”②“法律的毁造,应当依法律的手续办理,不要把现在又看成洪宪皇帝时代硬去假造民意,以遂自己的思谋”。③

高一涵把“贤人政治”与“官治”“专制政治”简单归列在一起,虽有些牵强,但在当时的情况下也确实给那些恪守旧思想并欲行强权政治的军阀、官僚、政客以打击,否定了“贤人政治”这种变相的封建政治观。同时在某种程度上也维护了民主理论的纯洁性。

其次,对君师观念的批驳。回顾中国几千年的专制历史,封建帝王不

① 高一涵:《一九一七年预想之革命》,《新青年》二卷五号。

② 高一涵:《甚么叫做〈国民制宪〉》,《每周评论》四号,1919 年 1 月 12 日。

③ 高一涵:《真真费解的国民大会》,《每周评论》六号,1919 年 1 月 25 日。

仅作君,还兼以作师,一身并兼。"'天地君亲师'的帝王观念,在中国是很印入人心的"。高一涵强调,共和政治并不是推翻皇帝就算了事,"单换一块共和国招牌,而店中所卖的,还是那些皇帝'御用'的旧货,绝不得谓为革命成功"。辛亥革命失败的根本原因就在于国民头脑中"君师"观念根深蒂固,以至于"皇帝虽退位,而人人脑中的皇帝尚未退位"。这实在是实行共和政治最大的障碍。于是,高一涵就1918年11月24日徐世昌发布的《大总统令》展开了对君师主义的批驳。在《大总统令》中,徐世昌对人民进行了一番"牖民成俗"的道德说教,俨然以人民的哺育者教育者自居。他把人民看作"奴隶""俘虏""赤子",甚至看作"没有人格的小人";而把自己看作"民之父母"。高一涵认为,国家或总统是没有资格干预人民的道德的,"主人的道德,须由主人自己培养","以我们自己的良知为标准,国家是不能钻入精神界去干涉我们的"。"我们所讲求的是法治不是人治,所研究的是法律不是命令",总统的职责是按法律履行公务,不能包办人民的一切。否则,就是违背了法律的原则。[①] 可以看出,高一涵对徐世昌训谕及君师主义的批驳,反映了新文化运动中人们反对人治、主张法治的政治观。

三、高一涵民主政治思想的特色

通过上述分析,可以看出,在"五四"新文化运动初期高一涵的思想内涵是极其丰富的,也是极具代表性的。其思想具有以下几个特点:

第一,对西方民主政治思想兼收并蓄、广采博纳。自近代以来,西方的民主观念开始渗入到一些进步的中国人的头脑中。如果说,在戊戌、辛亥时代,人们是把"民族独立和统一"作为主要着眼点切入到民主观念中的话,那么,"五四"新文化运动前期,面对异常错综复杂的政局,面对打开国门后从外面世界蜂拥而至并且流派纷杂的所谓民主思潮,知识分子则把他们的目光更多地投向"人权自由、个性解放"这样的主题。透过上

---

① 高一涵:《非"君师主义"》,《新青年》五卷六号。

面对于高一涵启蒙思想的分析，可以看出这位新文化运动主将就着力宣扬了这一主题。高一涵思想所涉及的范围非常宽泛、内容非常庞杂。在这里我们似乎看到了亚里士多德《政治学》中关于“共和政体”“平民政体”的理论，卢梭的“天然自由说”“社会契约论”，看到了伯伦智理的“国家有机体”学说，也看到了约翰·密尔强调的“思想自由、言论自由”的思想，甚至还可以看到杜威的“实用主义”和克鲁泡特金的“互助论”，以及边沁的“乐利主义”等等，不一而足。或许可以这样说，不仅当代著名思想家的理论，甚至远到几百年以至上千年前的一些哲人的思想在高一涵这里都得到了参照、引用甚或推崇，有时也许还有曲解或误解。这固然与高一涵自身的情况有关，如他的知识结构、某种特定的价值取向及思维方式，但更是由当时的国际环境及国内状况决定的。从高一涵这里，可以看到各种所谓的民主概念或带有民主内容的思想材料是怎样杂糅在一个人的头脑中并组合构成他自己特定的民主观念的。从某种意义上说，“五四”新文化运动时期，高一涵的思想在一定程度上呈现了一种“无序”特征，各种观点甚至是相互矛盾的观点被兼收并蓄。因为，在高一涵看来，“凡先进国回环顿挫，历数世纪始获得之进步，后进国可寻得捷径，而于一世纪之中追及之”①。在多种思想纷然杂陈的“五四”时代，这实际上也是进步的知识分子在接受外来思想文化时普遍存在的现象。应该说，重要的并不在于高一涵是否形成了自己的思想体系，而是在于他对西方民主思想的宣扬给予了当时中国人以一种新的观念和意识，从而有助于人们从思想根基上进一步突破封建思想意识的束缚。

这里有一点须指出的是，尽管高一涵广泛吸纳了西方各种所谓的民主思想，但是在1918年的一篇文章中，高一涵却又批评了“摭拾十八世纪之前学说，以津津自喜”的现象。他说，“如天赋人权，小己主义，放任主义，早为西人所唾弃者，尚啧啧称道，自诩新奇”，是不可取的。高一涵认为“今日之急务”是向国人介绍近世西人政治思想的三大变迁以作为“吾

① 高一涵：《近世三大政治思想之变迁》，《新青年》四卷一号。

国政治思想变迁之引导”[①]。这种看似矛盾的说法或做法也许正是高一涵心理“进化”的表现。或许此时高一涵试图使自己的思想摆脱“无序”的状况,并且试图更清醒地贴近中国的政治现实来接受世界上最新出现的思想以寻得一条利于中国政治进步的路径。

第二,受自身原有思想文化的影响、制约。如果说西方思潮对高一涵“五四”时期民主思想的形成起了重要作用的话,那么,与生俱来的传统思想对其新观念的形成也有着不可忽视的影响。

尽管“五四”新文化运动的一个主要内容是对中国传统孔学儒教的批判,但是邃于国学甚至在某方面有所专精的知识分子在传播新思想新观念之际,却经常有意或无意地回到他们最为熟悉的传统文化中去找寻根据或佐证。譬如,新文化运动的倡导者在运动的一开始,就把道德的改造作为目标提了出来,陈独秀认为“伦理的觉悟”是“最后觉悟之最后觉悟”,高一涵更是在《青年》杂志开卷就以“改造青年之道德”立意著文,试图把国民从封建传统道德的束缚中解放出来,并武装以新的道德。也正是强调道德在改造政治与社会中的作用这点,恰恰与中国传统政治思想中“道德教化”及“德治”的主要内容相吻合。《论语·为政》中就有“为政以德,譬如北辰,居其所而众星共之”的观点。《礼记·大学》中所讲的“意诚而后心正,心正而后身修,身修而后家齐,家齐而后国治,国治而后天下平。自天子以至于庶人,壹是皆以修身为本”,也是要求人们从加强自身的道德修养开始去实现齐家、治国、平天下的目标。而类似的道德说教在高一涵的文章中随处可见,甚至在阐释“民主”这样的政治学概念时也过于偏重它的道德含义[②]。毫无疑问,中国自古形成的重视道德的价值观在“五四”时代知识分子认识、理解和接受新思想新观念时仍然起着不容忽视的作用。

第三,对于西方民主思潮接纳、宣扬的目的仅在于“经世致用”。尽

① 高一涵:《近世三大政治思想之变迁》,《新青年》四卷一号。

② 参阅朱志敏《“五四”民主观念研究》,北京师范大学出版社 1996 年版,第 165 ~ 168 页。

管在《新青年》创刊之初陈独秀曾声明："批评时政非其旨也"，但进行伦理的变革，为共和立宪深植精神基础却是相当明确的。况且，中国社会以政治为本位、为中心的运作特点以及知识分子自古即有以天下为己任，关心国事民瘼的传统也在深深地影响着"五四"时期的知识分子。于是，面对洪宪帝制后外不能御侮，对内残害人民的袁世凯政府和无建国之力的国民，进步的知识分子争于寻求一种"临病发药"的救世良方以拯救国家、人民。但是，政治的变革或新政治的实现又"必有新理想导之于先"①。出于这样一种急功近利心理，他们企望从西方各种思想流派中撷取现成的理论丰富自己，以适应改造社会的需要。这就注定了他们不可能脱离社会现实，去进行纯学术纯理性的研究和探索，而只能把民主等思想作为"经世致用"的工具来接纳及宣扬。高一涵曾这样讲："一切制度政策都是人类为达到目的所应用的器具"，经试验，"如果效果很好，便算这个器具有价值，如果效果不好，便弃掉再选一个"②。他的这种说法有代表性地反映了当时多数知识分子对某种思潮只重其实践价值而忽视理论探索的思想倾向。与其说高一涵等人是对西方的某种思想理论感兴趣，不如说他们是在学以致用地寻觅引导中国走上现代化道路的捷径。然而，民主制度的确立，个人的自由解放，总是通过一定的社会秩序、社会组织乃至与自己民族传统的合理关系来实现的。显然，在当时的条件下，高一涵等思想者是无力完成这一任务的。

（本节一、二级标题为编者所加）

① 高一涵：《近世三大政治思想之变迁》，《新青年》四卷一号。

② 高一涵：《研究政治学的方法》，《新中国》一卷八号，1919年2月15日。

第五章 根据国情 构建现代国家理念

早在1911年的12月中旬，高一涵应韩蓍伯之约，与同乡宗家高亚宾等人一起，编辑《安徽船》报，高亚宾任主编，高一涵等人任编辑和撰稿人。《安徽船》的主旨是鼓吹民主、共和，讨论如何将辛亥革命进行到底的重大问题。高一涵应在这时就开始着笔研究何为“民主”，何为“共和”等这些关乎现代国家理念的重大命题。因为高一涵此时已从安徽高等学堂毕业，初步领略了西方的民主和文明，接受了孙中山的“三民主义”“五权宪法”的洗礼。可惜，因年代久远至今未能找到《安徽船》报的踪影。

1914年5月，高一涵在日本明治大学政治经济科留学已经两年。反清斗士章士钊在日本东京创办《甲寅》杂志(月刊)，集结了当时中国最进步的一批知识分子，如陈独秀、李大钊、高一涵、周甦、易白沙等，纵论时局，行文发论，总结辛亥革命失败教训和原因，反对袁世凯复辟、专制，鼓吹宪政、共和。高一涵积极为杂志撰稿，先后发表《民之祢衡》《章太炎自性及学术人心之关系》《宗教问题》。8月在《甲寅》一卷四号上发表了《民福》一文。高一涵的这些文章篇篇抨击时政，启蒙思想，令人振聋发聩。就是在《民福》一文中，高一涵初步提出了自己的现代国家理念。

1915年6月，陈独秀从日本回国，在上海创办《新青年》，宣扬民主共和，约高一涵为其担纲助阵。高一涵不负所托，从《青年杂志》创刊号起，接连发表《共和国家与青年之自觉》等一系列文章。1916年5月又在李大钊主编的《民彝》杂志第一期上发表了《国本》《共和》等政论文章。

在这些文章中，高一涵全面论述了现代国家的性质，个人与国家的关系，政府的权限，自由，民主，人权等问题，提出了系统完备的现代国家理论。

第一节　承担起确立新观念的历史使命

《新青年》杂志的初衷就是培养和造就新青年。这个工程需要两路并进：一是破除旧观念，一是确立新观念。确立新观念的重点之一是传播现代国家理念，高一涵承担了这项使命。他的文章比较全面地传达了现代国家理念，不仅可以唤起人们对民主共和的向往，而且与现实形成比照，可以唤起人们变革现实的热情。在当时的新文化阵营中，没有几个人对于现代国家的性质，个人与国家的关系，政府的权限，自由，民主，人权等问题有系统而全面的见解，高一涵的文章弥补了《新青年》集团的诸多不足，为新文化运动增添了光彩。

说起"五四"新文化运动，人们都会想到《新青年》，想到陈独秀、胡适、鲁迅等这些响亮的名字，却不一定想到高一涵。其实，高一涵是不该被忽略的。只要翻开新文化运动初期那些有影响的刊物，比如《新青年》《甲寅》《新中国》《太平洋》等，随处可见他的名字。尤其是《新青年》创刊初期，高一涵的地位和作用是无人可以替代的。虽然高一涵为《新青年》的创办，以及现代国家理念的传播作了不可磨灭的贡献，可是，在后来的岁月里，高一涵却逐渐被淡忘。直到今天，很多历史人物都被重新发现，而对他的研究却仍然很少。从屈指可数的几篇研究文章可见，他显然仍未引起人们的重视。然而，要研究"五四"新文化运动中对现代国家理念的传播，其代表人物不仅仅是陈独秀等人，还应该有高一涵。在现代政治文明建设再次提上议事日程的今天，他当年的努力是不该被遗忘的。

第二节　表达新文化运动的基本诉求

以《新青年》创刊作为标志，新文化运动拉开了大幕。陈独秀在创刊号上发表的“社告”和六条标准就是《新青年》的创刊宗旨，也是新文化运动的初衷。

杂志创刊之初，主要作者不过那么几个人：陈独秀、高一涵、李亦民、汪叔潜、彭德尊、陈嘏，但陈嘏主要是在连载小说《春潮》和《初恋》，而彭德尊后来也很少发表文章。第二期增加了易白沙，第三期来了刘叔雅，第四期又来了高语罕，到了第二卷，吴稚晖、马君武、吴虞等人加盟，阵容有所壮大，但在迁往北京之前，作者队伍仍是一个小团体。在这个小团体中，高一涵无疑是一根台柱子，是重要人物。1917 年 1 月，陈独秀就任北京大学文科学长，《新青年》随之迁到北京，作者队伍迅速壮大，高一涵的文章也随之减少，但是，他的地位仍然很重要。后来《新青年》实行轮流主编制，他曾是主编之一，与陈独秀、胡适、钱玄同、沈尹默、李大钊轮流担负主编之责，地位仍然不亚于鲁迅、周作人等人。同时，他还参与了《每周评论》《现代评论》《努力》等刊物的工作。

参与《青年杂志》之时，高一涵仍在日本留学，但杂志几乎每一期都有他的文章，而且常常一期就有两篇。第一卷六期刊物，高一涵发表九篇文章，分别是：《共和国家与青年之自觉》《近世国家观念与古相异之概略》《民约与邦本》《国家非人生归宿论》《自治与自由》……从文章的题目可以看到，他的文章内容比较集中，体现着他在日本所学专业的特色，讲述的主要是现代国家理念。而这正是《青年杂志》的努力方向之一，显示着新文化运动的基本诉求。辛亥革命之后，古老的帝国变成了民国，一个新的国家诞生了，但陈独秀等人痛苦地看到，上至总统总理等国家领导人，下至士农工商普通百姓，多数人并不清楚这片土地上发生的变化，不明白民国与帝国不同的性质，所以，共和国的政治一时难入正轨。其实，这一切不难理解，因为作为辛亥革命后亚洲第一个民主共和国的中华民国的诞生的确有些仓促，历史的准备显然不足。人们可以迅速完成共和国的制度设计和宪法草案，却无法迅速造就合格的现代国家公务员和合格的现代公民。面对中华民族走向共和的第一步遭遇的挫折，后来的人们往往满足于抨击当时的时政，满足于指责袁世凯。但当时那些清醒的人们知道，发生的一切都不奇怪：一方面，袁世凯和他的同僚们，几天前还是帝国的臣子，转眼就成了民国的总统，这个总统怎么做，他们既不清楚，更不习惯。他们更习惯于按照传统的规矩行事，而传统的规矩就是专制君主制度之下的那一套。另一方面，作为刚刚诞生的共和国的公民，人们更没有意识到自己由帝国子民到民国主人这种身份的转变，进衙门去见自己花钱聘用的政府官员，仍然要像鲁迅所描写的阿Q那样，不自觉地就要跪下。鉴于这种情况，陈独秀等人做出了与袁世凯、孙中山等不同的选择，要培养青年的公民意识，造就现代公民，从而为共和国造就一个稳固的基础。而要培养现代公民意识，首先就要播撒现代国家理念。在这一方面，陈独秀虽然有足够的自觉，而且在《爱国心与自觉心》中有集中的表述，但是，他毕竟缺少专业训练，对现代国家法理的方方面面，难有全面而准确的把握。此时，高一涵连续发表文章，致力于现代国家理念的传播。如果说新文化运动有“破”与“立”两条战线的话，从吴虞、钱玄同到鲁迅，做的主要是“破”的工作，而在“立”的工地上，高一涵无疑是当时的主将。

当时的高一涵与陈独秀基本见解一致，对陈独秀的努力给予了全面的配合。陈独秀发表《敬告青年》，选定青年作为言说的对象，与青年探讨“修身治国之道”[①]，高一涵的文章谈的是“共和国家与青年的自觉”；陈独秀发起伦理的革命，高一涵论述的是现代国家伦理；陈独秀致力于唤醒个人，高一涵论述“国家非人生之归宿”。

总之，新文化运动初期的那些主题，大多由陈独秀提出，而在高一涵

① 陈独秀：《青年杂志·社告》，1915年，一卷一号。

那里得到深入的阐发。可以说,正是高一涵使《新青年》一开始就充分显示了同仁刊物思想上的一致性和团体作战的特色,并且为《新青年》增添了现代思想的光彩。

第三节 现代国家理念的基本内容

综观高一涵在《新青年》上发表的文章,其中心是传播现代国家理念。他论述共和国家与专制国家的不同性质,论述个人与国家、国家与政府、民主与自由等一系列关系,论述自由的复杂内涵,目的是让人们明白自己与国家应有的关系,进而明白应该如何对待国家和政府,如何做一个共和国公民。这对于当时的中国而言,无疑是非常必要的。

众所周知,晚清思想者大多有很强的救亡意识。他们也谈议会、民权和自由,但出发点是国家,因而对自由、民主和人权的思考也像对军舰、大炮和铁路的思考一样,目的是国家富强,而没有把个人放到最高位置上。这种思想状况的改变最初表现在海外留学生中,但对国内的影响非常有限。与前代人相比,《新青年》集团最突出的特点之一,就是思考问题的出发点也不再只是救亡。他们更多地从个人权利出发,试图根据自由主义理念重构国家和社会伦理秩序,因此,首先需要唤醒个人,重新确立个人与国家、社会的关系。在这一方面,高一涵的贡献是巨大的。他一系列文章的核心内容就是个人与国家关系的论述。

要弄清个人与国家的关系,就不能不面对不同国家的不同性质。众所周知,古代的帝国或王国,与现代国家性质完全不同。在帝国或王国,国家是帝王的私产,是他们自身或祖先为子孙打下的家业,人民和土地不过是他们的占有物。在这样的国家,“普天之下,莫非王土,率土之滨,莫非王臣”,表述的都是基本事实,子女玉帛皆属帝王所有,人民权利当然无从说起。但是,在英国革命、法国革命和美国建国之后,世界上却出现了一种新的国家,即现代国家。在这种现代国家,情况完全变了:国家是全体公民的，主权在民；政权出自选票，执政者只是人民选聘的管理者；宪法是人民制定的，用以限定政府的权限，并防止执政者僭越或违背人民的意志。这种现代国家首先出现于西方，但在辛亥革命之后，中国却也开始了这场伟大的历史转换，国家从帝王手中转移到人民手中，不再是帝王或某个集团的占有物。这是一个划时代的转换，从道理上讲，一般的中国人在这时候才有了自己的国家。正如钱玄同后来所说："若从中华民国自身说，他是公历1911年10月10日产生的，那一日才是中华民国的真纪元。就中国而论，这日是国民做'人'的第一日；就世界而论，这日是人类全体中有四万万人脱离奴籍，独立做'人'的一个纪念日。"[①]但是，对于这个道理，当时的多数人并不清楚。人们不是把昔日的帝国当成了"吾国"，就是把民国混同于昔日的帝国。因此，高一涵需要讲述的内容之一，就是两种国家的不同性质，以及共和国的立国原则。在《共和国家与青年之自觉》这篇长文中，高一涵首先说明的是共和国与专制国的不同："专制国家，其兴衰隆替之责专在主权者之一身；共和国家，其兴衰隆替之责则在国民之全体。专制国本建筑于主权者独裁之上，故国家之盛衰随君主之一身为转移；共和国本建筑于人民舆论之上，故国基安如泰山，而不虞退转。为专制时代之人民，其第一天职，在格君心之非，与谏止人主之过，以君心一正，国与民皆蒙其庥也。至共和国之政治，每视人民舆论之为运施，故生此时代之人民，其第一天职，则在本自由意志（Free will）造成国民总意（General will），为引导国政之先驰。"[②]在《近世国家观念与古相异之概略》中，高一涵介绍了伯伦智理（Bluntschli）的学说："向也国家剥夺人权，因亦讳言小己之自由。国民多为无权利之奴隶，所谓自由公民，仅少数耳。……今也国家一视同仁，凡属人类，均享人权。"这里的"小己"就是"个人"。在这段话后面，高一涵批注道："人民为国家之牺牲品，若主人之豢畜犬豕麇鹿然，视人若物，剥尽其权，此太古国家之盛衰

① 沈永宝编，《钱玄同"五四"时期言论集》，上海：东方出版中心，1998年。

② 高一涵：《共和国家与青年之自觉》，《青年杂志》，1915年，一卷一号。

兴废所以……今者国本在民之理，大阐明于西方。举国家全力，保护人民之权利。人智日启，即国家之文化日高。国家文明，因人演进。自今以往，日新月盛，将永绝一治一乱、突兴突败之局，而立不退转之文明。”他为此而奋笔写道：“保障人权，其今日立国之神髓也欤！”①在《民约与邦本》中，他又着眼于人民与国家的关系，写下了这样的内容：“往古政治思想，以人民为国家而生，近世政治思想，以国家为人民而设。”“宪法由国家主权而生，非以限制国家自身之权力，乃以限制国家机关之权力。即规划政府对于人民布政运权之范围者也。”他告诉人们，现代国家的宪法来自人民，是限制国家机关的，不是限制人民的。国家主权在民，如果政府不能很好地履行职责，人民就可以更换政府。他强调说：“古今国家观念之根本差异，即在此主权所在之一点。”②也就是说，古代国家主权在君，现代国家主权在民，这是根本差异。这种论述，从根本上说明了什么是国家的现代性。这是当时和后来的人们都常常模糊不清的。在论述共和国的性质时，高一涵是这样提出问题的：共和国为何物？他告诉人们，共和国有其形式，又有其精神。形式是什么？他讲了两点：一是国家主权在民。二是共和国元首权力来自公民选票。“主权在民”是高一涵反复论述的一个重点。在他翻译的伯伦智理的《近世国家观念与古相异之概略》一文中，他点评道：“今世国家原理，在以国家为全体人民之国家，非为主政者一人之私产。无间君主共和，皆取惟民主义。”在《民约与邦本》一文中，他介绍了霍布斯、洛克、卢梭等人的学说，强调人民的权利和国家的职能：“国家之存，专以保护人民权利为职务。治权之运行，终不能超民权而独立。”关于共和国执政者，高一涵说：“其得位也，由于选举，其在任也，制有定期，非如君主之由于世袭终身也。”

关于共和国的精神，高一涵解释说：“共和原文，谓之 Republic。考其字义，含有大同福祉之意于其中，所以表明大同团体之性质与蕲向者也。

---

① 高一涵：《近世国家观念与古相异之概略》，《青年杂志》，1915 年，一卷二号。

② 高一涵：《民约与邦本》，《青年杂志》，1915 年，一卷三号。

就法律言，则共和国家，毕竟一律平等，一切自由，无上下贵贱之分，无束缚驰骤之力，凡具独立意见，皆得自由发表，人人所怀之意向，蕲求感情利害，苟合于名学之律，皆得尽量流施，而无所于惧，无所于阻。就政治言，使各方之情感思虑相剂相调，互底于相得相安之域，而无屈此伸彼之弊，致国家意思为一党一派一流一系所垄断。故民情舒放，活泼自如，绝不虞抑郁沉沦，以消磨其特性而拘梏其天机。"高一涵还强调了共和国的法理秩序："人民创造国家，国家创造政府，政府者立于国家之下，同与全体人民受制于国家宪法规条者也。执行国家意思，为政府之责。而发表国家意思，则为人民之任。"人民如何发表个人的意思而使之成为国家意思呢？私下议论当然不够，而是要诉诸舆论，所以共和国必须有言论自由和出版自由作为保障；要通过议会，所以要有自己选举的议员作为代言者。

在《共和国家与青年之自觉》第三篇中，他引用了美国人对国家的解释："国家者乃自由人民，为公益而结为一体，以享其所自有，而布公道于他人者也。（A. State is adody of free persons united together for common beneft to enjoy what is their own and to do justice to others.）"然后总结说："国家创造之主曰自由人民，所以创立之因曰为公益，所以永存不灭之理曰主公道，曰适宜于人群兼备，此四种要素而后国家方克巍然存乎天地之间，反乎此者，皆谓之违反今世国家成立之原则。"他讲述法国大革命的成就说："人权宣言之大旨：一曰自由平等，根于天生。二曰国家主权，完全在民。三曰法律主于人民总意，一视同仁。至其赋税，不得人民许诺，即不得增加一钱。"①论及现代国家的性质，高一涵反复强调的是：国家是人创造出来的，是保障人民权利的工具，个人与国家的本末关系不能颠倒。在《国家非人生归宿论》中，他批评一些以国家为目的的人，"殊不知国家为人类所创造之一物，其实有体质，即为人类所部勒之一制度，用为凭借，以求人生之归宿者也"。一事之起，必有因由，人为什么要建立国家？高一涵回答说，人们之所以需要国家，并且愿意付出代价养活国家，

---

① 高一涵：《共和国家与青年之自觉》，《青年杂志》，1915 年，一卷三号。

说到底是为了保障个人的权利。因此，如果国家不能满足人民需要，或违背了人民的愿望，就失掉了存在的合法性。“制度而不适于人群，斯直无可存之资格，终亦必亡而已矣。”他反复强调说：“盖先有小己后有国家，非先有国家后有小己。为利小己而创造国家，则有之矣；为利国家而创造小己，未之闻也。”“国家为人而设，非人为国家而生。离外国家，尚得为人类；离外人类，则无所谓国家。”

在《民约与邦本》中，他介绍了洛克的学说，认为洛克的一个重要贡献，就是对国家与政府的区别，“其第一要义，即在限制主权之行使。彼以为太初天下，人民之自由平等，得自天然。及相约为国，乃画定权力，若者托诸政府，若者仍留于人民。国家之存，专以保护人民权利为职务。治权运行，终不能超民权而独立。政府行使权力，设有所过，人民得收而反之”。他认为洛克的学说有三个重要之点：一、最高主权为人民所保留；二、政府权力来自委托而非固有；三、政府行动只有在宪法规定范围之中。然而，他对洛克的学说似乎并不满意，认为他的学说“升堂矣，而犹未入于室也”，真正入室者是卢梭。他认为，是卢梭确立了人民主权观念，“国家主权，几与人民之主权同视。政府为奉行国家意思之公仆，而绝不能发表国家之意思。立法之权永存于人民之手。……真正主权之人，惟属于人民全体。主权既在人民，断无自挟主权以迫胁人民自身之事。于是凡为政府，即为奉行人民总意之仆。选仆易仆，无容动其声色”。

众所周知，前现代国家与现代国家的重要不同，不仅表现于主权所在，而且表现于权力的范围。前现代国家有无限的权力，不仅是“君叫臣死臣不敢不死”，而且国家支配和控制一切，从宗教、典章、道德、习俗，到技艺、学术和文化，君主都有权横加干涉。当然，古代君主之所以在法理上有权干涉一切，主要原因就是国家是他自家的，所以从耕田织布到思想学术和文化娱乐，事无巨细他都有权过问。一般百姓只是被占有物，置身于别人的国家，只能被动地接受管理，生产国家之所需。但人类文明开始进入现代之后，情况不同了，现代国家主权在民，政府只是人民聘来的经理，因而权力有限。人民为防止国家权力损害人民权利，就要进行相关的制约，规定国家的权限，使其在宗教信仰、科学、技术、文艺、学术等方面都不得直接染指。高一涵对此有深入了解，也有精彩论述。概括起来，他关于国家权力有限性的论述主要集中在两个方面：一方面是，国家权力的适用范围仅限于人的外在行动，而不能涉及人的内心。“盖国家蕲向，有实行、理想之别。……凡人为之发见于外者，国家可加以制裁。至蕴于心意中之思想、感情、信仰，虽国家亦无如之何。以国家之权力，仅及于形式，而不能及于精神。”[1]另一方面，国家权力只限于保障人民自我选择、自我行动的权利，而不能越俎代庖，替他们行动。在这一方面，他在多篇文章中都有明确的表达。在《近世国家观念与古相异之概略》中，他说：“立宪国家之第一要义，即在限制其政权，而范围之于法律之中。国家违法，与人民违法，厥责维均。盖国家人民，互相对立，国家权力，仅能监护人民之举动，防其互相侵害，无间于物质精神，国家均不能以自力举行之。国家可高悬奖励学术技艺之典章，而不能以其权力自图其发展；国家可颁布奖励生产企事业之命令，而不能自任勤劳、自冒危险。其所能立者，则立于人民之后，赞助人民自为之耳。”在《国家非人生归宿论》中，他又强调了这样几点：一、“国家可赞助人民，使求终极之蕲向，而不能自代人民以求之”；二、“国家可颁布一切制度，以奖励人民之行为，不能代人民自行、自为之”；三、“国家可以权力鼓舞文化、学术之动机，不能自行进展文化、学术之事”；四、“国家但能颁布善良政策，助起产业之昌盛，鼓励勤劳者之心神。至生产企业投资、服役之事，亦非国家所能自行也”。他认为：“国家职务，在立于亿兆之间，以裁判其相侵、相害之事实，调和其相需、相待之机宜。奖励其自由，所以发其自治之动因；保护其人格，所以期其独立之结果。人民求其归宿，必取径于权利之一途。国家惟立于人民之后，持其权力鼓舞而振起之，以杜其害，以启其机，足矣！”他还引用了管子的话告诫政府：“‘毋代马走，使尽其力。毋代鸟飞，使弊其羽翼。’此则保护权

---

① 高一涵：《国家非人生归宿论》，《青年杂志》，1915 年，一卷四号。

利说之真正价值也。”[1]强调国家权力的边界，目的是保障公民权利。他所向往的，正是我们今天所说的“小政府、大社会”的国家政治格局。由此可见，高一涵深得自由主义真谛。

综上所述，关于现代国家理念，高一涵着重强调了三点：一是主权在民；二是国家是人民为保障个人权利而创造的工具；三是国家权力有限，不能侵害个人权利。这一切，都是当时处于摇篮中的共和国急需的文化补课内容。高一涵关于现代国家理念的这种言说，不仅可以唤起人们对民主共和的向往，而且可以与中国现实形成某种比照，使人们看到中国与真正的共和国家的差距，唤起人们把民主共和落到实处的热情。对于高一涵来说，这一切都是自觉的。面对中国的现状，他不无感叹地指出：“回顾吾邦，事事返古，出死力以排除近世国家原理。似惟民主义能行万方者，独不能行于吾国。……各国皆循进化大势以前趋，独吾一国必遥立于天演公例而外，逆进化之大势而退转。自由平等人格权利，在他国视为天经地义，倾国家全力以保护之者，在吾国必视为离经叛道，倾国家全力以铲除之。他国已入于一治不乱之时者，吾国必永罹一治一乱之劫。犹曰：此吾国历史之特征也，此先王之微言大义深入人心也，此亚洲民俗不能强合欧美也。囚心于虞夏商周，定睛在三皇五帝，迷身于一朝一代历史现象之中，举其比例参勘观察会通之官能，屏而不用，则迷于一国史迹，更何待言。”[2]与中国现实的这种联系，进一步突显了言说的意义。

第四节　鼓励青年担当起中国文明进化的重任

共和国的建国理念和基本规则明确之后，作为共和国公民，就应该自

---

① 高一涵：《国家非人生归宿论》，《青年杂志》，1915 年，一卷四号。

② 高一涵：《共和国家与青年之自觉》，《青年杂志》，1915 年，一卷一号。

觉摆脱专制统治之下那种被动的状态，自觉维护个人的权利。共和国虽然主权在民，但政府侵权或僭越仍是可能的。尤其是在专制传统根深蒂固的中国，虽然民国建立了，但帝国的政治文化不可能迅速退出历史舞台，专制传统必然要以各种形式顽固存在，因此，共和国政治也就不可能很快步入正轨。面对这种状况，不仅需要立法限制执政者以防止其侵犯公民权利，还需要公民自觉维权。而要维护个人的权利，就需要了解个人在共和国家的地位，清楚个人与国家的关系。

《共和国家与青年之自觉》第二篇主要讨论的就是个人与社会、国家的关系。高一涵在写作这篇文章时，国内已开始了国体问题的讨论。他知道，也许共和国很快就不存在了，向青年讲述这些共和国法理，有点不合时宜。但他还是要讲，因为他认为政治实质的变化，最终要取决于多数国民的心理所向，共和最终是否能够实现，是否能够巩固，说到底取决于国民是否有坚定的信仰和执着的追求。如果国人有坚定的信仰和执着的追求，专制暴力对民主共和就只能阻扼于一时，而不能阻扼于永久。高一涵梦想着："人人本其独立自由之良心，以证公同，以造舆论。公同舆论之所归，即是真正国体之基础。"大变革时期进步的思想者都是理想主义者，高一涵像陈独秀一样，不承认中国的"特别国情"是不可改变的，而是认定一个目标之后，就要努力向前推进。他告知青年："政治之事反诸物理，乃可以理想变事实，不可以事实拘理想者，惟其可以理想变事实也，故吾人须先立当然之理论以排去不然之事情，惟其不可以事实拘理想也，故吾人应超出已然之现象，而别启将然之新机。"①他鼓励青年要"耸起双肩，自负此责"，担当起中国文明进化的重任。

高一涵指出，在古代，人们自耕自食，自织自衣，可以老死不相往来。但到了今天，生产需要分工合作，生活需要互通有无，人们已经无法孤立生存。所以，个人需要社会服务，也需要服务于社会。这就决定了现代生活中个人与社会的关系。但是，因为这种关系，个人的自由和权利往往要

① 高一涵：《共和国家与青年之自觉》，《青年杂志》，1915年，一卷二号。

受到侵害,如何理解和认识个人与社会、国家的关系,是现代人面对的一个重要课题。高一涵说:“闭门自守之生活,既非今世之所能,则吾辈青年,即应以谋社会之公益者,谋一己之私益,亦以谋一己之私益者,谋社会之公益。二者循环,莫之或脱,损社会以利一己者固非,损一己以利社会者亦谬。必二者交益交利,互相维持,各得其域,各衡其平者,乃为得之。故今之为社会谋公益者,第一须取自利利他主义。自利利他主义,即以小己主义为之基,而与牺牲主义及慈惠主义至相反背者也。”[①]这段话包含了他对个人与社会、国家关系的主要观点。

首先值得注意的是他对“个人主义”的认知。在高一涵的文章中,个人主义常被称作“小己主义”,也被称作“自利利他主义”。后者非常明确地把自由主义的个人主义与人们通常所理解的“自私自利”“损人利己”区别开来,近乎后来胡适等人所说的“健全的个人主义”[②]。他告诉人们,自由主义的“个人主义”主要是一个与“政治”和“法权”相关的理论范畴,不能等同于一般意义上的道德判断。个人主义的核心不是别的,而是这样一种理念:个人是构成社会的基本单元,先于国家和一切人为的社会组织而存在,因此,在个人、社会、国家体系中,个人是第一位的。高一涵认为,在理想的政治建构中,个人、社会、国家的利益应该是一致的,“社会利益,乃根基于小己利益之上积合而成者。欲谋社会之公益,必先使一己私益著著落实”。他又说:“共和国家,乃合人人之利益以成社会之利益者。人己交际之间,必俱益俱利,乃不违乎社会公益之原则。设损一己之利益以利他人,则一己之利益既丧,即社会公益之一部缺而不完,而所谓利他者,未必即能为他人之利。”

高一涵主张“自利利他主义”,而且明确指出要以“小己主义”为基础。他解释说:“何言乎自利利他主义,必以小己主义为始基也?共和国民其蕲向之所归,不在国家,乃在以国家为凭藉之资,由之以求小己之归

---

① 高一涵:《共和国家与青年之自觉》,《青年杂志》,1915年,一卷二号。

② 胡适:《胡适文集》第5卷,北京大学出版社,1998年。

宿者也。国家为达小己之蕲向而设,乃人类创造物之一种。以之保护小己之自由权利,俾得以自力发展其天性,进求夫人道之完全。质言之,盖先有小己后有国家,非先有国家后有小己。为利小己而创造国家,则有之矣;为利国家而创造小己,未之闻也。”他知道,欧洲个人主义风靡,也带来了一些弊端,但他更清楚:“然其文明之所以日进不息者,即人各尊重一己,发挥小己之才猷以图人生之归宿。而其社会国家之价值,即合此小己之价值为要素,所积而成。”他还指出:中国数千年文明停滞之大原因,就在于“小己主义”不发达。“在上者持伪国家主义,以刍狗吾民。吾民复匿于家族主义之下而避之……卒致国家、社会、小己交受其害。”[①]他鼓励青年努力与旧习俗相战,以独立自重之精神,发扬个人之能力,追求个人的自由,维护个人的权利。因为他坚信,即使从国家与社会着眼,现代的国家与社会也都是建立在小己主义基础之上的。

高一涵主张“小己主义”是相当彻底的,所以反对“牺牲主义”与“慈惠主义”。他认为,人各有所欲,各有所求,就应该各自满足自己的欲求。牺牲之事,违反自利利他主义的原则,偶尔为之尚可,但决非“相安相得、各适其宜之道”。“慈惠主义”也是这样,发慈悲心,怜悯他人,救助弱小,似是美德,但利益应由勤劳而得,不劳而获很容易养成恶习。“使之不劳而得财,既反乎生计之原则,终也必养成被惠者之依赖心,挑动其侥幸之念,而败坏其勤劳之力。且己既以慈惠为仁为善而行之矣,则被惠者必为不仁不善。以仁善自居,而以不仁不善之事转加他人。一方受道德之美誉,一方犯不道德之恶名,已非一视同仁者所忍出。”因此,他告诫青年:“共和国家之青年,他日立身之计,惟以勤劳易利益,自保其人格,并以保他人之人格;不以慈惠之名,诱起社会之恶德,斯为中庸之正道矣。”

在《国家非人生归宿论》中,高一涵指出:“今吾国之主张国家主义者,多宗数千年前之古义,而以损己利国为主。以为苟利于国,虽尽损

---

① 高一涵:《共和国家与青年之自觉》,《青年杂志》,1915 年,一卷二号。

其权利以至于零而不惜。推厥旨归,盖以国家为人生之蕲向,人生为国家之凭借,易词言之,即人为国家而生,人生之归宿,即在国家。是也,人生离外国家,绝无毫黍之价值;国家行为,茫然无限制之标准;小己对于国家,绝无并立之资格;而国家万能主义,实为此种思想所酿成。"他广征博引,讲述了一系列西方先哲的观点:"陆克谓国家之蕲向,在保护人民之生命财产及自由。康德谓国家以发扬光大人类之权利为主旨。韩鲍德谓人类最高之祈求,即在完全发扬其能力。斯宾塞尔之说略与韩同,要皆藉国家之力,为一种方法,以发扬鼓舞群伦之权利者也。"最后,高一涵说:"国家者非人生之归宿,乃求得归宿之途径也。人民与国家有互相对立之资格。国家对于人民有权利,人民对于国家亦有权利。人民对于国家有义务,国家对于人民亦有义务。……人格为权利之主,无人格则权利无所寄,无权利则为禽兽为皂隶,而不得为公民。"面对一些盲目爱国言论,他说:"吾人爱国之行为,在扩张一己之权利。""小己人格与国家资格在法律上互相平等,逾限妄侵显违法纪。"他认为,不明白这一点,不明白个人与国家的关系,"美其名曰爱国,乃自剥其人格,自侪于禽兽皂隶,不独自污,兼以污国"。他指出,如果个人权利得不到保障,国家权力就根本无从谈起。所以,爱国的正确方式不是牺牲个人的权利,而是扩张个人的权利。如果为国家而损害个人的权利,就是损害了国家。

论述个人与国家的关系,无法回避"自由"这一现代政治命题。在《共和国家与青年之自觉》中,高一涵以很大的篇幅论述了自由,并且介绍了各种不同的自由学说。作为政治学者,他对佛老所谓的自由当然不感兴趣,论述更多的是西方现代自由观。同时,他对18世纪法国革命派之所谓自由似乎存有异议,但对否定法国革命自由观的人们也并不完全认同。他的思想介于洛克与卢梭之间,汲取的大多是他们共同的东西。根据西方政治学说,高一涵把自由分为天然自由(Natural liberty)和法定自由(Civil liberty),他说:"前者为卢梭氏之所主张,谓'人生而自由者也,及相约而为国,则牺牲其自由之一部'。是谓自由之性,出于天生,非国家所能赐，即精神上之自由，而不为法律所拘束者。”而后者正是柏哲士所说：自由源自国家，如果没有国家，个人的自由就无法保障。所以，“定自由之范围，建自由之境界，而又为之保护其享受自由之乐，皆国家之责”。高一涵说：“共和国家，其第一要义，即在致人民之心思才力，各得其所。所谓各得其所者，即人人各适己事，而不碍他人之各适己事也。”他告诫青年：“青年之戒，第一在扶墙摸壁，依傍他人。第二在明知违性，姑息瞻依，自贼天才。”“古之人，首贵取法先儒；今之人，首贵自我作圣。古之人，在守和光同尘之训；今之人，在冲同风一道之藩。乡愿乃道德之贼。尚同实蠹性之虫。”他鼓励青年：“要当纵横一世，独立不羁，而以移风易俗自任。”

作为一个政治学者，他没有忘记自由的有限性，更没有忘记保卫个人权利与尊重他人权利的关系。他说：“顾自由要义，首当自重其品格。所谓品格，即尊重严正，高洁其情，予人以凛然不可犯之威仪也。然欲尊重一己之自由，亦必尊重他人之自由，以尊重一己之心，推而施诸人人，以养成互相尊重自由权利之习惯。此谓之平等的自由也。发扬共和精神，根本赖此。”讲自由，先讲个人的品格修养，可见高一涵周全之处。因为如果不以个人的品格修养作基础，自由秩序就无法形成，个人自由就无法保障。

他告诉人们，人之所以为人，在于“自主自用之资格”，“惟具有此资格也，故能发表独立之意见。此人品之第一义也，亦即舆论正当之源泉”。他认为共和国之本在舆论。“舆论在共和国家，实为指道政府引诱社会之具。”“欲造成真正舆论，惟有本独立者之自由意见，发挥讨论，以感召同情者之声应气求。”舆论表现着民意，所以舆论是自由的。他引用孟德斯鸠的话说：“自由人民，其一己之推论，果为正当与否，往往不成问题。所当考究者，其所推论，确为人民自主足已。此即言论之所以自由也。”也就是说，所谓言论自由，就是人民可以自由发表意见，而不管正确还是错误，只要是自己的见解，即是对国家负责。

高一涵认为，共和国家所依赖的，也正是这种“小己之言论自由”。

因为正是它形成舆论，并成为国家意志。因此，他问道："逡巡嗫嚅，不露圭角，宁非摇动国本之媒欤？"他又说："专制国家之舆论，在附和当朝。共和国家之舆论，在唤醒当道。专制时代之舆论，在服从习惯。共和时代之舆论，在本诸良心，以造成风气。"他对舆论的这种区分也抓住了专制国家与民主国家的根本不同。既然民主共和国的舆论在于唤醒当道和造成风气，那么，发表个人见解，无论正确还是错误，都是公民对国家应负的责任，也正是公民对主权的捍卫。

关于舆论，高一涵讲了三点"金科玉律"："（一）须有敬重少数意见与独立意见之雅量，不得恃多数之威势，抹杀异己者之主张；（二）多数舆论之起，必人人于其中明白讨论一番，不得违性从众，以欺性灵；（三）凡所主张，须按名学之律，以名学之律为主，不得以一般好恶为凭。"他认为，共和国家之所以能使人人心思才力各得其所，就因为这些金科玉律。"政府抹杀他人之自由言论，固属巨谬。即人民互相抹杀自由言论，亦为厉禁。"之所以如此，因为"不尊重他人之言论自由权，则一己之言论自由权已失其根据；迫挟他人以伸己说，则暴论而已矣，非公论也；屈从他人，违反己性，则自杀而已矣，非自卫也"。

第五节　中国现代政治文明建设先驱者

考察高一涵的这些言说，与陈独秀当时的努力方向极为一致，目的都是唤醒个人，为共和国培养新一代公民。为培养新一代公民，他们首先强调的就是权利意识，首先阐明的是个人与国家的关系。这正是新文化运动最初的着力点。不过，高一涵的言说所具有的学理上的系统性和严密性，是当时一般人所没有的，也是陈独秀、胡适、鲁迅等人所未能企及的。这一切并不奇怪，因为在《新青年》创办之际，高一涵正就读于日本明治大学政法系，学的是政治和法律，而且即将毕业。正是因为这样的基础，使高一涵的国家理念不仅与前代人康有为、梁启超等大不相同，而且比鲁迅、胡适、陈独秀等人全面和周密。因此,在"五四"新文化运动中,高一涵的意义是多方面的。

首先,不少人都赞同把"五四"时期的《新青年》集团归类于自由主义知识分子范畴,因为他们的确是那个年代最具有自由主义色彩的一群。但必须注意的是,他们中的大部分人只是具有自由主义思想的某些因素,以及与自由主义相通的某种精神气质和对自由的向往与追求,却并未形成自由主义的思想体系。他们对自由主义的接纳,主要是富于经验理性色彩的思想方法、开放的道德伦理观念。对于大多数作家和诗人来说,则更主要的是个性的解放和个人的自由,而对个人自由的理解又常常是顾名思义的,只是摆脱约束、我行我素,而缺乏对自由主义政治理论的深入了解。在这种情况下,高一涵的努力就显得尤其重要。

其次,"五四"新文化运动中后来名噪一时的人物大多以批判著称,而很少致力于新文化的建构。这种历史叙述导致了一种误解,似乎"五四"新文化运动就是致力于破坏而无心建设的。其实,新文化运动本来就是"破"与"立"同时并举的,如果说吴虞、钱玄同、鲁迅等人更多地致力于"破"的话,高一涵则主要致力于"立"。只是由于旧势力的强大,"破"的工程特别引人注目,因而吸引了更多的人,甚至成为一种传统,许多人都以批判为满足。高一涵致力于新的国家理念的建构,成绩是显著的,只是因为后来政治风潮的转向,他的工作越到后来越是无以为继。然而,90多年过去之后,现代政治文明建设却再次提上了议事日程。人们再次意识到,现代公民意识的培养是现代国家建设无法绕过的一个环节。缺少了这个环节,就无法建成真正的现代国家。从这个角度看,高一涵的意义就更为重要了。他与陈独秀一样,无疑曾是民主共和的捍卫者,也是中国现代政治文明建设的先驱。

再次,按照国内学界一般的见解,"五四"知识分子的自由主义思想主要源自欧洲大陆,来自法国传统而非英美传统。这种结论如果放在陈独秀与李大钊身上是对的,但放在高一涵身上,就明显不对了。很明显,在高一涵发表于《新青年》杂志的论文和译作中,涉及最多的是西方思想家，其中英国人最多，然后是美国人和德国人，而法国人只涉及卢梭等。他所引证的英国古典自由主义思想家，上自霍布斯、洛克、亚当·斯密，下至约翰·密尔和斯宾塞。很显然，高一涵是推崇古典自由主义的。在他的思想主张中，时时可以看到“社会契约论”的影响，但他对“社会契约论”的阐释和论证却主要基于英国19世纪的功利主义思想，而不是18世纪法国的“天赋人权”观念。他把“自由”“民主”“个人”放到自由主义的国家政治理论中论说，表达了一系列比较准确的见解，比如，“个人主义主要是一个政治法律概念，而非一个单纯的道德伦理概念”“自由是受到法律保障的权利”“民主既要贯彻‘多数原则’，又要注意保护‘少数人的权利’”“违反社会公意的专断意志不能称为‘法律’”……都不只来自法国传统，而是更多地源自英美传统，与文学界那些望文生义的个人主义和自由主义主张更是大不相同。

公道地说，在当时的新文化阵营中，没有几个人对于现代国家的性质、个人与国家的关系、国家的权限、自由、民主、人权等这一系列问题有系统而全面的见解。从这个意义上说，是高一涵的文章为《新青年》集团弥补了诸多不足，也使新文化运动具有了坚实的学理基础，而且留下了更经得起时间检验的价值。

高一涵在新文化运动初期的五六年间，发表了大量时评、政论和学术文章，成为民国初期中国学术界、思想界的一颗明星。然而，随着“五四”的落潮，思想界和学术界却很难再见到他的踪迹。他的全部著作都出版于20年代和30年代初，主要著作有《欧洲政治思想史》《中国御史制度的沿革》《中国内阁制度的沿革》《政治学纲要》等；翻译有《杜威的实用主义》《杜威哲学》等。我无缘看到他的《政治学纲要》，只是粗略翻过《民国丛书》收入的《中国内阁制度的沿革》《中国御史制度的沿革》和《欧洲政治思想史》的上、中两卷，感觉他对中国传统政治的分析与我们熟知的见解大不相同，很有独到之处。究其根底，与他头脑中那些现代国家政治观念所给予的目光是分不开的。

（本章一、二、三、四、五节为南开大学李新宇教授编写。章节标题和章下小序为编者所加。原文《高一涵与"五四"新文化运动的国家理念》载《湘潭大学学报》33 卷第 3 期,2009 年 5 月)

第六节 历史的呼唤

高一涵的现代国家理念博大精深,是他追求"变法图存""科学救国"理论体系的精华。这个不平凡的理论体系,产生于伟大的变革年代。他在安徽高等学堂读书时亲历了清政府对内疯狂镇压革命,大肆屠杀革命党人,对外屈服投降,割地赔银,以换取苟且偷安的独裁统治。孙中山首推革命,于 1911 年 10 月 10 日,发动武昌革命成功,各省相继响应。晚清重臣袁世凯受命组织清朝夭亡之前的最后一届政府,率军与革命军作战。高一涵亲身投入安徽的辛亥革命,目睹了安徽最后一任巡抚朱家宝几经复辟的丑恶嘴脸。革命党内部动机(理想)不一,最后闹分裂相互残杀,直至把孙中山的十六字纲领置之不提,使高一涵对革命前途不能不作深层次的考虑。于是他参加《安徽船报》的编辑工作,讨论安徽乃至中国这艘民主革命的航船到底开向何方。

1912 年元月 1 日,中华民国临时政府在南京成立,孙中山就任临时大总统。随之而来的是袁世凯要盗取革命成果逼清帝宣统退位,并派员与孙中山谈判,自己要当大总统。孙中山为避免国内干戈再起,生灵涂炭,于 2 月 12 日辞去临时大总统职务,并推荐袁世凯代之。

1913 年 2 月,中国首次根据孙中山主持的由临时议会制定的《中华民国临时约法》进行国会选举。国民党获得议席最多,并推荐革命党人宋教仁为内阁总理。3 月 20 日,经袁世凯一手策划,宋教仁在上海车站被刺身亡。7 月 2 日,革命党人李烈钧在江西举兵讨袁,"二次革命爆发"。9 月 11 日,保皇派张勋率辫子兵攻陷南京,"二次革命失败"。10 月,国会选举袁世凯为正式大总统。11 月袁氏下令解散国民党,撤销国民党员的议员资格,通缉孙中山和国民党要员黄兴等人,孙中山和护国军参谋总长章士钊被迫逃往日本东京避难。

1914 年 5 月 1 日，袁世凯废除孙中山《临时约法》，宣布“新法”。6 月 22 日，孙中山在日本东京召开中华革命党第一次大会，成立中华革命党(后在 1919 年 10 月 10 日正式改组为中国国民党)，谋求继续革命。7 月 28 日，第一次世界大战爆发，袁世凯宣布中立，但日本国对德宣战，并乘机占领我国青岛，山东大部沦陷日本国之手。12 月，袁世凯公布“大总统选举法”，任期十年，袁氏的封建独裁的统治地位日显巩固。

1915 年 12 月，袁世凯悍然复辟帝制，起国号为“洪宪”，革命党人蔡锷通电各省，宣布云南独立，组织护国军讨袁，全国各地纷纷响应。

国内复辟和反复辟的浪潮一波未平，一波又起。身在日本留学的高一涵每时每刻都在关心国内的时局变化。他在《读梁任公革命相续之原理论》(《新青年》一卷四号)一文中说：“寄学异邦，频遭激刺，国有佳音，闻之而情舒色喜者。每视在国时尤为切。余自留东以来，每日课余，必检读此邦新闻三数种。凡记载之关吾国事者，必尽览而不遗。”

在高一涵看来，“一部二十四史的所有政变，只是首领的变更，绝不是制度和政策的变更，只是一家兴亡，不是政体革命”。[①] 袁世凯、张勋之流的封建复辟所以能屡屡得手，是因为封建主义的制度、政策在中国根深蒂固。而孙中山等人创建史无前例的民主共和所以遭失败，究其根本原因主要是革命理论准备不足，“十六字纲领”过于笼统，旧三民主义因历史的局限，缺乏明确的、彻底的反帝反封建内容，又还未深入人心，激起全民觉悟，就仓促举事，结果自己被迫逃亡。

“时势产生新思想，复由新思想产生新时势……”[②]早在辛亥革命前后就接受过科学洗礼的高一涵，此时在日本又系统地接受了西方各国的文明熏陶，胸怀眼界当然不是一般人所能比的，于是，现代国家理念诞生了。

---

① 高一涵：《欧洲政治思想史 · 自序》。

② 同上。

其实，他早在1914年《甲寅》一卷四号上就发表了《民福》一文，紧接着又在《民彝》一期上发表了《国本》和《共和》二文。文中高一涵就提出了自己对民主、共和这一现代国家理念的初步构想。这一理念在新文化运动中即《新青年》初期又经他自己不断充实和完善，终成体系。

在北大前后

第六章　回国孝友陈李　共领“五四”运动

从学成回国到任教北京大学时期，是高一涵政治生涯和理论贡献最辉煌的年代。

1916年1月7日，高一涵从日本留学回国，与李大钊、陈独秀、章士钊共办《晨钟报》《甲寅》月刊等新文化报刊，宣扬民主共和与法制。

1917年7月起，高一涵任北京大学编译员、讲师、教授，先后长达11年之久。期间他与李大钊等组织发起中国第一个马克思主义学说研究会，与陈独秀、蔡元培、李大钊等共同推动领导了伟大的“五四”爱国运动；与北大教授胡适、王世杰等共办《努力周报》《现代评论》，抨击军阀卖国政府，大力宣扬民主与法制；还与陈独秀、胡适等参与领导了安徽的几次革命运动；等等，为我国新文化运动、新民主主义革命和马克思主义在中国的早期传播，做出了开拓性的贡献。

本章主要介绍主人翁高一涵回国初期协办多种新文化报刊和任教北京大学时期的重要作为，并突出介绍他与“总司令”陈独秀等共领“五四”爱国运动的伟大历程。

对于高一涵在北大与李大钊等发起成立中国第一个马克思学说研究会，与新文化运动巨将胡适合作共事，将在接下来的七、八两章里作专题介绍和解评。

第一节　还家探母走南乡

一、母子情深

1916年7月间，高一涵从日本明治大学政治经济科毕业，并获政治学士学位后回国。李大钊已于6月底回到上海。北洋政府要员汤化龙为了网罗留日学生来做他的驯服工具，便装出礼贤下士的面孔，请李大钊到北京去创办《晨钟报》（报名《晨钟》）。李大钊便在上海邀高一涵一同北上。高一涵得知母病，先行回乡探视。他在后来的家谱中记道："余自日本归，别先母计六年，见面时，先母喜报曰：'不想尔长兄未能与尔见面，我却能与尔见面。'言毕泣不成声。时民国五年，先母七十有二，头发尽白，行走尚健。"

离家多年的高一涵，故乡山山水水，世事人伦，一幕又一幕在脑海中回放。先祖父在太平天国革命中战死；先祖母为躲战乱，躲到金狮寨上避难；先父勤商度日；先兄苦读求科……一幕一幕在他脑海中清晰重演。一天，他沿大寨湾小道，一路登上金狮寨顶，舒（城）、六（安）、霍（山）三县风光尽收眼底，山水依旧，人事如故，又引起他回想起刚刚离开的日本。一战后的日本国经过"明治维新"，"富国强兵，殖产兴业，文明开化"的三大政策使城镇农村面貌为之一新，一座山、一块田、一条沟、一条路，都呈现出新的现代文明气息。而我金狮寨经高祖至今，已历五世，除留下一个好听的空名外，其他一切还是舅奶奶花鞋老样子。这个原因在哪？清朝变民国，新壶装老酒，还不是"政体恶劣，政府恶劣！？"此时，他已不知不觉从儿时爬过的小寨湾林间小道下山回家，并在林间拾得两口袋野核桃带给母亲。

母亲接过核桃说："儿呀，这核桃的内食就像人的大脑，可是补大脑的好东西，你在东洋读书用脑筋，可能经常吃到它？"高一涵说："吃得到。

他们把核桃做成核桃茶、核桃糕，还加进其他保健中药材，营养更好。”母亲说：“啊，日本人真能啊。”高一涵说：“日本人是能，他们学西欧美国人的科学技术，把一个小小岛国治理得山河一新。我们国家无论从政治的开化到经济的文明，真的实在不如人家。”母亲双手转动着核桃，两眼注视着远方，沉思不语。

回乡的头一周，高一涵的亲朋故交和昔日同窗纷纷赶来探望。高一涵和他们谈得最多的当然是日本和西方欧美的经济发达和科学的昌明。每位来访者听后，无不感到新颖感叹和深思。

二、走访南乡

在接下来时间里，高一涵走出家门，走访了当时南乡较为出名的学生、学友、志士仁人和进步士绅。如学生高博玉（新中国成立后在银行工作，已故）、高绪宽（新中国成立后在银行工作，已故），同仁高亚宾（士绅，已故）、李梦桥（安徽大学教授，著名“几何大王”，已故）等。但均因时过境迁，具体情节不详，无法记载。下面把两则有头有尾、笔者亲闻的故事谨记如下：

（一）据我的恩师朱谨怀的后人回忆：一天，高一涵西装革履来到朱家大庄（今属东河口镇嵩寮岩村）拜访先前同在日本留学的学友朱谨怀。朱谨怀在日本留学时学的是“生物学”。二人一见面，当然的主要话题还是科学与发展。朱谨怀把他在日本留学时课本和作业捧出几大摞给高一涵阅看，高一涵一边翻阅，一边说：“这要让那些信守孔老之道的熟师们看了，不知情何以堪？”高一涵也向朱谨怀谈了自己读《天演论》的诸多体会。二人你一言我一语，一直谈到太阳傍山，吃过晚饭后，高一涵才动身回家。

说到这里，笔者突然又想起自己1956年在六安初师（即现在六安三中的前身）读书时的一个真实故事：这一天，已是60高龄的恩师朱谨怀，头戴干部帽，身着中山服，缓步走上讲台，给我们教授《动物学》的头一课——“家兔”。只听他慢声严肃地说道：“同学们，你们都长大成人了

（解放初期学生年龄普遍较大），我们学的《动物学》，它是一门科学！头一课讲的是《家兔》。讲家兔，就要讲它的生理结构和它的生殖繁衍，你们千万不要大惊小怪……”这年我已十八虚岁。第一次听到“科学”二字，只感到它的新鲜和严肃。对它的真正内涵，当然还谈不上一二三来。直到在编写《高一涵传》的过程中，通过对高一涵一系列科学经典名著的学习，才初步认识到“科学”二字是如此神圣和伟大。

（二）又一天，储家老庄庄主、开明绅士储华锋特邀高一涵到他家吃饭。储华锋请吃饭的目的主要有两个，一是向高一涵打听世界大势。二是请高一涵为自家题写一幅大中堂，以光耀门庭。高一涵深知储华锋是一位开明人士，他的子侄辈储克盛、储克民、储鸣谷（后来都先后加入中共，是六安市的早期党员）等人早就崇尚文明和进步，于是立马动身前往。高一涵一进储家大书房，就看到上方供桌上“宝鼎呈祥香结彩，银台报喜烛生花”。书桌上早就放好了文房四宝，主人说：“一涵老侄，这一切都准备好了，就等你‘羲之笔法妙如神了’。”高一涵说：“好，恭敬不如从命，那我就用尊老‘羲之笔法妙如神’为题，回敬书圣王羲之，回敬尊老阁下，可好？”储华锋连连点头称好。说话间高一涵龙飞凤舞，一幅大中堂横空出世。

这时，前来作陪的当地士绅政要们已在大厅等候多时。当主人偕高一涵走进大厅时，他们一一鞠躬礼迎，宾主一一入席。席间士绅政要们纷纷向高一涵打听时下的世界大势。高一涵列举事实，向他们讲述了“科学、民主、文明、进步”是历史发展不可抗拒的世界潮流。政要中的保守顽固者听了忧心忡忡，寡闻愚昧者听了，感到一身茫然。而主人储华锋则感到坦然自若，因为他开明呀！此人在后来的 1938 年冬，一次就将自家当年收的 500 担租稻，全部捐给新四军四支队作粮饷，成为当地支援抗战的第一大户。[①]

笔者在走访中得知，高一涵当年所题“羲之笔法妙如神”的大中堂后

---

① 参见《六安革命史》。

来几经辗转，流传到我的一位恩师手中。前几年，多位藏家上门许以80万元的高价求购，恩师的回答是“看看可以，不卖”，结果可想而知。

第二节　协办新文化报刊

一、李大钊三催北上办《晨钟》

这一天，高一涵出访完事回到家，母亲就将邮差送来的电报拿给他看。高一涵一看便知是李大钊催他速上北京，共办《晨钟报》的电报。这是李大钊催他回京的第三封电报。高一涵放下电报，回到房间，开始写作《理想与现实》，为《晨钟报》投稿。9月2日，探家27天的高一涵赶到北京。

李大钊编办的《晨钟报》从一开始就主张发扬民主，反对军阀独裁，宣扬新思想新文化，倡言科学社会主义。李大钊为该报写了《晨钟之使命》的发刊词。不久，汤化龙违背了“言论自由，不加干涉”的诺言，对李大钊所为横加指责。常为一言一句争斗不休。于是李大钊决定卷铺盖走人。高一涵到京后，见事已不可挽回，于9月9日同李大钊一起，同住北京皮库胡同新租的一间房子。与当时的“北洋三杰”的白坚武、秦立庵、田克苏等人商量筹办《宪法公言》的新刊物。此后的9月16日，《晨钟报》上发表了高一涵的《理想与现实》一文，提出：作为一个政治家，应当“不务高远之空淡，不泥于目前之现状”“唯有把理想事实打成一片”“相需而用，丽合而不离庶”才不愧为当今真正的“救国之政治家”。

二、编辑《宪法公言》，高李汇三杰

就在李大钊发表启示，脱离了《晨钟报》关系的这一天，重新恢复的民国旧国会组织的宪法会议正在开会，继续进行因袁世凯解散国会和1913年国会宪法起草委员会通过的《天坛宪法草案》被废止的而中断的

制宪工作。

制定宪法是民主国家法律基础的重大工程。密切关注国家政治的李大钊、高一涵等人对此极为重视。他们把制宪工作的开始视为再造中华新纪元的新希望。同时,李大钊、高一涵等对制宪会议能否制定出一部好的宪法感到担忧,并指出宪法有良恶之分,要与会者不负重托,不要重蹈民国之初"修宪"覆辙,要修出一部得民心、保民权、维民意的好宪法。

为了继续制宪工作的舆论参与,李大钊、高一涵、白坚武、秦立庵、田苏克等商量创办新刊物《宪法公言》。9月7日,李大钊、高一涵等在北京老便宜坊开会,定下刊物主旨:"阐明宪政之精微,助长法律之思潮,以荡涤专制邪秽,而涌现一尽美尽善之民国宪法。"《宪法公言》的费用主要有秦立庵(2000元)、孙中山(500元)、唐绍仪(300元)等民主进步人士捐助。刊物的经理由捐款最多的秦立庵担任,李大钊、高一涵担任主要撰稿人。

10月10日,《宪法公言》第一期出版。在此后出版的二、三、五、八期上,高一涵先后发表了《学理上两院制与一院制之比较》《省权与省长》《大总统选举法雏议》等文章。

当时的制宪会议从总体上来说,还是军阀专制下的产物,参加制宪会议的代表也是由各党各派推荐或委派的。这些代表提的制宪主张,当然都是代表本党本派利益的。集中起来还是维护军阀专制。结果,正如李大钊、高一涵所担心的那样,制宪工作一开始,五花八门的、违背民主共和的各种主张就充分暴露出来。单就一个省制问题就"断断争论者,已近三个月","最终协商破裂"。(高一涵语)即使如此,高一涵等人,还是尽最大努力,在《宪法公言》第五期上接连发表了《省权与省长》《省制问题解决方法刍议》两篇文章。在《省权与省长》一文中,高一涵借助美国立宪的成功经验提出"专制国体之政治,以集权为原则。在专制国体之下,官治之范围,必扩充之达于极端。在共和国体之下则自治范围,必发挥之底于极度"等。从法理学上指出共和宪法与专制宪法在权限的规定上本质不同,试图匡正"制宪会议"的制宪方向。在《省制问题解决方法刍议》

一文中，高一涵分析“协商会议”破裂的“四大原因”，提出解决问题的“两大办法”，呼吁各党各派“远离党争之潮流，而超然出于现在政要总绩之表现”，从而订出一部既能照顾各省之权利，又能维护国家统一的好宪法。

由于经费困难，《宪法公言》在1917年1月10日被迫停刊。制宪工作也因黎元洪与段祺瑞之间的“府院之争”愈演愈烈。北洋派督军迫使黎元洪于同年6月13日宣布解散国会而告流产。李大钊、高一涵等试图通过制宪达到再造中华民国共和体制的希望，没有能够实现。

三、编辑《甲寅》日刊，高、李齐誉“甲寅派”

12月1日，高一涵与李大钊同赴北京中央公园，参加辛亥烈士黄兴和蔡锷的追悼大会。高一涵作《挽蔡松坡》[①]联曰：

> 创造革命者前推国父，继续革命者首赖先生，恨湘水之无情，憔悴奔驰同一死；
>
> 去年十二月会议滇南，今年十二月追哀燕北，望蓬莱兮不见，风流儒雅自千秋。

1917年元月1日，高一涵在《新青年》2卷5期上发表《1917年预想之革命》一文。文中大声疾呼：“往岁之革命为形式，今岁之革命在精神。政治制度之革命，国人已明知而实行之矣。唯政治精神与教育主义之革命，国人犹未能实行。实行之期自1917年始。”在这篇文章中，他批判了“贤人政治”，说：“贤人政治专制共同界说。”又针对时人提出孔学为教育之大本的问题，明确提出：“无论何人均不能以一教之力，束缚未来人类之思，更何有于由专制思想演绎而出之孔道！”

是月，高一涵随同李大钊又迁居至朝阳门内竹竿巷，同居一室。

---

① 蔡锷，字松坡，号燕北。

此时，章士钊正以国会议员身份，投身宪法会议之中。28日，章士钊主办的《甲寅》杂志改为《甲寅》日刊，以此为阵地，宣传他宪政立国、调和立国主张。应章士钊之邀，李大钊、高一涵和邵飘萍等人成为《甲寅》日刊的编辑和撰稿人。

此间，北洋政府内政部长约见李大钊与高一涵，请他俩负责起草地方自治法规。关于这件事，高一涵在后来的《回忆"五四"时期的李大钊同志》一文中记道："北洋政府内政部长孙洪伊在那时可算是一位激进的民主派，他认识守常（李大钊）。1917年孙找人起草地方自治法规，把守常和我找去，我们负责起草工作。经过三个月，草成。我们主张分权，旧派站在集权方面，这个草案终于被北洋政府否决。"

1月28日，《甲寅》日刊出版。高一涵发表了《近日各政团之三大误点》的署名文章。指出："政党的目的应是为增进人民的福利，故无论党争或政争，都应当遵循为人民谋利益的基本道德。"抨击了当时各党各派利用立宪之机，争权夺利的丑恶行径。此后的2月1日发表了《解散权之积极观》，2月15日发表《责任内阁发微》《责任内阁辨》，2月20日发表了《超然内阁论》等文章。他在《责任内阁发微》中以"府院之争"为实例，指出："在实行内阁制的国家，国务院对于议会负责，元首的行为没有经得国务院的副署，视为无效，而当元首与国务院的意见相出入时，在法律上应听国务院的意见。北洋政府若真能遵循责任内阁制的精神，便不会有'府院之争'的闹剧发生了。"他在《超然内阁论》一文中反对"超然内阁说"，认为"内阁实质即为政党所构成，欲脱内阁于政党之外，即不啻取构成内阁之元素而尽毁之也"。6月13日，又发表《论欲实行立宪政治者应有之觉悟》，文章指出："立宪政治应包括五个方面含义：一、政府权力有所限制。二、相互退让，反对独裁主义。三、尊重国会，听从国会监督。四、尊重少数，容纳少数人的意见。五、尊重自由，给予人民参政的机会。"

6月19日，《甲寅》日刊停刊。据近代学者高大同先生统计，《甲寅》日刊共发表社论132篇（包括论说、代论）。其中李大钊撰写40篇，高一涵写23篇，章士钊写18篇。在发表的170篇时评中，邵飘萍撰写约92篇，李大钊20篇，章士钊9篇，高一涵7篇。李大钊、高一涵的文章坚持“主权在民”这一现代民主的核心理念，从政治学、法理学的高度，以锋利的笔触，直指北洋军阀政府的独裁统治，文风独树一帜。故章士钊在《反动辩》一文中说：“当时高、李齐名，海内号甲寅派，胡适之曾屡道之，高谓皖士高一涵也。”[①]

此间，高一涵与李大钊一起于1月21日、1月24日、2月6日三次拜访、会见白坚武，畅谈家事、国事。

约2月中旬，高一涵先母病重，星夜返乡。“见母病稍减，即赴京事业。2月27日，先母弃世，享年七十有三。”[②]

在办《甲寅》日刊过程中，高、李与章士钊逐渐产生政见分歧。高一涵在《李大钊同志传略》中写道：“谁知章士钊已早与政学系、研究系相亲近，余与守常每有批评该两系主张时，章士钊有难色。守常因此不再论说，不过传播俄国及他国之国际新闻而已。无何，复辟事起（指7月张勋拥溥仪复辟帝制），士钊避天津；《甲寅》日刊已改印大清年号，余与守常欲登脱离该报启示，竟为报社人所搁置。人皆知《甲寅》日刊因复辟而停，不知因复辟未成而停止也。”

四、高、李共办《神州学丛》，参与发起工学团

这年9月，李大钊与高一涵在日本创办的神州学会成员回国后，在北京召开会议。蔡元培先生曾应邀作“美育代宗教”的演讲。李大钊与高一涵在日本创办的《神州学丛》也随会员们的回归，于9月在北京出版，仅出一期。高一涵在该刊发表了《报律》《波兰再兴》《英国新内阁》三篇时评。

蔡元培（1868—1940），字鹤卿，又字孑民，浙江绍兴山阴县人，中国

---

① 文载《甲寅》日刊1卷15期3页。

② 高一涵：《先母胡夫人传》，载《高氏家谱》。

著名革命家、教育家、政治家，中华民国首任教育总长。1916年12月26日出任北京大学校长，革新北大，开“学术”与“自由”之风，1919年5月9日（农历四月初十），蔡元培辞去北京大学校长职务。1920年至1930年任中法大学校长。蔡元培一生历经风雨，始终信守爱国和民主的政治理念，致力于废除封建主义的教育制度，奠定了我国新式教育制度的基础，为我国教育、文化、科学事业的发展作出了富有开创性的贡献。

10月4日，继配汪氏宜人去世，次年葬老住庄张家湾。

是月，胡适到北京大学任教。并经许怡荪（高一涵在日本留学时同位同学）介绍，与高一涵共同租住竹竿巷。李大钊已于张勋复辟时去天津、上海避难。

12月14日，李大钊、程演生、蔡元培、王星拱、陈独秀、高一涵、胡适、周作人等16人组织发起“工读互助团”。并在《晨报》上发表《启事》曰：

> 《工读互助团募款启事》：“做工的穷人，没有力量读书受教育，这不是民智发达上一种缺憾吗？读书的人不能做工，教育越发达，没有职业的流氓越多，这不是教育界的一种危机吗？占全国民半数的女子不读书不做工，这不是国民智力及产生力一种大大的损失吗？父兄养子弟，子弟靠父兄，这种寄生的生活，不但做子弟的有精神上的痛苦，在这财政紧急的时代，做父兄的也受不了这种经济上的重累。同仁等因此种种理由，特组织工读互助团，来帮助北京的青年，实行半工半读主义，庶几可以达教育和职业合一的理想。倘然试办有效，可以推行全国，不但可以救济教育界和经济界的危机，并且可以免得新思想的青年和旧思想的家庭，发生许多无谓的冲突。照眼前试办的预算需费不过千元，凡赞成此举者，请量力捐助，为荷。”

1918年元月15日，高一涵在《新青年》四卷上发表《近世思想之变迁》。

3月15日，在四卷三号上发表了《读弥尔的自由论》。

3月18日，与胡适一起迁至南池子缎库胡同8号。

10月15日，在《新青年》五卷四号上发表《皖江见闻录》。这篇文章是他回乡安葬继配汪氏宜人，来回途中所见所闻的琐记。文中他详细记述了辛亥革命失败后，“维新”风气一扫而光，一切都恢复了宣统（皇帝）时的原貌，于是他呼吁：国人要除旧谋新，“不要被那旧风俗、旧思想融化了”。

这次是高一涵自北上工作至新中国成立前的第三次回乡，所作《见闻录》，是高一涵在新文化运动中“白话文”的代表作，为我们留下了不可多得的珍贵史料，现特录数段，以供赏析：

> 我离了安徽差不多三年了，我记得那年到安庆的时候，正当洪宪皇帝归天之后，安徽的人，正在那里忙着恢复省议会。逃亡在外的一般“乱党”，也一个个被他们欢迎回去了。这还不算，凡是在学堂毕业的，在外国留学的和亡命到外国的人，他们多恭维他，叫他“新人物”。这种新人物在这个时候，可就是阔的了不得了，吃饭总请他首座，打牌就替他垫钱，对他谈话，还口口声声说我们安徽也要“维新”。我见了很欢喜，以为这是安徽人的思潮一大变迁，从此“维新”下去，这三年中一定是大有进步了。这回我到安庆见那“番菜馆”门前，是很热闹的，别的不用说，就是这“扑克”牌，每一天也能消几十打。我想形式上既“新”到这个样子，精神上一定还“新”呢。进城去想找几个朋友来问问安徽的事情，找了几天，连一个“新人物”也不见，听说那年的“新人物”，又被他们赶到上海去了。我闷极无聊，跑到书铺子里边想买一本《新青年》来看看，谁知问了半天，他们连这个名字也不知道。最后找到一家书店，出来一位老先生，仿佛有点认得我，低声对我说道：“你老不要在这个地方新新新的，因为我们这个地方人最恶憎的是这一个字。”还听人说：“这《新青年》是白话做的，一般人多以为民国的白话，与晋代的清谈，同为亡国之兆呢！”我听了这话，不觉毛发悚然，急回寓处，谁知我同住的一位朋友，已经被

巡警抓去了!

……

那时候,因为冯玉祥在武穴安庆正在特别戒严。我问"戒严干什么"?他们说:"这里差不多一年到头都是戒严,你老真是少见多怪了。"戒严的时期,每晚九点钟就闭城门,凡是出城的客人,所带的行李包裹,皆要检查的。我想安庆既不便久居,可到别的地方去逛逛。我的行囊本不多,就是几本破书,打津浦路上走的时候,已经查了一次,箱子上还贴上一个"验讫"的条子。到安庆下船时,查了一次。进城门时,又查了一次;这回出城,又查了一次。到芜湖下船,行李就搬到"查船所",等待军警来查。同行的有位北京去的委员,他对那兵士说:"我们是奉公事来的,该可以不查验?"那兵士挺着腰,大声叱道:"你是公事,难道我们不是公事吗?"那位委员是一个外国留学生,他很看不惯这个样子,他就气着把箱子一抛,把箱子锁抛开了,里面现出一角农商部的护照。那兵士见了护照,他的腰儿也渐渐的弯了,他的声儿也渐渐地小了,还堆着脸笑道:"对不起你老人家。"轮次挨到我,那兵士抬头一看,他的腰又依旧直了,大声叫道:"快把箱子打开!"又被他查了一次。可怜我几本破书,真弄成"韦编三绝"了。我旁边的人说:"你先生被检查数次,失落过东西没有?"我说:"没有。"他说:"你还是幸事,我有一位朋友,去年年底从北京往上海去到浦口检查行李时,他装钱的皮扎子,竟'不胫而走'了。在下关住了两星期,还打信到北京往他朋友借钱,才能够到上海呢。"我想了一想,我这回真是万幸了。

……

在芜湖一带游览山水,足足跑了一个多月,再回到安庆。那时冯玉祥已离去武穴,江西湖南的前敌上虽然失利,但是离安庆很远,他们是很不开心的,所以社会上又出现了一种"歌舞升平"的气象。安庆人的生活,是终日同那熏风巷、御碑亭的姑娘和三层楼小蓬莱的茶房,混在一块儿的。他们各机关办事人员,每日有三样功课,是必要做的：一是请酒，二是打牌，三是送客。凡有相熟的人离安庆，他们皆要到城外迎宾馆去送的。我一回也跟着多少人在那里裹送一位位置很高的朋友，到蚌埠去，站了半天，连那位朋友的面也未见，他已经上船走了。

（《新青年》第五卷第四号）

五、编办《每周评论》，指导“五四”运动

胡适加盟《新青年》编辑部集团时，曾与陈独秀等人相约“不谈政治”。但随着新文化运动的深入，1918 年，陈独秀、李大钊、高一涵等人认识到回避政治时事是不行的，而且第一次世界大战结束，国内外政治形势变化迅速，《新青年》作为周期较长的大型文化月刊已显得不够灵活和及时，不能满足形势发展的需要。于是 1918 年 11 月 27 日，陈独秀趁胡适返回安徽老家为母亲守孝时（因胡适一贯坚持不谈政治），在他的北大文科学长室，与李大钊、张申府、高一涵、高承元等人一致决定，办一份“政治辩论论坛”性质的小型报纸——《每周评论》。高一涵成为该报的主编之一。该报以“主张公理，反对强权”为宗旨，成为伟大“五四”运动的发生与发展的又一旗帜刊物。从创刊到 1919 年 8 月 31 日被反动军阀查封止，高一涵在这份报纸上共发表文章 55 篇，其中社论 3 篇，评论 16 篇，译文 3 篇，随感录 33 篇，他的这些文章高举反帝反封建的旗帜，密切配合和推动了“五四”运动。使追求现代民主政治的思想潮流日益增高，有力地推动和指导了“五四”运动思想界的大步前进。特别是他在“五四”运动的第三天发表的《市民运动的研究》和稍后发表的《学生运动与国家的法律问题》等多篇文章中提出：“愿国人快快行动起来……愿国人快快行动起来！”“抱定目的把人侵占我们（人民）的政权夺回来，让我们自己来做！”“实行平民的政治、平民的外交”，对北洋军阀政府“反乎人道的国家和法律……我们应该不要他才是”，此事“一刻也不容迟缓”，等等，充分反映此时的高一涵是多么渴望尽早结束独裁反动政府的黑暗统治啊！让

人民起来当家做主啊！

六、与胡适共办《努力周报》

1922年，《新青年》群体分裂后，高一涵与胡适共办《努力周报》。1923年胡适生病，高一涵一度代为主编。从总体来说，《努力周报》是以反帝反封建为主要目的，从政治学、法律学、哲学、文学的角度，锋芒直指反动卖国的军阀当局，紧密联系中国的实际，探讨中国的民主、法制的革新之路。高一涵先后在《努力周报》上发表了《农村立国论》(1919.12.24)、《政治与社会》(3期)、《对国民党改组的几点希望》(21期)、《违法的先例》(31期)、《政治思想的研究》(64、65期)等文章共56篇。他此时的思想和文章，推动了当时知识界政治民主化意识的提高和对中国政治前途的探索。

七、与李四光、丁西林共编《现代评论》

1924年高一涵与李四光、丁西林共办《现代评论》，继续从事反帝反封建的斗争。

在以上共办报刊的同时，高一涵还为《少年中国》、《国民》(北大学生许德珩主办)、《新潮》(北大学生傅斯年主办)等进步刊物撰稿，并给予编辑方向和业务上的许多指导。其外，《新中国》《太平洋》报也随处可见到高一涵的名字。

八、著书立说存经典

1924—1926年间，高一涵先后撰写并由商务印书馆出版了《欧洲政治思想史》《中国内阁制度的沿革》《中国御史制度的沿革》等专著，其中《欧洲政治思想史》一书被北京大学列为第八套教学参考丛书。《中国御史制度的沿革》《中国内阁制度的沿革》都是从历史和法制上去研究叙述中国的政治制度的，它们和后来的《政治学纲要》等书一起，被列为"国学小丛书"。

现存于安徽省图书馆由高一涵主编的“国学小丛书”就有3种。东河口镇健在的离退休干部中,就有30多人曾读过他的课文。六安银行离休干部高伯玉说:“我是在47年广城中学读了高一涵的《练志》一课和其他进步书籍,才走出去干革命的。”说着,他把《练志》一课倒背如流:“所谓志者,正在揹此强横,战胜境遇,而后志之名称乃称,志之能事乃完……”1947年秋,刘邓大军三纵某连一位王姓(名字无考)连长率军攻打张家店时,路过老师高一涵的故居。他立即从马上跳下来,领着部队为老师的亲邻家挑满了缸水,扫清了房屋,并说:“高一涵是我的老师,老师故乡亲邻都是我的老师。等解放后,我一定回来看望大家。”说完茶也未喝,跃马而去。民国十三年(1924)高一涵在为高氏宗族写的续修宗谱序中写道:“往者宗祠之设意在祭祖。今者宗祠之财产应转利用之以造育人才。”高氏族人读了后,公议决定将高氏宗祠改为高氏祠小学,一直沿用至今。前几年宗祠的徽派建筑群大部尚存。前年,不幸被一些无知者拆去……

纵观高一涵“五四”运动前后的理论文章,当今学者们一致认为有以下五个重要特色:一是启蒙性。对西方民主政治思想的兼容并包,广采博纳,为国人作出了重要的思想启蒙贡献;二是创新性。与时俱进,随时代变化而前进而发展。所以他的现代国家理念,法制文明理念至今仍有重大现实意义;三是革命性。猛烈抨击北洋军阀政府,倾心中国政治出路的理论与实践的探索;四是大众性。注重社会下层力量在中国政治建设中的决定性作用。倡导“实行平民的政府、平民的外交”;五是民本性。“民为国本”“主权在民”“国家为人民而设”等思想是他著作的立论出发点和归宿。这在当时孙中山“二次革命”失败后,国内军阀混战的情况下,对于“中国往何处走”? 无疑是起到了指引的作用。

“历史是真理的明星”(高一涵语)。高一涵当年的政论学文章、法理学文章、马克思主义哲学文章,经过八九十年的历史考验,直到今天仍然闪耀着光辉,他的许多重大理论命题仍被当今许多大学作为研究生毕业答辩论题的纲要。他的现代政治文明理念和法制文明理念的现实意义是不应低估的。尤其是他兼收并蓄人类一切先进文明成果的精神和实践，更是今人的典范！

第三节　任教北京大学

1917 年，“五四”运动前的北京大学，是中国新思想、新文化孕育成长和传播的发祥地。特别是主张“学术自由”“兼容并包”的著名思想家、教育家蔡元培出长北大后，先后聘请了陈独秀为文科学长，李大钊为图书馆长。是年 8 月，经陈独秀的介绍，高一涵被聘请为北大丛书编译委员。后任讲师、教授，并兼任北京中国大学和法政学校教授，主要教授政治学及政治思想史，先后长达 11 年之久。

高一涵一进北大，便在陈独秀的倡导下，在校长蔡元培的支持下，与陈独秀、胡适、李大钊、钱玄同、刘半农、沈尹默等其他主张新文化运动的教员一起，大力推动北京大学的改革，如革新学校领导体制，改变权力过于集中的校长领导制，实行民主的教授治校。办法是成立蔡元培主持的评议会，作为学校的最高决策机构，废除年级制，实行选科制；在预科首先实行白话文教学，等等。

据 1918 年《北大日刊》本校记事报道：9 月 25 日午后 3 时，北大编译处在校长堂开会。到会者有刘叔雅、马寅初、胡适之、王抚五（星拱）、李石曾、李大钊、陈独秀、高一涵等 10 多位。会上高一涵所译书名以及他和张慰慈同编的《西方政治哲学史》书名均被收入北大出版书目。会上还通知其他教职员如有译著“请列出书名交编译员高一涵君收存”，经审定后出版。

这年 11 月 15—17 日，第一次世界大战结束后，蔡元培在中央公园（即现在的中山公园）和天安门前组织演讲会，庆祝“公理战胜”。蔡元培、李大钊、高一涵和胡适等都先后登台，发表演讲。高一涵后来回忆说：这次初次登台，观众甚多，心里不免紧张，两腿直打战，但还是坚持讲完。

这样的报告,他们一连讲了3天。[①]

1919年3月10日,鲁迅将《孔乙己》手稿和致高一涵的信,托弟弟周作人面交高一涵。高一涵将鲁迅的这篇文章安排在《新青年》上全文发表。

3月20日,高一涵与李大钊、程演生、陈独秀、徐宝璜、胡适在《北大日刊》上发表启事,为李辛白父丧征集赙仪。据5月3日《北大日刊》刊。高一涵送赙仪票洋10元,为最高者之一。

3月22日,《北大日刊》刊登北大新闻研究会启事:"下周一晚7点半,本会请高一涵先生在文科34教室讲演。会员诸君请早临为幸。"

5月3日,蔡元培从林长民处获悉北洋政府已发密电,令巴黎代表团签字,当即告知许德珩、罗家伦、傅斯年、康白情、段锡朋等。晚7时,北大学生与北京13个中等以上学校代表千余人在北大法科礼堂集会。议决四条:1. 联合各界一致努力;2. 通电巴黎专使坚持不签字;3. 通电各省于5月7日国耻纪念日举行游行示威运动;4. 决定于5月4日(星期日)齐集天安门,举行学界大示威。[②]

5月4日,北京暴发伟大的"五四"爱国运动。高一涵与陈独秀、李大钊一起并肩作战,为开创中国新民主主义革命冲锋在前。

新文化运动期间,胡适邀请他的美国哲学导师杜威来北大演讲。自9月20日,杜威在北大法科礼堂连续演讲《社会哲学与政治哲学》共16次。演讲由胡适口译,高一涵笔记后,在《晨报》《新青年》等报刊上连续发表,推动和促进了新文化运动的蓬勃发展。

1920年12月21日,高一涵向北大图书馆赠送由上海中华书局出版的所著《欧洲政治思想史》一书,被列为北京大学第八套参考丛书。

1922年2月7日起,由克鲁泡特金著,郑德高翻译,高一涵校阅的《"无政府主义"在"社会主义"进化中之地位》一文,在《北大日刊》第

① 《高一涵谈李大钊同志的历史》手稿。

② 刘克远、方明东:《北大与清华》第88页。

951、952、956 期上连载。

8 月 15 日，高一涵与李石曾、李大钊、邓中夏、刘相臣、刘华等北京各界 30 余人发起组织“民权大同盟”，进行广泛的争取民权运动。8 月 15 日在湖南会馆成立了“民权运动大同盟”。作为该同盟的一项重大活动，高一涵撰写文章，列举了《治安警察法》对人民集会、结社、言论、出版及示威游行等的无理限制，是违反“约法”的，是民国不应该有的恶法，要求废止该法。大同盟还参与劳动立法运动，声援“二七”罢工等。这个组织于 1926 年“三一八”惨案后被迫停止。

8 月 19 日，《北大日刊》刊登季刊编辑员 8 月 1 日讨论会决定：“王雪艇、陶孟和、胡适之、蒋梦麟、朱经农、张竞生、朱遏先、黄辅馨、何海秋、周更生、燕召亭、陈惺农、高一涵、张慰慈、李守常、顾孟余、马寅初为社会科学组编辑员。”

9 月 2 日，《北大季刊》第三版本纪事栏刊登“本校出席八校教职员联合会议新代表名单”，高一涵以 64 票当选。

10 月 16 日、17 日，高一涵在《北大日刊》第 1086—1087 期上，开列政治学初步参考书目，供学生参考。

1923 年 10 月 6 日，北大政治系教授会布告高一涵任政治理论演习指导教师。

10 月 13 日，北京大学聘请高一涵为本校教授，并颁发聘书。

11 月 15 日、16 日，《北大日刊》注册部布告：由高一涵所授政治经济系一年级《政治学》为每周一、三、五日，在第三院第 13 教室。

11 月 27 日、28 日，《北大日刊》刊登在学系教授会布告颁布本年度“现代政治”讲演的五个题目和讲演人。高一涵正月演讲《苏维埃联合的根本组织法》。

11 月 30 日，《北大日刊》刊登国语演说会公告：周日请高一涵讲演。[1]

---

① 《北大日刊》1353 页。

12月30日，天津直隶法政专门学校18周年纪念会，请高玉韩（高一涵）、李寿昌（李大钊）讲演。[①]

本年，高一涵在《努力周报》主导关于"制宪"问题和"国民党"问题的讨论，在"这一周"栏目发表时评计22篇。

1924年2月，高一涵在《北大社会科学季刊》第二卷第二期发表《福滨社会主义派的方法和理论》，介绍19世纪末，作为英国社会主义的福滨派，对社会改革的态度、方法、理论及思想渊源。

同期，还发表文章介绍日本高桥诚一郎所著《经济学史研究》和中岛重所著《多元的国家论》。

2月23日，教育部颁布《国立大学条例》，规定大学校长"由教育总长聘任"，学校设董事会，董事"由教育部长就部员中指派"。条例颁布后，高一涵与李大钊、顾孟余、谭熙鸿、沈尹默、钱玄同、高仁山等60多位大学教授公开表示反对："教育部之所以欲聘任及其所得聘任者……不外于在野之官僚，或有力之政客。此等官僚政客，于学术上既没有任何之专长，其对于校内一切情形，又皆隔不通。"这一条例"藐视学校及教员之人格，殊为可愤"。

3月12日，《北大日刊》刊登政治学系教授布告："定于本周六上午10时半至12时半，在第三学院第一教室，请高一涵教授讲演《福滨社会主义派的方法与理论》。"

3月15日，高一涵参与北大教授为教（育）部新颁大学条例事致校长公函。

3月，高一涵在《晨光》第二卷第一期发表《政党要怎样改造》。针对时下中国政党三大弊病，提出改造政党的三个不可缺的条件：1. 须立下一定的主义；2. 须以利害相同的阶级为基础；3. 须有坚固的组织。

4月24日，《北大日刊》刊登校长启事："为参加华北国语演说竞赛大会，25日晚七时半，在第三院大礼堂举行（本校）决赛，主席蒋梦麟，评判：

---

① 天津《大公报》，1923年12月31日。

高一涵、燕树堂、王世杰、陈源、屠孝实。”

4月28日，北京社会主义青年团、北大经济学会、平民大学、马克思学说研究会等，联合举行“五一”纪念大会，并邀李石曾、李守常、高一涵、蔡和森诸人讲演。

7月19日，《北大日刊》发布1924至1925年度政治学系课程指导书。载李大钊、高一涵、陶孟和等担任现代政治学课程并指导学生演习及指导书目。[①]

8月17日，同乡老友、安徽新文化运动领袖刘希平因病去世，高一涵为其撰写生平墓碑文，由大书法家于右任手书刻立于芜湖赭山刘希平墓前。碑文如下：

君讳畹衡，字希平，安徽六安人。少读书，不屑咿唔呫哔，壮游东京，专攻政治经济。民国建元后，主讲于安庆江淮大学，声誉播遐迩。癸丑后，避居上海，穷困漂泊者凡十年，未偿稍易其志。既而返皖，出长芜湖赭山第五中学，以诚化人，学子受其熏陶，而五中学风邀为全皖冠。君生平守正不阿，人多谓其迂阔，不足趋时会变。与人言呐呐不能出诸口，然一旦临大事，决大难，则侃侃而道，是非立判，体素文弱，然大义当前，每忘趋避，昂刀锯斧钺加诸身，亦不足撼摇其志。怀德履义，率性而行，非雕琢以为廉而廉，则可使贪者矜；非骄抗以为勇而勇，则可使懦者立；以故士林仰慕，以一身维系全省社会运动中心者殆数载。后以皖政日窳，及辞五中，别创新民中学于南京，备尝艰苦，竟以身殉学。自君逝去，学子无所仰止，朋辈无所稽疑，范范斯世，继君者何人！已已夏，李君光炯，卢君仲农，约君之友人弟子及君之子志燮等，葬君于赭山之巅，因勒斯石，以垂不朽。

（高一涵　1929夏）

---

① 当日《北大日刊》。

9月23日（农历八月二十五日），高一涵为修十一届家谱撰写《十一修宗谱序》。

8月，高一涵在《北大社会科学季刊》第二卷第四号上发表《唯物史观的解释》。对马克思的唯物史观所涉及的“生产”“生产力”“生产关系”，“经济构造”与“法律政治的上层建筑”“社会意识”以及它们之间的相互关系加以解读。介绍马克思著名论断：资本主义（社会）的组织必然要崩坏，而社会主义的组织必然要成功。“故马氏常常把那改造资本主义社会和现实社会主义社会的伟大事业，放在劳动阶级的双肩上。社会进化必定要经过那由生产力和社会组织的冲突而酿成的阶级战争才可以实现。”认为唯物史观的特色：“一方面认定历史不是机械的或自动的东西，一方面又认定人类不能自由自在地随意地创造历史；只有人类且受物质条件的限制，其立在物质条件的地盘之上去奋斗，然后才能演成社会组织的进化。”

12月13日，《现代评论》周刊创刊。该杂志由王世杰主编，编者有胡适、陈西滢、高一涵、唐有壬等。创刊号“启事”指出：“本刊的言论趋重实际问题，不尚空谈。”

高一涵在创刊号上发表两篇时评：《军阀末运》评论道：“自冯玉祥通电辞职，有‘务使军不成阀，阀不代阀，一可斩循环报复之根，二可去民治推行之障’一类动人听闻的话，此后大小军阀接连都有‘下野’的通电。”力主：“军人专门治军……各省民政概归文官执掌，不得中央和省长的命令，不得擅自调动。”由此揭开了吴稚晖关于“军阀”定义、谁是军阀（特别是辩论了蒋介石是否是军阀）、军阀现象、武力作用、军治、党治、民治的论战序幕。两人相继在《现代评论》《京报》上发表多篇文章激辩。吴稚晖被高一涵指为“浑庸”；蒋介石则被高一涵指为“独裁的头子”。这次论辩引发王吉占、王世杰、唐有壬等多位重量级学人和社会活动家，相继在报刊上发表时评，进行激烈论战。发生了一场兼具政治与学术性的理论研讨，推动了“军阀”与军政关系研究，是北伐前思想界的一场大论战。

1925年1月16日，中共与国民党北京执行部协商，由京沪民众团体发起召开国民议会促成会，与段祺瑞的善后会议对抗。北京国民会议促成会宣传股议决“邀请汪精卫、李石曾、于右任、李守常、王世杰、周更生、高一涵、杨杏佛、黄昌谷等先生担任讲演大会宣讲人”。从15日起至20日止，每日下午，在北京大学、师范大学、美术专科学校等处轮流演讲。

3月12日，孙中山病逝于北京。高一涵作挽孙中山先生联：

> 民国更六总统，经袁黎冯徐曹，孰若先生真知有民、真知有国；
> 共和本五大族，合汉满蒙回藏，团结一体永保其共、永保其和。

3月12日，高一涵被聘为华北六大学辩论会评判员。

3月20日，高一涵被国民会议促成会全国代表大会聘为专门委员。

4月，高一涵“忽然得猩红热病，九死一生的闯过难关，在病室中活活地拘留了3个多月”。养病期间，完成《中国御史制度的沿革》一书的写作。

9月24日，《北大日刊》公布十四年度至十五年度(民国)政治学课程指导书，高一涵所著《政治学原理》《政治学史》《政治思想史》《现代政治》列入其中。

10月21日，政治学教授会在《北大日刊》上发表通告：上学年中高一涵因病请假，其所授第一年级“政治学”尚有未完之部分，选定于本学年开始由高一涵特别开班补授。所授“政治思想史”未教完部分，准各年级学生于本学年教至该部分时随同补习。

10月27日，北大评议员选举，共17人当选。高一涵以32票当选本届评议会评议员。

1926年2月9日，北京各团体讨张(作霖)反日大会在北大三院大礼堂，举行公开讲演大会，讲演人员为：“吴稚晖、李石曾、徐谦、陈启修、于右任、顾孟余、李守常、陈翰笙、高一涵、黄昌谷、蒋梦麟、徐旭生、王世杰。”

3月18日，北京学生、市民为反对日本军舰炮击大沽、八国公使干涉内政举行游行请愿。段祺瑞政府卫队开枪镇压，死伤近 200 人，史称“三一八”惨案。惨案发生后，高一涵写《惨案的前途黑暗》予以声讨：“这种暗无天日的惨案，绝不会在文明国家或法治国家之下发生……这一次惨案绝不是法律所能解决的。现政府一日不倒，起诉便一日无效；杀人犯一日不下政治舞台，在事实上便一日不受法律的制裁。”并呼吁：“在惨案发生以后，那就不管党派怎样不同，政见怎样不同，却都要消除私见，和衷共济，一致的主张公道，一致的拥护人道了。”①

3 月 23 日，北京各界齐聚北大，为“三一八”惨案亡灵举行万人公祭大会，高一涵作挽联：

说什么法律，说什么共和，只看他卖国则生，爱国则死；

谁配称军民，谁配称领袖，尽都是有害争后，有利争先。

12 月 9 日，北大雄辩会晚七点举行演说练习会，请高一涵、李宗武到会指导。

是年，高一涵在《中大季刊》一卷一期上发表了《黑格尔的政治思想》，继续将西方哲学和社会学理念介绍到中国来。

1927 年 1 月，经李大钊推荐，高一涵结束北大的教授生涯，去武汉时为中共中央总书记的陈独秀处参加革命工作。

在北大的 11 年里，高一涵先后在《新青年》《每周评论》《东方杂志》《现代评论》《努力周报》《北大日刊》《中大季刊》《北京晨报》等报刊上发表了大量文章，内容多为介绍俄国革命的基本经验和科学社会主义的根本原理；介绍西方政治法律的历史渊源和现实利弊；联系中国实际，探讨改革当时军阀专制的方向和出路；等等。

---

① 《现代评论》第三卷第六十九期。

第四节　共领“五四”爱国运动

早在日本留学期间，高一涵就书写发表了《共和国家与青年之自觉》《民约与邦本》《自由与自治》等著名文章，全面介绍近代西方的政体、政治和法治建设的文明成果，号召全国青年“练志、练胆、练识”，以主人翁的姿态关心国家大事，并为此奋斗不息。回国以后，他又在《甲寅》日刊、《新青年》《每周评论》等新文化报刊上发表大量文章，宣传俄国十月革命的消息和经验，深刻揭露北洋军阀政府的种种罪恶行径，并利用他深厚的政治、法律知识功底，系统论述吾国唯有彻底推掉挂羊头卖狗肉的军阀政府，建立起真正的共和国家，让人民真正当起国家的主人，才是中国的唯一出路。他的这些论述和宣传，对当时的国人来说，无疑是起了振聋发聩的启蒙作用，也为伟大的“五四”爱国运动作了舆论上的准备。

一、参加“五四”爱国运动大游行

1919 年，是一个伟大的年份！

1918 年 11 月，第一次世界大战以同盟国战败而告终。1919 年 1 月 18 日至 6 月 28 日，英、美、法、日、意等 27 国在巴黎召开所谓“和平会议”，讨论战后势力范围划分问题。中国代表团在会上提出取消帝国主义在华特权，取消丧权辱国的“二十一条”，归还德国在山东的青岛、胶州湾等全部占领地和全部特权。帝国主义代表不仅对我两个正当提案全不理睬，相反还在 4 月底把德国在我国山东的特权全部转让给日本，并写入了“和约草案”，软硬兼施，要我国代表在“和约”上签字。浑身媚骨的北洋军阀政府面对这样的国耻大辱不仅毫不反抗，反而在全国人民一片反对声浪之中，于 5 月 3 日，密令我国赴会代表团在“和约”上签字。外交危急！国事危急！！民族危急！！！

5 月 4 日，以北大为发源地，终于爆发了震惊中外的“五四”爱国运动，从此拉开了中国新民主主义革命的伟大序幕。运动以北京大学学生、导师为主体，高举革命火炬，冲锋陷阵在前。身为北大教授的高一涵立即投身到这场伟大的革命洪流之中。写文章、参游行、散传单、救难友，殚精竭虑。

从1919年初起，北京大学的师生一直关注“巴黎和会”的形势发展。

2月5日晚，北京大学在三院礼堂召开全体会议，大会致电巴黎的中国专使团，要求坚决拒绝日本的无理要求。陈独秀、李大钊、高一涵参加了这次大会。

2月16日，北大校长蔡元培在陈独秀、李大钊、高一涵等人建议和支持下，发起成立了国民外交协会，督促援助政府外交工作，陈、李、高为该协会的主要领导成员。

5月初，中国外交彻底失败的消息见诸报端，蔡元培、陈独秀于5月2日晚召集学生代表100多人，开会号召大家奋起救国，陈独秀、李大钊参加了大会。高一涵因编写重要文章《青岛交涉失败史》，没有参加这次大会。

5月3日，蔡元培、陈独秀从官方渠道获悉：北京政府国务院已密令巴黎中国代表团在卖国“和约”上签字，立即将此消息告诉国民杂志社主编高一涵的得意学生许德珩和新潮社主编傅斯年等人，许德珩立即通知各校学生代表在北大西斋饭厅召开紧急会议，学生夏秀峰当场咬破手指，写血书，决心献身救国。

3日晚，北大师生在北大法科礼堂开会，决定4日下午在北京天安门，举行游行大示威，反对政府卖国，陈独秀亲自到会，讲师邵飘萍向学生讲述了巴黎和会我国外交失败的经过。到会师生对北洋政府的卖国外交无不咬牙切齿。学生谢绍敏还咬破手指，撕下衣襟，血书“还我青岛”四字，当场还有学生要持刀破腹，以激励国人一致起来救国。

5月4日一大早，在北大进步领导和教师蔡元培、陈独秀、李大钊、高一涵等人的支持下，北大学生和部分教职员工，或乘车或步行，从北大校园出发，行程十多里，向天安门进发。下午1时半，各校学生代表齐集天

1919 年 5 月 4 日,北京街头声势浩大的反帝反封建大游行

安门前,首先通过了北大学生许德珩起草的《北京学生界宣言》,下午 2 时半游行开始,游行队伍高举北大学生书写的白布挽联:

卖国求荣,早知曹瞒遗种碑无字;
倾心媚外,不期章敦余孽死对头。

落款是"北大学界同挽。卖国贼曹汝霖、章宗祥遗臭千古"。

高一涵参加了这次大游行。他紧随学生队伍,手挥彩旗,高呼口号,尽呼反帝反封建的爱国之声。在游行队伍进行在长安大街的过程中,他"亲眼看见"陆续有许多工人、居民、商人和自发老人也参加到游行的行列,这使他激动异常。[①]

5 月 4 日的大游行,总指挥是北大学生傅斯年,邓中夏、许德珩等北大学生起着重要的组织作用。游行队伍直冲卖国贼曹汝霖的住宅,寻曹贼不见,痛打了卖国贼章宗祥,放火烧了曹汝霖的公寓——赵家楼。所有这些,北大学生无疑起了主要的作用,因而北大也备受北洋政府的痛恨。于是他们命令军警先后逮捕学生代表 32 人,其中有北大学生许德珩等 20 人。

① 见 1950 年 6 月致其亲侄宗溥信。

5月5日,北京各大学全体罢课。陈独秀等各大专以上学校校长一致推荐蔡元培为“校长团”团长,积极奔走于当局各部之间,要求无条件释放被捕的学生。高一涵、邵飘萍等北大教授讲师也为营救被捕学生而竭尽所能。5月7日,当局迫于巨大的社会压力,终于决定放人。

二、借媒体揭露军阀政府卖国大罪

早在游行结束的当晚,高一涵向陈独秀讲述了他亲眼看到许多工人、商人和居民也积极参加游行行列,和学生一起振臂高呼爱国口号时,陈独秀根据军阀当局捂盖子,对外宣称只是几个小学生在胡闹,当即建议高一涵写一篇关于北京学生运动不仅是学生的运动,也是市民的运动的文章。高一涵欣然奋笔,于5月6日完稿,5月7日的《北京晨报》《每周评论》等各大报刊均以重要版面先后刊登了高一涵的《市民运动的研究》一文。文章说:“四号午后,北京的地方,对于外交问题忽然发现了市民的运动。据报纸传说,云是:‘学生界的运动’,其实据我亲眼看见,参与其事的有工人、许多商人和许多鬓发浩然的老青年。说一句老实话,这完全是市民的运动,并不(只)是学生运动。这件事顺着世界新闻潮流而起,很不可轻易看过,说他们是五分钟的热心。”

“各国的政客,一方面是独占政权的贵族,一方面又是拿人家血汗作乐的资本家。对于这种不会劳动专会争权夺利的政客,只有国民运动可以制裁他。若犯了卖国大罪,那就更不用说了。”

“民众运动本是根据自治自决的道理而来的。若抱定目的把人侵占我们的政权夺回来,让我们自己来做,这就叫作自治。若不准政府独断,要让我们公众裁夺,这就叫做自决。这回北京的市民运动,并不单是自治自决,简直可以说是自卫。譬如我家仆人把我的财产偷送给强盗,我知道大祸将临,就应该行使我的正当防卫权。行使正当防卫的时候,就是侵犯人家自由,毁坏人家物件,在法律上并不负赔偿的责任。因为急于自卫,就是不取合法的手段,也不能责备他。照这个原理推起来,警察厅拘留殴打卖国贼的市民,实在是不懂得自卫的道理了。”他说:总之“市民的运动本是国家兴旺的气象。”“哪一件事不是大快人心的呢?”

这篇文章对于向全国人民公布“五四”真相,唤起人民群众快快觉醒,扩大“五四”运动的群众性、社会性起到了重要作用。

5月8日,卖国当局把怒火迁于蔡元培一人,决定撤了蔡元培校长之职,并扬言“要烧北大的房子,杀北大的学生”“要炮轰北大”等等。于是蔡元培于当晚被迫出走。10日,李大钊、马叙伦、马寅初等到教育部要求挽蔡。高一涵也积极参加挽蔡行列。与此同时,爱国游行运动正在向全国延伸。同日,天津等城市的商人实行全面罢市。

同日,高一涵又与同仁一道日夜奋战,编写《每周评论》“五四”运动专号,如期于11日出版。该专号以《一周中北京的公民大运动》为通栏标题,用四个全版篇幅向全国人民公布了北京运动的真相和过程及其历史意义。高一涵还在二版头条上发表了《青岛交涉的失败史》,系统地揭露了北洋政府腐败无能、丧权辱国的罪恶行径。此后他与同仁一道又连续三期出了“五四”专号,高一涵先后在这三期上发表了《青岛问题在欧会中的经过情形》(5月18日,二十二期)、《签字不签字的害处》(5月25日,二十三期)、社论《关于胶州湾和约的修正意见》(6月10日,二十四期)等重要文章。深刻、全面地揭露了美、英、法、日等帝国主义者的假和平真侵略、假亲善真霸占的帝国主义本质面目,号召全体国民团结起来,口诛笔伐,坚决击败北洋军阀政府当局欺民卖国的罪恶行径。《青岛交涉的失败史》从8个方面系统全面揭露了中国从甲午战争失败,日本掳掠我国辽东半岛开始,李鸿章、袁世凯、曹汝霖累累卖国的大量罪行史实,强烈抨击了日、俄、英、美、法等帝国主义侵占我领土主权的罪恶行经。最后,他大声疾呼:“愿国人快快起来,愿国人快快起来!!”推翻军阀反动政府,建立真正的民主国家,“实行国民的外交,平民的外交”“一刻不容迟缓!”此文一发,似动员令,似冲锋号,有力推动和促进了伟大的“五四”运动在全国各大城市风起云涌地展开!

“五四”运动后第二周的5月18日,高一涵写了一篇题为《学生事件和国家法律的问题》,在北京各大报刊上发表。文章从“法律民本主义”出发,主张“国家和正义要一致，法律的功用是除暴去恶，不能单为维持社会秩序而设。连学生们护国自卫的权利都被剥夺，这种法律是蠢笨极了”。总之法律“一定要以人生的目的为目的”。因此，他宣布现在的“国家和法律专讲强权，不讲公理，专保护现状，不讲求进步。这种反乎人道正义的国家和法律，我们实在没有受他们裁判的义务”。“我们就应该不要他才是！”

6月3日下午2时，情况进一步恶化。反动当局派军警围困了北大的法科院，教职员工及许多学生被拘在内。于是高一涵与胡适、钱玄同、马寅初、周作人、马叙伦、沈尹默等20余位教授发出公告，请全体教职员于4日下午2时去理科大讲堂参加特别紧急大会，研究营救解决办法。“伏希惠临，不胜迫切”。

三、与陈独秀共同起草散发推翻军阀政府的革命《宣言》

6月9日，陈独秀约高一涵共同起草《北京市民宣言》。文曰：

中国民族乃酷爱和平之民族。今虽备受内外不可忍受之压迫，仍本斯旨，对于政府提出最后最低之要求如左：

(1)对日外交，不抛弃山东省经济上之权利，并取消民国四年七年两次密约。

(2)免除徐树铮、曹汝霖、陆宗舆、章宗祥、段芝贵、王怀庆六人官职，并驱逐出京。

(3)取消步军统领及警备司令两机关。

(4)北京保安队改由市民组织。

(5)市民须有绝对集会言论自由权。我市民仍希望和平方法达此目的。

倘政府不愿和平，不完全听从市民之希望，我等学生、商人、劳工、军人等，惟有直接行动，以图根本之改造。特此宣言，敬求内外人士谅解斯旨。

值得我们特别注意的是:《宣言》中明确提出的五条“最低要求”,不仅要收复山东权利,而且“取消民国四年七年两次密约”,表现了反日爱国的彻底性;不仅要免除曹、章、陆三个卖国贼,还要免除掌握暴力专政机关大权的徐树铮(西北边防军总司令,实际掌握北洋军阀军权)、段芝贵(陆军总长、京畿警备总司令)、王怀庆(步兵统领)的官职,并“取消步兵统领及警备司令部两机关——这就把一般的爱国政治运动,导向革命的道路,等于是宣布北洋政府的死刑”。①

高一涵在《李大钊护送陈独秀出险》一文中记道:“在夏天的夜里,我同陈独秀一道,到嵩祝寺边一个小印刷所印刷这个《北京市民宣言》。因为中国印刷所是为北大印讲义的,夜里只有两个印刷工人在所内,工人们警惕性很高,把《宣言》印成后,又将底稿和废纸一概烧得干干净净。我们印完时,已深夜一点多钟。”

6月10日下午,高一涵编完报纸,又与陈独秀等人到中央公园(即现在的中山公园)散发《北京市民宣言》。他们把传单放在没有人的桌子上,用茶杯压好,喝茶的人看到传单,读后大声叫好,拍手欢呼,高一涵他们“大为高兴”。11日晚,陈独秀、高一涵与北大教授王星拱(字抚五,安徽安庆人)、程寅生、邓初民等五人来到前门外珠市口西一家字号“浣花春”的川菜馆就餐。他们或衣襟鼓起,或带着一只手提包,里面装的正是《北京市民宣言》。吃完晚饭,王星拱、程寅生往城南游艺园去散发传单,而高一涵与陈独秀、邓初民则来到新世界。因戏场、书场、台球场内灯光如昼,不便行动,高一涵便提议到屋顶花园。此时屋顶花园正放露天电影,他们趁机把传单撒了下去。这时,陈独秀不幸被暗探抓住,高一涵一见下面有警察活动,人群混乱,便跑上天桥把手中的传单全数抛下,迅速脱去长衫,丢掉草帽,下楼钻进混杂的人群,摆脱了密探,与邓初民二人脱离了危险后,立即联系胡适等一大批著名皖籍人士和北京各界名流,多方营救陈独秀。他还特别致电时在国民政府任职的章士钊,要求军阀当局

① 参见《陈独秀全传》205页。

高一涵参加“五四”爱国运动，在《苦难辉煌》中再现

在《日出东方》中，陈独秀与高一涵的形象同时出现在屏幕上

立即放人。

高一涵参加“五四”爱国运动，从事反帝反封建的斗争，在向党的十八大献礼专题片《苦难辉煌》和重大革命历史题材故事片《日出东方》中，均有生动再现。在《苦难辉煌》中，官方媒体首次把陈独秀、李大钊、高一涵三人的名字紧密连在一起（见左上图）。在《日出东方》中，陈独秀与高一涵的形象同时出现在屏幕上（见左下图）。

经历了83天牢狱之灾的陈独秀被保释出狱，并由李大钊、王星拱等人精心保护，潜出北京，前往上海、武汉，公开举办讲演，提出“打破阶级的制度，实现平民社会主义”等政治主张，受到当局严令禁止。无奈，陈独秀于1920年2月初返回北京。此时，高一涵与李大钊已得知北京警察厅正准备将陈抓捕囚禁，立即将陈独秀安排到北大教授王星拱家秘密隐藏。中旬，李大钊、王星拱共同商定，将陈独秀化装成商人，由李大钊亲自护送，二人坐着马车，假装下乡讨债，潜出北京城。陈独秀去往上海。

风起云涌、如火如荼的“五四”爱国运动，迫使北洋军阀政府于6月10日急促下令罢免曹汝霖、章宗祥、陆宗舆3人。6月28日晚，在大总统府，学生代表又当场迫使大总统徐世昌发电往巴黎，令中国代表团拒签和约。

6月28日,“五四”爱国运动的直接目的终于达到。高一涵与陈独秀、李大钊等人无不欢欣鼓舞。蔡元培也于稍后的7月9日恢复职务,9月20日到校视事。

四、支持六安“五四”爱国运动

伟大“五四”运动的号角很快响彻六安。《新青年》《每周评论》《少年中国》等新文化书刊从北京高一涵处和安庆芜湖等处传到六安。当时安庆开办了“万卷楼”,芜湖屯溪开办了“科学图书社”,专门购销这类进步书刊。朱蕴山等人在六安开办“三农”,胡苏民(六安中共早期领导人)、朱谨怀等在六安城关鼓楼街开办“进化书局”,并在仓房拐开办小学和夜校。这些学校和书局都为集中教授、宣讲、播扬新思想、新文化而办。随着马克思主义在六安的广泛传播,六安的知识分子、工人、农民迅速觉醒。这不仅为六安后来的工人、农民和学生运动树起了革命的旗帜,也为六安党组织的建立准备了思想条件和干部条件。①

五、继续从事反帝反封建斗争

高屋建瓴的高一涵,并没有因眼前的胜利而停了革命的步伐,他先后在《每周评论》等报刊上继续发表文章,号召国人将革命进行到底。如在《每周评论》第33期上,发表了他的《民众运动的目的》一文,文中他以冷静、客观的头脑,科学、明确的政治思维,分析了“五四”运动的成功与不足,所谓不足,就是没有彻底推翻军阀政府。所以他进一步号召国人一致动员起来,继续高举反帝反封建反军阀的大旗,从根本上、制度上、法律上解决中国问题。这在当时的“五四”明星中,恐怕是少有的。

---

① 据《六安县文史资料》第一集编写。

民众运动的目的

涵　庐

我国"五四"运动不用说是乘民治潮流而起的，不过据我个人观察。觉得很有几种缺点：

（一）是消极的一时的运动。

（二）是单反对政府和一时的外交政策，不是主张改革外交制度。

（三）只想唤醒人民的自觉，不想得到法律上的保障。

民众运动本不是"扰乱治安"。但既然被"扰乱治安"的学名，应当得到："扰乱治安"的代价。代价是什么？就是对于酿成运动的问题，想个根本解决的办法，用法律规定起来，作未来的保障。这就是扰乱治安的代价，就是民众运动的目的。照事实和法律说来，民众政治只有实行议会政治，才可以办得到。但是如今自助的社会主义，大多数都是不相信议会政治的。现在不相信议会政治的有三种：

一、是劳工自觉主义，Syndicalism 叫同行的工人，结合在一块，听他们自己直接行动，去谋同行的利益。二、是同盟罢工（Referendum），他们不求教议会，单讲究自动的革命和直接的行动的手段。三、是民主的决议。因为议会不能尽量发表民意，然想叫全体国民来处决各项问题，事实上也不容易做到，所以普通问题仍归议会解决，遇特别事件，仍由国民直接解决。这都是近来自助和自觉主义。但是一件，无论他们讲独立自助的，或是讲共同互助的，总不能脱去国家权利。他们要求的结果，也必定要得法律的保障。这是什么缘故呢？大概现在国家的组织功效大著，不藉国家的权利，分配也不能平均，自利心也不能限制，资本家和劳动家的利益也不容易调停。所以单讲自助自决专在社会上运动，不想参加政治上的活动，和得到法律上的改革，终究是劳而无功的。

前文已经说过："五四"运动中，陈独秀、高一涵共同起草并上街散发

"直接行动"的革命传单。这个传单的直接目的是反对卖国的军阀专制政府拒签"二十一条"卖国条约。经过陈独秀、蔡元培、李大钊和广大爱国学生和工人商界的共同英勇奋战,这个直接目的终于达到。但"革命传单"的更高目标——推翻反动卖国的军阀政府,打破反动政府卖国的秘密外交的目的并没有实现。所以在高一涵看来,"五四"运动并没有从根本上解决中国问题。对于这样的重大政治问题,高一涵当然洞察无余。所以在上段简短的引文中,他就一连用了"根本的解决""直接的行动""单讲究自动的革命和直接的行动的手段"和"国民直接的解决"等连珠炮的话语,反复强调:民众运动的目的就是要通过民众直接的政治运动,改革国家的政治制度,以求得在法律上切实保障保护国家利益、人民的利益。

接下来,他还举了当年比利时的工人运动的一些经验教训,证实自己论述的正确性。

他接着说:

> 我们"五四"运动为什么起的呢?大家不是都说是反对秘密外交吗?我们试想一想秘密外交的制度果打破了没有?如这种制度还在,单打伤一个章宗祥,和逐掉一个曹汝霖,以后就能保没有章曹第二,来缔结军事协约,定高徐顺济铁路借款的合同,主张禁止专使发言和极力替日本人尽忠吗?所以我说赶掉曹章,拒绝签字,仍然不是秘密外交的根本解决。要想废了秘密外交,除非从法律上改革不可。中国的外交,从法律上说,代表国家缔结条约的权限是在大总统,从实际上说,代表国家缔结条约的权限是在外交部。这就是秘密外交的祸根。

针对这种情况,高一涵直接挑明,中国要想从根本上打破秘密外交,就"除非从法律上改革不可"。接下来,他又简略介绍了西方法学家鲍生贝的"平民外交"的四条主张:

（一）任命外交官须年年由众议院照普通议事手续讨论。这项讨论至少也要占两天的工夫。头一天，由外交总长陈述外交的政策，定下一切大体计划。第二天，当注意目前有关系的详细的论点和特别的问题。这一条最大的好处，就是使议会和国民都知道外交的政策，使外交官的外交全体的计划，都对于国民负宪法上的责任。

（二）非经议会议决条款，不得同外国缔结条约。因为条约同别的法律一样重要，所以必定要经人民的代表逐字逐句讨论之后，才能同别国缔结。宪法上果有这样的规定，那么，如我国的中日军事密约，高徐顺济的铁路合同，和日英日意日法关于青岛问题的换文，自然不能成立了。

（三）非经议会明白允许，不得加入别国的协约同盟和承诺事项。

（四）非得国会允许，不得宣战。外交总长有定期宣布外交事情的义务，在议会闭会之后，这种宣布更为重要。使国民由此得以学习外交，信任当局，别叫他们堕在云里雾中。这四条都是鲍生贝的主张。中国想免掉秘密外交的祸害，将来创造宪法必须加入这些条文，才是根本上打破外交黑幕的道理。但是国会就能靠得住不和外交当局通图作弊吗？这也有个办法，就是一方面改正选举法，去掉财产年龄资格教育的限制，使选出平民的议员。一方面组织公民的政治社，专于监督选举，检察投票，告发他们不正当的运动，抵抗官吏非法的把持。更多多印刷书报，教导公民应有的知识，评论各党的主张，批评各候补人的资格。

最后，他说：

以上所说虽然不大详细，但都是积极的主张。比较到秘密条约结成之后才去奔走呼号的反对似乎略为好一点。我并不是不赞成民众运动，我是不赞成急来抱佛脚的民众运动，不赞成无目的无结果的民众运动。所以我不问民众运动的方法,单要问民众运动的目的。

(详见《每周评论》第33号)

当然,高一涵的这篇文章,特别是后半部分主要强调从法律上解决中国秘密外交问题,对于从根本上"打倒、推翻反动的卖国军阀政府,才能实行'平民的外交'"似乎点的不够。不过,文章中的这个深层次含义是十分清楚的。所以学界认为,高一涵的这篇文章是刺向军阀政府的又一把匕首。

第三十七期的《每周评论》又发表了他的《中日怎样才能够亲善》的头条评论。文章对北洋军阀政府中的那些"五四"运动的死对头,投降媚外的顽固派实施穷追猛打,对他们与日本侵华派一唱一和,宣扬什么"中日新亲善"进行彻底的揭露。他说:"中日怎样才能真正地亲善呢?(一)实行平民政治。中日亲善最大的障碍,就是两国的军阀。日本的军阀平素抱一种侵略的思想,又叫几个文人,唱什么大亚细亚主义,不怕要把中国一口吞了。同这些人讲亲善,哪有不糟的呢?(二)打破秘密的外交。这回欧战,大半是打这秘密外交上起的。秘密外交实在是闯祸的胎子。中日的交涉,多先由日本政府秘密要求,然后由中国政府秘密答应……到了发觉的那一天,不但中国人痛心疾首,就连那些有良心的日本人也觉得过分。(三)实行文化的提携。……要想日本对于我国不用强权势力,除非先把强权势力的思想根本打消不可。新文化就是打消这种思想的工具……(四)表明国际的信用。……我们现在所以不信日本人的话,就是因为他天天说亲善,偏有"二十一条"的要求;打青岛的时候,明明说把青岛归还中国,到现在偏又抵死不承认;当南北战争的时候,口口声声说不干涉中国内政,偏偏又扶助军阀,接济军火,大借军饷。像这样说亲善,又有谁来相信呢?"最后他写道:"这四条做不到,切莫痴心妄想什么新亲善!"这些话语,字字恺切,掷地有声,淋漓尽致地揭露日本假亲善真侵略。直到今天我们读来不仅人心大快,如用它来给当今日本右翼人物讲一课,也还非常适用呢!

从1918年12月22日创刊，到1919年8月31日被反动当局查封，《每周评论》共出37期，共登载高一涵的文章53篇，其中社论3篇、评论16篇、翻译文章3篇、随感录31篇。今天重阅这些珍文，大气磅礴，字字珠玑，篇篇都是反帝反封建的檄文。

1920年9月至1921年，高一涵参加了新青年社，继续从事反帝反封建斗争。这年8月，他为首组织成立旅京“皖事改进会”，旨在驱逐安徽军阀，改进安徽政治和教育。

1921年，高一涵专门写了《共产主义历史上的变迁》一文，同时参加了《新青年》举办的“社会主义讨论”，还在这年5月14日应清华学校政治学研究会的邀请，做了《共产主义之历史》的学术演讲。当代党史学家研究认为《新青年》《每周评论》作为主阵地为黑暗中国送来马克思列宁主义，为中国共产党的创立作出了重大贡献，那么作为这两个刊物的重要编辑、撰稿人之一的高一涵，应理所当然的作为重要功臣载入史册。

六、发起非宗教大同盟运动

据江苏省委统战部《高一涵小传》和高大同著的《高一涵先生年谱》等史料记载：1922年4月，高一涵与北京各界人士200余人共同发起“非宗教”运动。该运动的发起词列举了帝国主义利用宗教对我国进行侵略的种种罪行，揭露了“耶稣教是帝国主义侵略落后国家和民族的工具，传教士是侵略的先锋队”。发起词郑重宣布：“我们非宗教的最后目的，是笃信科学，尊重人们的自觉，拒绝帝国主义者的愚弄、欺骗，反对他们的侵略，要求自主、独立。极力铲除依赖性……力求自力更生，自求多福，加强四万万人民的觉悟和团结，争回已丧失的领土主权，做一个有理智没有迷信、头脑清爽、自由自在和自信的国民。努力钻研科学，追求真理，为广大的人类造福。使四万万同胞……向新的、民主的、自由的社会前进。”

“非宗教运动”得到北京各界人士的响应。1922年5月10日，在北京大学第三院成立了非宗教运动大同盟，并在许多大中城市设了分会。

1922年，北方发起直奉战争，直系获胜，宣布恢复旧国会准备制宪，以抵制孙中山的护法运动。北京各界人士认为有必要在宪法上争取确立民权。高一涵与北京各界人士一起，于 8 月 15 日在湖南会馆成立了“民权运动大同盟”。作为该同盟的一项重大活动，高一涵撰写了《对于“治安警察条例”的批评》发表在《新青年》上，文章列举了《治安警察法》对人民集会、结社、言论、出版及示威游行等的无理限制，是违反“约法”的，是“民国”不应该有的恶法，要求废止该法。大同盟还参与“劳动立法运动”、声援“二七工人大罢工"等。这个组织于 1926 年“三一八”惨案后停止活动。

1920 年起的这些活动是高一涵从事反帝反封建的革命活动的继续和发展。

作为“五四”运动的组织者、参与者，许德珩先生在 1980 年有感而发，他在为《“五四”群英》一书写的题词中写道：

泱泱大国，“五四”群英。
心忧天下，身无半文。
面壁十年，志在救民。
赵家楼火，万众一心。
烧尽腐恶，与民维新。

这几句话道出了“五四”青年深沉的忧患意识和博大的爱国情怀，他们值得后人永远的缅怀和思索。

第五节　新文化运动续话

《新青年》一创刊，陈独秀就联合尚在日本留学的高一涵和远在四川的吴虞作为自己的左膀右臂，向统治中国几千年且根深蒂固的封建传统文化，特别是儒家“三纲”（君为臣纲，父为子纲，夫为妻纲）、迷信、外来宗教的入侵、老庄的消极隐退思想以及为这些学说、思想、观点服务的旧教育、旧文学、旧礼制发起持续的、猛烈的攻击，掀起一场又一场惊世骇俗、影响深广的革命。在中国历史上统称其为“新文化运动”。由于其结果直接导致了另一场伟大事件——“五四”爱国运动的暴发，因此又称其为“五四”新文化运动。“五四”运动暴发，开启了中国新民主主义革命的新纪元。

“五四”新文化运动震动最大的，是使中国五千年来在伦理领域、教育领域、宗教领域、文化领域乃至整个思想领域发生了一次深刻的、史无前例的革命。特别是在这场深刻的革命运动中，中国的先进分子李大钊、陈独秀和留日归国的高一涵、杨匏安、李达等人，为黑暗的中国传来了指路明灯——马克思列宁主义！从此中国工人阶级团结其他劳动阶级，在马克思列宁主义的指引下，在中国共产党的正确领导下，迈向了新民主主义革命的新阶段。

如前所述，《新青年》自八卷一号起，作为上海共产主义的机关刊物的地位正式确立下来，由一个文化刊物变成了一个政治刊物。这样，从《新青年》创刊开始，到它正式成为一个政治刊物，我国近代史上开天辟地、轰轰烈烈、影响深远的近代民主主义启蒙运动——新文化运动正式结束。此后的文化改革、文艺改革、文字改革、宗教改革、教育改革等一系列改革，虽未停步，但已逐步融入到新民主主义革命的大潮中。

去年秋天，皖西学院一位年轻教师听说我在写《高一涵传》，特意登门来访。他说：“10 多年前，社会上有一种议论，说新文化运动，‘打倒孔家店’，反掉了儒家文化。不知你老怎么看？另外，我看了你主编的《高一涵文选》，对高一涵在新文化运动中，对新文化革命究竟有哪些贡献，还不是很清楚，也希望您老能点拨一下。”

针对他的提问，我作了如下回答：

陈独秀、高一涵、吴虞及其后来的钱玄同、鲁迅等人，他们所批判的是儒家伦理学说对国民的毒害以及孔子、老子思想中那些不适合现代生活的部分，并不是全盘否定孔子。相反他们对儒家学说在中国奴隶社会向封建社会进化时期的诸多方面的历史作用，都给予相当高的评价。

就拿高一涵来说，他在《老子的政治哲学》一文中，首先肯定老子是反对当时奴隶社会政治制度的大思想家。接着，他同时指出：因为老子“只从消极方面想法子，不从那积极的文明进步上着眼”，他看到当时社会贫富严重不均，就主张“尚俭”；他看到年年兵战，就主张“去兵”；他看到百姓起来造贵族统治阶级的反，就主张“无为”；他看到社会上有人尔虞我诈，就主张“尚愚”。因此，这“也是老子所以仅成为一个空想家的原因”。

在教育方面，我看了高一涵关于教育方面的论说不少，他的《非君师主义》一文登在《新青年》上。他反对的主要是针对民国总统许世昌所颁布的君师主义（总统主义）、封建主义的教育令，反对利用封建教育模式，传播封建道德，培养封建专制的孝子贤孙，明确地主张吸收西方先进的教育模式，用科学的、民主的启发式、实验式的新的教育方法，去培养青年的新道德，培养青年的自觉心、自立心、自动心和创造心，让青年通过新道德的培养，去做那“理想的光明世界”的创造者和开拓者。他在文章中还多次要求国家要把这种培养新道德的教育宗旨和模式用法律条文，写入宪法中。

高一涵反对宗教迷信的文章，我看的不多，但仅凭他在1922年4月，在北京各界人士发起的非宗教大同盟成立大会上的讲话，就可以看出，高一涵所反对的一是借助宗教传播封建迷信；二是反对西欧宗教的大肆入侵。当时西欧特别是英、法、德的天主教、基督教传教士与中国封建专制阶级沆瀣一气，企图借助传播西方上帝神学，来抵制新文化运动的影响，继续奴化中国人民。当时，西方宗教对中国入侵相当严重，他们在中国的大部分乡镇都建有基督教堂。就连高一涵故乡的东河口、南官亭、双河、毛坦厂等地都建有天主教堂或基督教堂。在辛亥革命和新民主主义革命运动中，这些教堂大部分成了中国反动派的避难处或保护所，不少传教士成了革命党人的死对头。针对这种形势，高一涵等一批具有高尚民族自尊心的先进分子，在北京成立了非宗教运动大同盟，向封建迷信和外教入侵，发起了猛烈的进攻。

高一涵在非宗教大同盟成立大会上，说出了全体中华儿女之心声，他说："中国人现在应该极力研究欧洲的科学，倒不必生吞活剥地去崇拜欧洲人所崇拜的宗教。"他与全体会员发出庄严号召："全国四万万人民的觉悟和团结，努力钻研科学，追求真理，为广大的人类造福，使四万万同胞……向新的、民主的、自由的社会前进！"

这次非宗教运动，在我国宗教史上，影响广泛而深远。

在文艺革命方面，我看过高一涵的《我的戏剧革命观》一文。文中他明白表示他反对的是旧戏剧中低级趣味的"荒诞主义"、生搬硬套的"崇古主义"和君主式的"训教主义"。这在今天看来，都是能经得住历史检验的。但他同时又主张打破传统戏剧中的唱、做、打、念，手、眼、身、法、步等所有束缚，另外创造一种新戏，并说只有这样，才能称得上是"戏剧革命"。

说到高一涵在新文化运动的文学革命中，主张一切从头创新，倒还是真有几个例子，一是他与陈独秀共同创造的一种新的文体——"随感录"的杂文。这种文章短小精悍，或嬉笑怒骂，或直来直往，或幽默含蓄。惩恶扬善，立场分明，时效性、战斗力很强，在当时，曾受到"五四"明星们的一致赞扬。二是改掉八股文言文模式，用白话文写书作文。本章第一节中节录的《皖江见闻录》就是高一涵白话文的杰出代表作。他的白话文作品是新文化运动中的文学革命的新创造、新成果。三是高一涵的专著《金城集》，一改律诗的风格约束，大胆采用自由纪事体，这在当时确实难得。

最后，我还告诉他，我在编辑《高一涵文选》时，曾将高一涵在《每周评论》上发表的31篇《随感录》选入书中，很可惜，后来又被删去了。正是因为这种新文体很不被后人重视，本书特将他在《每周评论》第三十三、三十四期上发表的12篇《随感录》节选摘录，以让读者一览当年这种新文体的风采。

▲入狱"星期评论"第八号有玄泸先生"入狱"诗一首。我所最爱的句子，是"怎样是不自由？入监狱。因为自由入监狱。……本来是狱，何

待入狱。……既都是狱,何处非狱?”我们这样国家社会学术思想风俗习惯那一件不是监禁人的牢狱?何消捉到警察厅里边去才算是入狱呢?

▲实在有趣极端自由的社会虽然是好,考其实实在在没甚趣味。惟在这万恶社会之中,看清清白白的青年,天天拼命的和那万恶的社会相战,实在是有趣得很!

▲真算得南北统一北京城里捉拿学生,南京城里也捉拿学生,甚至于打死学生。现在这种捉拿学生的新潮流,又淌到广东去了。护法的军政府也在那里捉拿学生。照这样看来,还不算南北统一吗?

▲西南自治北方代表徐佛苏发表一篇《西南自治与和平》的论文,各报上也有赞成的,也有反对的。我以为他的内容如何姑且不论,但却是一种光明正大的主张。比那些代表关起门来,一味在里边鬼鬼祟祟的分赃,岂不是高得多吗?

▲警保局长的感想如何?日本大正四年国会选举,有几百个妇人参与其事。当时警保局长安河内氏看不惯,大发议论。大致说:“日本女子只当在家内做事,外出运动实在伤她的美性,参与政治运动是很坏的事体,将来法律必定要取缔的。若放任下去,中了欧美女权扩张论的毒,那么,在建国三千年的国体之中,恐怕要出一个大问题来!”现在不到四年,他们国内不但有什么妇人团体,什么妇人家庭经济讲习会、什么女校联合会同窗会,什么友爱会,闹得“不亦乐乎”的,并且组织百人团体,抛头露面的到处演说。不知那位警保局长现在的感想如何?

▲谁能当起这样骂国民公报载吉林全体军官的通电,内中有几句很痛快的话,说:“和会一再停顿,大局日益纠纷,皆由武人政客操纵其间。而追原祸始,则……实兆乱之渠魁,内讧之导线。……武残民,视南北若秦越。……假……为名,擅自增兵至数万之众。扼守几甸,横行中原。作梗和议,阴谋并吞。……排斥异己……迫协当局。……”我想拿这些话骂张作霖未免有些冤枉他,大家想一想,有没有人的确可以当起这样骂?

犹可为

日本人叫作什么蓄堂的做一首律诗答驻日代理公使庄景柯的《太平

颂》中有“草莽偏存向日诚”一句，底下加些小注子说：“陆章曹诸子虽失势，江庸徐树铮诸子犹可为，庄景珂亦后起之秀，原氏（现内阁总理）其注意及之否？”我们中国人“其注意及之否？”

政客

我们前两个月通信曾说政客误事，有一天忽然想起英国戏剧大家皮诺罗一骂政客的戏。那折戏叫作“阁员”，说有新婚的夫妇生下一个小孩子，才六个月大，两口子讨论小儿子将来做什么事。学陆军还是学政客呢？争了半天，不能解决。后来去请教一位阁员，阁员踌躇多时才说道：“假使你的习惯是忠实的，那就不能学政治了。假使你想无论在什么时候自己定个主见，定了之后还想保存他，也犯不着钻到政界里去。假使你想为你同胞尽一点力，假使你要想到六十岁的时候还像现在六个月的时候一样安稳的晚年，再也不要入政界。”大家照他的话想一想，政客的生活到底是怎么样？

以上选自《每周评论》第三十三号

▲警察与卫生北京城里的警察，成天的把一双眼睛对着学生和出版物瞅着，至于大街小巷的尿屎，任他怎样堆积，睬也不睬。难道只要治安警察忙个不歇，便不怕卫生警察闲着生病码？

▲高士兵真不做脸北洋派成天的说一统，成天的说要以北洋派统一中国，偏有一个不成气的高士兵，在“京畿之侧”反抗中央命令。这事要出在西南，正可籍此打趣主张分权主张自治的人。偏偏又出在讲统一讲威性的北方，真有些令人过不去！

▲非卖品的报纸我有一位同学在北京办一个日报。我看他手边很阔绰，以为他的报一定很行销。到处去卖，再也买不到。有一天会着这位同学，我问他“你的报天天出多少？”他说“三十份。”我说“为什么买不着呢？”他说“非卖品。我只印三十份送送股东和登广告的就是，何必拼着折腾去卖呢？”

▲赌咒《水浒传》上说宋江一遇急事，常常赌咒，说：“我宋江如有异

心，天诛地灭”。李逵也常常赌咒，说：“李逵如再……嘴上害个大疔疮。”现在有位前清举人，听人说他还要运动大学校长，他也赌下咒来，说：“天诛地灭，子孙不昌，上帝鉴临，心口如一。”可见得名士英雄都是一样的脾气。

▲都欢喜私下讲和程潜私下讲和刚才闹穿了，今天报上又说陆干卿也派人私下讲和。日本对于山东问题不承认英美调停，也要同中国私下讲和。这些人总算都会揣摩北方政府的脾气。

▲日本人应该觉悟的如今中日两国的感情总算是坏极了。究竟日本人要明白我们所排斥的日本人，是那种抱侵略主义的，不是这些讲正义人道的。是那些压迫民众勾结卖国贼的军阀，不是这些鼓吹黎明运动的平民。要想在东亚创造新文明，打破黑暗的势力，非两国平民同心协力，哪里能够做得到呢？

以上选自《每周评论》第三十四号

第六节　再赴东瀛

1919年12月20日下午6时，胡适在北京“浣花春”酒楼设宴为即将赴日本考查访学的高一涵和王文伯二人饯行。27日，由北京出发，1920年1月2日清早从釜山上船，10小时后到下关，乘火车前往东京。高一涵在任北大编译员期间，曾向校方谈了自己打算编译一本《政治学史》的想法，校方积极支持。为了圆满完成这项工程，他决定重返日本，搜集当时包括马克思、列宁在内的西方资本主义上升时期著名思想家、政治家、哲学家的思想理论著作。

1月28日，高一涵致信胡适说：“下月三日吉野（作造）介绍我同文伯两个在三师大辩论会上演讲，因我没有别的可说，只得把你的新思潮的意义重新讲演一番，以后并加上新思潮的具体主张。因为吉野很盼望我们讲新思潮的内容。”“文伯讲的是《中日将来之关系并两国之青年》。”

高一涵一到日本，许多日本进步青年纷纷询问中国新文化运动情况。从2月12日到14日，日本青年连续3天举办“统一纪念会”，高一涵一连给大会作了三场报告，受到日本青年的热烈欢迎，称高一涵是“天使”和“英雄”。他在1920年2月13日，在日本写信给胡适（因这期间陈独秀与李大钊常常外出从事革命活动），报告了当时的情况：“《新青年》代派事，我已同青年会的干事说到，且于昨晚在‘统一纪念会’会场报告了。大家仿佛得到宝贝一样的欢喜。我想这事万不能辜负他们的好意，并望商同梦麟和新潮社、国民杂志社按期寄《新教育》《新潮》《国民》和其余有价值的杂志前来。”

信中还谈道，在日本有许多人，把北京大学和《新青年》同仁当作“天使”来看待。当高一涵在“统一纪念会”演讲结束走下讲坛时，许多被称为“离经叛道”和“忤逆不孝”的中国留学生，都跑来和他争相握手。高一涵由此认为“这是你们（指胡适、陈独秀）鼓吹的功劳，也就是你们无穷的不可推脱的责任，还望你们快快努力，尽你们‘天使’的责任才好！”

5月5日，经李大钊、胡适等人的运作，北大游日学生团一行5人（康白清、徐彦之、孟寿椿、方豪、黄日葵）到达日本，与日本学界进行学术交流。高一涵帮助接洽安排，并参与演说。

5月7日，高一涵参加北大游日团与留日学生会联合在大丰町私立卫生会召开“国耻日纪念会”，并发表演讲：“我们当知今天的纪念会，不是一天纪念的。宜天天时时纪念着。我们开会，也不是给日本人看着的。我们还须有一种组织，去按步进行。我们想想：二十一个条件，当用何法，才可以取消呢？照这样的中日关系，就是取消了，恐怕还会有其他的国耻纪念日呢？”

5月20日，高一涵又致信胡适，告之“康、孟……诸人到此，把我所住的桌椅都占去了，又兼有许多接洽的事都来找我，整整的要耽误我一个月的工夫。他们到处演说，有时也把我拉进去，因此日本报界送我一个‘高教授’的头衔。前天在神田日本青年会开中日联合会演讲，我们很攻击帝国主义和军国民教育……”

5月27日，高一涵原与大杉荣等人约定晚六时在“明治会堂”的演讲，因日本警察厅看见广告，被勒令中止。

6月1日，高一涵致信胡适，告之：“我在此还有两星期耽搁，大约六月半后方可动身(回国)，还有几个讲演已应准日本人的约，大概十日后到大阪，如果被他们政府赶回，还可省点船钱。”

6月16日晚，高一涵离东京，“日本政府四名高等刑事(国家高等警察)追随，凡到车站送我的人，都被他侦探姓名去了，并打电话到各站，探听我从什么地方下车，我到神户马上就受到刑事来‘欢迎’”。

高一涵重返日本母校，受到了校方面的支持和关照。因此，收获颇丰。不到4个月，他已觅得各种图书200多本，并一边读，一边译，一边写《政治学史》的上古部分，不久已成初稿，心里很是高兴。兴奋之时，又于5月27日给胡适写信，报告他在日本访学及相关情况：

适之兄：

接到来信，说“大学正在筹算减费”，我当时心中便已打算写信告诉你，斟酌我一个人的进退。第三天接到你来信，你恨我从前不斩钉截铁做去，反教你为我受累，心中实在不安得很！我虽毫无见识，但关于自己进退，也曾前思后虑过多少次，去年蒋梦麟先生代理校务时，所以写信辞职，便是这个意思。但因为当时任事已有一年，一点没有成绩，不但无以对大学，亦无以对自己，所以梦麟写信留时，也就勉强担任下去。

幸而到东京四个月，置得二百多册书，又因为得大学图书馆的帮助，才勉强编成一点《政治学史》。现在上古已完，我想从此结束，告一段落，待修改抄写成功，交给大学，也算完结了一件心事。

接到你的信时，我同文伯均直接写信给蔡先生，婉言辞职了。倘见蔡先生时，可再累你一下，请你说明我们的意思。

信中所说的《政治学史》，成书时名为《欧洲政治思想史》，分上古、中古两卷（近代史可能因后来的时局动荡而未成书），被列为“北京大学教学丛书之八”。新中国成立后被北京东方出版社列为“民国大丛书”再次出版。

高一涵再返日本前，陈独秀交给他一项重要任务：《新青年》七卷六号要作为“五一”劳动节专号来出，并要高一涵为专号做一篇关于“日本劳动界的组织及运动”的专稿。高一涵为此，一到日本就开始调查研究，收集日本劳动阶级的大量资料，终于写成《日本近代劳动组织及运动》的专稿。5月1日，《新青年》“五一”劳动节纪念号特大刊顺利出版，孙中山先生为庆祝专号出版，特亲笔题写“天下为公”4个大字，孙中山先生的题字被登在专号首页，蔡元培题写的“劳工神圣”和吴玉章、吴稚晖等当时一流名人的题字顺序刊登。陈独秀、李大钊、高一涵和一些工人代表的专稿足足印满400页。高一涵的文章对日本近代劳动组织的历史、现状、目的、劳动团体的运动，进行了全面的研究和论述，指出：“日本劳动阶级现在才到第一个觉悟时期，还没有到第二个觉悟时期，便是他们才知道拼命争待遇，还不曾极力争管理；只知道争普通选举，还不曾知道就是争到选举权也不能解决劳动阶级本身的问题。”并归总一句话：“我的意思只想教工人以‘同业组合’来解决自身问题，不愿他们借政治势力来解决自身问题；要借政治势力，那么非行‘布尔什维克主义’不可，其余的方法都是不中用的。”在向党的十八大献礼的党史专题片《苦难辉煌》中，对《新

《新青年》劳动节纪念号很是特别（党史纪录片《苦难辉煌》中的镜头）

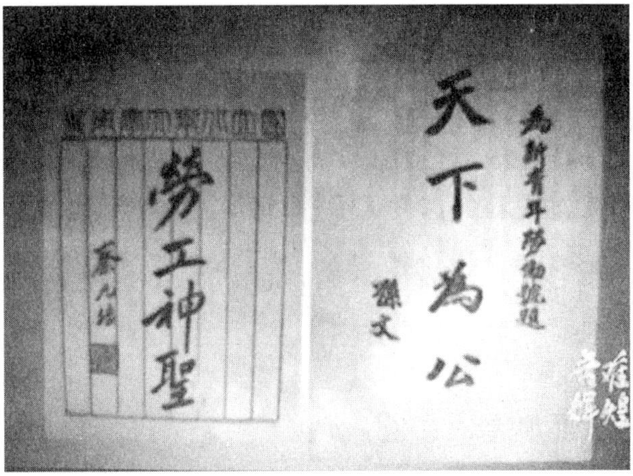

孙中山、蔡元培为《新青年》劳动节纪念号题词（党史纪录片《苦难辉煌》中的镜头）

青年》及这个“五一”劳动节纪念号特大刊给予极高评价：《新青年》出版为马克思主义在中国传播创造了条件。专号的出版标志中国工人阶级已经壮大，并正式走上政治历史舞台。因为就在这个“五一”劳动节，中国工人阶级正式在上海、北京等各大城市发起了规模浩大的游行，喊出了“劳工神圣”的伟大口号。[1]

1920 年 6 月 17 日，高一涵结束考学，离开东京启程回国，在神户田中旅馆等船期间再次给胡适写信：

适之：

你最后来的短信，我昨去东京时才收到，感谢你的好意。

西南大学有派出学习的教授，如果能办到这一层，好让我到美国去学习两年，那更好了。……

今天到神户，住田中旅馆，此地即五年前我同怡荪同住的地方。今天跑进那间房间里去，不觉心中很难过。

回头把怡荪的传翻开，觉得他的人格还在我的心中。五年前同

① 金一南：《苦难辉煌》，华艺出版社 2009 年版。

他在此调停客人和栈主的口角，五年后只得读他的传，怎能叫人不伤心！

18日从此开船，22日到天津，天时如早，连夜可赶到北京。

第七节　参与领导安徽的几次革命运动

一、反对盐斤加价

1919年12月29日，高一涵在天津旅馆中，听取了安徽代表朱蕴山等人汇报：安徽督军倪嗣冲等实行“盐斤加价”，宣扬“盐斤加价是为增加安徽财政收入，按时发放教师工资”，“谁要反对盐斤加价，教师工资发不掉，就由谁来负责”等等言论，当晚就在旅馆中写了《我为什么反对盐斤加价》一文，在《新青年》《新生活》等报刊上发表，及时揭穿了安徽督军倪嗣冲企图用盐斤加价，增加军费，扩大其军事独裁专政的险恶用心。全文如下：

我为什么反对盐斤加价

我前几天遇见安徽的一位朋友，他问我“为什么反对盐斤加价”？我说我反对盐斤加价，大概有三个理由：

一、凡是收税必定要看看人民的担负力如何。比如田有田租、房有房税，虽然租税重一点，到底纳税的人还有田地房屋在手，并不是一贫如洗的。这种盐斤加价，无论你有钱无钱、有田地无田地、有房屋无房屋、有职业无职业……也不问你是男是女、是老是少、是跛子是瞎子、是富商是乞丐……只要是开口吃饭的人都要出一样多的税钱。田租是由田的生产上抽税的、房税是从房税上抽税的，请问盐税是从什么财源上抽税？既没有财源，偏要抽出重税，便是一个一贫如洗的叫花子也要同那有百万千万的家资的人担负一样多的税钱，你想这种租税平均不平均？这是我反对盐斤加价的第一个理由。

二、我问各省的实业，虽然有官吏把持，但尚没有大资本家霸占。安徽的盐斤加价如果归安徽官吏私自分赃，祸害尤小；如果滴滴归公，拿所有盐税办实业，把安徽所有的矿产、森林、铁道、制造厂一齐归官吏私有。拿一省的公有盐税，去办他们一派私有的实业，既有拿钱，又有势力，又借官职的名义来迫平民，哪个矿山敢不卖给他们去办？哪个森林敢不让他们去采？几年以后，凡是好一点的实业，都归官职去办，把无钱无势的小百姓，压在十八层地狱底下，哪里再有抬头的日子呢？所以倪党虽然想拿兵力压迫我们，我们不害怕，因为兵力一去，我们马上还可以自由。倪党虽然摧残我们，我们也不害怕，因为有钱的人家子弟还可以到别的地方去求学。就是拿盐斤加价来把持全省的经济生活，这是我们安徽人民的致命伤。经济如果集中于倪党之手，便是吾皖人民断命的日子到了。这是我反对盐斤加价的第二个理由。

三、现在督军哪一个不是一省的皇帝？扩张军队只受事实上的限制，绝不受法律上的限制。各省现在所以不敢增兵到最大限度，就因为受军饷军器两种事实的限制。盐斤加价如果成功，安徽必定有两个极大的兵工厂出现。这两个兵工厂将来一个设在芜湖，一个设在蚌埠，制造的枪炮子弹，全归安武军私用。这个计划如果完全成功，恐怕就是中央也没有制服安武军的法子。那时把公益维持会的办法推行全国，把安武军遍布要害，拿倪嗣冲的政见来做中央政府的大政方针。这个时候的国家还成什么体统？这是我反对盐斤加价的第三个理由。

我的反对全是我个人良心上的主张，并不受任何党派的影响。恐怕有些人不明白我的意思，所以特为写出来给大家看一看，免得大家去胡猜乱想的。

（十二月二十九日在天津旅馆中草拟的）

1920年8月初，安徽督军倪嗣冲称病离职，反盐斤加价斗争取得了胜利。

二、领首成立“皖事改进会”，掀起安徽废除督军运动

安徽督军倪嗣冲在反盐斤加价斗争中，自动下台。封建军阀张勋、朱家宝、姜桂题之流对督军一职均虎视眈眈，并觊觎安徽军政长官各职，相互展开了激烈斗争。8 月 7 日，北京大学皖籍教授高一涵、程演生、蔡晓舟、杨亮功、李辛白等 17 人，在北京大学开会，提出废督军制、查抄倪嗣冲及其爪牙的家产、民选省长、解散公益维持会、严格监督选举等改进安徽政治的五项主张。会议决定，立即筹备“皖事改进会”，设筹备处于北京河沿银闸胡同 7 号。旅京“皖事改进会”的主张，很快得到旅沪、旅宁皖人和安徽各界的积极响应。旅沪皖人陈独秀、孙希文、潘赞化、常恒芳、光升等，为援应旅京“皖事改进会”，于 8 月 16 日在上海成立旅沪“皖事改进会”，同时提出了废除督军、解散公益维持会、整顿教育等主张。明确提出各中学、师范校长，非专门学校毕业以上毕业者，不能滥竽充数，并规定在公益维持会上的人，不得参与教育。此后，旅京、津、沪、宁皖人和安徽各界，联合一致，掀起以废督裁军、整顿教育、民选省长为主要内容的改造安徽的民众革命运动。

1922 年，各省自治联合会通电要求实行废督裁兵。朱蕴山和李光炯热烈响应，积极推动。

1922 年 7 月，安徽废督裁兵会成立。旅居京、津、沪、汉的安徽名流热情支持，省长许世英也支持李光炯以及朱蕴山等召集省内各公团及旅居京、津、沪、汉的安徽同乡会代表，在芜湖召开全省财政审查会议，把数额巨大的军费开支公布于众，以证明废督裁兵的紧迫性。

朱蕴山和史恕卿见封建军阀仍然把持安徽政治，要有根本改变，必须从反对督军开始。在朱蕴山与史恕卿建议下，安徽各公团展开废督裁兵运动。各公团遂决定以李光炯、阮仲勉、史恕卿、程鸣銮、朱蕴山 5 人为代表，先后赴北京、天津、上海、武汉，呼吁解决废督裁兵问题。

是年秋天，朱蕴山等 5 人赴京请愿。他们先到济南，会见郑士琦督军

和胡翊儒、施从滨、吴长植等师旅长。此时,张克瑶已从武穴调回山东,也在济南。

在济南,朱蕴山等停留多日,拜访了在济南及平原的各位军中将领,请他们支持故乡反对倪嗣冲安武军的斗争,得到军中旧友郑士琦等的同情和支持。然后,朱蕴山等一行5人由济南转赴开封,会见了冯玉祥将军,阐明来意,冯表示极力支持。冯玉祥,字焕章,安徽巢县人,行伍出身。辛亥革命时,曾举行滦州起义。历任北洋政府陆军旅长、师长、陕西督军。朱蕴山和李光炯访晤他时,是他在河南督军任上。

当时,直系军阀内部矛盾重重。那时,齐燮元为苏鲁巡阅使兼江苏督军,吴佩孚为直鲁豫巡阅使,驻洛阳。朱蕴山等5人便决定利用吴、齐矛盾,反对安武军,达到裁撤马联甲督军的目的。他们便由开封去洛阳会见吴佩孚。

月底,到洛阳不久,吴佩孚接见朱蕴山、李光炯等代表。听取来意后,吴说:"安徽受倪氏祸害,中央是知道的。你们可赴保定,请示曹大帅帮助罢。"是时,正值直系军阀官僚政客酝酿贿选曹锟为总统之际,吴佩孚介绍朱蕴山和李光炯等五人去保定见曹锟,含有拉拢安徽代表的意思。

朱蕴山等人到保定不久,曹锟果然出来接见。曹锟说:我们要把中央政府搞好,将来一定对安徽倪氏安武军逐渐改编、裁撤。但是,要稍后。

之后,朱蕴山等5人又由保定到达北京,去见安徽同乡、北洋系名流江朝宗、张广建、吴炳湘、龚心湛,教育名流胡适、高一涵、王抚五等,他们均支持这个废督裁兵运动,不过,也都认为一时难以实现。作为民意表示,以待时局发展可矣。

三、改革安徽教育

"五四"运动前后,安徽军阀乱政祸皖,教育事业受害严重。

1920年9月9日,教育部任命赵宪曾为安徽教育厅长,皖人代表先后两次前往教育部申诉,但教育总长范源濂不予接见。后在胡适、高一涵的运作沟通下，教育部于10月间，改任张继煦为安徽教育厅长。高一涵、胡适经与陈独秀商量后，电告安徽教育会，张系“本教部普通教育司长，品学皆好，思想亦新，似能胜任皖事”。此电得到安徽同仁积极响应。张继煦顺利到任。10月21日，高一涵与王星拱等8人还到教育部科会张继煦，高一涵代表旅京“皖事改进会”，向张提三条正式改进意见，张表示将尊重“三条改进意见”，抓好安徽教育。

1921年5月15日，安徽督军张文生以“过激党”罪名逮捕安徽省立二中校长王仁峰，又通缉皖籍教育界知名人士蔡晓舟等人，引起京沪两地皖人的强烈反对。高一涵、胡适、李辛白等人联名致安徽公团电，深刻揭露“合肥军队”藐视约法，“摧残教育，蹂躏人权”的罪行，并说：“如果诸公入狱，我等当联合京津沪宁教育界同仁，一同返皖偕三千万皖人与蛮横军人一争公理之胜负。”安徽督军迫于强大压力，终于放人了事。

6月2日安庆各校学生赴省议会请愿，反对削减教育经费而扩充军费，遭到倪道烺、马联甲的镇压，造成姜高琦、周肇基死亡，50多名学生受伤。旅京安徽同乡会1000余人开会，声讨马联甲惨杀学生，决议要求北京政府惩办马联甲，并通电全国给予声援。在高一涵等人的再三追诉下，一直到1925年3月5日，元凶倪道烺才被京师检查厅传到预审，做做样子，即交保释放。①

1919—1922年，安徽人民先后掀起了“反对盐斤加价”“争取教育资金独立”“惩戒贿选议员”“拒绝李兆珍长皖”等革命运动。安徽各地在当时的省会安庆和芜湖、蚌埠等城市都发生了工人罢工、学生罢课、商人罢市的革命群众游行示威，造成声势浩大的革命运动。沉重打击了反动的军阀政府，最后他们接受革命群众的条件，“取消贿选议员”“组织新政府”，倪道烺、李兆珍先后逃跑去职，改由许世英长皖。这些活动的主要领导人有：六安（籍）的高一涵、朱蕴山、刘希平，庐江的徐皋浦，舒城的宋竹荪、王霭如，寿县的常藩侯，霍山的沈子修、洪子翼，屯溪的江彤侯、梅光

① 高大同：《高一涵先生年谱》，上海文化出版社2011年版。

迪等人。[1]

四、推动重建安徽大学

1923年3月4日,高一涵与胡适等13人,为维护教育经费独立,反对安徽军阀马联甲为补充军费而截留教育专款,而联名通电声讨。

1946年1月25日,民国教育部在高一涵等人的推动下,决定重建安徽大学,由教育部直接管理,称"国立安徽大学"。同时决定成立安徽大学筹备委员会,朱光潜、陶因、高一涵、叶云龙、杨亮功等12人为筹备委员会委员。朱光潜为筹委会主任。[2]

(本章史料除注明外,均转引自高大同著《高一涵先生年谱》)

① 《六安县文史资料·高一涵传略》,1987年版。

② 高大同:《高一涵年谱》。

第七章　参与发起中国首个马克思学说研究会

1975年3月，中国社会科学出版社出版了一部《“五四”运动回忆录》，书中收录了高一涵的《回忆“五四”运动时期的李大钊同志》的署名文章。在这篇文章中，高一涵详细回忆了自己与李大钊等人，在“五四”前不到半年，在北大发起组织中国第一个马克思学说研究会，研究宣传马克思列宁主义的经过。

改革开放以来，江苏省委统战部、中国李大钊研究会理事南京审计学院政治学院院长吴汉全教授、英国卡迪夫大学历史考古学院李丹阳（女，北京人）教授等先后著文肯定这个组织确实存在，并详细介绍和颂扬李大钊、高一涵等人为中国送来马克思主义的指路明灯，功不可没，故设本章以志之。

第一节　中国首个马克思学说研究会

关于李大钊、高一涵于1918年底，在北京大学发起成立中国第一个“马克思学说研究会”，高一涵本人是这样回忆的：

> “五四”运动前不到半年，守常在北京大学组织了一个马克思主义学会。那时，我们用的不是马克思主义，而是用马尔萨斯这个名

字，为的是欺骗警察，他们回去报告，上司一听是研究马尔萨斯，与马克思相混，认为是研究人口论的，也就不来干涉了。这个学会先是公开的，后来就秘密起来……它的活动是研究马克思学说，对外举办讲演会……[1]

李丹阳教授（女，北京人，英国卡迪夫大学历史考古学院教授）在《马克思学说研究会与中国共产主义组织的起源》[2]一文中，根据高一涵的亲笔回忆和该学会发起人之一朱务善的回忆以及李大钊当年与共产国际代表人员的联系，分析认定这个组织是确实存在的。该文肯定说："现有的资料表明，高一涵曾与李大钊、陈启修、陶孟和一起为马克思学说研究会作学术演讲。又据马克思学说研究会的发起者之一朱务善的回忆：在1918年，李大钊同志为要宣传马克思主义，曾与当时北大教授高一涵等发起组织了一个研究马克思主义的团体。[3] 李大钊同志邀请了一些志趣相投的人学习和研究马克思主义，建立了一个学会……在一个深夜的学习会上，李大钊同志作了关于马克思《资本论》的报告。朱务善回忆高一涵是马克思主义学说研究会的组织者。"

1961年，江苏省委统战部对高一涵进行了例行的政治审查。审查材料中附有《高一涵小传》一页。《小传》开头记道："高一涵，安徽六安县人，地主家庭。1916年在日本明治大学毕业，经陈独秀介绍到北大去教书，与李大钊一起研究马列主义。"这是对高一涵与李大钊在北大发起组织马克思主义研究会，研究马列主义的最早政治结论。2005年，江苏省委统战部对这个《小传》作了重要的补充，明确写道："李大钊（在北大）发起成立马克思主义学说研究会后，高一涵参加了该会并经常发表演讲，宣传马克思主义学说和理论，深受会员的欢迎。"

---

① 高一涵：《回忆"五四"时期的李大钊》。

② 载《史学月刊》2004年6期。

③ 载《李大钊史事综录》，北京大学出版社1999年版，第478页。

当代学者根据毛泽东在中共七大上说的一段讲话，进一步研究李大钊、高一涵组织的马克思学说研究会，传播马克思主义，与当时在北大图书馆当图书管理员的毛泽东在1920年成为马克思主义者有无内在联系。

毛泽东在中共七大召开期间说过这样一段话：

关于陈独秀这个人，我们今天可以讲一讲，他是有功劳的。他是"五四"运动时期的总司令，整个运动实际是他领导的，他与周围的一群人，如李大钊同志等，是起了大作用的。……又听他说世界上有马克思主义。我们是他们那一代人的学生。"五四"运动替中国共产党准备了干部。那个时候有《新青年》杂志，是陈独秀主编的。被这个杂志和"五四"运动警醒起来的人，后头有一部分进了共产党，这些人受陈独秀和他周围一群人的影响很大……①

毛泽东这里所说的陈独秀"周围的一群人，如李大钊同志等"，究竟是哪些人呢？其中最重要的有哪些？紧贴在李大钊之后是哪一位？这是好久以来，史学界一直都想知道的事。笔者经过考察，终于有了一些线索。经过分析认为，这位紧贴在李大钊身后的应该就是高一涵。

线索一，"五四"明星章士钊在"二次革命"失败后，逃往日本东京，创办《甲寅》日刊，在该刊一卷十五期上，他发表一篇《反动辩》的文章，文中说：

愚曩违难东京，始为甲寅，以文会友，获交二子，一李君守常，一高君也。

当时高、李齐名，海内号甲寅派，胡适之曾屡道之，高谓皖士高一涵

---

① 毛泽东：《1945年4月21日在中国共产党第七次全国代表大会预备会议上的讲话》，载1981年7月16日《人民日报》。

也。[1] 不仅章士钊这么说，当年中国高级文化明星吴稚晖、胡适等也都这么说。

吴稚晖说："把人物与甲寅联想，章行严而外，必忘不了高一涵，亦忘不了陈独秀。"[2]

胡适说："甲寅派的政论文，在民国初年几乎成为一个重要文派……这一派的健将、如高一涵、李大钊、李剑农等，后来也都成了白话散文的作者。"[3]请注意，这里胡适甚至把高一涵放在李大钊之前。

线索二，2013 年出版的《陈独秀全传》中有这样一段文字："从此，陈独秀、胡适团结高一涵、钱玄同、刘半农、沈尹默、李大钊等其他主张新文化运动的教员，在蔡元培的支持下，大力推进北京大学的改革。"[4]

此外，该传在给北大众多新文化名星排座位时，不是把高一涵排在陈独秀之后，就是把高一涵排在李大钊之后。

线索三，据《高一涵先生年谱》等众多史料记载，毛泽东在北大期间，高一涵已是公认的"一校一刊的核心人物"，在众多新文化学者中，享有仅次于陈独秀的极高的声望。一校即是北京大学，一刊即是《新青年》。

线索四，现已有大量史料证明，高一涵是李大钊的挚友、同志加兄弟。毛泽东在北大期间，高、李二人合作最密，此时，高、李二人同在一个研究会，研究宣传马列主义，以致在李大钊牺牲后，高一涵为李大钊写了第一个《传略》。

综上所述，毛泽东在讲话中说到了《新青年》，说到的"李大钊同志等"，这个被"等"去的第一人就应该是高一涵，陈独秀周围的那一群人，起码也有高一涵。"我们是他们那一代人的学生"的"他们"中，肯定也有高一涵。

---

① 《反动辩》，载《甲寅》周刊第一卷第 15 期，第 3 页。

② 《章士钊、陈独秀、梁启超》，载少侯编《吴稚晖先生文粹集》上海仿古书店，1936 年版，第 107 页。

③ 胡适：《五十年来中国之文学》，载 1922. 3. 3《申报》五十年纪念刊。

④ 唐宝林：《陈独秀全传》，社会科学文献出版社 2003 年版，168 页。

线索五，据《汪东兴回忆录》记载："九一三"发生前几天，毛泽东主席南巡，沿途找当年参加庐山会议的人谈话："毛主席问他们：你们对庐山会议怎么样看？……我读过6年孔夫子的书、7年资本主义的书，1918年到北京大学图书馆当了管理员，可不简单呢！一个月的薪水8块大洋。不过宿舍很小，冬天很冷，没有煤炭烧炕。我们8个人挤在一个炕上，不能平着身子睡，面积不够。那7个人都是要出国留学的，到法国搞勤工俭学的。那时图书馆里有暖气，我晚上就到那里去睡觉，又取暖又看书，开始看马列主义的书。我就在这个时候读了马克思、列宁的书。"①

据《中共党史简编》载："1920年，《共产党宣言》《社会主义从空想到科学的发展》《雇佣劳动与资本》等，先后译成中文出版。"②由此看来，毛泽东所述他在1918年在北大图书馆读的马克思主义的书，应是李大钊、高一涵等人著译的北大讲稿或在研究会上的讲演稿。所以毛泽东在中共七大这样最高规格的大会上，才说自己"是他们那一代人的学生"。

因为此事史实重大而重要，笔者才在这里作个存史，以供党史学界进一步研究考证。

第二节　研究宣传马克思列宁主义

1918年，李大钊在《甲寅》日刊上发表《布尔什维主义的胜利》等著名文章，并于这年底与高一涵、邓中夏等人一起在北大发起成立中国第一个"马克思主义学说研究会"，积极研究宣讲马克思列宁主义。这个组织与1920年5月陈独秀在上海成立的"马克思主义研究会"一起，成为中国共产党发起组的前身。

---

① 转引《当代中国》2012年5月4日。

② 于吉楠，陈诗惠，编，《中共党史简编》，中共中央党校出版社1998年四版16页。

一、撰《唯物史观的解释》

上节介绍李大钊领首发起马克思学说研究会。李大钊在一个深夜，亲自到会，宣讲马克思的《资本论》，高一涵在他的这篇回忆文章中也说这个“学会的活动是研究马克思学说，对外举办演讲会”，那么，学习什么？研究什么？演讲什么？高一涵没有进一步的详细说明。不过，我们从高一涵一生追求马列的志向和性格特征来看，他既然参加了马克思学说研究会，必然要研究马克思的学说，而马克思学说的理论核心是他那最具特色的唯物史观，而兼收并蓄、广采博纳的政治学者高一涵，此时，甚至更早就已经知道马氏的唯物史观出炉后，所引起中外学者的争论和非议（这可从他《唯物史观的解释》开头语得到证实），所以，高一涵就从马氏的理论核心——唯物史观——开始研究和宣传了。

于是，高一涵先是编写了《马克思的唯物史观》，介绍马氏的这一理论核心。接着编写了《马克思的唯物史观浅说》，进一步解说马氏的唯物史观。后来这两篇文章还先后被发表在北大校刊和《京报》副刊上。

由此看来，李大钊开始研究的马氏的《资本论》，高一涵研究的是马氏的唯物史观，那么，对马氏核心理论唯物史观的研究，高一涵很有可能是中国第一人，因中国共产党人如李大钊、李达等对马氏唯物史观的研究和宣传都要稍见于后。李大钊的著名代表作《我的马克思主义观》一文中，对马氏的唯物史观有较详介绍，成文于1919年5月，发表在《新青年》第六卷第五号上，于当年9月才正式出版（因刻刊脱版所致），李达翻译的《唯物史观解说》等书、文也在1920年后才相继出版。当然，高一涵是不是中国研究宣传唯物史观第一人，这一切都要等拿到直接证据，方才可以定论。

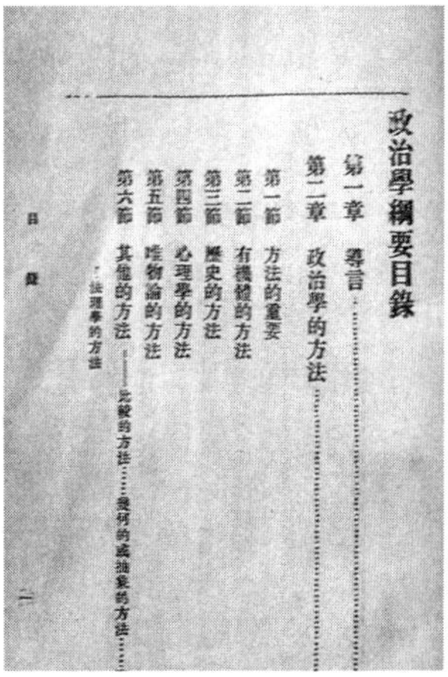
政治學綱要目錄

第一章 導言……

第二章 政治學的方法……

第一節 方法的重要

第二節 有機體的方法

第三節 歷史的方法

第四節 心理學的方法

第五節 唯物論的方法

第六節 其他的方法——比較的方法……幾何的或抽象的方法……

法理學的方法

目錄 二

《政治学纲要》中作者立专节，介绍马克思唯物史观

我们知道:“马克思主义是它的历史论、经济论和政策论,即唯物史观、经济学说和社会主义的统一,而阶级斗争说恰如一条金线,把这三大原理从根本上联系起来。”[①]而高一涵在他那两篇演讲稿的基础上修改完善而成的《唯物史观的解释》一文[②],及其稍后其他著作如《共产主义历史上的变迁》等,应该说,是比较系统全面地解读弘扬了马克思主义,特别是唯物史观这一理论精髓。例如李大钊在《我的马克思主义观》中解释马氏的唯物史观时,只强调社会存在对社会意识的决定作用,而较少提到社会意识的相对独立性,及其对于社会存在的反作用(见朱志敏《李大钊传》257页)。这一点,高一涵在《解释》的导语中就开门见山地指出:

> 最近这个问题(指社会意识对社会存在是否有作用——编者)也在中国的论坛上开始战争了。例如胡适之先生在科学与人生观的答陈独秀先生文的末段也说道:“其实独秀也只承认‘经济史观最多只能解释大部分的问题,’他能不相信思想知识言论教育也可以‘改变社会,解释历史支配人生观’。那么他尽可以袖着手坐待经济组织的变更就完了,又何必辛辛苦苦地努力做宣传的事业,谋思想的革新呢?”不说别人,就是我自己胡乱的写欧洲政治思想小史的时候,也抱着同样的见解说道:“历史的进化都是人类以意识建筑起来的,人类意识可以征服自然,指挥自然,至少也能利用自然,使自然顺着人类的意志向进化的路上走去,如果人类都睡在那里,自然自己就不会有进步的。”这就是我们自己不满意于马克思的自然进化的历史观的论调,现在少少看过一点关于唯物史观的学说,就知道马克思的唯物史观对于个人的努力的问题并没有十分轻视。因作这篇,想说明唯物史观并不是一种宿命论。

---

① 中共中央党史研究室著,胡绳主编:《中国共产党七十年》,中共党史出版社 1991 年 8 月版,第 14 页。

② 正式发表于 1924 年 8 月《北京大学社会科学季刊》二卷四期。

接下来,该文在“一、唯物史观的公式”的标题下分五个小节,全面介绍了马克思的唯物史观公式;

在“二、唯物史观公式略解”的标题下,又分A、B、C、D、E五个小节,对上述的公式作了详细的解释;

在“三、唯物史观的必然论”的标题下,介绍了马克思唯物史观的基本要点:

1. 凡某种社会组织只要受到了约束生产力发展的时候,这个组织便必然要崩坏,发生一种新的社会组织。因此,便断定现在的资本主义的组织必要崩坏,而新社会主义必然要成功。

2. 唯物史观公式不但离不开人为,并且必定要得到人为。

3. 马克思把改造资本主义社会和实现社会主义社会的伟大事业,放在劳动阶级的双肩上,实现这种伟大的改造要靠“阶级斗争”。没有“阶级斗争”便绝不会生出那新的社会形态的运动,并由此而得出人类总是制历史的因素,历史的进化,绝不能离开人力。

在“四、唯物史观与人为的势力”的标题下,高一涵进一步论述了:

1. 人类意识一定要和社会环境(经济基础)相适应。不能适应,只是幻想。

2. 人类只有是在物质条件之上去奋斗,才能演进社会组织的进化。

3. 英雄伟人所以伟大,是因为他的思想能够适合社会的环境。

4. 唯物史家最扼要的一点,就在看清了社会环境(存在)与人类的思想的关系的重要,把思想引到真正的基础之上,使他容易发生真正的作用。(《唯物史观的解释》原文见附录二)

我们知道,马克思的唯物史观没有专著。他那史观的纲要,最早于

1847年公开发表的《哲学的贫困》及1848年公布的《共产者宣言》(即《共产党宣言》,下同)中,而以一定公式表述出他的唯物史观,是在1859年他作的《经济学的批评》的序文中。很显然,高一涵的《唯物史观的解释》主要是解释了马克思的唯物史观公式和《共产者宣言》中的阶级斗争学说。

前已说过,李大钊于1919年9月,在《新青年》上发表了著名的《我的马克思主义观》一文。文中他全文引用了马克思在《哲学的贫困》《共产者宣言》和《经济学的批评》(现译名《政治经济学批判》序言)中关于唯物史观的内容,然后,分别加以解释和点评。在引文后,李大钊还特别注明引文来自日本河上肇博士的译文。但是,正如当代史学家、《李大钊传》的作者朱志敏先生所说:"李大钊在这里解释的马克思的唯物史观强调了社会存在对社会意识的决定作用,而没有提到社会意识的相对独立性及其对社会存在的反作用。"①

据朱志敏教授考证,河上肇那篇译文的"最后部分也提到了马克思对社会意识具有反作用力的观点的认同"。那段文字说道:"(按照马克思的唯物史观学说)物质文明因也,精神文明果也……然而,一般道德能够改善,社会的经济也可以随之进步,精神的文明也可以生反动出来,左右物质文明。这是马克思也承认的,但是他认物质的文明为根本的动力而已。"②

笔者反复阅读了李大钊所引的河上肇的文字,没有发现朱志敏教授所介绍的这段重要文字。

但是,李大钊的文坛好友高一涵却是注意到了。如果把李大钊的《我的马克思主义观》与高一涵的《唯物史观的解释》两相比较,高一涵的《解释》特色明显,一是更加通俗易懂;二是条理更加清晰明了;三是举例更加生动和贴切;四是,也是更重要的,就是更加重视人类意识对社会存

---

① 朱志敏:《李大钊传》,257页。

② 朱志敏:《李大钊传》,258页。

在具有的反作用。如他在《解释》中说:“唯物史观家最扼要的一点,就在看清了社会环境与人类的思想的关系的重要。他们并不是看不起那能够代表社会关系的思想,而是看不起那与社会生活不发生关系的空想。并不是看轻思想的势力,乃是因为重视思想的势力,故把思想引到真正的基础上,使他容易发生影响。”高一涵的结论是:“人类总是制作历史的素因,历史的进化绝不能离开人力。”

不过,我们应当同时看到,高一涵这里所论述的意识与存在、精神与物质的关系,最终还是归结到他那“物质第一”的观点。因为他认为:虽然精神文明可以左右物质文明,但推动社会前进的根本动力(原动力)还是在物质文明。后来,他还把这些观点写进了1930年出版的《政治学纲要》中。

对于这一点,高一涵的论述同后来毛泽东对马克思唯物史观的论述是有差距的。1937年,毛泽东在《矛盾论》中指出:在生产力与生产关系、经济基础与上层建筑这类矛盾中,认为矛盾双方的地位总不会转化的观点是一种机械唯物论的见解。因为“生产关系、理论、上层建筑这些方面,在一定条件之下,又转过来表现其为主要的决定的作用”。[①] 这里的“在一定条件之下”的社会意识对社会存在又表现其为“主要的决定的作用”,是毛泽东联系中国革命的实践,对马克思主义的历史唯物主义的重要发展和完善。

后来,针对胡适等人鼓吹思想教育“万能论”,高一涵又特著文说:“近代说明唯物史观的马克思把社会的经济构造看作是法律和政治的基础。以为经济构造是地基,法律政治是在这个地基上的上层建筑。物质生活的生产方法可以决定社会的、政治的、精神的生活过程之普通性质。所以说:人类的意识不能决定人类的生活,人类的社会生活,却反能决定人类的意识。凡制度的变革,必定要在社会组织与生产力发生冲突的时候,才能完成。如果社会的旧组织,妨碍生产力的发展,便必然有缓缓的

① 《毛泽东文选》第一卷,人民出版社1991年6月版。

或激烈的社会革命的事实发生。如果一切生产力在旧社会中,尚有发展的余地,那么,非等候发展到再无可发展的时候,决不致颠覆。自马克思看来,政治进化的动机决不单在人类的意识,乃在物质的生产力。因此便断定政治设施,离不开经济的底盘。人类是要受物质环境的束缚和支配的,社会的变革是要随着社会生活的变革而进行的。所以说社会组织进化的原动力,不在心,而在物。"①

二、撰《关于资本主义和社会主义的争论之我见》

1921 年前后,国内马克思主义研究者们针对列宁领导的俄国革命,没有经过资本主义,就直接到达社会主义时代,发生一场大争论。高一涵在这次争论中,旗帜鲜明地站在列宁一边。

当时,我国几乎与俄国一样,是半封建半殖民地国家,资本主义还处在萌芽状态之中。联系到中国社会主义革命的实际,一派研究者认为:"中国只有一条路……就是增加富力"发展资本主义。"中国若想社会主义实现,不得不提倡资本主义。""世界上并没有不经此(资本)阶级而能到达社会主义的。"

针对这种情况,高一涵撰写了《关于资本主义和社会主义的争论之我见》一文,发表在 1921 年 6 月 20 日的《评论之评论》一卷三号上。文章认为,上述各种论调实质上是不承认马克思的唯物史观,简直就是"经济的定数论""机械的唯物论",接着,他引述马克思的话说:

> 观察变化,要常常区别两件事:一件是经济的生产状况上所起的物质的变化,这是自然科学所教训我人的。一件是法律上、政治上、美术上或者哲学上——简而言之,观念上——的形态,人在这些形态上发见冲突而奋斗的(一八九五年《经济学批评》第一卷五页。)
>
> 变化既然是人类奋斗的,更可见得人类不能站在变化之外去

---

① 《政治学纲要》第二章第五节。

"忍耐"了。马克思是主张唯物史观的人，都这样说，况且我们是反对机械的唯物史观的吗！

我结论就是说：历史的进化是人类本着由经验而来的智识的创造物，并不是离外人类的意志自然而然的发生的。我们认定十八世纪的"产业革命"是十七世纪科学革命的结果，现在的社会革命是一百年来社会主义的学理灌入人心的结果。

……

笔者注意到，他的这段话比他在《唯物史观的解释》中关于"人为的势力"的论述又提升了一大步，与毛泽东关于社会意识的反作用，也靠近了一大步。

接着，他又指出这派人在经济学理的根本错误。他认为评估一国的经济实力，主要要看劳苦大众的经济收入，不能只看资本家的收入，更不能扶持资本主义的发展，如果那样，就会造成少数人越来越富，多数人越来越穷，最终就一定只会产生穷、富两大阶级之间的恶斗，他针对这派人"说在资本阶级之下，可使一切人都可过'人的生活'"，是"闭着眼睛说瞎话！"

他最后说：

我的结论是什么呢？就是历史的变化是可以人力修补或改变他的趋向；换句话说：就是不从资本主义的时代经过也可以达到社会主义的时代。人类所以有创造的智慧，就是教人不要把古人的失败史"如法炮制"的重抄一遍。换句话说：就是欧美从前的经济学只注重生产，所以造成贫穷的阶级；我们现在注重生产，同时就应当注重分配，千万不要把欧美的资本主义的罪恶史重演一遍。以人力改变历史的趋向，不要问他能不能，只要看他的方法善不善。所以我认定我们改造资本主义没有发达的社会，只要研究改造的方法，不当武断或抄袭的下："世界上并没有不经过此（资本）阶段而能达到社会主义"

的断言。①

应该说，这个时候高一涵对马克思主义历史论的研究，不仅到了炉火纯青的程度，还能把马克思主义灵活运用到中国政治改革的实际中，这样，他的鸿篇巨制《政治学纲要》出炉了，且看他在《政治学纲要》的导言中，开宗明义地说道："凡是读过马克思唯物史观的人，大概至少总可以相信人类的思想，总要受物质环境的限制，多少总要相信那经济的构造是建筑法律政治制度的真正根基的格言。所以，真正配称为科学的政治学说，绝不是凭空结撰的。一定要受到环境的影响。"因此，他所追求的"政治学，就是用科学的方法，研究出来的关于管理众人的原理原则，造成一种精密的有系统的理论和能够实际运用的政策"。他在这本书中，全面介绍当时世界各国政治制度的利弊，然后结论说："政治的原理只是因地制宜、因时制宜。"因此，各国选择政治制度，必须符合本国的国情，才能造就"理想的光明世界"。这是他把马克思主义实事求是的理论精髓应用到政治学中的典型范例。他在这篇文章中还介绍说："凡是真理都是假定，只有试验出来有效果的真理，才是有价值的真理。"

三、撰《俄国新宪法的根本原理》

俄国十月革命胜利后，高一涵又从政治学和法理学的角度，揭露西方各国的"民主"和时弊，大力宣扬马克思、列宁的共产主义国家观，宣扬全俄苏维埃大会，全俄中央执行委员会实行代议制的革命性，宣扬俄国社会主义宪法的民主进步性。如他在《俄国新宪法的根本原理》一文中，全面介绍了《共产党宣言》的基本内容，严厉批驳了当时世界舆论界对这部新生《宪法》的诽谤和攻击，等等。吴汉全教授曾著文说："高一涵在《太平洋》第二卷第一号(1919 年 11 月 5 日)上，发表了一篇题为《俄国新宪法的根本原理》文章，在宣传十月革命和马克思主义方面就有重要的贡献。

① 摘录于《评论之评论》一卷三号，1921 年 6 月 20 日。

在宣传十月革命方面，该文对于国内有人把‘布尔扎维主义’说成‘过激主义’，把主张‘布尔扎维主义’的人说成是‘过激派’，进而以‘洪水猛兽’视之而‘格杀勿论’的反动言论，予以猛烈的抨击。该文介绍了革命后俄国的政治组织，认为‘俄国现在是一个社会主义的国家，绝不是无治主义的国家’，俄国这种‘政府的组织，是拿马克思主义做底稿子’的。文章指出：‘俄国最高的政权都在劳兵农会议手里；这个劳兵农会议，是全俄都市会议和地方会议的代表组织成功的。都市会议每两万五千选民选出一个代表，各地方会议每十二万五千选民选出一个代表。可见得劳兵农会议是人民公举的代表，是一种合议体的机关，说是平民合议制则可，断不能说是平民独裁制的。这个会议，一年至少开会两次，全由俄中央行政委员会召集；闭会的时候，中央最高的政权放在全俄中央行政委员会手里，这种委员会差不多有 200 位会员，分部办事，又怎么说是独裁呢？……就是说俄国劳兵农会议单限于劳兵农三项人，然这是普通阶级，是有职业的阶级，在国内占最大多数；联合这种多数人组织合议制的政府，彻头彻尾是一个共和政体，绝不是一个什么独裁政权。’该文认为俄国的土地政策在思想上也是渊源于马克思的，是‘拿马克思的学说来实地试验’，也就是说是马克思主义思想的具体实践。文章指出：‘俄国的政治组织是很平易的，一点儿稀奇也没有；所以骇人听闻的，只是实行土地产业国有的一件事。究竟这件事，七八十年前的马克思已经说过多少遍，俄国现在不过拿马克思的学说来实地试验罢了，那有什么惊天动地的事，值得大惊小怪呢？’该文介绍了马克思主义，认为马克思主义是‘科学社会主义’，并对于《共产党宣言》的主要精神作了简明扼要的说明：‘马克思把人类的历史，看作阶级斗争的影子。先前的历史都是有势力的人、有钱财的人欺压没有势力、没有钱财的人的历史；所以他主张社会革命，想叫穷人出来当权。他在七十几年前，已经发了一个《共产派的宣言》，宣言书之条件，很可以代表马克思生平的主张。在马克思前的社会党都是空想的社会主义，到了马克思才成了科学的社会主义。所以马克思和安格尔斯（即恩格斯）两个人用一个字标明他们的和空想派不同，故马克思的社会主义,又可以叫作共产主义。马克思共产主义的目的,在宣言书中说明的:是把穷人合成一个团体,叫他们取到政权,把中等人家的私有财产权一齐废掉,请劳动的人出来代替资本家。他们实行这种理想的方法,就是把私有的资本一齐收归公有,把中等人的自由经商,中等人的家族,中等人的宗教道德,和国际间的仇恨,一齐废掉;他们达到这种目的的方法;仍然依靠政治行动。宣言书中替穷人要求的条件共计 10 种:(一)地租充公;(二)行累进直接税;(三)废去继承家产权;(四)把出国居住的人的财产充公;(五)拿公款来办国家银行,把信用归总起来;(六)把运送的收归公有;(七)工场由国家去设,土地让国家去耕;(八)强迫工人做工;(九)渐渐废去城国的界限,好叫生产的分配平均;(十)拿自由公共的教育教导所有儿童。——这就是共产党宣言书中的大意。'这里,除了有些译文不够准确外,大体上介绍出《共产党宣言》的主要精神。"

李大钊、邓中夏、高一涵、朱务善等于 1918 年底发起组织的马克思主义学说研究会,于 1920 年 1 月正式公开。同年 5 月,陈独秀在上海发起组织马克思主义研究会,讨论社会主义学说和中国改造问题。[①]

四、撰《共产主义历史上的变迁》

1921 年 6 月 1 日,高一涵在清华大学政治研究会上讲演《共产主义历史》。6 月 1 日,又在《新青年》九卷二号上发表《共产主义历史上的变迁》,批评了历史上的"从伦理的基础上立论的共产主义""从人道的基础上立论的共产主义",而对"从经济的基础上立论的共产主义(即马克思主义的科学社会主义)"表示高度的赞赏和推崇,指出:"从前的共产主义家因为看不起经济,所以率性把经济的问题丢开;现在的共产主义家把经济看得很重,所以认定不解决经济的问题,绝不能解决政治的问题。"

同年 11 月 12 日,高一涵去北京政治研究会上讲演《共产主义历史之变迁》,号召大家"详细研究这实行的方法""使世界大放光明"。

---

① 参阅《中国共产党七十年》一章四节。

1922年5月5日(周五),北大马克思主义学说研究会举行马克思诞辰百年又四周年纪念会。大会在北大三院大礼堂举行,李大钊、顾孟余、陈辰修、高一涵诸先生先后到会演讲。

现已有大量史料表明,高一涵研究、弘扬马克思列宁主义、毛泽东思想的步伐,在他此后60多年的政治生涯中,从没有停止过。直到他的晚年,还用蝇头小楷,亲笔著成《马克思唯物史观公式集解》的小册子,随身携带。有关马克思主义的著作是他的案头常置,对照研究,并针对时局,发表文章,为新生的社会主义鼓与呼。

第三节　倡言科学社会主义的"四大原则"

高一涵在精心构建现代国家理念的同时,为了"科学救国""民主救国""以法治国",还殚精竭虑地对科学社会主义的性质和发展规律进行研究和阐述。

第一,高一涵认为,凡实行社会主义的国家,就必须实行人民民主制度,国家的一切权力在人民。于是他反复强调"主权在民"这一社会主义国家的本质特征。因为在1921年这个时候,欧洲出现了几个社会主义国家,这些社会主义国家,在经济生活、团体生活、社会分职和立法方面又各有各的民主形态,就是在这些方面体现了民主形态有高低之分,或程度上的差别。高一涵认为真正的科学社会主义国家,首先应是真正的"主权在民",政权由全体劳动阶级起来执掌。这个问题,在本传第四章第二节"高举民主救国旗帜"和现代国家理念中已说得较为充分,这里就不再展开了。

第二,高一涵认为,凡实行社会主义的国家,都必须有一部适合本国国情的、官民共同遵守的、处处条条都是维护人民利益的好宪法。他在《我国宪法与欧洲新宪法之比较》一文中说:"俄国的宪法是代表共产主义精神的;德国的宪法,是代表社会革命精神的;波兰宪法、捷克斯洛伐克宪法、南斯拉夫宪法，是代表最近民主主义精神的。”他说“宪法是时代思潮的结晶体”。科学社会主义是时代发展的必然，当然必须要有一部代表科学社会主义精神的、合乎这种社会形态需求的好宪法。

第三，高一涵认为社会主义的发展应以和平、稳定为基本环境和条件。没有和平和稳定，就没有社会主义的前进和发展。所以，早在1914年他就著文告诉国人：“和缓稳健，为改革时代所必须。”①

高一涵这里所说的“和缓”，就是和平发展，而不是通过“阶级斗争”手段去夺取社会主义建设事业的发展。因此，他在《共和国家与青年之自觉》的长篇论文中，反复告诉国人，要“探其（文明）发展之理”“脱故谋新”“因人演进”以达到“国家文明，日日演进之世也”。

第四，高一涵根据马克思的唯物史观和当时社会主义革命实际，分析认为，社会主义革命发生有两种：一种是“激进的”，一种是“渐进的”“渐渐的”“渐次的”。科学社会主义的发展规律也应是这样的。在这两者之间，高一涵似乎更倾向于后者，即渐进的或渐次的“渐进革命论”。如他在《共产主义历史上的变迁》一文中说道：“科学的社会主义家，想叫现在社会组织之下一般不受利益的人（即被剥削阶级，那时，陈独秀、李大钊、高一涵都把无产阶级称做“劳动阶级”或“不受利益的人”等），起来组织有力的政治团体，渐次得到参与政治的地步，来改造全体的社会。”“社会主义逐渐进步，渐渐造成科学的社会主义。科学的社会主义国家不是专门描写将来理想的社会，注重在实际上的社会改革。”“马克思的立脚点全在经济的发展上边，有了某种经济的必要才有某种经济的制度，某种经济的必要消灭了，跟某种经济的必要而生的经济制度也必然跟着消灭了。”②

在这里，高一涵告诉人们这样一个科学道理：量的逐步积累，必然导致质的飞跃。

---

① 见《国体》，载《高一涵文选》2013版281页。

② 参见本传附录二。

在《我国宪法与欧洲新宪法之比较》一文中,他还写道:

总而言之:俄国宪法的目的在打破资本主义,消灭剥夺阶级,使全国人民都以劳动为生活,这是他想达到人人经济生活自由的唯一的途径。

但这是共产制度,究竟这种制度能否试验无弊,就俄国这几年的政治情形看看,还不敢武断的肯定。我们且退让一步,再研究非共产主义的宪法。德国一九一九年八月十一日所公布的宪法,并不曾采取共产制度,故社会的公益和个人的私利并重,但是德国的宪法虽然是公益和私利并重,可是却有个人人共见的特点:就是他的目的是想用社会主义来代替个人主义。因为如此,所以注重社会的公平,限制个人的自由;所以渐废个人私有制,代以社会公有制,渐废遗产继承制,代以遗产国有制,渐废私人营业制,代以国家营业制。

在这里,高一涵对德国当时经济平等的新宪法和渐进的共产认为可以取法。于是他接着写道:

综看这两国——俄国、德国——的宪法都充满社会主义的精神。俄国宪法上明定,俄罗斯共和国为一切劳动者之社会主义的团体(第五章第十条),目的在铲除社会中的寄生阶级。果能行之久远,则全国只有一个劳动阶级,绝没有资本阶级可以存在。在这种制度之下,当然不再有阶级战争的弊病。就是德国,虽然还没有实行共产,但是已经用全力向共产方面走去。故俄国的激进共产,虽然不能仿效,而德国渐进的共产,未始不可取法。我国宪法就是暂时不采取共产主义,也应该把眼光放远些,预先防止资本阶级的成立,断不能设法扶植资本阶级,使将来的社会又要发生阶级战争。

这里,要提醒读者注意的是:一、高一涵之所以说俄国的共产制是否试验无弊，还不敢肯定。是因为当时斯大林接手政权，政策取向还不明朗，俄国的政治前景很难预料；二、文中所说的“我国宪法”是指民国11年(1922年)期间所修的宪法草案第二稿，是军阀政客们修的专制宪法。所以，高一涵才在文中采取权宜之计说“故俄国的激进的共产，虽然不能仿效”之句；三、即便如此，高一涵还是抱着良好的愿望，积极倡导国人，“我国宪法就是暂时不采取共产主义，也应该把眼光放远些”。“采取德国的渐进的共产”，以“预先防止资本阶级的成立，断不能设法扶持资本阶级”。

应该说，高一涵的“渐进论”，是他研读马克思唯物史观的重要心得。通过解读马克思的唯物史观，使他认识到：

> 从马氏的唯物史观的公式中，可以看出他的社会组织的进化论。马氏虽然主张社会革命，马氏虽然说革命有“缓缓的”和“激烈的”两种；可是他的革命既不是使社会组织的连续性一旦中断，又不是拿那从天上掉下来的新社会组织来代替旧社会组织，更不是把从来社会组织一扫而空。马氏的社会组织的进化，乃是由果实而发芽，由发芽而成树，而开花，而结果的一步一步的进化。凡是可以发展的“新的，更高度的生产关系”——即社会组织——没有不是“在旧社会的胎内孕育好了”的。由此看来，马氏的社会革命论实在也就是社会演进论。(见《唯物史观的解释》)

于是，高一涵理想中的科学社会主义四大原则产生了，这就是他在《自传》[①]中所表述的：一、民主的，二、渐进的，三、和平的，四、合乎社会主义宪法政治的四大原则。

这里要作一重要介绍的是，高一涵在阐明马氏“缓缓的”渐进的社会演进论的同时，从来没有忘记对马氏“激烈的”渐进革命论的研究和宣

---

① 高一涵《自传》，见本书《自传》篇。

传。就在上文所述的《共产主义历史上的变迁》一文末尾，高一涵就明确指出："全劳动收益权是劳动者自己享受自己生产价值的全部。如果劳动者要实行这种权利，那么，财产制度便不能不改变了。因为私有财产制度只是保障人家已经得到的财产，不管人家用什么方法得到财产。换句话说：就是只是保障那些有得到财产的能力的人，不管没有财产的人取得财产的方法和机会。而且在私产制度之下，总要承认地租和利息为正当的所得，因此便不能铲除不劳而得的弊病。故从劳动收益上着想，不能不推翻私产制度，实行共产制度。"

这里的"推翻""铲除"等，当然是指通过激烈的阶级斗争手段剥夺中等以上阶级的财产、政治权，夺取社会主义革命的胜利。如果说仅凭这些还不够明确或不够充分的话，我们就再列举几篇文章：

一、"五四"运动前的1月15日，高一涵在《新青年》六卷一号上发表了《和平会议的根本错误》一文，文中针对反动军阀政府密指我外交使团，在巴黎和会上准备签订出卖山东利益，承认"二十一条"卖国条约时，就大声号召国民，起来"推翻中等以上的阶级，打倒军阀，使全体国民享福，才是社会的革命呢！"

二、"五四"运动的当天晚上，高一涵根据陈独秀的提议，连夜写下了《市民运动的研究》，发表在第三天的北京《晨报》上，文中大声疾呼，号召民众"快快起来"推翻反动卖国政府，"实行国民的外交，平民主义的外交"。这里的"平民主义"就是劳动阶级的同义语，只不过是因当时恶劣的政治环境而不能说得过于暴露而已。意思很明确，就是"快快起来"用激进的办法，革反动政治的命，让"劳动阶级"（即无产阶级）起来掌权，实行人民的外交。

三、5月11日，高一涵针对军阀卖国政府，无视国家法律，疯狂镇压"五四"爱国运动，大肆逮捕爱国学生，又写了《学生事件和国家法律的问题》，发表在当天的《晨报》上，《每周评论》等相继转载。文中公开号召说："像这样的国家和法律，不许人爱国，不许人保全领土，不许人讲公理，不许人讲正义，就是对他革命也不妨，何必甘心去受他的委屈呢？"

四、6月9日起，高一涵与陈独秀共同起草印刷后，又一同上街，“直接行动”，散发著名的救国革命檄文《北京市民宣言》，号召全体国民快快起来，对反动政府来一个彻底的革命。

在“五四”运动中，高一涵一边日夜奋战，写了大量革命文章，唤醒国民快快起来革反动派的命，一边积极投身到伟大的“五四”运动的革命洪流中去，参游行，散传单，救难友（陈独秀等），摇旗呐喊，一腔热血，丹心可见，革命精神，可歌可泣。

当代学者朱志敏教授说：“同那些积极组织、参与游行示威、罢课、讲演的学生和全心关注学生运动，接连撰写文章，分析形势，指出方向，呼吁各界行动，并且亲自书写《北京市民宣言》上街散发，以至被捕入狱的陈独秀，以及在“五四”运动期间先后写下《市民运动的研究》《学生事件和国家法律的问题》《青岛交涉失败史》《青岛问题在欧会中经过的情形》《签字不签字的害处》等文章，并且和陈独秀一道去散发《北京市民宣言》的高一涵相比，李大钊对于“五四”运动却没有表现出人们想象中的那样热情。”

当然，朱教授在接下来的文字中，也实事求是地讴歌了李大钊同志对“五四”新文化运动的诸多贡献，这里他仅是就书写革命论文而言的。

细心的读者可能已经发现，高一涵作为一位政治学者，怎么一会儿提倡“渐进论”，一会儿搞“激进论”呢？笔者通过分析认为，高一涵的这个“两论”，与陈独秀一样，是为“思想救国”“科学救国”这一神圣宗旨而发的，用他自己的话说，就是为“经世致用”而发的，由此看来，张春丽教授在谈到高一涵理论特色时，说高一涵的理论往往带有急功近利的色彩，是有一定道理的。这就是以“科学演进论”为活的灵魂，以马克思历史论（即唯物史观）做底子的“民主的、渐进的、和平的、合乎社会主义宪法政治的”科学社会主义四大原则。特别是“渐进论”，他一向就认为，社会主义过渡到共产主义社会，必须是“渐进的”。他在《共产主义历史上的变迁》一文中，早就告诉人们“社会主义的逐渐进步，渐渐造成科学的社会主义”，这里的“社会主义”当指它的初级阶段，这里的“科学社会主义”当指它的高级阶段——共产主义。不管怎么说,后来的历史已经证明,他的“四大原则”是正确的。是高一涵联系中国社会主义发展的国情实际,实事求是的理论结晶。

在后来的革命洪流中,高一涵又坚持不断实践、探索、研究、创新,一旦经过检验证明是科学,是真理,他就坚持自己的理念自信不动摇。他的这些理论,经过七八十年的历史检验,证明是科学,是真理,是我们民族的一笔重要财富,改革开放后,在党的历史文献中有所体现。如他的革命“渐进论”,在《中国共产党的七十年》(中共中央党史研究室著)一书中是这样表述的:“党的目的是要渐次到达共产主义的社会。”;等等。习近平总书记在省部级领导干部学习贯彻十八届三中全会精神,全面深化改革专题研讨班开班式上的讲话中,说道:“我国今天的国家政治体系是在我国历史传统、文化传承和经济发展的基础上长期发展、渐进改进、内生演化的结果……中华民族是一个兼容并蓄、海纳百川的民族,在漫长的历史进程中,不断学习他人的好东西,把他人的好东西化成我们自己的东西,这才形成我们的民族特色。”他还说:“改革是渐进的工作,既要敢于突破,又要一步一个脚印,稳扎稳打向前走。”高一涵早年所提的“科学演进论”“渐进论”和吸收西方文明等观点也反映了这一思想。

第八章　共事胡适　实有主义异同

胡适，原名胡嗣穈，学名洪骍，参加留美考试后改名胡适，字适之，安徽绩溪人。现代学者，历史学家、文学家、哲学家，我国新文化运动中的重要人物，因鼓吹"改良主义"与李大钊等人开展辩难而闻名一时。1949 年去美国旅居。后去台湾地区任"中央研究院"院长。1961 年因心脏病突发而谢世。

比之其他新文化运动中的重要人物，高一涵与胡适的合作时间最多，交往年代也最长。现存胡适的收藏书信中，就有高一涵致胡适的信 23 封，本章所介绍的只是其中的一小部分。在北大时期，高胡二人曾同居四年，邻居二年。因而给史学界留下许多研究和探讨的课题。本章根据现有史料，试将二人合作共事、交往琐事，以及高一涵晚年批判胡适的情况，作一详细介绍。

第一节　友好合作

高一涵与胡适相识最初是从文章上开始的。1915 年 9 月，陈独秀主办《青年杂志》，高一涵与尚在美国留学的胡适应约先后在这个刊物上发表文章，高一涵才知道有胡适其人，并有了书信往来。1917 年胡适回国，9 月 30 日任北京大学教授，并住在校内。高一涵也早先应陈独秀之邀，任教北大，二人才正式相识。这年底，胡适经济稍裕，就搬到"友人六安高一涵君”的住处——北京朝阳门内竹竿巷4号与高同居，此时李大钊也住在巷内的《甲寅》日刊编辑部。1918年3月30日，高一涵与胡适又迁居南池子缎库胡同8号四合院。1920年5月22日又迁至地安门内嵩祝寺后的钟鼓寺14号的四合院。史料记载，高胡二人先后同居四年，邻居二年，并因此留下了许多传奇故事。如说，高一涵连丧二妻之后，曾一度与一从良女子相处甚密，胡适竭力撮合其女与高一涵结合，并劝自己妻子要“善待其女，万不可歧视之”。此事被近日好事记者写上了小报，越传越奇。到底真相如何，请听高一涵自己是如何说的，他在当年曾就此事给胡适写信，说明缘由，全文如下：

适之兄：

来信使我感激到十二分！我生平已经过三个垂危的时期：（一）辛亥后在安庆教育厅就事，再无读书的志向；后来刘希平迫我到日本去，所以又走进求学的大门。（二）我在日本拟学习日文，把英文完全抛弃；后来遇着章行严一谈，使我闭门读了半年英文，至今才能勉强的看英文书。（三）到北京后治政治学很有趣味，所以又稍稍的读点政治书；这几年又因为放荡的结果，差不多又把以前的读书兴趣不知不觉地隔开了。今又遇着你的良言，或者又可以起死回生了。

我这几年得无家庭的好处背后得到许多无家庭的坏处——打牌和逛胡同。又从你的生活里头，看出读书的兴趣，可是又感得求学的难处。我因为我的天分不及你，我的求学的基础不及你，我的身体不及你，所以前几年[虽]然敢编《欧洲政治思想史》，近来简直又不敢执笔了。因困难而气馁，因气馁而放荡；我也知道这是宣布自己的死刑！我这一件事所以不敢告诉你，也有种种原因。她是读过书的人，只因受夫家的虐待，中途离婚。（离婚书我已看过）她因此无家可居，只得到北京来依她的表妹过生活。我看见她气质还好，所以作成此事。如果能相聚长久，或者可以终止我的放荡行为。因为没有经过长期的试验，不知结果如何，所以不曾告诉你。谁知你竟能超脱一切俗见，竟于宽恕之外，来勉励我前进，直使我感愧无地。

此话暂且终止，待你回京后再议罢。

一涵三日

［录自《胡适日记全编》（四），安徽教育出版社 2001 年版，第 40～41 页］

高一涵的这封信，是应胡适的来信而写的回信。

这在胡适 1923 年 5 月 30 日的日记中有明确记载，日记中说：

昨日洛声信上说，一涵接了一个妓女来家做老婆。洛声的口气似不以为然。故我今日写信与冬秀，请他千万不要看不起一涵所娶的女子，劝他善待此女。“他也是一个女同胞，也是一个人。他不幸堕落做妓女，我们应该可怜她，决不可因此就看不起她。天下事全靠机会。比如我的机会好，能出洋留学，我决不敢因此就看不起那些没有机会出洋的男女同胞。……”一涵住在我家的一院，我怕冬秀不肯招呼他们，故作此信。

另外一信与一涵，劝他新娶之后，戒绝赌博，多读书，继续学问的事业。“我常常想着怡荪，自从怡荪死后，我从不曾得着一个朋友的诤言。……如果我有话在肚里，不肯老实向你说，我如何对得住你？如何对得住怡荪？……”

另一信与洛声。

我们知道：高一涵所处时期，三妻四妾尚是合法的。至于赌博逛胡同，是高一涵在连丧二妻之后才误入歧途的。即使如此，他在胡适的帮教下，马上猛醒，痛改前非，专心从学，只要不怀偏见，都应该给予理解。至于逛胡同，笔者还有几句话要说：他处的是一位不忍前夫虐待，办了离婚手续，为求生计，落难青楼，遇上了贵人高一涵，超脱俗见，娶了来家，这在当时就受到胡适等人的肯定和支持。所以高一涵回信胡适，感谢他对自己此举给予“超脱俗见”的理解。令笔者不能理解的是，为什么时至今日，一些小报还不能“超脱俗见”，一而再，再而三，篡改事实真相，去作那些低级胡乱的炒作呢？

自1917年陈独秀任北大文科学长后，新青年杂志社亦由上海搬到北京大学，变成同仁合办刊物，陈独秀、李大钊、高一涵、胡适等6人轮流成为《新青年》的主编。此间胡适撰文反对封建主义，宣传个性自由，积极与陈独秀、高一涵等人一起，倡导文学改良和白话文学，成为新文化运动的主将之一。他撰写的《文学改良主义》等文章曾引发一场声势浩大、影响深远的文学革命。此后胡适连续撰写《历史的文学观念论》《建设新文学论》等文，提倡“国语的文学，文学的国语”，并相继完成《国语文法概论》《白话文学史》等著作，对白话文取代文言文而成为现代中国人重要的思想和交流工具起了决定性作用。后来，胡适虽与李大钊、陈独秀在学术上、思想上产生较大分歧，但在友情上丝毫无减。在陈独秀因散发讨伐檄文《北京市民宣言》的传单而被捕时，高、李、胡3人，多方联络安徽老乡，为营救陈独秀日夜奔走，终使陈独秀得以出狱。

陈独秀和高一涵共同起草的《北京市民宣言》，也是由高一涵送给胡适译成英文后，再由高一涵送去印刷后散发的。

美国教育家、胡适的哲学老师杜威，曾于1919年5月应胡适等人邀请到中国各地进行访问考察和讲演。杜威来华初期，正值中国人民掀起反帝反封建的“五四”运动，《新青年》曾连篇刊载高一涵与胡适记译的《杜威演讲录》。从某种意义上来讲，杜威的政治哲学演讲不仅加深了高一涵等知识分子对自由主义传统的认识，而且使他们看到了卢梭式的民主主义。这成为高一涵通向马克思主义的一座思想桥梁。高一涵政治思想上的这种转向，颇能印证杜威的观点：布尔什维克的学说多为卢梭的遗传。

由于胡适坚持“多研究些问题，少谈些主义”，主张不谈政治，陈独秀、李大钊、高一涵等人就乘胡适回安徽老家探望母病时，在陈独秀的北大文科学长室开会，决定创办另一个新文化旗帜刊物《每周评论》，但当胡适回京后，仍为该刊的主要撰稿人之一，《每周评论》成为胡适与李大钊开展“主义”问题“论战”的主阵地。

查胡适日记，在1919年12月20日下午6时的日程表中，有“请客，为高、王饯行（浣花春）”的记录。这里的高、王，就是即将赴日本考学的北京大学同事高一涵和王文伯。

1920年2月13日，高一涵从日本给胡适写信，报告日本青年会及其他新进人物对于中国新文化运动的期待：

> 《新青年》代派事，我已同青年会的干事说到，且于昨晚在“统一纪念会”会场报告了。大家仿佛得到宝贝一样的欢喜。我想这事万不能辜负他们的好意，并望商同梦麟和新潮社、国民杂志社按期寄《新教育》《新潮》《国民》和其余有价值的杂志前来。

信中还谈道，在日本有许多人，把北京大学和《新青年》同仁当作“天使”来看待。当高一涵在“统一纪念会”演讲结束走下讲坛时，许多被称为“离经叛道”和“忤逆不孝”的中国留学生，都跑来和他争相握手。高一涵由此认为：“这是你们鼓吹的功劳，也就是你们无穷的不可推脱的责任，还望你们快快努力，尽你们‘天使’的责任才好！”

1920年5月，胡适一度有过到日本东京与高一涵、王文伯一起从事学术研究的打算。高一涵在5月20日致胡适信中写道：“你的长信收到了。你确定来东京最好，我同文伯已预备租房子，如果房子租不到，可以订一个旅馆比租房子还要方便些。”

1920年5月27日高一涵在致胡适信中，介绍了自己在日本访学的相关情况：

> 适之兄：
>
> 接到来信，说“大学正在筹算减费”，我当时心中便已打算写信告诉你，斟酌我一个人的进退。第三天接到你来信，你恨我从前不斩

钉截铁做去，反教你为我受累，心中实在不安得很！我虽毫无见识，但关于自己进退，也曾前思后虑过多少次，去年蒋梦麟先生代理校务时，所以写信辞职，便是这个意思。但因为当时任事已有一年，一点没有成绩，不但无以对大学，亦无以对自己，所以梦麟写信留时，也就勉强担任下去。

幸而到东京四个月，置得二百多册书，又因为得大学图书馆的帮助，才勉强编成一点《政治学史》。现在上古已完，我想从此结束，告一段落，待修改抄写成功，交给大学，也算完结了一件心事。

到接你的信时，我同文伯均直接写信给蔡先生，婉言辞职了。倘见蔡先生时，可再累你一下，请你说明我们的意思。

1920年6月17日，高一涵离开东京启程回国，在神户田中旅馆等船期间再次给胡适写信：

适之：

你最后来的短信，我昨去东京时才收到，感谢你的好意。西南大学有派出学习的教授，如果能办到这一层，好让我到美国去学习两年，那更好了。……

今天到神户，住田中旅馆，此地即五年前我同怡荪同住的地方。今天跑进那间房间里去，不觉心中很难过。回头把怡荪的传翻开，觉得他的人格还在我的心中。五年前同他在此调停客人和栈主的口角，五年后只得读他的传，怎能叫人不伤心！

18日从此开船，22日到天津，天时如早，连夜可赶到北京。

1922年底到1923年初，高一涵还帮助胡适主办《努力周报》，二人合作甚密。

抗日战争井始后，胡适任中国驻美国大使。高一涵则任国民政府监察使。1949年全国解放前夕，胡适旅居美国，高一涵则婉言谢绝了于右任的去台邀请，早与我地下党人周新民等秘密联系，和民主进步人士朱子帆、沈子修一道为迎接我大军过江，作周密准备。

新中国成立后，高一涵为国家法治建设和党的统一战线工作，做出杰出贡献，胡适则从美国回到台湾地区，担任台湾"中央研究院"院长，并继续从事他的文史学术研究，为我国文学、哲学、史学、考据学、教育学、伦理学等诸多领域研究出了一批重要成果，被海峡两岸民众尊之为"两岸大师"。[①]

第二节　交往琐记

笔者在编辑《高一涵文选》时，不少专家学者建议，高一涵与胡适的关系比之陈独秀、李大钊，时间更长，共事更多，关系更为密切，要多多挖掘和研究。现仅据《高一涵先生年谱》[②]所提供的资料，作一白描式记述：

1917 年 10 月，高一涵与胡适共同租住北京竹竿巷。12 月 14 日与胡适、陈独秀、李大钊、王星拱等 17 人共同发起"工读互助团。"

1918 年 3 月 18 日，高一涵与胡适迁南池子缎库胡同 8 号。9 月 25 日与胡适、陈独秀、李大钊、马寅初等 14 位北大编译处人员在蔡元培校长室开会，研究编译出版事宜及科学杂志出版补助事宜。

10 月 15—17 日，高一涵与胡适、李大钊、蔡元培等在天安门和中央公园举办演讲，庆祝第一次世界大战胜利。

12 月 19 日，高一涵致胡适信称："《每周评论》定于 21 日出版，现在已齐稿了，可惜好的不甚多，一来是因为警察厅很注意，所以头一回登些迂腐的议论；二来呢，因为昨日立案的批示才下来，今日就齐稿，也未免仓促些。所以无大精彩者，就是因为这两层。"

1919 年 1 月，《新青年》发布本杂志第六卷分期编辑表，"第一期陈独

---

① 央视 4 套曾做过"两岸大师——胡适"的专题节目。

② 高大同：《高一涵先生年谱》，上海文化出版社 2011 年版。

秀，第二期钱玄同，第三期高一涵，第四期胡适，第五期李大钊，第六期沈尹默”。

3月20日，高一涵与胡适、陈独秀、李大钊等五人，在《北大日刊》上发表启事，为李辛白父丧征集赙仪。

4月15日，胡适在《新青年》六卷上四期上发表新体诗《一涵》:“一涵！月亮正在你的房子上，正照在我的窗子上，你想我如何能读书，如何能把我的心关在这几张纸上！”

6月4日，高一涵就6月3日反动军警包围北大法科事，与胡适、沈尹默、钱玄同等20人在《北大日刊》上登载致全校职员诸君函，请全校教职员工于4日下午在理科大讲堂开紧急大会，商定如何营救被拘教职员及学生。

6月9日，高一涵与陈独秀共同起草《北京市民宣言》，后由胡适译成英文。

6月11日晚，高一涵与陈独秀、王星拱等去北京新世界游乐场散发《北京市民宣言》传单。胡适说:这天，他也去散传单，回家后，正在乘凉，忽听报馆来电话，说陈独秀在香厂被捕了。于是他和高一涵、胡适、王星拱将此消息告诉李大钊，联络多方开展营救。

6月23日，胡适在六味斋招待高一涵、周作人、李大钊等12人，商议《每周评论》善后事。

7月6日，高一涵与胡适、李大钊在《晨报》上发表启事，就谣传新潮社负责人、北大学生、“五四”运动学生领袖之一的傅斯年等被安福会（北洋政府中安徽军阀派系）收买一事辩白。

9月20日，自当日起，由胡适邀请他的美国哲学导师杜威先生在北大法科大礼堂演讲16次，题目是“社会哲学与政治哲学”，胡适口译，高一涵笔记，后在《晨报》和《新青年》连载。为中国新文化运动增添新的学理和法理内涵。

12月1日，高一涵在《新青年》七卷一号上发表《杜威演讲录·社会哲学与政治哲学》译记稿，胡适为其作引言。

12月20日，胡适在浣花春设宴，为高一涵、王文伯去日本考学饯行。

1920年1月28日，高一涵在日本致信胡适，告诉他中国新文化运动在日本产生了深刻影响，并与他谈了陈独秀准备出《新青年》五一劳动节专号，自己准备为专号做一篇《日本劳动界的组织及运动》，正在做调查研究。

2月13日，高一涵又在日本致胡适信，希望胡适等人不要辜负日本青年的期望，“尽你们天使的责任才好”，意思是把新文化运动推向深入才好。

4月1日，胡适删改了高一涵的《罗素的社会哲学》，并在《新青年》七卷五期上发表。

5月5日，经李大钊、胡适、吉野作造运作，北大游日学生团一行五人到达日本东京，高一涵在东京帮助接待，帮助安排日后的一切活动，并参与演说。高一涵回国之前，与胡适多有书信来往。回国后，与胡适、陈独秀、李大钊等人就《新青年》出路问题多次协商。1921年，因陈独秀去上海从事“阶级革命”，主张《新青年》多谈政治，要把《新青年》移沪出版。胡适则主张《新青年》在北京出版，不谈政治，只谈哲学、文学，高一涵处于两难境地。

9月20日，高一涵迁居钟鼓寺7号与胡适毗邻而居。当日，胡适在日记中写下了这样一句：“一涵与我同居四年，今天他移至同巷7号居住，日间不能去看他，晚间与冬秀(一同)去看他。”

1922年5月7日，胡适主办的《努力周报》出版，高一涵成为该报的核心成员。5月14日，《努力周报》第二期发表蔡元培、陶行知、李大钊、陶孟和、王实秋、高一涵、胡适、张慰慈等16人联名签署的《我们的政治主张》，提出改革当时政治的三个原则：要求一个“宪法的政府”“公开的政府”“有计划的政府”。

7月27日，高一涵、王文伯、张春霆和女学生周敏等人，去胡适处讨论女子参政问题。8月，高一涵在武昌暑期学校发表《女子参政问题》演讲。提出中国女子要想参政，“非先实行这经济独立，知识平等、法律上权利平等的三种方法不可；要想实行这三种方法非先行改正民法、教育法、宪法、选举法不可”；等等。

在此前后，高一涵还就改进安徽教育问题与胡适多次磋商，为改革安徽军阀政治和教育做出了许多努力。

1923 年 4 月 21 日,胡适母亲生病,胡适离京赴上海探望,高一涵代胡适主编《努力周报》。

5 月 30 日,高一涵致胡适信告知《努力周报》第五十五期编排情况,并请胡适为北大学生高达观所译小说作篇序文:"达观所译小说,已托思聪君(带)来,请你转托别人校正一遍,并希望你作一篇序文,价钱可卖三四元一千字,因为他是'寒士',想添补学费的。能先寄若干款更好。"

同日,胡适因接章洛声信,说:高一涵接了个妓女来家做老婆,口气似不以为然,写信给江冬秀,请其千万不要看不起一涵所娶的女子,劝其善待此女。另作一信给一涵,劝他新娶以后,戒绝赌博,多读书,继续学问的事业。另一信给洛声。

6 月 3 日,高一涵致胡适信,对娶妻一事进行说明:"我这一件事所以不敢告诉你,也有种种原因。她是读过书的人,只因受夫家的虐待,中途离婚。(离婚书我已看过)她因此无家可居,只得到北京来依她的表妹过生活。我看见她气质还好,所以作成此事。"对胡适能超脱一切俗见,并勉励自己前进,感激万分!

1924 年 12 月 12 日,高一涵、胡适等为安徽倪道烺杀学生姜高琦案致章士钊信,要求依法逮捕倪道烺。12 月 13 日起,胡适、高一涵、王世杰等人的同仁刊物《现代评论》创刊,王世杰为主编。

1925 年八九月间,高一涵、胡适、王星拱等 17 人,就北大评议会对章士钊摧残一般教育和女子师大,要求北大校方宣布不承认章士钊为教育总长,拒绝接受章士钊签署之文件的意见,发出《公函》,表示支持。

1926 年 3 月 6 日,高一涵迁居织染局新家。胡适一家于第二天也离开钟鼓寺。

1927 年 1 月后,高一涵去武汉工作,与胡适联系渐少。

1928 年 4 月 30 日,胡适接任中国公学校长,聘高一涵为本校社会科学院院长,兼本科教授。

1930 年 11 月 4 日,中国公学政治经济系主任罗隆基在中公上课,忽遭警察逮捕。高一涵、凌舒漠等均去胡适处商讨营救，经胡适、蔡元培、宋学文、张群出面，罗隆基于当晚释放。

7月31日，高一涵致胡适信，要求辞去中公职务。

11月28日，胡适离沪去北京。因中公风潮事，胡、高二人闹翻，高一涵未去送行。

1931年初，高一涵在国民政府监察院工作，胡适还曾去南京探访高一涵，以修复故交。

1948年12月15日，胡适见国民党大势已去，乘专机离开北京抵达南京。在南京期间，高一涵与胡适曾多次见面，谈的最多的当然是各自的去向归宿问题。据说，高一涵曾对胡适说：

> 蒋介石肯定要垮台，共产党一定能胜利。自己反蒋批独裁数十年，临了还要跟他逃台，这不是白白送死吗？再说，我一生追求光明磊落，谁讲真理，我就站在谁的一边。老蒋垮台，说明历史的真理不在他的一边，而在共产党的一边。我所做的那些政治文章，都是以马列主义做底子的，中间虽有英美的东西，也都是为了实事求是，因时、因地、因人制宜地改造当时中国的黑暗政治……
>
> 我虽在革命理论上提出过“渐进革命论”，但对陈独秀、李大钊的暴力革命的激进行动，不仅没有反对过，并公开表示支持，这一点在我的许多政治文章中都写得清清楚楚。我虽然在国民党政府当了十八年监察官，那也是在为民除害，对凡来找我的共产党朋友，我都给予掩护和方便，从没有干过一件对不起共产党和人民的事。所以右任老前几天邀我去台湾，我婉言谢绝了，明确告诉他，我临老要跟共产党走，等等。

他的这些讲话内容，在新中国成立后曾多次向党和民盟组织作过详细汇报。

据说，胡适每听到这里，不是沉默不语，就是流泪无话。最终他思索再三，还是选择了蒋介石。次年3月逃台。4月又飞赴美国。

第三节　主义异同

《新青年》阵营分裂后，以陈独秀、李大钊为代表，主要从事“激进革命论”的实践活动，以求用“暴力革命”手段，为无产阶级夺取政权。以胡适、高一涵为代表创办《努力周报》（胡适主编，这时胡适也开始谈政治，宣传他的“改良主义”。如他主持发表了《我们的政治主张》等）、《现代评论》（王世杰主编）等刊物，发表大量文章，先后提出过“好人政府”“调和论”之类的政治主张。

下面我们就来看看高一涵与胡适有哪些主义异同？

一、关于“好人政府”问题。前文已经说过，胡适在他主编的《努力周报》第二期上就发表了《我们的政治主张》的政治宣言，高一涵、李大钊等9名新文化干将都在《主张》上签了字。这个“宣言”提出改革当时政治的三个原则，要求一个“宪法的政府”“公开的政府”“有计划的政府”。针对当时的现实政治问题，提出“南北议合”“裁兵”“直选”“财政公开”等六项主张。胡适的中国政治主张实质上就是资产阶级的“改良主义”（参见三章三节关于“改良主义”的解析）。他的这些论述就是“调和论”。

所谓调和论即阶级斗争调和论：就是认为阶级斗争虽然还是存在，但是阶级之间可以通过比较和平的方式解决矛盾，不会再发生比较尖锐的斗争了。马列主义认为，只要阶级存在，就一定有不可调和的矛盾，一定会发生尖锐的阶级斗争，而确定斗争成败的就是日益发展的生产力和生产关系之间的矛盾，生产关系必须适应生产力的发展。无产阶级推翻资产阶级是历史发展的必然，最后的共产主义社会将彻底消灭阶级。

既然是这样，那么高一涵、李大钊为什么又在这个“主张”上签了字呢？有文章分析，李大钊所以签字，是为了自己宣传马列主义取得更多盟友。而高一涵是因救国心切而采取的权宜之计，高开低就，“平心降格”。

5月21日，高一涵在《努力周报》第三期上发表《政治与社会》——

答《晨报》《益世报》记者长文。指出:政治与社会两者绝对不能分离的。《我们的政治主张》的宣言,并不是抛弃我们多年“改良政治必先从改良社会下手”的主张,实在只是贯彻我们多年主张的一种办法。《我们的政治主张》只想“平心降格”的要求一个容许成不妨害我们办社会事业的政府,并不是痴心妄想的在这里做什么“政治一好什么事都好”的一场春梦!《我们的政治主张》的内容不只要求人的变更,并且要求制度的变更。“宪法的政府”“公开的政府”“有计划的政府”都要用法律为制度,并不是换汤不换药便可了事的。

“并不是换汤不换药便可了事的”这句话铮铮作响,表明他最终从根本上改革中国黑暗政治的最高目标。可见高、胡二人在“好人政府”问题上,确有明显的主义异同。高是想从根本上改革中国黑暗政治,胡只是想做一场“政治一好什么事都好”的春梦!

二、对马克思主义的态度根本不同。高一涵帮助胡适编办《努力周报》,一方面“高开低就”,探索中国改革之路的同时,始终没有忘掉他所追求的最高目标。他与胡适不同的是,这时高一涵一方面著写论文,发表演讲,支持陈独秀、李大钊激进的革命行动。如他1921年11月,经常与李大钊、鲁迅一起从事马克思主义的研究和演讲活动。这月20日,《华北新闻》副刊《微明》刊发了他在北京政治研究会上的演讲稿《共产主义历史的变迁》。在演讲词中他号召大家“详细研究这实行的方法”“以使世界大放光明”等等。一方面侧重研究探讨“非暴力革命的可能性”,是两手都在抓。可见他的救国之心难能可贵。

但是在那思想禁锢的年代里,高一涵等人所探讨的,连马克思、恩格斯也曾经论述过的“非暴力革命可能性”问题,①在长时间里,曾受到过许多非议和批判。甚至有文章说高一涵后期少提“阶级斗争”就是脱离了马克思主义,另搞自己的一套等等。

党的十一届三中全会后,以邓小平为代表的共产党人,以“解放思

---

① 参见《实践是检验真理的唯一标准》,《光明日报》1978年5月11日。

想，实事求是”的精神，审视一切。对包括“非暴力革命论”在内，提出了全新的认识。邓小平说：“上世纪五六十年代，中、苏、意之间开展的那场大论战，当时双方都说了许多空话。中共的一些观点和做法也有不妥和错误的地方……片面强调暴力革命是无产阶级革命的普遍规律，排除了非暴力革命的可能性；指责意共等党是现代修正主义则是完全错误的。此外，动辄点名批判其他兄弟党领导人也是欠妥的做法。”①

纵观高一涵各个时期特别是中后期的理论著作，无不以科学演进论为活的灵魂，兼容包括马克思主义（唯物史观、科学社会主义）在内的西方文明民主和进步思想，联系针对中国当时的黑暗政治实际，实事求是地探讨中国的革命方向和出路问题，从而形成了高一涵自己的理论体系和特色。

正是凭着对马克思主义的崇尚，对陈独秀、李大钊等共产党人的信任，促使他在 1926 年走上了参加大革命的道路，并在去武汉的路上，主动要求加入中国共产党。新中国成立以前，他拒绝去台，留在大陆，投到共产党领导下的新中国的怀抱。此后，他案置马列书，继续著论文，为新生的社会主义鼓与呼，从而成就了他“追求科学与真理，追求民主与法制，追求光明与正义的光辉一生”②。

而胡适却不同，他始终是片面地用他的美国老师杜威的“实验改良主义”哲学来探讨中国出路问题。对科学进化论毫无兴趣，对唯物史观冰火不容，一生拒绝接受马克思主义的科学与真理。他一听到“革命”就浑身发抖，一提到“反帝”就耿耿于怀，一见到“马列”就气得要命。③ 以致他后来不等解放大军过江，不等蒋氏大厦全倾，就匆匆飞台去美，落得惨淡一生。

那么，高一涵与胡适既然在主义、立场上如此不同，他们二人又怎么

---

① 见《中共与意共论战真相》，《文摘周刊》2014 年 10 月 20 日。

② 《江淮文史 · 高一涵传略》，2014 年 5 期。

③ 唐宝林：《陈独秀全传》三，社会科学文献出版社 2013 年版。

能有那么长时期的合作和共事呢？据笔者分析，这里有以下几个原因：

一是时代使然。我国新文化运动和“五四”运动时期，是一个精英辈出、群星闪烁、朝气蓬勃、充满生机的奋进时代。辛亥革命前后，一大批满怀抱负的爱国学生和有识之士纷纷走出国门，到外面世界的西方各国留学，寻求救国真理，领略西方的文明和进步。1915 年前后，陈独秀、李大钊、高一涵、钱玄同、胡适等学有成就，先后回国，把西方各种流派的新思想、新文化带回国内，探索“思想救国”“科学救国”“文化救国”“教育救国”之路。在这种形势下，《新青年》应运而生。《新青年》一创刊发行，禁锢中国几千年的封建传统文化的闸门被冲破了，向新文化进军的号角吹响了！随后，宣传新文化、新思想的进步报刊纷纷登台亮相（有人统计，“五四”时期出版的各种进步报刊就达 400 多种），各种思想流派的代表人物你方唱罢我方登场，各种“主义”如无政府主义、工读主义、实验主义、共产主义，共产主义中又有马克思主义、新村主义、乌托邦主义等派别，随着各种渠道一拥而入，“百家争鸣”的思想解放运动出现了。

在那个年代，无论是主义之争也好，文化之辩也好，道德之论也好，都是知识界的一种群众自发运动，彼此之间，都在宣传自己的思想主张，都希望对方最好是广大民众都能起来响应，谁都想争取对方，征服对方，谁也不想少了谁。《陈独秀全传》中记载了这样一个故事，颇能说明这个问题。故事说道：陈独秀与胡适“两人除了利用自己掌握的舆论阵地进行论战之外，有时相聚还当面争吵。例如对于中国近代衰亡原因，胡适始终不承认帝国主义侵略的罪恶，只怪中国人民愚昧落后。1925 年 11 月，他到上海治痔，住在亚东图书馆老板汪孟邹家。陈独秀知道后很高兴。汪的侄儿汪原放回忆说：‘这位总书记有时会在夜间悄悄起来看望这位“五四”时期的盟友。可是每次见面，总是以两人激烈的争吵而告终。一个讲社会主义好，另一个讲资本主义好；一个讲马克思主义，另一个讲实用主义，各不相让。’有一天，又争起来，陈独秀说：‘适之，你连帝国主义都不承认吗？’胡适一下子站起来，气急败坏地用手杖在地板上笃笃敲着说：‘仲甫，哪有帝国主义！哪有帝国主义！’接着，他又强忍怒气说：‘仲甫，我有事，你坐吧！’下楼去了。陈独秀气呼呼坐了好一会儿，也走了。但过不了几天，陈独秀会再来，重新挑起一场争论。”

高一涵是一位深沉稳重的人，比之陈独秀的火暴性子，自然与胡适要更好相处一些。

二是志向使然。高一涵自青年时代起，就志向文明和进步，是一位对西方文明学说广采博览、兼容并包的政治学者。他对胡适宣扬杜威实验主义（而有专家还认为这个实验主义也是以进化论做底子的）自然有浓厚兴趣。所以“五四”时期，杜威来北大做演讲二十多场，常常有胡、高二人轮流口译、记译，尤其是杜威演讲的《美国之民治的发展》《现代教育的趋势》等多个专题，高一涵认为对改造中国的民主和教育很有用，于是就亲自将其翻译成文，发表在《每周评论》上。

对于胡适宣传改良主义，高一涵认为只要能对改造时势有用不妨让它存在试试看。如胡适领首起草的《我们的政治主张》一文，高一涵就签字同意，连李大钊、蔡元培、钱玄同、王星拱等“五四”明星也都签了字。陈独秀开始对胡适的改良主义也是同意的。当他全面转向马克思主义时，才开始竭力反对“改良”。主义之争在政党来说是思想路线之争，在高一涵和胡适的学者群之间，则是“百家争鸣”，言论自由。又何况，高一涵一向认为：“凡是真理都是假定，只有试验出来有效果的真理，才是有价值的真理。”正是这个原因，在当时陈、胡二人的主义之争中，高一涵虽然是站在陈独秀一方，但对胡适的“改良主义”，由于未经试验检验，高一涵多数时间也未加可否，有时还给予支持拥护。如他在胡适的《我们的政治主张》上签字就是一例。知道这一层，对于高、胡之间的长期和平相处，自然就不难理解了。

三是友谊使然。中国文人学者之间向有“君子之交，友谊至上”的优良传统，胡适、高一涵都是受过传统文化的系统教育和熏陶，又是安徽老乡。君子友谊自然是促使他们长期合作共事的重要原因。更何况当时胡适先生在我国文学、哲学、史学、考据学、教育学、伦理学等诸多方面，已有较深造诣，都有值得高一涵好好一学的地方。这位送上门的“老师”，高一涵哪肯离他而去呢？

第四节 批判胡适的真相

1954年10月16日，毛泽东就《红楼梦》研究问题写信给中共中央政治局委员和有关同志，要求开展“反对在古典文学领域毒害青年30余年的胡适派资产阶级唯心论的斗争”。此后，批胡适运动开始。高一涵写了《漫谈胡适》，加入了批判行列。

对于高一涵批判胡适，当今有读者颇有非议，说胡适当初对你高一涵那么好，你怎么能翻脸不认人。“跟风”批起你的老朋友呢？为此，笔者找出了《漫谈胡适》的原文，反复阅读，终于弄清了一二。

该文分六个部分，第一部分小标题为《我与胡适的关系》，详细叙述了自己与胡适认识、交往的大致经过。胡适当时已是一个“人人喊打”，人人想与之“划清界限”的人物，而高一涵在这里与其说是批判，倒不如说是“坦白交待”。

第二、三两部分的标题为《胡适的处世哲学》《胡适对婚丧制度改革的态度》，不但在当时，就是在今天也会被认为是避重就轻，鸡毛蒜皮，是不疼不痒的应付文字。

在第四节《胡适对文学改革的态度》中，高一涵多处肯定了胡适对新文化运动所做的努力，这在当时是很难能可贵的！但也批评了胡适在文学革命上的“改良主义”，最后引用胡适自己的话，给胡适在新文化运动中的功过作个小结，叫人心服口服。请看这节全文：

四、胡适对文学改革的态度

首先要指出的，就是胡适无论在政治改革的主张上，或在文学改革的主张上，都只提出一个最低限度的要求。他说：我们主张“好人政府”，是改革中国政治的最低限度的要求；所提出的“图书目录”，是一个最低限度的目录；他“理想中的人生观”，只要得到最低限度的一致，他所提出的“建议”，只是解决目的的问题的一个平庸的计划等等。所有这些，都是他对待一切事物的基本观点。

胡适对文学改革，曾发生一点作用。但他根本不是一个文学革命家，只能算是一个文学改良派。他的处世信条就是凡事不要抱着大希望，他不承认凡事都能做“根本解决”。因此，他在文学改革的主张上，决不承认有什么能够“根本解决”的革命。

胡适最初提出的，只是“文学改良刍议”，并没有提出“文学革命”这个名词。文学革命论是陈独秀在《新青年》杂志上提出的。就是“建设的文学革命论”，也不是他自己提出的，他最初只提出“建设新文学论”。他常常说：“我的政治文学大都是迁就朋友的主张。”并说：“文学革命是逼上梁山。”他所说的“迁就”，并不是降低自己的主张水平，而是受到大家的鞭策，提高自己的主张水平。因此，他最喜欢用“最低限度”四个字，来表示他的原来主张。

胡适所做的白话诗文，诚如他自己说的，是一个放足的女子。他在《文学改良刍议》里，虽然也想创造出一派新中国的活文学，但仅仅注意在不用典，不用套语滥调，不重对偶，文须废骈，诗须废律，不模仿古人等等。可是他自己做起诗来，仍多是旧式体裁，而不能像那时新做白话诗词的人，做出崭新的、纯粹的新诗词。

胡适在美留学时所做的诗文，固然多属于旧体诗文。就是回国后所作的诗词，也未能脱尽旧文言的窠臼。他的新诗，实际上不过是加一些洗刷功夫的旧诗，仍旧承袭五言、七言的句法，绝不是全部都用白话语言，符合白话的自然音节。他虽然也想做到诗体的大解放，可是旧诗体中舒服自由的枷锁，并没有打破，有的仍然因袭旧诗体的音节。他自己也承认，自己所作的新诗不如康白情做的白话诗词那样自然。正因为他的诗词是从旧诗词的体裁中脱胎出来的，所以说是放足的女子，而不是天足的女子。

究竟胡适在文学改革上，成绩如何，已有定论，我也不必多说了。

倒不如用他自己的话，做他的评价。他常同我们说：他有“四不如”：(1)主张思想自由，不如蔡孑民；(2)主张政治革命，不如陈独秀；(3)打倒孔家店，不如吴虞；(4)写作白话诗，不如康白情。他这样自我估价，倒也很确当的。

第五、六两节的标题分别是《胡适在北洋军阀时代的政治态度》《胡适在国民党统治时期的政治态度》。应该说这两节是有点批判的火药味了。但这种批判是在马克思主义原则立场上的批判，是摆事实、讲道理的批判，毫无恶意攻击、无限上纲的“跟风”。请看：

五、胡适在北洋军阀时代的政治态度

胡适常常同我们说，他对于政治不大感兴趣，不想在政界占一个位置。其实不然。他的内心对于政治是最关怀的。他在1917年7月回国，船到日本横滨听到了张勋复辟的消息，“打定二十年不谈政治的决心”，可是到北京后，仅仅过了两年零八个月，他就忍不住，又来谈政治了，甚至对什么政治派系都可参加，什么政治官僚都可接近，就连退位的皇帝召见都可晋谒。可见他的内心秘密是念念不忘政治的。

胡适虽然想参加政治活动。但总是不赞成政治革命，只赞成在政治上点滴改良。他坚决地说：“我们不承认政治上有什么根本解决的，世界上两大革命是法国和俄国，骨子里都不过解决一些具体问题罢了。”他完全相信美国是不会有革命的。他说：“我们可以武断地说，美国是不会有社会革命的。因为美国天天在社会革命之中。这种革命是渐进的，天天有进步。故天天是革命。”正因为“美国资本虽集中，而所有权则散在民众”。以上这些话，足以说明胡适是一个彻头彻尾的政治改良派，绝不是什么政治革命家，他只主张渐变的改良主义，坚决反对突变的革命主义。

我们在1922年5月间，曾提出《我们的政治主张》，发表在《努力周报》上。这个政治主张，是真正代表胡适政治思想的，只主张要建立一个“好人政府”。也说到那时的政治太不像个样子，必须要进行改革，但对政治改革所采取的手段，只是和平渐进的，只是合法的，根本不是革命的。他不主张采取“先破坏，后建设”的革命方法，只主张“在旧的基础上建筑起来一个好政府”。他公开主张：“现在要平心降格地公认好政府一个目标，作为现在改革中国政府的最低限度的要求。”

胡适心中所想的“好人政府”的标准究竟是什么呢？有一次谈到熊稀龄组阁。把王宠惠、梁启超、罗文干之流的政客们拼凑起来，作为内阁阁民，胡适就大为满意，对我们说：“这是我们理想中的好人政府”。他心目中的好人政府的榜样，原来如此！

胡适崇美思想是深入骨髓的。那时中国共产党发表了《中国共产党第二次全国代表大会宣言》，分析当前国际形势，说到美国同日本携手，要侵略中国。胡适就同我们说：“你看，这个宣言一点常识都没有。”说美国想侵略中国，“这种观察很像乡下人说海外奇闻，几乎是全无事实根据的”。我们从这几句话中，可以看到胡适迷信美帝国主义到了什么程度！

胡适崇拜美帝国主义，也不是偶然的，他受到美帝国主义的恩惠，中毒之深，几至不可想象。他说：“外国对中国投资，早希望中国和平统一，这次欧战结束以后，老师说，现在中国已没有很大的国际侵略危险了！”他并说：“租界是福地，外国官员在中国管事，是中国的幸事。你看，中国的海关和邮政，假使不请外国人来管，落在中国官僚军阀手中，那还成什么样子！”这种崇外、亲外、媚外的心理，在他的头脑占着主要的阵地。因此，他的一生，就是托庇于外国人的一生，尤其是托庇于美帝国主义的一生！

1922年6月，中国共产党发表了《中国共产党对于时局的主张》，针对《我们的政治主张》提出严厉的批评。说它是“妥协的和平主义”，是“小资产阶级的和平主义”，是“姑息的妥协的伪和平论”。

胡适看到这种严厉批评,心中多少时候不能平静。他说:“什么叫作小资产阶级?”“难道资产阶级之外,还有什么小资产阶级吗?问问他们,在无产阶级之外,还有没有小无产阶级?”他最后说:“好了,我们不必再争论了,你们发表的是理想的主张,我们发表的是最低限度的主张,我们并不菲薄你们的理想主张,你们也不必菲薄我们的最低限度的主张。”求同存异,各不相犯,这就是胡适口中常说的两句话,也就是他骨子里不得不服输的口气。

其实,胡适所说的“最低限度的主张”,还是虚伪的、骗人的,他根本就没有什么“主张”。只要有人对他拉一拉,捧一捧,最低限度的主张也没有了。前边说过,胡适的头脑中,社会科学就没有什么客观存在的规律。他认为所有的科学规律,都是“人造的最方便最适用的假设”。没有什么科学真理是天经地义和一成不变的。它一是人造的,二是假定的,三是随时可以改变的。实用主义根本不承认有什么不随人的意志为转移的客观存在的真理。认为一切真理都是应用的假设。假设的真不真,全看它能不能发生所应该发生的效果。他说:他这种对待科学规律的态度,就是“科学家在实验室中的态度。”

胡适根本不承认人类生活有什么一定的规律可循,只承认一切都是应付环境,现举出两件事来证明。

第一件事是他毫不迟疑地参加段祺瑞政府在1924年召开的善后会议。本来在直系下台后,冯玉祥电请孙中山先生北上,主持国家大计,段祺瑞也因许世英的怂恿,去电表示欢迎。中山先生主张召开以人民代表为基础的国民议会,段祺瑞则主张召开以北洋军阀实力派代表为基础的善后会议,因为协议不成,国民党拒绝参加善后会议。那时许世英想在北大教授中拉出几位教授出席,替段政府捧捧场。他事先同我们接洽,想请李仲达、周更生和我参加,遭到拒绝。顾孟余事先不知道,名单发表后,他就登报大骂一阵,只有胡适,一请就到。当他出席善后会议的开幕式回寓后,我问他为什么参加这个会议。他说:“我想去看看他们到底玩什么把戏。”后来也因不理于人口，就不再出席了。他不出席，并不是出自本心，只是受到舆论谴责，方才罢休。

第二件事就是应宣统的“召见”，规规矩矩地晋谒一个退位的皇帝，他这次晋谒宣统的事，我在事前一点不知道。在他晋谒的第二天中午，我们同桌吃饭，见他脸上颜色不好看，也未便过问，饭后见报上登载他入宫晋见的情况，说：“我称他皇上”，“他称我先生”，“只许我鞠躬，未要我下跪”云云，真正见不得人！“蒙皇上召见”，当时感到光荣，等到报上给他严厉批评，才又感到十分惭愧。后来，冯玉祥逼宣统出宫，并取消优待清室条款。他又在报上大声疾呼，为“皇上”鸣不平。胡适在政治上，到底有什么原则，在这件事上，不是十分明显吗？

胡适在从美国回国之初，有许多人把他看作进步人士，为什么仅在几年内就发生了变化呢？转折点到底在什么时候？我不妨在此略微叙一叙我的看法：

大家都知道，1919 年的“五四”运动是中国新文化运动的开始。[①] 这个运动，发生在苏联十月革命的思潮流传到中国的时候。“五四”运动的内容，不只是在文学方面有所改革，同时还进行了“科学与民主”的宣传运动。而马克思列宁的宣传也渐渐进入中国，这就不能不引起许多顽固派的仇视。他们那时把马克思列宁主义同俄国的布尔什维克主义，一律叫作“过激主义”。把宣传它和研究它的人叫作“过激派”。正在这时，陈独秀被捕入狱，我们所办的《每周评论》也被查封。[②] 而《每周评论》的编辑处，就是在我同胡适同住的南池子缎库后身八号。这几件事同时出来，胡适极端恐惧，他赶忙移居到帝国主义保护的北京饭店里去。并发表《多研究些问题，少谈些主义》一文，作为他自己向反动政府递出的投降表！且看胡适在这篇文章中，害怕“过激主义”和“过激派”的头衔，到了什么程度！他

① 应是中国新民主主义革命的开始。——编者注

② 《每周评论》是在 1919 年 3 月被北洋政府查封的。

说:“我们再举现在人人嘴里挂着的过激主义,做一个例子。现在中国有几个人知道这一名词做何意义?但是大家都痛恨、痛骂过激主义。内务部下令严防过激主义,曹锟也行文严禁过激主义,卢永祥也出示查禁过激主义。前两个月,北京有几个老官僚在酒席上叹气,说:‘不好了,过激派到了中国了!’前两天有一个小官僚,看见我写的一把扇子,大诧异道:‘这不是过激派胡适吗?’哈哈,这就是主义的用处。”

由此可见,胡适那时对过激主义和过激派这两个名词,恐怖得已经到了神魂不安的地步。

1923年曹锟贿选,走进了总统府,倒行逆施,不理于人口。胡适那时正在杭州烟霞洞养病,10月4日下山,5日到了上海。上海各界正责备他所办的《努力周报》上不骂曹锟。他说:“此时谈政治,已到‘向壁’的地步。”因而写信到北京,把《努力周报》停刊,他想从讨论政治方面转到讨论文学改革方面去。

苏联十月革命胜利后,李大钊同志对社会主义革命的理论,专心研究。胡适最怕人宣传苏联的社会主义理论。李大钊同志劝胡适到莫斯科去游历,多住一时,不要再到欧美去,而胡适则劝冯玉祥不要在苏联停留得太久,最好是再往西去,即使不能到美国,至少也应该看看德国。他们那时的意见分歧,在今天看起来,不正是政治战线上两个阶级、两条道路斗争的具体表现吗?

六、胡适在国民党统治时期的政治态度

胡适在1927年大革命时,还在欧美游历。他是在1926年秋天,从苏联到巴黎、伦敦去游历,于1927年初到美国住了几个月。他是在1928年暑期担任吴淞中国公学校长的。我要说的,只是他在中国公学担任校长前后几年内的几件事。

蒋介石在1927年分共之后,在南京建立了“国民政府”。胡适于1927年冬季回国,本想钻入国立大学里边去任教,但没有方法钻得进去。这中间也有几个重要原因。

胡适在大革命前,对孙中山先生是看不起的,“孙文学说”中最

主要部分是知难行易，胡适偏要反驳，说什么“知难行亦不易”。

胡适做孙中山先生的死对头，还不止在学术方面，尤其严重的，是在政治方面。他根本反对孙中山先生的国民革命。他认为“大革命（民主主义大革命）是一时不会实现的，希望用大革命来统一，也是画饼不能充饥”。1922年中山先生誓师北伐，陈炯明在广州叛变。四月间中山先生脱险至上海。胡适说：“孙氏主张用广州作根据地，做到统一中华民国……不惜倒行逆施，以求达到他的目的。”“陈炯明一派这次推翻孙文在广东的势力，本是一种革命。”承认陈炯明做的对，国民党报纸看到胡适反对孙中山先生，一直回骂了他大半年。

胡适这些言论都是在1927年大革命以前发表的。大革命后，胡适回到中国，担任中国公学校长。他办中国公学，学校为国民党所仇视。他同徐志摩等合办《新月》杂志，新月派也为国民党所仇视。中国公学的一些教授，反对国民党政策的，这些教授也为国民党所仇视。学生中间有些是中共的地下党员，把反对国民党的学生组织起来，经常向国民党的学生进攻，这些学生也为反动派所仇视。胡适看到他在国民党统治下面，没有立足的余地，只因与蔡元培有私人关系，在大学委员会中挂一个空头委员的名义，于是异想天开，做了一篇《孙中山哲学》，想在《中央日报》上发表，但遭到拒绝。后来，我把这篇文章寄给香港某报，才在香港报上发表。

那时中国公学是一个私立学校，学校经费起先由熊克武、但懋辛筹助，并派丁彀音在校内兼管行政事务。1928年公推蔡元培先生做董事长，经费即由蔡先生筹措。学校校址在吴淞炮台湾附近。蔡先生任董事后，找北京大学旧教授和毕业学生多人担任教员，胡适自己也聘请北大文科毕业学生到校任职。这时中国公学有理科，又把政治、经济、文学各系合并在社会科学院内。故学生比在理科肄业的更多。蔡先生找我到中国公学去任社会科学院院长，兼政治系主任。

胡适在这时，本想专办教育，不谈政治，但是政治却来找他。那时国民党的中央党部已经提出“党化教育”的口号，就是对私立的中国公学,也不能例外。可是那时“蒋家天下陈家党”的局势虽已形成,但办教育的有名人物,不容易接受陈家指挥,陈家也不能相信他们,那时我们还没有知道“CC派”这个名词,只知道学生会中所有担负工作的学生,大都与“陈家党”有关系。有许多学生被“陈家党”网罗去了,在学校中充当“陈家党”的爪牙。那时中国公学学生会中,也有我们熟悉的学生,他们就常常告诉我,说:中央党部月月都有文件来,教学生会报告我们教员们在学校中和课堂上的言论行动。可是“陈家党”在这个时期,在中国公学的教职员中,既找不到重要的代理人,又没有人可以派到学校中来担任重要职务,只凭学生会中几个学生的能力,也做不出大事,只得在学校中明争暗斗,闹起风潮,破坏学校秩序。到了胡适辞职的时候,正是风潮闹得最大最久的时候。

胡适在中国公学任职不过两年,他在这两年中,除开会、上课到学校中来以外,平时不大到校,缩手缩脚,一件事不能办。1930年三月,因事出国,把校长(一职)私自让给他的旧同学马君武。马君武是广西人,在教育界和本校中都没有后盾。于是到南京去投靠广西派李宗仁(李宗仁这时来到南京)。蔡元培先生因他拉政治公学,使教育事业重行陷入政治旋涡,又因学生闹风潮,把学校关系,弄得一塌糊涂,有一天晚上,蔡元培先生在上海沧州饭店召开中国公学董事会,到会的董事有刘南陔、丁彀音、马君武和我几个人。蔡先生在会上大发雷霆,痛骂马君武指使学生闹事,投靠广西政客,败坏教育事业。会议通过蔡先生辞去董事长的职务。后来,国民党政府教育部派于右任做董事长,也遭到学生反对。国民党政府教育部乘着这个机会,就把中国公学解散了。到1932年“一·二八”淞沪战事起来,校舍全被毁掉了。

蔡先生办中国公学的计划没能实现,胡适也应负一部分责任。

1965年5月20日草成

通读这两段全文,不难看出,高一涵在文中没有因为老朋友就丧失原则立场,也没有因为“跟风”,就“无限上纲”,更没有因为“避风”而把一切责任都推给胡适。如说到《我们的政治主张》一文是代表胡适的改良主义的政治主张的,就毫不隐瞒地说明这篇文章是他和胡适等人共同发表的。[①]

笔者在未读《漫谈胡适》之前,心想在那“山雨欲来风满楼”的年代,作为政论家、法学家的高一涵的批判文章,一定是引经据典,上纲上线,引用了大量马列语录,来给胡适致命一击的。哪知看了文章,不仅未看到“大帽子”满天飞,反而倒觉得有几分难得。

第一,在第一节中,高一涵就和盘托出他与胡适长期共处的社会关系,十分难得。这倒不是为他的文章给今人研究胡适与高一涵的关系提供了第一手的资料,而是在当时胡适是一位人人都想与之划清界限的“烫手山芋”。高一涵首先如实地交代他与胡适的关系,在未批胡适之前,就把自己摆进去,这是他对历史负责,对党和人民忠诚的具体表现。

第二,在接下来的五节中,他用很大篇幅摆事实,桩桩件件,清楚明了,而批判时,几乎都用时代公用的一般套语“唯心主义”“改良主义”作批判结论,没有一处用“反马列”“反革命”一类语言来以势压人,这在当时很是难得。

第三,在批评胡适在新文化运动中的改良主义时,首先肯定胡适在新文化运动中的成就,并用胡适自己的话——“四个不如”来下结论,一分为二,实事求是,这在当时,更是十分难得。

至于文中有时使用了“革命史范式”的批判方式,笔者认为是为当时“思想改造运动”的政治环境所使然。如在第五节中把胡适与李大钊之间的“主义”“分歧”说成“这不是政治战线上两个阶级、两条道路斗争的具体表现吗?”等,把学术问题上升到阶级斗争的政治问题,当然有所不妥。

对此,1991 年党中央对自己 70 年的发展历史作了实事求是的总结。对 1954 年毛泽东领导的批胡运动的结论是“结合实际的事例,开展批评

---

① 《我们的政治主张》是由胡适领衔起草,由李大钊、高一涵等人签字发表的。——编者注

和讨论，来学习如何掌握和运用马克思主义，是知识分子自我教育和自我改造的一种方式……但是，思想问题和学术问题是属于精神世界的很复杂的问题，采取批判运动的办法来解决……把学术文化问题当作政治斗争并加以锐化的倾向，因而有其消极的方面”①。这就实际上为高一涵等人当时批判胡适的过火行动承担了历史的责任。

1959 年，高一涵撰写了《从“五四”运动中看究竟谁领导革命》一文，登在中华书局出版的《“五四”运动回忆录》上。文中集中揭露批判了胡适在“五四”运动中指责学生运动“搞得过火，没有英美式的政治家风度”；指责工人商家“罢工、罢市是很笨拙的消极武器，很难使用，很难持久”；指责民众“排队游街，高喊打倒英日强盗，算不得救国事业”等等言论，是破坏革命运动的行为。

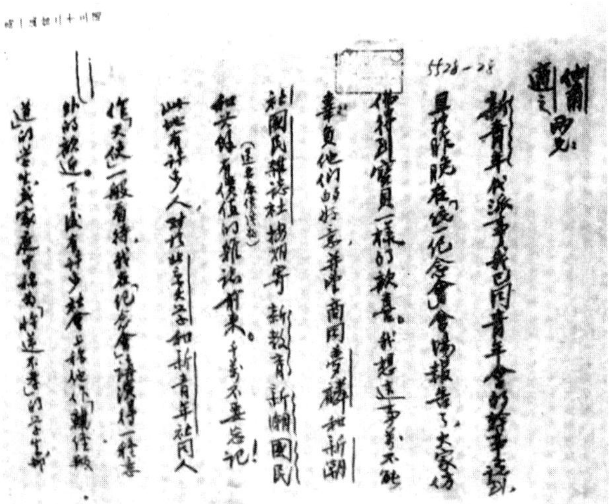

高一涵在日本致信陈独秀与胡适，告诉他们中国新文化运动在日本产生的广泛影响

新中国成立后，高一涵回到党和人民的怀抱。他站在党和人民群众的立场上，多次撰文批判胡适反对马列主义，反对革命的群众运动，竭力鼓吹英美

① 中共中央党史研究室著，胡绳主编：《中国共产党的七十年》，中共党史出版社 1991 年 8 月版，第 312、313 页。

的改良主义，企图照搬英美那一套，来“改造中国”的“唯心主义”“崇洋主义”。

显而易见，高一涵晚年对胡适的这些批判是在阶级斗争的大环境中，运用“革命史范式”的批判方式进行的。今天，怎么来看待这些具有政治性的学术论战，双方谁是谁非，据说又有仁者见仁、智者见智的见解。

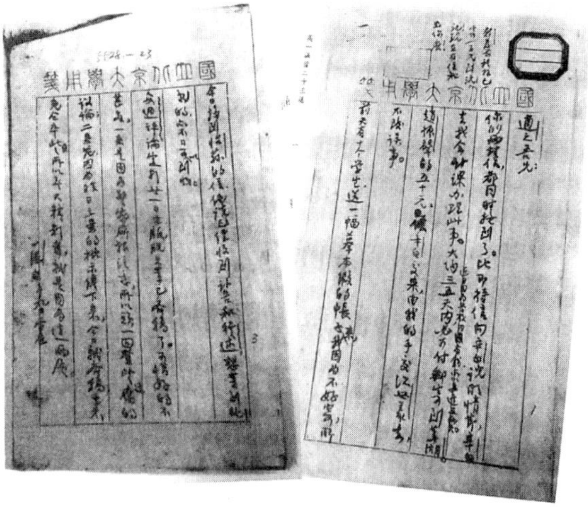

1918年12月19日雪夜，高一涵致胡适信，谈《每周评论》第一期的主编情况

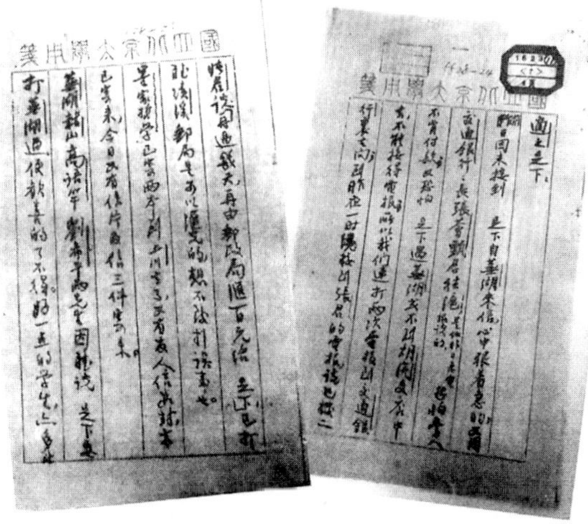

高一涵致胡适信，信中谈到刘希平、高语罕的情况

在大革命中

第九章　参加大革命　反蒋批独裁

1922 年 5 月，由胡适牵头，高一涵、李大钊等在《努力周报》上发表《我们的政治主张》，提议建立“好人政府”。

1923 年秋，高一涵致信孙中山，改组国民党，助推国民党的迅速改组。

1927 年 1 月，大革命运动如火如荼。高一涵在李大钊的推荐下，去武汉找时任中共中央总书记的陈独秀安排工作，并在陈独秀的安排下，任国民革命军总政治部编译委员会主任委员，国民革命军总政治部宣传部宣传科代科长，武汉中央大学教授、系主任等职。

在去武汉的路上，高一涵主动申请加入了中国共产党；在总政治部，他在《武汉日报》上编撰社论，公开反对蒋介石的独裁统治，为改革中国黑暗政治殚精竭虑。

第一节　致信孙中山　改组国民党

一、提议“好人政府”

1922 年 5 月 14 日，在第一次直奉战争结束后，《新青年》群体分裂，胡适创办《努力周报》，宣传他“改良主义”的政治主张，并写了《我们的政治主张》一文发表在《努力周报》第二期上，蔡元培、李大钊和高一涵等人都在《主张》上签了字。《我们的政治主张》提议建立一个抱有幻想色彩的“好人政府”。《主张》提出以建立“好人政府”作为改革中国政治的最低目标。好人政府的含义为：有正当的机关可以监督，防止一切营私舞弊的不法官吏；为社会全体谋充分的福利；充分容纳个人的自由、爱护个性的发展。

在《主张》中，提出了政治改革的三个原则：要求一个“宪法的政府”“公开的政府”“有计划的政府”。

在《主张》中，提出了政治改革的第一步在于好人须有奋斗精神。做好人是不够的，须做奋斗的好人；积极的舆论是不够的，须要有决战的舆论。

在《主张》中，他们针对现实的政治问题，提出南北和谈、裁兵、裁官、直选、财政公开等6项主张。

5月21日，高一涵在《努力周报》第三期上发表《政治与社会》——答《晨报》《益世报》记者的长文。指出：政治与社会两者是绝对不能分离的。《我们的政治主张》的宣言，并不是抛弃我们多年“改良政治必先从改良社会下手”的主张，实在只是贯彻我们多年主张的一种办法。《我们的政治主张》只想“平心降格”的要求一个容许成不妨害我们办社会事业的政府，并不是痴心妄想地在这里做什么“政治一好什么事都好”的一场春梦！《我们的政治主张》的内容不只要求人的变更，并且要求制度的变更。“宪法的政府”“公开的政府”“有计划的政府”都要用法律定为制度，并不是换汤不换药便可以了事的。

二、致信孙中山，改组国民党

1923年秋天，已经和党内不少同志以共产党员身份加入国民党的李大钊，开始要致力改组国民党组织的活动。8月19日，高一涵在胡适主编的《努力周报》第六十六期上发表了《我对国民党的态度》的文章，公开批评国民党组成人员过于复杂，组织得也不适当，应当加以改组。并表示，如果国民党完全变成社会主义的党，即劳动阶级的党，我就加入国民党。他的这一提议,立即引起了孙中山的注意。接着,高一涵又“致函孙中山先生,建议他改组国民党。孙中山先生接到高一涵来信后,以为极为有理,便着手对国民党加以改组”。① 于是特邀李大钊到上海,与廖仲恺等人商讨改组国民党,促使国民党第一次全国代表大会于1924年1月在广州成功举行,李大钊和一些共产党员自此进入国民党的中央领导层,加速了国共合作的进程。促使了孙中山“联俄、联共、扶助农工”三大政策为主旨的新三民主义的形成。

第二节 参加中共

1924年,国共两党实现第一次合作。李大钊在参加国民党一大回来后,对高一涵说:“现在国民党与共产党合作了,国民党的纲领也改进了,我愿国民党中多一个朋友,不愿国民党中多一个敌人,因此,我劝你加入国民党。”语重心长,令人感动。在李大钊的劝说下,高一涵加入了中国国民党。②

同年,高一涵参加了教育界管理维持会,并成为《现代评论》《努力周刊》杂志的经常撰稿者之一。

1927年1月,北伐军占领武汉后,经李大钊的推荐,高一涵到武汉找时任中共中央总书记陈独秀安排革命工作。在去武汉的路上,由李大钊推荐,高语罕介绍,陈独秀批准,高一涵加入了中国共产党。关于入党经过,高一涵在1959年的《自传》中是这样回忆的:1926年底,北伐军胜利地克服了武汉,因武汉方面需要人很急,由于李大钊同志推荐,到武汉参加革命工作。从北京过上海时,通过高语罕申请入党,高语罕当面回答说:“入党事,已讨论过,因为正式党员纪律严肃,陈独秀的意思,请你同

---

① 见江苏省委统战部编《高一涵小传》。

② 见高一涵《回忆李大钊先生》。

陈豹帆一样，作为‘名誉党员’。又因为你到武汉要为报纸撰论文，关于党内的国内的、国内外形势的报告会，和党内某些小组会，都可允许你去参加。”高一涵到武汉后，即在中山大学和总政治部工作。并在那时的《中央日报》及总政治部的机关报上做社论，曾参加周恩来向党内所作的国内外形势的报告会。后来高一涵曾多次参加包惠僧（一大代表）的党小组会，据包惠僧回忆说：“1927 年 5 月下旬，革命危机一触即发。党仍然要我参加活动分子会议。我们的那一个小组是李民沿当组长，开会的地方是在胭脂山上的一个教堂。我们那个小组的组成人员有吴德峰、高一涵、章伯钧、李合林及我。”①

笔者对高一涵参加共产党一事，最初是在《六安县组织史》（1989 年版）中，发现在该书第一节的“早期党员”名单中，高一涵名列第 37 位。2015 年，笔者去江苏省委统战部调阅高一涵档案，发现 1959 年江苏省委司法厅党组关于高一涵的一份政审材料，其中写道：“1927 年 1 月，在武昌中山大学任教授、政治系主任、法科委员会主任时，由李大钊介绍参加中国共产党。”2012 年，江苏省委统战部在得知金安区政协编撰出版《高一涵文选》时，特地将他们在 2005 年整理的《高一涵小传》复印盖章后，寄给金安区政协文史委作参考。《小传》中写道：“1927 年 1 月，高一涵由高语罕介绍，秘密加入中国共产党。”“大革命失败后，在白色恐怖日益严重的情况下，高一涵被迫迁（潜）往上海，失去了与国民党、共产党的联系。”后来，我在编写高一涵传略文章时，因受篇幅限制，未能细说，现特将这些重要信息（证据）补记如上。

当时的武汉革命如火如荼，陈独秀工作十分繁忙。但他一见老友高一涵就非常高兴，在章伯钧的建议下，马上安排他担任国民革命政府设在武昌的中山大学教授，并兼任法科委员会主任委员，同时出任国民革命军总政治部编译委员会主任委员，宣传科代科长，科长章伯钧。

---

① 包惠僧：《包惠僧回忆录》，人民出版社 1983 年版，337 页。

第三节　公开反蒋

随着大革命的节节胜利，北伐军所向披靡，隐藏在革命内部的蒋介石背叛孙中山，反共反人民的反革命真面目终于暴露。1926 年，朱蕴山、周新民、许杰等在安庆成立国民党安徽省临时党部（左派），柯庆施、朱蕴山、周新民等共产党员和国民党左派人士积极筹备召开国民党安徽省党部第一次代表大会，以凝聚党心民心，拥护孙总理三大政策，将国民革命进行到底。

对安徽的形势，蒋介石早有觉察。1927 年 3 月 2 日，蒋介石从九江亲临安庆。3 月 22 日，安徽国民党一大在安庆召开。蒋介石亲自到会发难，并支持国民党右派捣毁会场，殴打大会主持人之一的光明甫等等。使安徽国民党一大被迫中断。3 月 23 日，蒋介石坐镇安庆，一手挑起了“三二三事变”，镇压革命力量，屠杀共产党人和国民党左派人士。

4 月初，在陈独秀和高一涵的建议和多方支持下，安徽国民党一大迁移到武汉继续举行。会上成立了由共产党员、国民党左派人士任执委和监委的安徽省党部。通过了有关政治决议，制订了左派国民党在安徽的施政纲领，柯庆施、周新民、高语罕、王星拱、高一涵等均以共产党员身份被选为执委，高一涵任宣传部长。会后，高一涵还主持编写印发了《国民党安徽省第一次代表大会关于“三二三”事变的宣传提纲》，全面揭发蒋介石分共反共反人民的反革命阴谋。

高一涵与朱蕴山、光明甫、沈子修、周新民等皖籍要人经常联系，为国共合作期间的国民党《中央日报》和武汉一些报纸撰写社论和评论文章，并经常组织讲演，提出：“打倒昏庸腐朽！”“打倒个人独裁！”等等，并在青年学生中宣传共产党的方针政策，启发和引导学生走上革命道路，因而引起武汉国民党右派和蒋介石的不满，攻击他为“跨党分子”而加以迫害。1927 年 4 月 12 日，蒋介石在上海发动反革命政变，疯狂屠杀共产党人、进步人士和工人领袖，在南京建立了代表大地主大资产阶级利益的“国民政府”。接着，在全国各大城市大规模捕杀共产党员和革命群众。此时的高一涵义愤填膺，连续在汉口的《民国日报》及其他报纸上发表文章和社论，在社论中公开点蒋介石的名字，讨伐蒋介石，号召人民团结一致，继续完成国民革命大业。

7月15日，汪精卫集团也叛变了革命，第一次国共合作全面破裂。蒋介石一再下令通缉高一涵、朱蕴山、光明甫、周新民等100余人，在白色恐怖日益严重的情况下，高一涵被迫去上海法租界地避难。

高一涵在后来的《自传》中回忆说：“1927年7月间，武汉方面，一面分共，一面又虚张声势地东征蒋。当东征到安庆时，指示安徽省国民党省党部回省工作。我同该省党部委员光明甫、沈子修、周新民等几个专职干部，从武汉回到安庆。那时东征军何健占据安庆，防共甚急，不能展开工作，人身安全亦无保障，于是就同沈子修、周新民等先后离开安庆逃到上海，从此，与共产党的组织脱离了关系。”

新中国成立后，经江苏省委统战部多次考证：高一涵脱党后，一没有出卖组织和同志；二没有公开暴露自己的党员身份，如当年9月24日，他在《现代评论》上发表《我的共产党嫌疑（通信）》，对反动派说自己是共产党的论据一一加以反证；三更加可贵的是他后来利用自己大学教授和国民政府监察使的特殊身份，不畏风险，掩护过一些共产党员的安全。（后有专节介绍）

1927年9月，高一涵执教于上海政法大学，并任政治系主任。又应蔡元培的邀请，去吴淞中国公学任教，兼社会科学院院长。在这段时间里，高一涵潜心研究政治学，完成了《政治学纲要》一书的编著工作，1930年由上海神州国光社出版。1928年，汪精卫派系的陈公博、顾孟余等不甘失败，以拥汪反蒋、“恢复国民党十三年改组精神”为号召，在上海成立了“中国国民党改组同志会”。

1929年，高一涵也参加了国民党改组派，秘密从事反对蒋介石的活动。但1932年初，汪蒋再度合作，为期两年多的改组派便销声匿迹了。

1931年2月，脱党后的高一涵，抱着“为民除害”的良好愿望，应国民党政府监察院长于右任的邀请，出任国民政府监察院委员。并经于右任、王陆一介绍，集体加入国民党。当时，凡在国民党政府工作的人，都要加入国民党，高一涵没有参加该党的组织活动，并于后来“总登记”时自动脱离。

1932年9月，高一涵与周甦生、陶希圣等45位学者，发起成立中国第一个政治学会，填补了我国政治学研究的历史空白。高一涵参与学会章程的起草和各项准备工作。

1935年6月，政治学会召开第一次年会，高一涵连任学会委员。

第四节　追悼李大钊

1927年4月6日，军阀张作霖闯进苏联使馆，逮捕了李大钊等80余人。28日，李大钊英勇就义。5月27日，高一涵等人在国立武昌中山大学举行南北烈士追悼大会，追悼大会由武昌中山大学委员李汉俊、教职员代表高一涵、学生代表刘鸿咏三人担任主席。追悼大会开始后，首先由刘鸿咏报告大会宗旨。他说：“近月以来，因革命势力高涨，新旧军阀互相勾结，一致向革命民众进攻，造成南北各地之白色恐怖，且有国际帝国主义者从中支持，其意义至为复杂而重大。我们须联合全世界被压迫的民众，及国内一切革命势力，向一切敌人进攻，继续烈士之精神！”接着，由高一涵介绍李大钊烈士的生平事略。北京济难会代表介绍李大钊被捕和殉难经过。广州济难会代表介绍“四一二”反革命政变的情况。然后是李汉俊演说。他希望一切革命同志都应向李大钊等死难烈士学习，无论何时何地，都必须有为革命而牺牲的决心。在追悼会上发言的还有邓初民、李季、潘震亚、李合林、英国劳工代表及湖北省农协、湖北省学联的代表等。会议结束时，全体高呼“继续死难烈士精神，打倒一切反革命派！革命民众武装起来！”等口号。大会由各界代表3000多人参加。高一涵在会上发表《悼念李大钊》的长篇演讲，他以翔实的史料、悲愤的语言，热诚讴歌了李大钊光辉伟大的一生。这篇演讲成为今人研究李大钊生平事迹最早的珍贵史料，故全文录下：

李大钊，直隶乐亭人，初号寿昌，后改为守常。守常当十年以前，父母俱亡。北方习惯，凡无亲之幼子，可定年龄较长者之女子为妻，司扶养及治家之责。守常于十二三岁时即成婚，故今岁不过四十，而其妻已近五十矣。守常最初之入学校，为清季在天津设立之北洋法政学堂。入学后，粗衣布鞋，无人知为有大志者。迨该校“酱油风潮”（有一年最少之学生，因酱油不好，摔碎盃碗，致受学校当局怒责并开除，因惹起全校学生罢课），守常起而打“抱不平”，遂去压迫学生之学校当局，因而全校皆知守常名。

清末，立宪运动，请求开国会运动，在天津以谘议局议长温世霖为中心。守常率北洋法政学堂学生，赴督抚署请愿，致遭当道之忌。温世霖被捕后，人心益激昂，守常运动天津学校以全体罢课相要挟，而当道益恨之。后温世霖判往新疆充军，守常率全体学生往送，几被捕。由是守常名益著，有“北洋三杰”之一之称。北洋三杰者，李守常、白坚武、张泽民也，皆同学于北洋法政学堂，故有是称。

辛亥革命，守常奔走之力亦极多。民国二年后，因袁世凯专政，守常乃同张泽民潜往日本，肄业于日本早稻田大学经济科。民国四年，陈独秀先生在上海创《新青年》杂志，余时已到日本三年余，为穷所迫，常断炊。独秀约余投稿，月得十数元稿费以糊口。因无钱出门，每日闭门读书，故无几人知余名姓。守常读《新青年》，见余文，知在东京，访问半年余，终无人见告。迨帝制事起，东京有留学生总会之组织，守常见留学生总会中有余名，辗转询问，始得余之住所。一日房主人持李大钊名片上楼，余览片竟不知为何许人。及接谈，始知守常已访余半年矣，此为余与守常相见之始。因纵谈国事，所见无不合，遂相交。时留学生总会出《民彝》杂志，余与守常被推为编辑，此余与守常共事之始。守常因帝制事生，因约余与湖南申文龙、云南王九龄等，秘密组织神州学会，作革命机关，一时入会者甚众。

民国五年袁世凯死，守常先返沪，余亦返国，与守常约会于沪滨。时汤化龙在沪，欲招纳人材为己助，并谓守常，誓欲十年在野，专司评政。因创《晨钟报》（即现在《晨报》）于北京，托守常与余为编辑，并谓言论绝对自由，不加干涉。守常从沪至北京组织报社，余返安徽省视吾母，家居二十七日，守常已三电促余北上。迨我至北京，守常已将脱离该报矣。因汤化龙到北京后即联合徐树铮与孙洪伊相抗，以《晨报》为攻击孙洪伊工具，迫守常著论文，守常因与孙交至厚，直孙而曲汤。汤怒，阴命人撤去守常论文，易以攻孙之论著。守常因此去职。余到时，见事已不可为，故亦退。与守常、白坚武、张泽民同住皮库胡同，余此时已得亲睹"北洋之三杰"丰采矣。白时随孙在内务部任秘书，张虽随汤在众议院为秘书，然却亲孙而背汤。故北洋三杰在此时，意见仍一致，而感情亦甚亲密。

章士钊在日本创办《甲寅》杂志，名声震一时，余与守常亦各为钦佩彼之一人。民国五年章到北京，将《甲寅》月刊改为《甲寅》日刊，邀余与守常同任撰述，余遂离白、张二君，而与守常同往朝阳门内竹竿巷。谁知章士钊已早与政学系、研究系相亲近，余与守常每有批评该两系主张时，士钊有难色。守常因此不再作论说，不过传播俄国及他国之国际新闻而已。

无何，复辟事起，士钊避天津，《甲寅》日刊已改印大清年号，余与守常欲登脱离该报启事，竟为报社中人所搁置。人皆知《甲寅》日刊因复辟而停止，不知实因复辟未成而停止也。

无何，段内阁成立，章士钊任北京大学教授兼图书馆主任，因守常投闲，故以图书馆主任一职让之。此为守常入北京大学之始，时民国七年也。

守常入北大后，越二年任北京大学教授，在史学系教课。余于民国八年亦入北大为编译员，又得同事。时陈独秀先生为北大文科学长，是年因散布北京市民宣言反对安福系事被捕，系狱三越月。出狱后潜离京赴上海，由上海至武昌讲演，折回北京。甫至京二小时，即被警察追踪而至。陈逃至北大教授王星拱宅，与守常偕乘驴车由通州至乐平。守常割去胡须，戴上瓜皮小帽，手攥旱烟袋，盘膝坐车上，独秀着王宅厨役油背心，望之俨然两商人也。沿途因守常操北音，故无人盘问，而安然脱险矣。

紧接着，他又细细讲述了自己所了解的李大钊在与陈独秀等人一南一北共同创建中国共产党以后，进行的艰苦卓绝的斗争历程：

独秀脱离北大后，即住沪，从事中国共产党之组织，守常最先加入。余于民国十年为搜集欧洲政治思想史资料，复往日本，故与守常分离。返国后，守常因党事忙甚，故虽同在北大共事，而促膝谈心时已不及从前之频矣。余因未入党，不悉守常在党内工作，故不能具述。守常于是时，在北大教社会主义运动史及唯物史观，一时讲堂为之充塞。北京官厅此时亦时令人侦伺守常行动，彼住驸马石大街后闸，警厅即在彼门前设一岗位，凡每日出入及访者姓名容貌皆登记。因此，北京五百多暗探，几无人不识守常之面貌矣。

直奉战争起，吴佩孚入京，守常即被通缉。所谓北洋三杰之一白坚武，即为吴运筹帷幄参赞机密之一人。而北洋三杰又其一之张泽民，亦在萧雄南治下之宜昌任榷运局，今已而团团作富家翁矣。至守常独不能在国内寻立足地，间道离京赴俄都，流离转徙，至吴败后始得回京。回京后正值国民军在京，故一时尚能居住。

"三一八"惨案发生时，守常率领群众至执政府，为执政府卫队枪柄所伤，跌入马棚，幸彼之亲戚某谓守常为商人，始脱险。至是执政府又下令通缉，自段去迄，奉系入京，均住北京俄使馆。故守常之住址，久已成公开之秘密矣。

在整篇文章的结尾部分，他以崇敬的心情评价道：

守常为人从浑厚中透出侠义气，故朋辈对彼亦每从亲爱中露出敬畏心。少年所作诗文甚多，颇类游览名山大川之名士笔墨。及研究政治经济后，遂顿改文士面目，一变而为革新之政治经济家。守常在《新青年》上发表《今》之一文，大意谓为今即已是古，此语颇足以代表彼个人学术思想之变迁。在维新说初谓时，彼即为维新派之一人；在要求立宪时，彼即为立宪派之一人；在辛亥革命时，彼即为革命党之一人；在民治主义盛行时，彼信仰民治主义；在社会主义初兴时，彼信仰社会主义。故无论思想变迁如何迅速，彼总是立在先锋队中之一人，绝不致落伍或退伍。对于领导思想前进者，则心悦诚服而信慕；对于思想落后者则痛心疾首而批评。彼虽富于感情，然绝不因感情而放弃理智。彼虽善善从长，恶恶从短，然绝不因交游中有一善足录，遂并其恶行而忘之。年来政治漩涡中不知陷入几许人，然彼遭逢政变一次，却思想进步一次。此即守常之所以为守常欤。

他在文章之后又加有“附注”：

注意：欲知守常思想之概要与变迁，必须读守常各时代之论著。彼之文字散见于《民彝》杂志、《新青年》杂志、《晨钟报》、《甲寅》日刊、《宪法公言》、《每周评论》、《努力周刊》（《我们对于时局的主张》是守常起草的，胡适之修改的）、《社会科学》季刊，及所编北大讲义之中。今因手边无此类刊物，不能详述，又因此间同志多不知彼之历史，故谨志其一生事迹如此。

高一涵所作的《悼念李大钊》的长篇演讲稿，于5月28日以《李大钊同志略传》为题，在《汉口民国日报》上全文发表。高一涵所作《李大钊同志略传》，是国内同志为李大钊写的第一篇传记性文章，也是在国内报刊上公开发表的第一篇系统介绍李大钊“一生事迹”的文章。文章基本概括了李大钊一生非同凡响的壮烈业绩，感人肺腑、催人泪下之处几乎比比皆是。这篇文章发表以后，在社会上引起了强烈的反响，起到了很好地宣传李大钊革命精神的作用。

第五节　为陈独秀辩诬、租房

一、辩诬

1937年，“七七”事变爆发，中华民族全面抗日战争开始，早于“七一五”白色恐怖中脱党的高一涵经于右任提名，任国民党两湖监察使。早被开除了党籍，并被打成“托派”的陈独秀仍在与毛泽东、张闻天等人联系合作抗日事宜。而王明、康生却借斯大林反“托派”这把刀子，要彻底整死陈独秀，进而把矛头指向此时正在与陈独秀联系合作抗日的毛泽东、张闻天等人，企图再次夺取党中央的领导大权。于是王、康二人在党的《解放》周刊上发表文章，诬陷陈独秀的“托匪中央，不阻碍日本侵略中国，日本则每月给陈独秀300元的津贴”等等，王、康的谬论一出，全国舆论一片哗然。此时，各界富有正义感的人士群起而攻之。高一涵与王星拱（武汉大学校长）、胡适等9位知名人士联名，在《大公报》《扫荡报》等各大报刊上发表了一封公开信。信的全文如下：

> 中国共产党内部理论之争辩，彼此各一是非，党外人士自无过问之必要。近来迭见共产党出版之《群众》《解放》等刊物及《新华日报》，竟以全国一致抗日立场诬及陈独秀先生是汉奸匪徒，曾经接受日本津贴而执行间谍工作，此事出乎情理之外。陈独秀先生生平事业，早为国人所共见，在此次抗战中之言论行动，亦为国人所周知。且汉奸匪徒之头衔可加于独秀先生，则人人亦可任意加诸异己，此风断不可长。鄙人等现居武汉，与陈独秀先生时有往还，见闻亲切，对于彼蒙此莫须有之诬蔑，为正义，为友谊，均难缄默，为此代为表白。

凡独秀先生海内外之知友及全国公正人士，谅有同感也。

后来在周恩来的调处之下，在正义之声的声讨之中，这场风波终于平息。

二、租房

晚年客居江津的陈独秀穷困潦倒。连租房钱都拿不出。高一涵就出面为他租房。据房主蓝毓才回忆："1937 年 9 月中旬，来了一位姓高的人，要我出租一间房子给他的友人住。……第二天，高就陪房客来了……他在合同上签名叫陈仲甫，他的妻子叫潘兰珍……当时来看他的人不少，来的较多的是高一涵（与陈是老乡，国民政府监察使）、包惠僧（一大代表）、王星拱（北大教授）等，常给一些经济上的援助。"[①]

1940 年 5 月，陈独秀与世长辞，高一涵随作《悼仲甫》诗云：

云梦胸中八九吞，风生艺海浪涛翻。
灵均驰骋皆先路，贾传敷陈半罪言。
论到盖棺犹未定，心虽委地尚余温。
老来频洒忧时泪，一读遗书一惨魂。

（载《金城集》民国二十九年稿）

1944 年高一涵又作：《梦过江津怀仲甫》诗云：

闻笛山阳鹤驭空，墓门寂寂落花风。
羊昙怕过西州路，零落山丘恨未穷。

（载《金城集》民国三十年稿）

---

① 房主回忆详见附录一：《陈独秀曾是我家的房客》。

在蒋管区岁月

第十章　弹劾国贼贪官　力主监察立法

1931 年 2 月 16 日，高一涵被南京国民政府任命为监察院首批监察委员。

1935 年 4 月 16 日，被任命为监察院湖南、湖北监察区监察使，使署设在武昌。1938 年 6 月底迁至芷江。

1940 年 8 月 7 日，被任命为甘肃、宁夏、青海监察区监察使，使署设在兰州。

监察院七区监察使就职后留影，前排居中者于右任，后排居中者高一涵

1947 年 3 月 11 日，再度调任两湖监察使。

年底，调任南京监察院任专门委员，直至 1948 年辞官隐退。

在长达18年的监察生涯中，高一涵依法弹劾一大批国民党贪官国贼；总结提出了系统的较为完整的监察思想和理念，为民国时期的监察工作法制化、制度化做出了独特的创树和贡献。

第一节　老虎苍蝇一起打

在长达18年的监察实践中，高一涵始终维护法律尊严，维护民众的基本权益，恪守职责，不畏权势，既打老虎，又拍苍蝇，在全民全面抗击日寇的特殊年代，为中华民族夺取抗战胜利，做出了特殊贡献。他的监察实践活动，带有明显的学者型研究的特色，不少监察实践具备开创性的特点，受到监察院于右任院长的首肯和推广。以下就高一涵的监察实践，作一疏理：

依法弹劾贪赃枉法的政府官员，维护法律的尊严，维护民众的基本权益，是监察官员的一项最基本的职责，高一涵在监察委员、监察使任上，始终恪守职责，不畏权势，"既打老虎，又拍苍蝇"。仅以《监察院公报》公布的内容统计，由高一涵提交的弹劾文有95件，审查报告书有35份，被弹劾（审查）的政府官员有261人，其中县以上官员就有120人。从案件的性质上大致可作如下区分（所作统计互有交叉叠加）：

一、注重对危及国家安全、丧权辱国高官的弹劾

1931年，"九一八"事变后，高一涵与高友唐、郑螺生提交《弹劾外交部长王正廷贻误外交、丧失国土案》审查报告书。报告称：外交部抗议文内，王正廷未加调查，竟自认日军与华军冲突，授日人以口实，实属丧心病狂，卖国媚外。认为应从严惩处，以救危亡。[1] 1932年，高一涵与田炯锦、

---

① 《监察院呈国民政府文》，1931年9月28日，《监察院公报》第七—十二期合刊第186页。

刘莪青再次就此案提交质问书："去年9月先后弹劾外交部长王正廷一案，政府对于迭次弹劾案已无形消灭，依法提出质问。请转呈迅将原弹劾各案交付惩处，勿再延压。"①

1932年5月，高一涵与刘三、乐景涛提交《弹劾行政院院长汪兆铭对上海停战协定不交立法院议决遽行签字案》的审查报告书。报告称："查国民政府组织法规定：凡宣战媾和及其它重要国际事项，立法院有议决之权。此次松沪停战协定，虽与宣战媾和不同，但为国际重要事项，则无疑义。行政院不交立法院议决，遽行签字，其为违法，彰彰明甚。且事变异常，将来对外援例，随意协定，危险何可胜言？为此认定高委员申请惩戒行政院长汪兆铭，实为允当。"监察院于5月21日向中央党部监察委员会正式提交对汪精卫弹劾文。②

1933年3月7日，高一涵与监察委员刘莪青、周利生、田炯锦提交《弹劾华北军事委员分会委员长张学良、热河省政府主席汤玉麟抗日不力，失地误国案》文。称：此次暴日犯热，我中央政府密令抵抗，并责成张学良负华北军事责任。……张汤凭借天险，手握重兵，十日损失六百里防地。自开战以来，均未亲临前线，其无抵抗决心，实可概见。特提案弹劾，应请转呈中央，绳张学良汤玉麟以国法，以为守土不力者戒。③

二、注重对侵犯人权、草菅人命、滥用酷刑官员的弹劾

此类案件，经高一涵弹劾(审查)的计有54起，足见高一涵对维护法纪、维护人权的关注。

1933年1月12日，高一涵与监察委员周利生、李梦庚提交《江苏省政府主席顾祝同违法拘禁江声日报经理刘煜生案》审查报告书。报告书

---

① 《监察院致国民政府呈》，1932年，中国第二历史档案馆藏档案。

② 《监察院呈中央党部监察委员会文》，1932年5月21日，《监察院公报》第十三、十四期合刊第50页。

③ 《委员刘莪青周利生高一涵田炯锦弹劾文》，1933年3月7日，《监察院公报》第十八期第124～126页。

称："经会同审查，咸以该省政府主席既违背约法及出版法，拘禁新闻记者至五六月之久；复蔑视监察院组织法，及调查证使用规则，对本院调查员加以拒绝。违法滥权，莫此为甚。自应依法将江苏省政府主席顾祝同移付惩戒……以重人权，而崇法治。"①

1936 年 5 月，高一涵在提交的《弹劾湖南沣县荣市乡乡长吴植三假权擅杀违法渎职案》文中痛斥道："夫以一有区区乡长地位之人，对于其所应行解送之人犯，始而横施凌虐，继则故加枪杀，其职分虽小，权力甚微，亦竟能假借职权，以行此重大不法之事，若不严予惩处，何足以儆效尤……请即依法移付惩戒，以维法纪而保人权。"②

三、注重对强征、乱征苛捐杂税官员的弹劾

国民政府官员中，为中饱私囊，不惜强征、乱征苛捐杂税，搜刮民脂民膏的大有人在，高一涵对此深恶痛绝，经他弹劾（审查）的此类案件有 42 起之多。

1936 年 3 月 4 日，高一涵在提交的《弹劾湖南汉寿县前县长兼义勇军总队队长脩干中、现任义勇队副队长刘东苏、财政局长熊蛰、安乐乡团总袁建等违法失职案》文中称："一涵於审核之下，深觉政治黑暗至此，良可痛心。其一，废除苛捐杂税，中央久已三令五申，而盐捐向不准地方私擅加捐，即湖南省政府，对该汉寿县，亦复迭有严令制止。乃该刘东苏，仅凭一县义勇队副总队长之地位，居然挟持权势，为所欲为，该熊蛰有专司，竟与之狼狈为奸，不惜破坏国家财政，而该脩干中身为县长，亦竟与该刘东苏通同作恶，暴敛横征，法令不足凭，长官不足重，至所谓民间疾苦，更不足在其一顾之中，迹彼等违法渎职之所为，均实系出于故意，此而不予严惩，吏治安望澄清。其二，人民遇有受害之时，全赖有该管之公务人员，

---

① 《委员周利生高一涵李梦庚审查报告书》，1933 年 1 月 12 日，《监察院公报》第十八期第 38 页。

② 《监察使高一涵弹劾文》，1936 年 5 月，《监察院公报》第八十六期第 3 页。

执法为之保障，若公务人员不能执法，反假借其职务上之权力机会，以故意诬陷人民，为排除异己之工具，其为害何可胜言。此案脩干中、刘东苏等，因陈芳圃反对盐捐，故意诬以‘共匪’，因袁国栋等反对袁建诈取包征，故意诬以秘密结社，此等为常人所不屑为所不敢为之卑劣手段，乃竟出于假借权力机会之公务人员，且出于兼理司法事务之县长，此而不予严惩，则人民尚有何保障之可言。”①

四、注重对司法队伍中违法官员的弹劾

为维护司法公正，高一涵对司法队伍中违法官员的弹劾有44起。以下，摘录数则，从中体会高一涵对司法公正细节的关注：

“松江法院院长兼推事王思贤，承办债权人控案，先后判决，如出两人，改判决为裁定，其审判之任意出入，已可概见。似此枉法渎职，将何以维法律之威信，保法院之尊严，更将何以保障人民之权利利益。”②

“该推事杨昌炽（安徽高等法院第一分院推事）办理戚开章一案，既将诉讼人执行收押，未能将保证金及保证书分别发还注销，确属违法失职。”③

“兹湖南长沙地方法院候补推事李向荣，对于被告汪在位，仅一次传唤未到，遽许到场之原告一造辩论而判决，殊违反民事诉讼法第三百七十七条第二项之规定……自应依法提起弹劾。”④

“今核阅……原卷内所有二十四年七月十二日及七月二十日之两次侦查笔录，实均未经受讯问人签名画押盖章或按指印。而阅其于受讯问

① 《监察使高一涵弹劾文》，1936年3月4日，《监察院公报》第七十五期第16页。

② 《监察院移付中央公务员惩戒委员会文》，1933年9月12日，《监察院公报》二十期第80页。

③ 《监察院移付中央公务员惩戒委员会文》，1934年2月2日，《监察院公报》二十二期第14页。

④ 《监察院移付中央公务员惩戒委员会文》，1935年8月17日，《监察院公报》四十二期第1页。

人签名处所签之名，竟与该侦查笔录内其他记载各项，及该书记官自己签名之笔迹相同，当系该书记官所代写。再就原卷详加查核，原卷页数号码上，印章多不相符……该汉口地方法院检察官兰锡九，及该院检察处书记官刘襄，对于办理该李泽夫等诉薛文青侵占案，实均有违法失职之行为。”①

“该湖南高等法院第三分院兼常德地方法院院长钟馥，对于杨陈氏妨害婚姻上诉一案所为判决，竟不为记载事实，致于第三审上诉时，被认为程序违法，发回更审，况第二审为审理事实法院，判决书内尤不应漏列事实之记载。是其违法失职，至为显然。”②

五、注重对贪污腐败官员的弹劾

官员的贪污腐败是南京国民政府的重症、顽症，高一涵对贪腐官员的弹劾(审查)有77起，涉案人员贪腐形式多种多样：有侵吞截留公款、税款、赈款、赈粮的；有贩卖鸦片，从中渔利的；有以权侵占公产的；有吃空名、冒领薪金奖金、冒支公款的，有收受贿赂，纵容违法犯罪的，有以权包养情妇、诱奸妇女的……其中，以下两件大案的查处，在当时颇引人注目：

1942年6月，高一涵奉监察院转蒋介石电令，会同甘肃省政府严密查报兰州中央银行仓库囤积居奇情形，自六月起至八月中旬，将该行所属各仓库检验完毕，由省府电呈行政院核准分别处办，并将进行情形呈报监察院备案。此案，兰州中国银行经理郑相臣被收监，一些发“国难财”的商人、显贵被惩处。③

1944年，高一涵在甘宁青监察使任上，查实第八战区司令部兵站总监班淦中将贪污、贩卖鸦片及其他违禁物品案，仅其存在兰州各银行的赃

① 《监察使高一涵弹劾文》，1935年10月17日，《监察院公报》五十五期第14～15页。

② 《监察使高一涵弹劾文》，1936年8月29日，《监察院公报》一〇二期第4～5页。

③ 《甘青宁监察使署三十一年度工作报告》；1942年，甘肃省档案馆馆藏档案：7－1－70卷。

款就有六亿多元。班淦被国民政府判处死刑。[1]

六、注重对玩忽职守渎职官员的弹劾

高一涵对玩忽职守、违法渎职官员的弹劾（审查）计有21起。特别对在大灾中玩忽职守、致人民死伤的官员，经亲自察勘后，均毫不留情地提出严惩。

第二节　力主监察法制化

高一涵作为新文化运动时期杰出的思想启蒙家，他的思想糅合了中西方许多大家和流派的思想："可以这样说，不仅当代著名思想家的理论，甚至远到几百年以至上千年前的一些哲人的思想在高一涵这里都得到了参照、引用甚或推崇。"[2]

综观高一涵的思想体系，不难看出其根本诉求是：在中国实现民主，建立现代共和体制，寻求各得其所的"大同福祉"，其核心是"主权在民"的理念，其第一要义为：唤醒国民的现代公民意识。这一核心思想与理念始终贯穿其一生，并在各个时期、各个领域不断充实和反复强调。因此，民国时期高一涵的监察思想也必然是这一核心思想与理念在监察领域中的反映。

一、主张权力必须给予制约与监督，并要以法律的形式加以规约

高一涵几乎参与了南京国民政府时期监察院各种法规、条例、办法的制定和修订的工作，发挥了举足轻重的作用。现仅就《监察院公报》所公

① 高一涵：《监察院见闻》，中国人民政治协商会议全国委员会文史资料委员会编《文史资料存稿选编12政府—政党》，2002年8月，第492页。

② 张春丽：《"五四"新文化运动中高一涵启蒙思想初探》，《中共党史研究》1999年第3期第39～44页。

布的内容，作如下罗列：

1. 由高一涵主持召集或参与起草的监察院法规、条例、办法，并向监察院提交报告的有：

《接收人民诉状规则及审查人民诉状规则案》；

《修正弹劾法草案案》；

《监察使监察条例草案案》；

《修改弹劾法（五、六、九、十一、十二条）案》；

《审查修正惩戒法案报告》案；

《修改监察院组织法第六条、监察委员保障法第六条案》；

《监察使任期案》；

《弹劾案附有急速救济处分，通知主管长官先将被弹劾人停职并加看管，应同时通知交付法院侦查》案；

《审计院时代审计法及审计法施行细则内关于处分违法公务员之规定，业已失效，请决定办法，令审计部遵照案》；

《关于监察使署人员设置，草拟组织法送立法院审议案》。

2. 参与讨论、审查的监察院法规、条例、办法有：

《弹劾案审查规则案》；

《各省市党委有违法贪污情事时，是否在本院监察之例，拟请解释案》；

《修正监试法案》；

《各省人民控诉田赋附加超过正税案报告案》；

《公务员惩戒法第十一条解释案》；

《监察使署办事通则》；

《监察制度提案》：国民党第五次全国代表大会后，监察院就大会宣言第七章"重监察、励言官、以肃官方而伸民意"提示之点，拟具提案，成立监察制度提案起草委员会，以呈第五届第一次中央全会。高一涵为该

起草委员会成员之一；[①]

《非常时期监察权行使暂行办法》。

3. 高一涵提交具体实施办法并获监察院通过或交付审查的有：

《免一案两劾或一案重查案》；

《请决定凡院交各监察使署派查案件，可用秘书处名义送达，以减省正式令手续，且使各使署对于该案办法，稍有伸缩余地案》；

《请决定沟通调查专员之工作案》；

《请决定监察使署调查案件，除调查员外，仍得派秘书科长科员等查案》；

《请决定请院通令各省市政府以后编制省市县施政计划书，及县长以上人员更调，应函知该区监察使署，以资考核案》；

《请决定请院咨行政院通令各省市政府通饬所属机关，对监察使署调取文件卷证件，须绝对遵从案》；

《请决定请院规定"监察使署奉令核办案件呈覆书"格式，通令各监察使署遵照呈报案》；

《请决定呈中央政治委员会（一）由国民政府通令全国整饬吏治，亦即由本院监察委员各区监察使严厉监察（二）各地国民大会选举事宜，应由本院令监察委员各区监察使切实监察案》；

以上提案均获监察院通过后实施。

此外，所提《请决定改进监察委员办公室之工作方法案》，经监察院会议决议，指定刘三监察使等八人审查后议定。

所制定的《湖南湖北监察使署秘书处及各科办事细则》经报监察院审查，指令准予公布施行。

从以上根据《监察院公报》颁布的内容而做的不完全统计中，不难看出南京政府监察院自成立之日起，在院长于右任的主持下，为将监察院和监察委员的各项工作纳入法制的轨道，高度重视自身的法规、制度建设，

① 详见《监察院第三十四次会议记录》，《监察院公报》1945 年第五十七期第 39 ~ 41 页。

而作的种种探索和努力。在这一过程中，高一涵以其丰富的法学知识和对中西方社会制度地深入剖析，发挥了不可替代的作用。

高一涵认为："专制国家其兴衰隆替之责专在主权者之一身，共和国家其兴衰隆替之责则在国民之全体。""吾共和精神之能焕然发扬与否，全视民权之发扬程度为何如。"并进一步论道："人民创造国家，国家创造政府。政府者立于国家之下，同与全体人民受制于国家宪法规条者也。"①

高一涵历经积弱、积贫、积辱的清末，目睹清政府的灭亡、袁世凯篡权称帝的暴亡，南北军阀混战时代的专权以及国民党军政时期、训政时期、和宪政初期的各个历史阶段，他反对君主专制、军阀专权和领袖独裁，为此，他特别关注对最高权力的制约。他认为："共和国家之元首，其得位也，由于选举；其在任也，制有定期。非有君主之由于世袭终身也。"②他拥护中山先生三民主义、五权分立的政治主张，1934 年，在《中华民国宪法草案初稿》发表后，高一涵在《时事月报》上发表《对于国民大会职权规定之商榷》，例举《草案》与中山先生主张的不同处，从法理上维护中山先生的主张，强调：经各县完全自制后各选一人组成的国民大会，才是行使中央统治权的常驻机关；总统及立法院代议士应由各县人民投票选举；总统与五院皆对国民大会负责；各院人员失职，由监察院向国民大会弹劾；国民大会为制裁公仆失职的专司机构。认为："以上所举五项，皆是宪法上最重要和最值得注意的地方。"③应在宪法上加以规约，以维护中山先生的思想：人民通过国民大会对最高权力加以监督与制约，以人民的选举权、罢免权、创制权、复决权对政府的行政权、立法权、司法权、考试权、监

① 高一涵：《共和国家与青年之自觉》。

② 《青年杂志》，1915 年 9 月第一卷第一号第 1 ~ 2 页。

③ 高一涵：《对于国民大会职权规定之商榷》，《时事月报》1934 年第十卷第四期 230 ~ 231 页。

察权进行制衡，使政府官员为人民做工。[1]

将政府官员罩于民众的监督之下，是体现高一涵"主权在民"监察思想的重要内容。为此，他十分注重民众申诉渠道的畅通和社会舆论对官员的监督。1935 年在两湖监察使署第一次纪念周的训话中，高一涵为使署定下"几条必具的信条及执行职务时的戒律"中，就有一条涉及人民诉状："凡人民向本署呈递书状，皆由呈诉人自行缮就投递，或付邮投递，绝不收取任何费用。"在其任内，来自人民的申诉成为其弹劾违法、贪腐官员的重要依据。

重视来自新闻媒体和社会舆论对公务员和政府的监督是高一涵监察思想关注的另一侧面。高一涵作为《新青年》《宪法公言》《甲寅》日刊、《每周评论》《努力周报》《现代评论》《晨光》《新生活》这些当年极负盛名和影响力报刊杂志的编辑和主要撰稿人，深谙舆论监督的力量，在其脍炙人口的著名文章《共和国家与青年之自觉》中，他曾大声疾呼："共和国本建筑于人民舆论之上，"他认为只有将官员置于民众和社会舆论的监督之下，才是防止贪腐的最好良药。他是这一理念的呼吁者和实践者，当年，他撰写的时评和评论文章时时见诸于各大报刊上，锋芒直指时政及达官要人，并产生过巨大的社会影响。

二、主张宪法必须对监察院权限加以界定

高一涵曾对中国历朝历代对官员的监督监察，作过系统的疏理和研究，也曾对日本、苏俄、欧美各国的宪法进行过系统的研究和比较，他认为，监察院独立行使监察权，是中国特有的监察制度，必须在宪法中加以规定："五权分立，乃是中国特创的制度，中国历史上的成规，既不能一一采用，而世界各国的宪法，又没有这样制度，可供我们的参考；如宪法上对于五权的基本组织和职权，不作详明的规定，不但在理论上失去五权宪法

---

① 孙中山：《三民主义·民权主义》，《孙中山全集（第九卷）》，中华书局 1985 年 3 月版，第 314～355 页。

的意义，并且在事实上助长五院制度的纠纷。”①他进一步强调：“监察权既然必须要在宪法上规定，就要首先决定监察权的内容。”他既反对将监察权无限缩小到仅为弹劾一权，也反对将监察权无限扩大等同于封建御史制度下的监察权。他力主：宪法应规定监察院为国家最高的监察机构，拥有不可争议的独立性和权威性，除了对全体公务员具有弹劾权外，还应有调查取证权，对官员任免、考核、施政状况的知情权、纠举权、建议权、惩戒权和审计权。

高一涵特别重视监察权中对惩戒权的界定，他认为：“监察院是为专门监督行政官吏而设立的机关，他的唯一的职责，就在监察一切官吏的行为。如果祇教监察院司弹劾，不教他司审判便是半弹劾。”并进一步解释道：“所谓弹劾权与审判权通同放在监察院，并不是说通同要放监察院的监察委员手中，自己弹劾，自己审判；仍然要组织一个与监察委员对立的审判机关，与现今的公务员惩戒委员会组织相同，也与普通法院的检察官与推事关系相同。这样一来，监察机关才可以称为真正的独立，弹劾权才可以称为整个的弹劾权，而审判机关也不像现在那样的支离破碎。”②

三、主张事前监督和事后监察并重

高一涵认为：“平时的监察，是临时弹劾的前因；而临时弹劾，是平时监察的后果”，强调事前监督和事后监察并重的思想。

1929年7月6日，高一涵在《中国御史制度的沿革》再版自序中指出：“现在一般人对于监察权似乎有点误解，就是只把监察权当作弹劾权。其实明清以来的都察院的权力绝不以这一种弹劾权为限，此外还包括许多重要的权力在内。中国御史制度的特点就在于行使弹劾权外，还享有监督行政权、考察官吏、检查会计和注销案卷种种特权。……由此看来，弹劾权只能算是监察权的结果，必须先有上述的几种特权——监督行

① 高一涵：《宪法上的监察权问题》。

② 《东方杂志》，1933年4月第三十卷第七号20~23页。

政、考察官吏、检查会计、注销案卷等权——然后弹劾权才不致成为虚设。监察院如果没有这几种特权，就是叫他告发，他也是无从着手。故监察院如果要想实行他的监察权，一定要在弹劾权之外，同时再享有这四种权力，然后弹劾权才有着落。”

1933 年 4 月 1 日，在《东方杂志》宪法问题专号上，高一涵发表《宪法上监察权的问题》，再次强调：应允许监察院有事先监督权，并在将来规定监察权的内容时，应当补充。

1941 年 1 月 1 日，高一涵在《中央日报》发表《抗战三年来监察法规增定及推行经过》，以三年来推行《非常时期监察权行使暂行办法》的实际效果，肯定暂行办法对建议权之增设，并再一次强调对官员事前监督的重要性，认为：“凡属非常时期内应办事项，大都直接或间接与抗战建国有关，而为刻不容缓及适应时机之事项，与其监察于事后，毋宁监察于事前；与其惩戒于构成违法失职行为之后，毋宁警惕于尚未构成违法失职行为之前。一见其有举行不力或失当之处，即以书面提出建议或意见，送交各该机关或其上级机关，俾得及时为适当之计划与处置。于消极的警惕告诫之中，隐寓有积极的督促纠正之意，对于违法失职之行为，防止一分，即对于抗战建国之实效，增加一分。”以上，我们可以看出，高一涵不厌其烦地强调其事前监督与事后监察并重的思想，强调监察工作应该前移，以阻止贪腐防患于未然。

四、主张监察办案审慎翔实与惩处迅捷相结合

在总结抗战三年来监察法规增定及推行经过时，高一涵着重剖析了抗战前监察权行使中，法定程序烦琐的弊端：“在抗战前关于监察权之行使，法定程序比较繁重，监察院提出弹劾案件后，必须经过调查、审查、移付等程序；惩戒机关接受弹劾案件后必须经过调查、申辩（或质询）、议决等程序；司法机关审理涉及刑事嫌疑之弹劾案件，又必须经过刑事诉讼程序，自侦查、起诉、审讯、判决，以至再审、三审、判决确定，稽延时日更多。因此，每一弹劾案件，自移付惩戒机关以后，动辄经过数月或数年之久，尚

未终结，被弹劾人因未受惩戒，仍得照常执行职务，以致法律之尊严，人民之疾苦，与监察之效果，惩戒之效率，均不无较受影响。”高一涵认为：准（审慎翔实）是原则，快（简捷迅速）是手段，手段服从原则，两者结合并行，才能达到维持法纪、整饬官常之目的。

为此，他论道：“监察权之行使，重在不枉不纵，故审慎翔实，为监察院提出每一弹劾案件前，及惩戒机关议决每一惩戒事件前，所必须严格遵守之原则。但在抗战时期，审慎翔实，又必须与简捷迅速相辅而行。该办法（《非常时期监察权》行使暂行办法）所特别注重之点，即在于翔实中求简捷，于审慎中求迅速。

该办法第一用意，在求简捷迅速，但并不因求简捷迅速，而忽略审慎翔实之原则。至简捷迅速之目的不能达到时，则宁愿严守审慎翔实之原则，以达到维持法纪整饬官常之目的。”

高一涵认为：“办理案件，惟凭事实为根据，以公正为依归，以期不偏不徇，无枉无纵。对于违法失职之公务员，既须严加纠正，而对于奉公守法之良吏，亦须使其安心”[①]

五、主张监察委员的超然与自律

民国时期监察委员承担着监督、弹劾政府公务员的职责。针对监察委员所负职责，高一涵反复强调监察委员所应具备的超然地位和应遵守的自律信条，以维护其监察、弹劾权利的尊严。

1934 年 4 月，在《对于国民大会职权规定之商榷》一文中，高一涵论道：“监察委员为执法之官，他的地位应该超然，应该立在一切政治关系之外。他的弹劾权只是对于违法行为使然的，根本就不能过问政策之当不当；换句话说：他只能站在法律的基础上来行使弹劾权，不能站在政治的基础上来行使弹劾权。”并强调监察委员必须“独立不倚，绝不阿其（当权者）所好”，应该依法秉公而断，做到“铁面无私”。

---

① 高一涵：《高监察使在使署第一次纪念周训话》。

为了保持监察委员“独立不倚”的超然地位，高一涵特别强调监察官员的自律、自重，在两湖监察使署第一次纪念周的训话中，他告诫部下：“我们在执行职务时要敬慎戒惧，唯恐做不好，在各个人平日生活上要整齐严肃，唯恐有丝毫疏忽，国家监察权之尊严，一地方监察权之推行与信赖，我们责任的负起，须在我们工作的表现力。”并自订四不规矩：“本监察使绝不受任何方面之供给馈遗；不参加宴会及欢迎会；对于任何机关不作请托介绍书信；凡人民向本署呈递书状，绝不收取任何费用。”并强调：“我是长官，自然是身先诸位，领头来做。”①

六、国民大会上的提案，是高一涵监察思想的结晶

1946 年 5 月，家乡六安人民选举高一涵与宋树仁二人为“国民制宪大会”代表（时称“国大代表”）。1946 年 5 月，高一涵出席中华民国第一届国民大会（制宪会议）第一次会议期间，以第一提案人身份与水梓、田炯锦、曹啟汉联名提交《对于宪法第九章第 95 条之修正案》的第 141 号提案，并获江一平等 189 名代表连署。提案拟请将 95 条原文：“监察院为国家最高监察机关，行使同意、弹劾及监察权。”修正为：“监察院为国家最高监察机关，行使弹劾、纠举、惩戒及审计权，对国民大会负其责任。”并列举理由：

1. 删去同意权：因监察委员为执法之官，宜处于超然地位，如行使议会式之同意权，易成为党派斗争之工具，必影响于监察权之超然地位。

2. 增加纠举权：使调查既甚便利，处置自更迅速，于迅速之中兼寓审慎之意，此为监察院过去行使之实际经验，故应仍予继续行使。

3. 增加惩戒权：依五权宪法创始人（孙中山）之原意，惩戒权应属诸监察院。十余年来，监察院对惩治贪污，实系有责任而无权力，管理惩戒之部门，又系有权力而无责任，欲免除此种弊病，当使惩戒机关隶属监

---

① 国民政府《监察院公报》，中国第二历史档案馆供稿，档案出版社 1992 年 8 月，第三十五期特载第 14 页（以下简称《监察院公报》）。

察院。

4. 增加审计权:本草案既采取五院制,自应仍照中国历史上成例,由监察院行使。审查决算权归立法院,而审计权即仍应划归监察院。

5. 因监察权既已列举规定,而为概括名词之监察权三字自当删去。[①]

这一提案是高一涵监察思想与其长期监察实践的结晶,集中体现了其"主权在民"的监察思想,和对监察院作为最高监察机关独立性、权威性的诉求,是期盼从最高法的层面上对监察院监察权加以规约的最后一次尝试。

国民大会后不久,高一涵便辞官隐退,正式脱离了南京国民政府。

第三节　为民请命民为本

一、察灾察弊,为民请命

重大自然灾害发生时,实地勘察灾情和救济事宜,纠弹违法渎职官员,是监察使、监察委员履行调查弹劾权的一项重要职责。据《监察院公报》特载和甘青宁监察使署逐年上报的工作报告记载,高一涵奉监察院令直接参与的便有 4 次。

1932 年 8 月,高一涵与监察委员周利生受监察院委派,赴蚌埠、上海实地调查皖北赈务办事处贻误赈务案,经查实后,提交弹劾《皖北赈务专员全绍武皖北运储主任德瑞芝皖北运输专员杨树诚易粮委员会会员长辛博森委员查良钊等营私舞弊贻误赈灾案》文,文中称:"水灾为何等悲惨之事?救灾为何等慈善之举?办理赈务者,应如何慈悲为怀?廉洁自矢?今竟有人欲从赈款里面扒钱,向灾民头上揩油,此而不加纠弹,影响将来

---

① 《高代表一涵等一九三人对于宪法草案第九条第九十五条之修正案》,1946 年,上海图书馆近代馆藏:《国民大会提案原文》第三册第 141 号提案 1 ~6 页。

赈务前途甚大。特依法提出弹劾。”①

1935年夏，长江爆发特大洪灾，监察院严令各地监察使：“务亲临巡视堤工状况，并查察当事人员，是否切实尽职。”此时，高一涵刚到武昌就任两湖监察使，便立即投入察灾察弊。6月，搭船前往湖南察看灾情，自汉口到新堤沿江而上，至洞庭湖沿湖数百里一路查访，眼见沿途大雨不止，水位骤长已经超过20年最高水位一尺之多，高一涵忧心如焚，在向监察院的报告中称：“每闻寸雨声，心如刀割”，并一路电告灾情、提出救济方案，一面会商政府当局，加强防范。7月，武汉各堤告急，高一涵多次亲往张公堤、武丰、武惠各堤勘察，至抢险一线鼓励士气、共商应对办法，对抢险一线所需物资、经费，迭令江汉工程局遵照急办，派员赴关键防堤督查，勘察中针对当事人员表现，提交奖惩意见，并不断与政府方面，往返行文，促其注意。水灾后，高一涵又采取了三项措施加强对赈灾工作的监督：1. 与赈务委员会许静仁委员长同乘飞机勘灾，并二度亲往湖南、湖北灾区巡查；在二度巡查中，他还作诗追纪，感慨万分；2. 派员分赴各地查勘；3. 将两省赈务事项之调查，特交各参赞担任办理，以期监察更为严密。②

次年，高一涵鉴于上年大水灾的情况，电呈监察院，上报预察水利堤工三办法：1. 严加督察两省政府对各县堤工拨款、工赈、工期，办法、数目等，现均有复电到署；2. 亲巡及派员择要实地调查，交各参赞常驻调查；3. 严查各处堤工，有无失职误工，有无违法舞弊。监察院于右任院长7日亲复：“兹阅所陈三项办法，实事求是，擘画尤为周详，至深嘉许。除分电各区监察使参照办理外，合即电令知照。”③

---

① 《委员周利生高一涵等弹劾文》，1932年8月18日，《监察院公报》第十六期第143页。

② 《高监察使一涵报告湘鄂灾情呈文、代电》，1935年，《监察院公报》三十七期第12页、三十八期第29页、四十三期第4～5页。

③ 《监察院代电高监察使据陈预察水利堤工三办法已分电各区监察使参照》，1936年3月7日，《监察院公报》第七十一期特载，第66～67页。

3月，高一涵约同全国经济委员会水利处副处长郑肇经、省政府委员范熙绩等巡视钟祥县各处堤工。并提呈报告，对钟祥襄堤地位之重要、工程之浩大、施工后的困难、急救办法一一列举，报告称："沿堤各县人民几若生命俱可牺牲，而此堤不可不筑，故在堤民夫，日则负土挖坑，形同牛马，夜则幕天席地，饱受风寒……"并非为难供一饱的工钱，而在盼此堤早成能保家园，"此情此景，真为世界万国所无，视察之余，不禁心酸泪下……俯准速筹拨五十万元之款来鄂……则堤防固而民命亦得保全矣！"[①]此请，3月18日获国民政府批准，加拨50万元工程款。4月，高一涵由汉口沿长江上至沙市，沿途视察长江干堤，计一千余里。所有各险要及各重要工程地段，均逐处上堤，详细勘察。并将各处进度、存在问题、拟解决方案一一呈报。在长江汛期，自8月3日到9月6日，还将长江及襄河各站水位表逐日呈报监察院，高一涵对关系千万百姓生命财产安危的长江防堤工程的重视和督察由此可见一斑。[②]

二、注重巡查，认真处理人民投诉

遵照《监察使巡回监察规程》的规定，高一涵每年都要进行数次巡视。巡查中，他特别关注的是区内人民疾苦及冤抑事项。

1941—1946年，高一涵在甘宁青监察使任上，共计出巡17次，视察了区内70个县和7个行政区，巡查范围基本覆盖了区内各主要行政机关、院校、驻军机构。提交了多项专项调查报告和建议，查办了重要案件，接受人民投诉状多起。以1941年为例，高一涵除在兰州考察了市内14个部门外，还出巡6次，巡查了甘青宁三省计43个县282个部门，以了解

---

① 《监察使高一涵呈报视察湖北钟祥襄堤情形》，1936年3月18日，《监察院公报》第七十五期35～41页。

② 《监察使高一涵呈报文、代电》《监察院公报》七十五期第35～41页、七十九期第26～29页、八十期第33～37页、九十三期第47页、九十五期第25～26页、九十六期第25～27页、九十七期第42～43页、九十八期第37～38页、九十九期第33～35页、一百期第55～56页。

区内各重要机关的设置、设施和公务员的基本状况。在河西监狱，当查见到违法拘押的一个十几岁的孩子时，当即电请马步芳放人，马步芳接电后也无理由推托。1946 年 5 月，高一涵赴甘肃省第一、八、九行政区各县局巡查，计接收人民书状 29 件，一一分别处理。由岷县至临潭途中，有回民数百人，为汉、回枪案纠纷，跪地拦车请愿。高一涵当即下车与随行第一区行政督察专员苗任安、司令张仰文，会同回民代表了解案情，知行署已受理备案，当即责成该专员迅速依法妥慎处理报结，并慰告请愿回民，处理案件必以法令为根据，一秉公正，绝对不偏、不袒、不枉、不纵，绝无种族之分。回民表示悦服而去。[①] 高一涵所作诗《野望》，表露他面对百姓的申诉"一批书状一心酸辛"的真实感情与人民心连心的真情实意：

野　望

狰狞山石似鳞皴，古老严寒惨不春。

河广千寻时绝水，村馀四壁阒无人。

岭头松柏垂垂尽，陇上蓬蒿处处匀。

负女牵儿栏道哭，一披书状一酸辛。

在日常处理人民投诉书时，高一涵将其视为监察使署的中心工作，格外郑重处理，制定了严格的流程：即拆封后，按性质分簿登记；凡属书状性质之案件，先经监察使审阅；后由监察使分配或指定人员，进行详细审查，逐项签注意见，拟具处理办法；对应该进行调查的，即将案内要点所在、证据的关联，及调查时应注意事项、采用方法，详细签明，列出调查提纲，呈报监察使审核，再交办调查；调查查明复到后，仍由专人经过审查签注；再由监察使核定处理办法，予以结办。[②] 至今，在甘肃省档案馆馆藏的民国甘宁青监察院的案卷中，还可以查阅到一封封人民投诉信（含信封），从

① 《高一涵巡查工作报告》，1946 年 5 月，甘肃省档案馆馆藏 7 - 1 - 22 卷。

② 《监察院湖南湖北监察区监察使署工作概况》，1935 年 12 月。

登记到签注、调查、高一涵批注、办结的资料，手续之严谨、资料保存之完整，令人叹服。

三、注重办案中的专项调研，并提交专项建议和报告

作为学者型的社会活动家，高一涵在其长期的监察实践中，特别注重的是从个案中发现问题，进行专项调查，以查寻产生弊端的根源，而提前加以防范。这是高一涵监察实践中最具其个性的特点。1935 年 12 月，在向监察院汇报的工作概况中，高一涵报告称："对于有关民生利病之各项重大事宜，又复分类特别调查，制成统计，以便就调查统计之所得，研究改善方案，以贡献于中央，期能于积极方面，使地方多促成一事之改善，即为人民多减去一份之疾苦，而尤注意于整个制度改善之促成……以有助于监察权之行使。"①

1933 年，高一涵在江苏各县实地调查后，提交《弹劾上海第二特区监狱典狱长谢福慈虐待犯人擅用非刑营私舞弊案》等四份弹劾文，同时提交的还有《江苏各县监狱警政自治田赋等情形视察报告》。报告对江苏监狱监所拥挤、办案迟缓、司法弊端一一列举，并请中央令饬司法行政部门严令纠正；并对警政腐败的状况及原因加以考察，认为："政府既无以维持其生活，又将何以责其清廉，如欲设法整顿，似宜增高其待遇，统一其训练，名额不必过多，驻所不必滥设，此中央所应特别注意，而严令该省限期整顿者也。"对自治情形认为："中央似应切实考虑，根据实际情形，另定自治政策之方针，对于法律及事实双方，务须统筹兼顾，若欲于最近一二年内，强令各县下级自治，一律完成，以符法令，则适足演成虚伪政治，此亦应中央所应深思熟虑，早定方针者也。"针对江苏省田赋情形，提出："减税要与减租并行，为农民利益计，中央如能严厉宣布，此后在三年或五年之内，各省不得再行增加田亩附税，更不得临时照田亩摊派捐款，及负担保安队或军队等给养，则即不减税而民心亦可稍安。对赋税者强制

---

① 《监察院公报》五十八期第 9 ~ 10 页。

摊捐，应严行禁止。应准被害人民呈报中央索赔。”①

1935年夏，长江发生特大水灾，高一涵提交了《弹劾江汉工程局局长杨思廉等疏忽堤防酿成灾害案》文。认定：“该局长在堤防塌陷千钧一发之时，竟托病潜藏，放弃职守，论其罪案，当尤重于军人临阵脱逃。应严行惩治。”同时指出：“江汉工程局此次所发现之种种弊端，由于制度者半，由于人事者半。此行政与工程不能打成一片，乃为防汛时期之极端危险现象，极应改革。”为此，他数次亲上防堤，进行调研，向监察院提交了专项报告，历数现存江防制度上之弊端和各重要防堤的现状、所存在的问题和困难，提出“所有该荆门县属之黄瓦堤，及武昌县属之武惠堤，似应收作干堤，归江汉工程局管辖。江陵县属之阴湘城堤及其外堤，似应收作干堤，归荆江堤工局管辖。……以重堤防，而保民命”，以求根本之解决。②

以下笔者将1940—1945年期间，高一涵在甘青宁监察使任上，所提交的建议案一一罗列出来，从中可以看出高一涵作为一名学者型的监察官员，在监察实践中对专项调查的高度重视，和在监察领域所做的不懈努力。③

1940年，与监察委员黄少谷等建议改进征兵办法，经国防部最高委员会秘书厅函送各省，函请查照办理。④

1941年，提交建议3件：《关于改善壮丁待遇的建议》《关于拟请修改现行法令的建议》《关于拟请彻底解决甘青两省边境纠纷办法的建议》。

---

① 《监察院移付中央公务员惩戒委员会文》，1933年9月7日，《监察院公报》二十六期第9~11页；《江苏各县监狱警政自治田赋等情形视察报告》，1933年9月《江苏月报》第一卷第一期，第50~52页。

② 《监察院移付中央公务员惩戒委员会文》，1935年9月12日，《监察院公报》四十六期第4~11页，《监察使高一涵调查呈报文》，1936年5月4日，《监察院公报》八十一期第34~37页。

③ 详见《甘青宁监察使署二十九—三十四年度工作报告》，1940—1945年，甘肃省档案馆馆藏：7-1-4、7-1-5、7-1-14、7-1-22、7-1-70卷；《监察院公报》（渝版）1~5期，1943年5月—1945年5月。

④ 《浙江兵役》24期22页。

提出意见案1件，即：《关于请甘肃省政府令行兰州市政府转饬警察局拘留所改善羁押人犯待遇的意见案》。

1942年，提交建议案1件：呈请国防最高委员会，《关于为甘肃省田赋征实及军屯粮应请酌予减征配购的建议》；

1943年，提交建议案7件：

1.《关于拟请取缔天水、泰安等县违反限价发生黑市买卖的建议案》；

2.《关于拟请增贷甘肃省第六、第七两行政区内各县籽粮以利春耕的建议案》；

3.《关于拟请增派酒泉仓库斗级名额免除人民纳粮感受不便的建议》；

4.《关于请西北公路局改善运输局对于旅客行李保管及损失赔偿办法建议案》；

5.《关于拟请改善各地中央机关员工待遇的建议》；

6.《关于甘肃省平凉县囤积居奇银行提高放款利率刺激物价破坏限政建议行政院依法制止的建议案》；

7.《关于西北公路被洪水冲毁多处，建议交通部赶修以利交通的建议案》。

1944年，《向甘肃省政府建议改善隆德县政府积习的意见》；

《建议交通部公路总局改善西北公路运输局对于旅客行李保管及赔偿办法》。

1945年，提交建议案1件：《为甘肃省各县市乡三十四年度遭受灾荒拟定救济方略请予救济案》。

从高一涵诸多建议案中，可以看出他始终将关注的焦点，集中在民生的改善、民权的维护上，并为此做出了巨大的努力。

综上所述，高一涵的一系列监察活动，是体现他监察思想的具体实践，也是践行他参与签名的《我们的政治主张》中所主张的："有正当的机关可以监督防止一切营私舞弊的不法官吏。""做好人是不够的，须要做奋斗的好人;消极的舆论是不够的,须要有决战的舆论。"①

如果说1930年前的高一涵,展现在人们面前的,更多的是他作为学者、报人和思想启蒙家、政论家、法学家,一个为新文化运动冲锋陷阵、摇旗呐喊的斗士的话。那么,1930年后的高一涵,展现在人们面前的是:一个立足于监察岗位,廉洁自奉、与民同心、为民请命,与贪腐现象作不懈斗争的实践家。

然而,高一涵的监察思想和监察实践,在"一党专制、领袖独裁"的制度下,是注定要碰壁的。由高一涵负责召集审查,获监察院通过提交的《弹劾法草案》,其中,对国民政府主席弹劾权的条款,在立法院修正时被删除,而高一涵所坚持的"监察院应有惩戒权"的主张,也始终未能实现。监察院被完全排斥在审理和惩戒程序之外,使监察权失去了完整性、强制性和权威性,许多案件弹而不惩。对王正廷、汪精卫等高官的弹劾,更是石沉大海,"老虎打不成,反被老虎咬"。1934年7月11日、10月31日国民党中央政治会议第416次、431次会议,通过了汪精卫提出的《关于监察院弹劾案等三项办法》。1936年2月7日,高一涵在痛悼监察委员杜羲投湖自沉的挽联中,对此,表达了他的强烈不满和无奈:

> 三办法误尽苍生,自此后言者足诫,闻者无忧。道上满豺狼,转令谔谔台官,贻诮寒蝉仗马。
>
> 一首诗权当谏草,数年来语焉未能,默焉能忍。喉中横骨鲠,怎教铮铮国士,不思捉月骑鲸。②

高一涵早离我们远去了,然而,他的监察思想和实践,仍然有待我们作进一步的研究和深入的探讨。

(本章为高大同编写)

---

① 胡适等:《我们的政治主张》,《努力周报》第二期,1922年5月14日,第1版。

② 高一涵:《挽杜羲联》,《北洋画报》1936年2月12日1363期。

第十一章　同流不污　锦绣史话

在18年的监察生涯中，高一涵身为国民党政府高官，但仍能坚持清廉从政，实为难能可贵；他不畏风险，主持正义，多次掩护共产党人的安全，可为后人之楷模；他作诗记抗日，为国人扬正气；他艰难保敦煌，为中华留光辉，同时，也为他自己的这段特殊岁月，留下了一些美好传奇。

第一节　为官清廉传佳话

高一涵的一生，是清正廉洁的一生。他节衣缩食，毫无奢华之风。故乡亲友反映："四老爷子一件大褂穿三朝（清朝、民国、新中国）。"但每逢亲朋邻友遇困难时他都给予接济。解放前后，故乡亲友都想通过他的门子，找一份理想的工作干干，但不论是亲男子侄还是刎颈至交之子，没有一人能如愿的。高氏后人一致反映说："我们高家一门只有远房高晓初受到四老爷子的优待，安排了工作。"其实，他们哪里知道，那是提脑袋玩性命去为人民谋解放的"地下工作"啊！

1944年夏天，高一涵因劳累过度而病倒。身为监察使的高一涵却身陷治病无钱、吃饭缺米、衣食无着的境地。身在重庆的于右任得知后，随即寄书一封给予慰问，并送去一批大米，以解断炊之困。高一涵得右公的救助后，从卧床中爬了起来，写下了《病中蒙右公赐书赐米赋谢》纪事诗一首。诗云：

病里维摩百事疏，药炉经卷日相于。
晋人脚气难徽疾，博得山阴慰问书。
寸薪如桂米如珠，折断腰肢儋石无。
今日罢挥求米贴，也教方朔傲侏儒。

今读这首诗篇，从中也可看出高一涵为官清正廉洁的一个侧面。

高一涵“一件大褂穿三朝”被朝野和乡人传为佳话

高一涵在甘宁青期间许多达官要人纷纷巴结他，行贿送礼者自然不少，但都统统被他拒收。军阀马步芳1942年年底给他送去一批皮筒、鹿茸、人参和一对青海马，他当面佯装收下，第二天一早，就派两个秘书如数退了回去。新中国成立后，他家人口增多，想买一处住房，但因实力不足，迟迟未能如愿。后来，他的学生们知道此事，主动伸出援助之手，才使他得以圆梦。这就是后来的南京市莫干山路民国建筑群的3号小楼。高一涵夫妇在这里度过了不平凡的后半生。

20世纪80年代，家乡六安县老文史工作许正英曾先后两次前往南京高一涵的家中，亲访其独子高宗沪。宗沪说：老爷子去世前，只留下莫干山路3号一幢民国时期的破房子，“文革”中一度被公家没收，现已落实政策归还了。其余，除一大堆书籍手稿由我爱人保管外，一样值钱的也没有留下。2013年8月30日和2015年4月16日，笔者又先后两次去南京高一涵儿媳樊铮的鼓楼区新住处考查。

樊铮老人听说我们是为故乡筹建“高一涵故居陈列馆”征集文物而来，便十分惋惜地说：老爷子生前用的车子，是公家按高干级别待遇专门配的。他死后，就归还国家了。莫干路3号的老房子，是民国古建筑群中的一座，已于前几年卖给南京市文物保护单位作为文物挂牌保护了。他的那件大褂子，从清代一直穿到民国，已经很旧了，他死后，孩子们把它保管至今。其他不要说是紫檀红木，就是办公桌椅、生活床柜、吃饭炉灶也都是公家按高干规格配备，是用一般材质做成的。老爷子生前喜爱书法，有几枚印章，字刻得很好，但都是朋友学生刻好送给他的。什么材质，我们至今也不清楚。不过，家里还藏有他参加全国政协会议和一些重要会议所拍的大照片，相框是省政协装的，相框的材质在那个时候想必是很一般的。唯一珍贵的那件真丝大褂，在那时也不要花几个钱。那么，老爷子在解放前是教授，新中国成立后是高干，拿的是高薪，在20世纪70年代，他的月工资是206元。在北大时，他的月工资是130块大洋。这么多钱都花在哪里？我所知道的，主要花在一家人吃穿用上，花在给共产党的资助上，花在给亲朋故友的资助上。新中国成立初期，养女宗纯及丈夫孩子一家三人，加上我和宗沪一房三口人，再加上他老夫妇二人共8口人生活全由他供养。当年不少大官都拿公家钱为自己出书，有的甚至借出书发财。而当年老爷子却不这样做。他在1946年出了《金城集》诗集一部五卷，全都是自己掏钱自印。他曾对我们说光为出这部书，就花了他5年的薪水。书印好后，他免费邮寄各大图书馆[①]档案馆典藏，免费赠送给书友志士。老爷子临逝前，还交代我们说，他留下的这些书画作品，可自藏，可送人，可献给国家，千万不要当商品卖。1989年，六安县党史办许正英先生来我家了解老爷子生平事迹，我爱人就送他《金城集》一部、书法作品两幅，还有生前遗照几张，具体张数记不清了。[②]

他花在共产党方面的钱也不少。陈独秀晚年落魄，旁人给他不要，唯老爷子给钱，他才收。陈独秀晚年连租房钱都是老爷子包下来的，生活穿衣钱也给了不少。董必武、周新民搞地下工作住在他那里，生活当然是由老爷子包下来的，临走还给路费，有时还给活动费。解放战争时期，家乡

---

① 笔者见到安徽省图书馆馆藏《金城集》两部。

② 许正英曾向笔者展示了以上赠物，其中历史照片是2张。

共产党派高晓初、高性天去他那里搞地下工作，一住就是两个月，开销都由老爷子付。临走照样要给路费和活动费。老爷子一生最爱花钱培养人才。他在北大时，家乡有位青年名叫高达观，虽是我们高家的远房，但老爷子看他很有培养前途，于是就资助他读完北大，又助他出国留学。新中国成立后，高达观在上海一个大学当外语教授。新中国成立前后只要有难亲友和熟人上门求助，老爷子从不让他空手而归。还有一部分可能是用在还情上，因为老爷子出国留学五年，是靠许多学友赞助的。得情还情，是老爷子一贯的思想品德。

宗沪退伍后，先是被安排到南京军区宣传部当干事。不久又转到南京起重机厂任推销员，后在“文革”期间被迫退职归家，成了无业市民。对此，高一涵从没有向组织上伸手，一切顺其自然。他的儿媳樊铮，兰州大学毕业。其父樊执，是著名抗日将领邓宝珊的医官。在国共合作、共同抗战中，做出过重要贡献，曾受到国民政府“防疫救国”的最高奖励。樊铮大学毕业，经周新民介绍，与高宗沪结为伉俪，樊铮嫁到高家后，被分配到南京街道当一名“赤脚医生”，直到退休。对此，高一涵还是未向组织提要求，一切顺其自然。高一涵割舍私情讲大局，不走后门走大门，高风亮节，一切以党和国家民族利益为重，其精神之崇高，其行动之光明，深为

高一涵原住宅南京莫干山路3号小楼

广大干群敬仰。

金安区政协文史委刘国元(左一)、本书主编陈良亭(右一)与高一涵儿媳樊铮(右二)、孙女高举红(左二)合影

第二节　掩护董、周过险关

据《六安县文史资料·高一涵传略》载:“1927 年北伐战争正在胜利发展之际,蒋介石于 4 月 12 日发动了震惊中外的反革命政变,下令解散了上海总工会,查封革命组织,捕杀共产党人和革命群众。据不完全统计,仅在 4 月 12 日和 15 日两天中,上海工人和革命者被杀的就有 300 余人,被捕的有 500 多人,流亡失踪的有 5000 余人。不久,汪精卫在武汉发动了‘七一五’反革命政变,全国各地充满了白色恐怖。这时高一涵在‘七一五’政变后脱离了共产党,并从武汉、安庆转移到上海,在上海政法大学任教兼政治系主任,同时又在上海吴淞中国公学大学部社会科学院任院长。但他脱党后并没有变节自首,出卖组织。相反的他还以政法大学教授和以后的两湖监察使、甘宁青监察使等的身份多次掩护董必武、周新民等同志以及党组织派去找他的同志的安全,还帮助了解敌情,解决党在经济上的困难等,对党做了不少有益的工作。”

2009年,第二期安徽《党史纵览》发表《陈独秀与高一涵》一文中,对高一涵掩护董必武[1]、周新民[2]这段史实,也作相同的记载。

2014年,本传编写启动后,笔者就高一涵掩护董必武、周新民中共高级领导人安全脱险的历史细节,作了进一步调查和考证。先后访问了他的儿媳樊铮,曾经受到他保护的地下工作者房侄高性天、高宗羲、高晓初和房孙高博本人和他们的女儿;查阅了《董必武传》《周新民传略》以及高一涵的相关档案,获得了一些重要的新史料。现整理如下:

第一次国共合作的大革命期间,家住湖北黄冈的董必武,任中共湖北区委(省级)委员、湖北省国民党省党部和湖北省政府第一负责人、楚光日报社社长。北伐军攻克武昌后,董必武会同国民革命军总政治部,领首创办了《汉口民国日报》,并任该报总经理。《楚光日报》《汉口民国日报》号召广大工农群众积极动员起来,反帝反封建、反对昏庸独裁,为蓬勃兴起的国民革命指引方向;揭露蒋介石、汪精卫假革命、真反共的反革命真面目。高一涵这时经李大钊推荐,来到国民革命军总政治部宣传部任宣传科代科长。他在1959年的《自传》中回忆道:"那时武汉方面提出两个口号:'打倒昏庸腐朽','打倒个人独裁'。前一个是指张靖江、吴稚辉,后一个打倒对象是指蒋介石。那个时候在各报上还没有提出蒋介石的姓名,我在给《汉口国民日报》作社论时,就对蒋介石进行讨伐,因被蒋仇恨,认为我是'跨党分子'。"大概就在这个时候,或者更早一些,高一涵和董必武开始相识,并在各自的岗位上,为打倒蒋介石的独裁统治冲锋陷阵。

---

① 董必武(1886—1975),中国共产党的创始人之一。湖北黄安(今红安)人。曾任中共中央南方局副书记,中共重庆工委书记,中共中央财经部长,华北局书记,华北人民政府主席。新中国成立后,历任政务院副总理,政务院政法委员会主任,最高人民法院院长,全国政协副主席,中共中央监察委员会书记,中华人民共和国副主席、代主席。1975年1月任第四届全国人大常委会副委员长。是中共六届中央委员,七、八、九届中央政治局委员,十届中央政治局常委。

② 周新民(?—1979),安徽庐江人。1926年加入中国共产党。新中国成立后任中央人民政府办公厅副主任、全国政协副秘书长、中国民主同盟中央常委兼组织部长。

1927年3月,安徽省国民党省党部(左派)因被蒋介石破坏,被迫迁往武汉改组,高一涵被选为执委兼宣传部长。

1927年7月15日,汪精卫公开叛变革命,大搞国共分家,分共反共。在武汉办公的安徽省国民党省党部右派在蒋介石的指使下,反共气焰更加嚣张,他们以西山会议派(右派)为基础,组成“清党委员会”,公开通缉光明甫、沈子修、朱蕴山、高一涵、周新民等骨干分子,高一涵同光明甫、沈子修、周新民等党部左派专职干部被迫从武汉转移到安庆工作。但当时东征军何健占据安庆,防共反共甚急,不能开展工作。高一涵便冒着风险,通过关系(高一涵的儿媳樊铮说,是受了董必武的安排指点),潜入上海的法租界地,在上海法政大学任教授兼政治系主任。其后不久,周新民、沈子修等共产党员和国民党左派人士,也先后来到高一涵处避风。12月19日,被汪精卫通缉的第一号人物董必武奉命转移到上海法租界地的高一涵处隐蔽。友人袁祥福帮董必武办了签证手续,几天后乘日本客轮,于12月底安全到达日本京都。

约于1928年春夏,周新民因工作需要从上海回到安徽庐江从事中共秘密工作。与时任中共安徽省委临时省委书记兼怀宁中心县委书记的王步文一起,揭露蒋介石的反共面目,向各级党组织传达中共八七会议精神,发展壮大党的组织,使这一地区的土地革命烈火熊熊燃烧起来。

1929年春,周新民转移到河北训政学院任法学通论教员。同年秋,遵照组织安排,又转移到高一涵所在的法政大学上海法学院任教,一边从事党的地下工作。在当时一片白色恐怖的笼罩下,上海中共组织受到严重破坏,而周新民等在高一涵的掩护下数次躲过了蒋介石的迫害,成功地摆脱了国民党的反动魔掌。但也因此一度与中共组织失去了联系。后经张庆宗的帮助,周新民始同地下党组织联系上,并经批准恢复了与中共的组织关系。

1935年4月,高一涵转任两湖监察使,使署设在芷江。不久周新民受党的派遣,到高一涵处请求给他安排一份工作,以作掩护。高一涵对周新民此来的使命心知肚明,他一见老朋友、老战友的到来,十分高兴,毫不犹豫地安排他在自己的使署当秘书,先后长达一年多。在高一涵的掩护下，周新民利用合法身份，为党的地下工作提供了许多重要情报，其中一些情报就直接由高一涵向他提供的。

1937年“七七事变”后，董必武受中共中央之派，再次回到武汉，领导武汉地区的抗日民族统一战线和全面抗日工作，并与周新民取得了秘密联系。不久周新民受董必武委派，转到大别山区与张劲夫、朱蕴山一起，实际领导安徽省抗日民众总动员委员会工作。董必武在周恩来的安排下，代表党中央直接领导周新民、张劲夫、朱蕴山等人开展鄂、豫、皖的抗日动员工作。这期间，高一涵的芷江监察使署常常成为董必武与周新民等人地下接头、商讨国共合作、动员全面抗战的“地下联络站”。

1940年8月，高一涵调任甘、宁、青监察使。12月蒋介石掀起第二次反共高潮。安徽省主席廖磊调周新民去重庆办事处工作。约于次年初，董必武与周新民从重庆出发，北上前往高一涵的兰州监察使署，从事西北地区的抗日统一战线工作。不料被当地一个亲蒋反动武装头子探之，就组织一个特务队去暗杀董、周二人。高一涵从一官员口中得此消息，赶快将董、周二人化装成皮货商坐着牛车，转移到他的下属总务科长家暂时隐蔽，使董必武、周新民脱离了险境。

据高一涵的儿媳樊铮回忆说：“20世纪60年代周新民给家里来了一封信，信中说：‘老爷子[①]任甘、宁、青监察使期间，他在那里做地下工作。一天高老通知我，国民党特务要来抓我，我向组织报告，组织答复说高一涵的话可信，赶快转移。我当晚就转移了。第二天一早特务就来我的住处抓我，结果扑了个空。’信中还说，‘老爷子在上海避难和在任两湖监察使时，多次掩护我地下工作者，并帮助我地下工作者筹划工作，还给予经费上的力所能及支持，他对我党是有很大功劳的。’这封信在“文革”期间遗失了。1968年，老爷子病逝，周新民打来电话说：‘老爷子多次救了我们的命啊，他的监察使署我们地下工作者是直来直往，畅通无阻啊！’”

高一涵在革命困难时期，“不畏风险，掩护一些共产党人的安全”，为

---

① 指高一涵。——编者注

中华民族的解放事业做出的这一特殊贡献，在新中国成立以后，江苏、安徽两省的党史资料中，均给予明确记载。

历史证明，高一涵在18年的监察生涯中，虽为国民党的高官，但他坚持真理，反对黑暗，维护正义，反恶除暴的原则立场不动摇。他在兰州期间常常接到国民党中央通令，要求组织“防奸(共)小组”，他就有意安排一位管总务后勤的科长挂个名，应付了事，从没有开展一次反共“防共”活动。1943年元旦，兰州的反动军政头目都去蒋介石临时首都重庆开会了，新年庆祝会要高一涵主持。甘肃省党部帮他写好祝词的稿子，要他照读。高一涵在宣读中，有意把“防奸”反共一词删去不读。

1947年，高一涵再度调任两湖监察使。这年5月底，武汉大学发生“反饥饿、反内战”的学潮运动。6月1日，武汉军警两千多人包围了武汉大学，逮捕杀害学运领袖，造成“六一惨案”，震惊全国。高一涵立即赶赴现场，查明真相，对武汉警备司令彭善及部属提起弹劾。蒋介石政府迫于形势，只得免去彭善职务，停止任用3年，相关要犯，处8~10年徒刑。高一涵还在武汉报纸上，对广大师生喊话，劝他们用心学习，好好读书，适时报效国家。①

第三节　为诗抗日作干戈

1940年秋，高一涵调任甘、宁、青监察使。蒋介石的正面战场节节败退，连失南京、武汉二都，躲到四川重庆。一方面与南京汪伪政权一唱一和、一明一暗，搞什么“和谈救国”“曲线救国”，另一方面，对毛泽东、朱德领导的敌后抗日武装力量进行多方扼制，并一手制造了震惊中外的“皖南事变”等等。中国抗日战争进行到最艰苦最关键的时刻。

对于这场事关中华民族生死存亡的残酷大战，高一涵予以全身心地关注。这突出表现在他所著的《金城集》抗日诗集中。从1940年赴任兰

---

① 据高一涵《自传》。

州开始，到1945年抗战胜利，高一涵写出古今体纪事诗620多首，尽情讴歌了中国人民抗日战争的伟大胜利，痛斥了日本和德、意侵略者发动第二次世界大战的滔天罪行。1946年诗集在兰州出版。因兰州为古金城郡治所，故名《金城集》。本节着重介绍高一涵为诗抗日作干戈的爱国情结，诗后小注为作者原注，题下小注为编者解注。

《金城集》第一珍贵之处，是在于他热情讴歌了以中国共产党为中流砥柱、国共两党共同领导的全民全面抗战的巨大神威，大彰正义，抨击邪恶，为中华民族留下一部不可多得的抗日史诗。如在他1942年所作《"七七"（五周年）》一诗中写道：

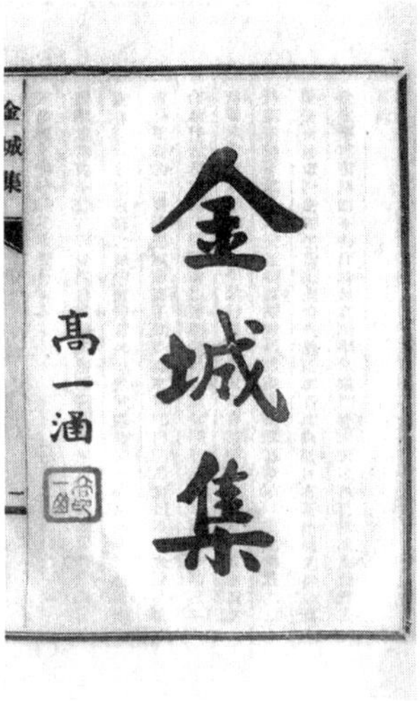

高一涵抗日诗集《金城集》

谁将杀戮作耕耘，五载妖气塞上横。
锦绣山河时带甲，烽烟海陆见连营。
虎衣铁胄齐生虱，樵斧农锄尽利兵。
跳跃旌头犹未落，好凭众志筑长城。

在《夜登望河楼》一诗中，他又写道："雄师百万护山河，四海丁男尽荷戈。"请看全诗：

壬午中秋夜登望河楼望月

骨肉流离为避秦，一宵五处望乡身。
客中最怕逢佳节，况是高楼独伊人。
清辉笼遍古今城，白屋朱楼一样明。
莫为离人添别恨，烦君为照汉家营。
雄师百万护山河，四海丁男尽荷戈。
料得今宵闺里月，团栾人少别离多。
悔将灵药误华年，竟把情天作恨天。

卿已贯尝离别苦，何心更照世人圆。
家家瓜果拜三更，为祷银河洗甲兵。
剩得老身无住处，凉宵来此听河声。
忆到钱塘月正明，人谁有兴看潮生。
水犀圣手今何在？好把狂潮一射平。

（民国三十一年稿）

在《送知识青年从军》中他还热情歌颂了千百万知识青年“投笔赴国难，环甲争先驰”。“复我九世仇，奠我万年基”的伟大民族精神气节：

白马篇送知识青年从军

白马何权奇，玉辔黄金羁。
连骑谁家子，彬彬娴礼仪。
意气各纵横，头角并岐嶷。
悦礼敦诗士，论道讲艺师。
叱咤生风云，扬威沙漠垂。
马下草露布，马上率熊罴。
左顾斩楼兰，右盼系月支。
今者寇已深，事急欲燃眉。
投笔赴国难，环甲争先驰。
前拒虎狼秦，回定西南夷。
复我九世仇，奠我万年基。
推牛鼍奏鼓，痛饮黄龙卮。
何以报辛勤，绣像买新丝。
何以记功勋，铭勒燕然碑。
行矣陇上士，父老望旌旗。

（民国三十三年稿）

在长诗《从军行》《丈夫行》等诗篇中，他描写了一对少数民族青年夫妇割舍儿女私情，报国从军的故事："蕃儿自是群中秀，不持寸铁犹格斗。借躯复briefly不顾身，报国岂敢落人后？"妻子主动送夫参军抗日，"不作寻常女儿态""回幕自抚襁中儿"。在这些饱含激情的诗篇中，诗人不仅歌颂了国共两军不畏艰苦，英勇抗日，还着重赞扬了工人抡大斧、农民挥铁锄、学生跨战马、蕃人尽争先、万众护山河、四海尽荷戈、全民全面抗战的伟大壮举。如：

从军行

蕃女婚嫁自媒妁，不羡豪富羡豪杰。
年当十八初上头，辫发萦后珠贝缀。
马上相逢马下歌，野田草露相慕悦。
春风陌上百花开，花开自作同心结，
朝朝暮暮比翼飞，不识人间有离别。
忽焉东海肆长鲸，神州万里阵云横。
羽檄交驰起壮士，男儿相率请长缨。
蕃儿自是群中秀，不持寸铁犹格斗。
借躯复雠不顾身，报国岂敢落人后。
毳幕之前击班骓，豫进黄龙酒一卮。
不作寻常儿女态，牵衣揽道语其私。
慷慨高歌声裂地，塞雁哀鸣塞马痴。
良人挥手从军去，回幕自抚襁中儿。
碧玉生小不识字，莫由远寄断肠词。
牛羊下山闲无事，帐前穿眼望红旗。
夜深见月芳心碎，怕向关山照别离。

（民国三十二年稿）

丈夫行

孺子不肯跪黄石，中原何时罢逐鹿。
勾践不作城下盟，安能亲见吴社屋。
丈夫能伸亦能屈，青眼白眼随世俗。
穷通进退不为身，抱璞备思卫两足。
出矢鞠躬处抱膝，陋巷可居肱可曲。
任他乾坤一蛮触，形骸究须脱桎梏。
人生上寿仅百年，安能留此眉宇著荣辱？

（民国三十二年稿）

作为史诗，作者对于国民党军正面战场的失败和胜利也都作了忠实的记录和评价。如 1938 年 11 月 12 日，日军进入湖南北方后，国民党军某部以讹传讹，惊慌失措，下令火烧长沙。大火三日不灭，全城房屋，大部被烧。烧死居民两万余人。之后，日军并未进攻长沙。国民党政府将指挥纵火者处死。作者时任两湖监察使，奉命前往调查真相，使相关责任人得到处理。此诗为他目击惨状，所咏：

武陵行过又衡山，我马虺突未敢闲。
柔舻咿呀宵渡水，残星明灭雁临关。
江村劫后无鸡犬，野寺尘封见狂獶。
宅第都随烽火尽，只余斜月向人弯。

1941 年作者喜闻卫立煌将军在晋南与日寇酣战，横扫潢池之残丑，大扬中华之声威，随兴奋作诗，并在诗前作一小序：

余登皋兰山时，正值卫立煌将军在晋南酣战，扫潢池之残丑，播大汉之声威令人兴奋。再次前韵奉答箸芬

偶寻壁垒到林泉，曳杖攀登古戍巅。

百战勋名垂断臂，万山云树绕屯田。
河倾积石涛声壮，地接秦关紫气连。
今日边功谁第一？愿为下笔写凌烟。

喜闻浙赣国军破敌

一日追奔下七城，风驰电击鬼神惊。
常山已布长蛇阵，遥指西湖洗甲兵。
疾风扫叶趁秋时，一往无前破竹师。
盛事行将观北伐，中原父老望旌旗。

1944年春，日本在太平洋战场遭受美军的重大打击，完全丧失了制海权、制空权后，为作垂死挣扎，发动了对河南、湘南和广西等地的进攻，由于国民党军的战略退却，造成豫、湘、桂大片国土沦陷，对此，作者先后作了《痛闻潇湘沦陷》《痛闻桂林弃守》《痛闻襄阳沦陷》《闻兴始曲江沦陷》等纪事诗篇，记载了这段沉痛的国难史。

痛闻潇湘沦陷

湘漓一水两分流，千里烽烟阻客舟。
斑竹淋漓妃子泪，皇舆败绩楚累愁。
九嶷兵尽云为守，八桂林昏瘴不收。
岭外音书从此断，越裳翡翠更何求？
正是橙黄橘绿时，洞庭万顷碧琉璃。
水滨谁问昭王驾，泽畔空余屈子词。
荆镇云深天柱没，衡阳雁断帛书迟。
国殇已逝英灵在，雄鬼依依为守陴。

痛闻桂林弃守

炎火潇湘接桂州，边陲是处任虔刘。

雁过庾岭惊迴翅，云入苍梧化作愁。
百粤柑霜皇树老，九疑竹泪帝坟秋。
凄凉南极无冠冕，龙户猺人亦楚囚。
冥冥氛祲暗南天，百万苍生正倒悬。
山耸玉蓼难作障，岭连海峤尽防边。
瓯残象郡无铜柱，人散龙江有瘴烟。
越雉文犀消息断，珠还合浦更何年？

痛闻襄阳沦陷

铁骑纵横楚水西，揽衔又唱白铜鞮。
风流消歇思儒将，陇亩荒凉剩废畦。
岘首碑前清泪堕，鹿门寺畔远烟迷。
汉家馀业归豚犬，争怪山公醉似泥。

闻兴始曲江沦陷

双阙东西失堵墙，三枫五渡暗斜阳。
摩天梅岭难为界，裂地韩泷已断航。
凤阁箫韶成往事，羊城歌舞胜荒冈。
伏波撅笛南征路，马革何人裹国殇。

作者对蒋介石“攘外必先安内”“抗日必先剿共”的反动政策也给予赋诗抨击。如1944年，中国抗日战争已进入全面战略反攻的准备阶段。而蒋介石政府在美国政府的支持和援助下，加快了反共步伐，在各大战区把矛头对准共产党领导的抗日武装力量。对此，作者忧心如焚，请看他在《西峰镇感事》中写道：

西峰镇北赤旗扬，董志原头万弩张。
咫尺鸿沟分楚汉，膏腴腹地作疆场。

河山久战馀焦土，兄弟何心尚阋墙。

四野徒闻笳鼓壮，市廛户户锁斜阳。

诗中“赤旗扬”当指共产党领导的抗日武装，“万弩张”自然是指国民党军的反共行动。诗人大声疾呼：“旷日持久的抗日战争已把大好河山变成了一片焦土，兄弟二人还有什么心思去争一堵小墙?”笔锋直指蒋介石的反动政策，反内战、反分裂、反投降的正义呼声感人肺腑。

10多年前，笔者在高一涵的《金城集》中发现了一首重要诗篇，诗曰：

干戈影里二毛人，栖枳莺皇气不驯。

阅世渐知蝉翼重，论交总觉布衣真。

帘窥鹦鹉防饶舌，姓变陶朱倦卧薪。

块垒填胸胸益阔，叠成丘壑自嶙峋。

此首成诗于1942年初夏，原名《干戈》，收在《金城集》的二卷中。自朱毛二人井冈山会师后，“毛朱”“红毛”的名字就在中国家喻户晓。诗人作此诗时，虽未直接用毛泽东、朱德的实名，而是把群众用语“毛朱”演化为“二毛人”并作为首句和歌颂对象，已经将“毛朱”二人点得最清楚不过了。笔者翻遍全集，除少数写景抒怀的诗篇以外，绝大多数作品都是写全民全面抗战和国民党军正面战场杀敌的，没有一篇是歌颂蒋介石的。为什么其中忽有一篇歌颂朱毛的诗呢?

1942年，抗日战争已进行到第五个年头了。此年，由德、意、日联盟发起的太平洋战争愈演愈烈，正如他在此诗前二首的《闻南海战事》中写的那样：“昧谷凄凉沉暴日，花旗摇曳仗天戈……”而国内的抗日战争，蒋介石连失南京、武汉二都后避居重庆，不仅不积极抗战，反而一边与南京的汪伪政权一明一暗，与日本鬼子搞“和谈救国”“曲线救国”，一方面对真心救国并发动全民全面抗战的毛泽东、朱德所领导的抗日武装处处作对，制造事端，小摩擦大消灭(如皖南事变等)不断，甚至不惜联合日本人，共同对付共产党。对此，诗人简直是痛心疾首，欲哭无泪，他写道：

望得春来春又还，白头依旧客边关。
参差不整河干柳，剥落无肤陇上山。
万里家书传血泪，频年心事寄刀环。
烽烟海陆弥漫遍，魂梦难忘国步艰。

此诗登在紧靠《干戈》之前，题为《边关》。而毛朱二人领导的全民抗日，运用英明的政策和正确战略战术，不仅无数次地打退了内外敌人的残酷进攻，粉碎了日伪军的无数次扫荡，反而使自己的队伍越打越大，根据地越打越宽，人心越打越顺，国际影响越打越好，就连我们的头号死敌东条英机（日寇头号战犯）也不得不承认“真抗日的是共产党”。所以，这时的诗人已充分认识到毛朱二人及其领导的八路军、新四军及其广大抗日军民，“布衣”抗战，“卧薪”救国的伟大民族精神气节和实践，怎么歌颂也不为过！

作者对中国军队两度出兵滇缅作战，为夺取二战胜利作出了重要贡献也“将诗作史纪干戈”：

书印泉滇缅战场纪事诗成卷后

昆明鳞甲汉时多，横海功勋忆伏波。
南下雄师收越赕，西来飞盖接牂牁。
楼船已复朱鸢路，铙吹新翻白雉歌。
乱日少陵悲故国，将诗作史纪干戈。

作者对欧洲和太平洋战场的战事写诗十多篇。如 1945 年 6 月，当他听到德意侵略者相继投降，马上赋诗道：“忽闻罗马竖降旗，南海珠还会有期”（意军投降，日寇还我山河为期不远了）！“玉帐欢声腾塞上，未衰听见太平时”（我的未老之身，马上就会看到太平时日的到来）。请看原诗：

喜闻意大利投降[①]

忽闻罗马树降旗，屐折东山罢赌棋。
万乘貔貅争寸土，三年日月克偏师。
天骄臂断终难续，南海珠还会有期。
玉帐欢声腾塞上，未衰应见太平时。

德国、意大利投降，德相希特勒在自己的地下室自杀，意相墨索里尼先被罢职，后被反战人士枪杀。作者随作《德国投降》《哀墨索里尼》三诗。在《哀墨索里尼》诗前，作者特作小序说："报载墨氏于4月28日在摩科湖村中被谋杀，陈尸米兰市中，为群众践踏，有一妇人向彼发射五枪，云已子五人均被彼杀害，故报以五枪。"

闻意相墨索里尼罢

因人碌碌总无功，圬墁徒称一世雄。
掌上乾坤馀棒喝，碛中鹰犬化沙虫。
脐灯难烛弥天暗，劫火先燃半岛红。
安得海伦方寸地，[②]穷途潦倒伴拿翁。

（民国三十二年稿）

四月二十九日传西特勒[③]及墨索里尼被戮，德国投降

纳粹城边水皴鳞，独夫霸业此沉沦。
半生逐逐缘何事，天下汹汹为二人。

---

① 1943年9月9日，意大利无条件投降，退出法西斯同盟。1945年4月28日，墨索里尼被枪决。

② 指海伦岛。

③ 即希特勒。

两路红旗扬易北，三年碧血涨来因。
到头未作降王长，孤负刘郎执挺身。

哀墨索里尼

飞扬跋扈一穷奇，二十年来几丧师。
死后项王犹裂体，墓中楚子任鞭尸。
商君客舍逃身日，郿坞脐灯照夜时。
怨毒中人深入骨，区区棒喝章何支。

悼罗斯福总统

1945年，美国总统罗斯福逝世，高一涵作诗沉痛悼念。诗中，热诚歌颂罗斯福总统为夺取世界反法西斯战争胜利所作出的重要贡献。

万方多难仗雄才，双手能将劫运回。
天上星辰皆北拱，人间霖雨自东来。
黄龙未捣神龙隐，四岳同尊一岳颓。
盟主云亡王霸在，金山樽俎泪中开。

（民国三十四年稿）

在国内战场取得抗战重大胜利之时，作者的奇诗佳作更是比比皆是，如《喜闻连克襄樊》《国军收复徐州》《闻鄂西渔洋关之捷》及纪录长沙大捷的《四章》等等。

平凉赠范汉杰总司令

自是胸中富甲兵，登车揽辔望澄清。
轻裘儒雅敦诗将，画戟森严细柳营。
朔漠胡儿呼老子，陇原黎庶倚长城。
崆峒剑气干宵上，早把旄头一扫平。

（民国三十三年稿）

喜闻国军连克襄樊

襄阳下后克樊城，万岘深潭水又清。
羊传祠前鼍鼓壮，鹿门山上贼壕平。
槎头戏浪参差出，楚艑乘潮自在行。
新谱铜鞮作铙吹，儿童箪食道旁迎。

（民国三十四年稿）

喜闻国军收复徐州

乱山合沓绕徐州，城角依然汴泗流。
天下汹汹成往事，霸王厅上耸黄楼。
中原豪杰逐秦嬴，楚汉雌雄几战争。
戏马台前山巘巘[①]，空余落日照彭城。
微子山边夕阳残，台儿庄上角声酸。
斑斓十万男儿血，染得枫林树树丹。
楚歌四面泣重瞳，爱妾名骓大泽中。
子弟八千齐解甲，也应无面见江东。

（民国三十四年稿）

癸未诗人节追吊屈子时，适闻鄂西渔洋关之捷

骚人轩翥起南疆，编苦为膺亦自伤。
谣诼有心仇謇愕，江湖无地著忠良。
渔洋鼓角殊悲壮，沣浦旌旗正奋扬。
日暮湾弓齐竞渡，细腰宫畔射斜阳。

（民国三十四年稿）

---

① “巘巘”读音“丫丫”，形容山头参差不齐。

叠闻广西捷报喜而有作

鸡陵金鼓震南天，夜夺昆仑月正圆。

亲见万方频送喜，楼船十道下朱鸢。

飞鸢砧砧落溪多，艰苦南征想伏波。

洗尽瘴云淫潦后，再标铜柱界山河。

八桂林中一战酣，不教真腊拼扶南。

苍梧风卷愁云去，依旧山排碧玉篸。

殊方土物贡天家，桂蠹文犀载满车。

海上货通师子国，汉宫重睹日南花。

（民国三十四年稿）

四　章

乱后衡阳道，无心问土风。

雨添湘竹泪，声段楚天鸿。

簇簇棕榈绿，离离楞桠红。

中宵过渌口，戍火伴孤篷。

黯淡株洲市，寒灯夜寂寥。

移军途折轨，竖壁野添硐。

宅破无完舍，川危有断桥。

凄凉风雨岸，落木正萧萧。

孤艇击湘潭，江天共蔚蓝。

水雷牵荇带，弹雨落金柑。

菰米波漂黑，枫林叶战酣。

祝融高插汉，倒影一峰涵。

长沙兵燹后，入市少人烟。

家立烧残壁，江沉凿废船。

青磷迷岳麓，白骨塞湘渊。

旅馆随烽尽，征军宿露天。

原注：己卯秋，长沙大捷，余奉命视察前线。风雨之夕，从衡山乘车至渌口。渌口以北，铁路桥梁已先破坏。乃易小舟，经株洲湘潭至长沙。孤舟北上，觅不见人，人舟过湘潭封锁线时，所布水雷犹浮沉荇藻间。入长沙市，居民返者仅千余人。近长沙战事又迫近城郊，而渌口株洲湘潭等地皆伦为战场，追念前游，历历在目，爰赋四章志慨，六月十六日记。

对中国受降特使徐永昌将军受降的场面作了浓墨重彩的描写：

赠受降特使徐永昌将军

十道楼船压海疆，抚绥日出处降王。
汉家龙节云霄上，遥见灵槎著日傍。
四国同挥反日戈，扶桑濯足踏鼋鼍。
铙歌鼓吹鱼龙舞，一碧浮天海不波。

《金城集》的第二个特色是作者通过思乡、观景、讴忠烈等多手法、多角度地痛斥日本法西斯侵略者的滔天罪行，从而唤起国民决死抗战，保家卫国。这在以下3首诗中，表现尤为突出：

九日过华阴遥望华岳

孤峰裂罅成仙掌，万剑攒青象石莲。
呼吸自能通帝座，何劳伸手独遮天？
竦处称尊险处奇，三峰高下自参差。
匆匆未作峰头饮，辜负黄花九月期。

（民国三十一年稿）

望月不见

黄云无际暗层楼，云里清光想象幽，

暗淡山河萧槭夜，一分明处一分愁。

原注：十一月十九日为予来兰二周年。

（民国三十一年稿）

归 梦

昔年有家不得归，今日国破归思切。
风吹魂梦度关山，梦里那知途径绝。
故乡一别几经年？里中人民散如烟。
乌鸢衔肠挂枯树，髑髅无语地下眠。
古佛坠龛尘漠漠，老树心空见弹穿。
不见持珠人何在，只见念珠遗殿前。
残月昏昏悬木末，照见禾枯无人割。
人去山空山亦愁，虽欲排青已无阕。
苍茫野渡横孤舟，渔网挂门谁复收？
野犬噬人狼如虎，豺狼不复藏山丘。
万人冢作狐兔窟，雄鬼夜哭声啾啾。
英雄死去精灵在，力尽关山志未酬。
远近不闻鸡唱曙，天明欲去无道路。
儿时竹马嬉游场，山花寂寞红如故。
总角亲交满四邻，今日流离不知处。

（民国三十二年稿）

他还在《沙场晚眺》中通过高歌抗日烈士，表达对日本鬼子的深仇大恨：

沙场晚眺

枯苇衰芦接莽苍，平芜尽处下斜阳。
龙堆涌起千山雪，盐泽蒸成满地霜。

月照忠魂磷吐焰，马埋战骨草生香。
铁衣远戍男儿事，醉卧沙场即故乡。

（民国三十二年稿）

作者正是通过归乡"径绝""月照忠魂""马埋战骨"故乡成沙场等一系列悲壮事件，深刻揭露了日本帝国主义发动侵华战争给中国人民带来的深重灾难。

我国是有五千年文明史的泱泱大国，关固金汤。为何小小日寇竟能长驱直入，占去我大片国土？对此，身为国民政府高官的作者也进行了深刻的反思，这是《金城集》的第三大特色。

1939 年 3 月 8 日，潼关之东的函谷关失守，作者深深反思，写下《惊闻函谷关弃守》《潼关怅望》诗二首：

惊闻函谷关弃守

淆潼古道卧虬龙，函谷天关俯要冲。
山诗中流蟠底柱，关横北戒锁弘农。
青牛白马今何在？虎口丸泥讵可封。
设险不应徒恃险，坐看鸡狗度从容。

潼关怅望

崿崿桃林塞，浑浑风陵津。
四扇扼九州，一径贯三秦。
龙门泻竹箭，环抱几曲伸？
仙掌撑天外，中条插水滨。
天堑难飞渡，涧道不并轮。
嬴秦据此险，东向延敌人。
四塞以为固，诸侯齐逡巡。
如何咽喉地，一旦成灰尘？

片水界华夷，河山乱主宾。

临关长太息，屯难思经纶。

作者写此诗时已经认识到，所以造成我“如何咽喉地，一旦成灰尘”？日本鬼子侵我大片国土，凌我华夏人民的主要原因是国民党的专制和腐败统治造成的。为此，他写下数诗，予以抨击。

在那国难当头的岁月里，国民党贪腐成风，勒索行贿，横征暴敛，人民苦不堪言。作者耳闻目睹人民罹难的痛苦生活，写成《仆夫吟》《老马行》《猛虎行》《邻舍翁》等诗篇，以泄胸中愤懑，以代人民控诉。如《猛虎行》等诗就是讽喻国民政府中的贪官污吏如吃人的猛虎，请看：

猛虎行

苍天何故生猛虎？金睛眈眈钩爪舞。
炳然蔚为大人仪，却攫血肉恣吞吐。
明月沉山万壑冥，当风呼啸一林腥。
在山尚可庇藜藿，出柙翻使祸生灵。
乞食摇尾或如狗，捋须应防祸生肘。
自居兽长号山君，城狐假威效奔走。
恶伥四出为傅翼，临风高举肆啸吼。
一饱势将吞万人，口下余生亦何有？
呜呼！当今谁是神箭手，为我引弓扫群丑？
不然为视皇天遣使变麒麟，生草自兹不入口。
表瑞含仁居郊薮。

（民国三十二年稿）

老马行

陇坻九迴泥阪湿，行人举步辄於邑。
阪下何人叱粮车，老马疲苶鞭声急。

口沫喘白汗流红，一怒腾骧脱羁留。
马逸无踪车翻覆，筐倾粮泻无余粒。
落日衔山少人行，舆夫掩面到旁泣。
细叩其田心转伤，自云千里馈军粮。
陇阪接天途险峻，十马中道九马僵。
去年倾资走甘凉，直以万金觅骊黄。
此马西来名汗血，腾越昆仑如丘垤。
扬鞭一蹙破霜蹄，蹴踏层冰碎为屑。
平沙莽莽任奔驰，不向恒蹊循故辙。
矫矫龙性终难驯，奔腾沛若江河决。
昔充战骑一敌万，今促辕下转跛躄。
农家四时常苦饥，安用银鞍玉辔黄金羁。
长秸短豆不甘食，年年瘦损减雄姿。
跅驰脱略厌槽枥，顾影骄嘶空权奇。
在垌长鸣谁翦拂，只与驽劣同鞭笞。
岂期一怒绝缰去，去如飞电回无期。
呜呼！老马运何否？不遇王良遇竖子。
当年若在沙场死，早有功勋垂边鄙。
不然道逢伯乐得知己，络月羁金被罗绮。
出入香街紫陌里，终胜长才困辱在泥滓，
俯首帖耳伴鹿豕，呜呼！老马运何否？

（民国三十二年稿）

由于国民党的横征暴敛，人与鼠争粮，人民生活处于水深火热之中，《邻舍翁》《仆夫吟》等诗中将此写得入木三分，六安诗家初读这类诗篇，称它能与杜甫的“三吏”“三别”相媲美。

邻舍翁

邻舍老翁夜张弩，深宵捕鼠如捕虎。
里人惊从梦里醒，隔墙呼问无回语。
左舍父老向余言，比岁军兴闾阎苦。
从征馈粮人不归，农村十室九易主。
此老四子三从军，昨日良田今荒土。
朝来里正催献金，正值孙饥妇无乳。
室如磬悬仓如洗，呼儿折屋货梁柱。
忽闻仓底饥鼠号，顿令老翁毛发竖。
昔年红朽尔不啮，今偏与我争馀腐。
挽弓蹀躞夜不眠，誓将灭此宵行虏。
平明里巷炊烟高，不见翁家洗尘釜。
尽室相向默无言，穷檐仰屋泪如雨。

（民国三十二年稿）

仆夫吟

彳亍复彳亍，恨不生羽翼。
陇头何崔嵬，羊肠殊倾仄。
道颇行不平，道曲踏不直。
年年奉长斋，日日作寒食。
伤哉彼仆夫，念之中心恻。

（民国三十二年稿）

在史诗中，作者对自己在特殊的岗位上，亲身参加抗日斗争的行动，也给予深沉的记述：

行役篇

年年事行役，不知客路长。

高原登秦陇，水国泛湖湘。
走马观华嵩，驱车过夜郎。
雨中花楸秤，月下酒蒖梁。
云间开鸟道，眼底瞰边墙。
方离瘴疠地，来此冰雪乡。
登山听沙鸣，访画过敦煌。
沙堆千山雪，月照一天霜。
岂不惮行迈，畏兹简书忙。
愧非干城选，分当巡故疆。
将士久浴血，宁处我岂遑。
九域尚未复，烽火遥相望。
何时落旄头，濯足踏扶桑。
不勒燕然石，奚事画锦堂。
沙平高卧稳，大风歌泱泱。

在《屯艰》一诗中，他以诗明志，表达他“人生只合沙场死，何用丹青污姓名”，愿为抗战胜利而死的伟大民族精神：

屯 艰

满拟余年见太平，岂期六载未休兵。
枕站焦土焚舟泪，诗杂寒笳暮角声。
烟霭不遮山阙破，屯艰惟励节忠贞。
人生只合沙场死，何用丹青污姓名。

史诗的第四个特色是借助浓浓的乡情，表达他坚信抗日战争一定会取得完全胜利的民族气节。

作者居官在外，远离家乡数千里，但他始终不忘安徽战友，萦念淮水皖山，曾有《悼仲甫》两首、《寿烈武将军》、《次抚五见寄诗原韵奉答》（二首）、《忆寿县八公山》、《东望》、《采茶曲》等诗作。诗中，通过怀念战友，咏颂名胜，遥寄他那“待捣黄龙归痛饮”，盼望抗日战争早日胜利的迫切心情。他坚信：“八公风鹤助旌旗”“淮海威名草木知”，我坚强不屈的中华儿女一定会赶走小日本，夺取抗日战争的完全胜利！

悼念仲甫陈独秀和《寿烈武将军》三诗已收入本传相关篇章，现将余下五诗采录如下：

次抚五见寄诗原韵奉答

注：王星拱，字抚五，北大进步教授，参加过“五四”运动。

时艰未许计刀头，踏破沙场马足遒。
鲜水湖边逢九日，莫高窟下作中秋。
闲来谴兴吟长句，老为躯愁事浪游。
弃之天西君勿笑，梨香瓜美味全收。

次抚五辛巳冬季见寄诗原韵

斗回冰泮感时迁，万里风云海上传。
南北东西一同慨，辛壬癸甲此何年？
秦强齐大皆邱貉，宫黍廷蒿欢蔚芊。
幸有长沙飞捷报，献俘献岁共华筵。

忆寿县八公山

乱后淮南路，天荒草木稀。
艰难今日泪，风鹤昔年威。
故国家何在，他乡客未归。
八公山色黯，犹自峙淮淝。

（民国三十三年稿）

东　望

中原烽火隔天涯，东望淮南不见家。
乡信那堪凭雁帛，节旄只合老龙沙。
难浇块垒河池酒，枉念旗枪谷雨茶。
皖水龙山千万里，斗边何日得回槎。

（民国三十三年稿）

采茶曲乙酉谷雨作

云雾山间云雾遮，春风三月贡新茶。
市朝争取头纲早，不采旗枪采玉芽。
雨前风日自清和，春服初成换绮罗。
蜂蝶满山莺百转，杏花风送采茶歌。
降囊包裹一封斜，驰送长安富贵家。
焙馥蒸研辛苦罢，看人活火试新茶。
灯火三更夜不眠，拣茶例得沈郎钱。
到京须及清明宴，纱帽笼头信手煎。
浇舌能将块垒催，庐仝七碗闷怀开。
谁知嫩绿鲜芳品，都自颠崖堕命来。
玉茗钗头未足夸，一生专爱六安茶。
使君作相知何日，苏息无能转自嗟。

（民国三十四年稿）

1941年，夫人陈廷祺携独生子宗沪冒着满天战火，从上海千里迢迢来到兰州探望他。时隔6年与妻儿见面，高一涵自然少不了有诗歌佳作：

吾妻廷祺与儿宗沪陷上海围城中六年，今间道来兰喜而赋此

封豕窥上国，荐食东南疆。

迢迢黄歇浦，远隔天一方。
耳断归鸿音，心忧道路长。
六载蜇围城，郁纡结中肠。
安得化黄鹄，逍遥飞故乡。
故乡渺云外，惆怅将何归。
陇上多名山，麦秀薇蕨肥。
今年复明年，空见燕雁飞。
潇湘有捷报，淞浦不解围。
唯见闺中月，不睹汉旌旗。
生还何日事，夜夜梦床帏。
入梦虽云频，烟波阻迷津。
城郭馀焦土，万里少行人。
传闻彭城路，中夜狙兵输。
贼酋齐断首，行客无完身。
幸因就道迟，始得避艰屯。
事后一回思，不禁泪沾巾。
沾巾无已时，间道程难知。
关塞多险阻，举步自迟疑。
古渡落日寒，荒村猛虎驰。
冷月照残垒，画角声惨悲。
饥馑中州道，四野见横尸。
凄凉人烟断，何处借一枝。
枝上乌鹊欢，喜信来长安。
一念在陇阪，顿忘行路难。
避盗夜微行，兼程日忘餐。
秦关趁宵渡，天地一朝宽。
辛苦贼中来，离合生悲欢。
回忆六年别，执手两心酸。

心酸只自知，举目见吾儿。
忆昔居汉皋，儿方垂髫时。
日夕依膝下，竹马庭中嬉。
自为万里别，舐犊徒情痴。
父书罹烽火，负此璞玉资。
努力光祖德，毋恃幼岐嶷。

（民国三十一年稿）

以先进史观作诗纪史，启迪后人，是《金城集》第五大特色。

不出作者所盼，1945 年 8 月，中国人民抗日战争取得全面胜利，作者写出《胜利凯歌》《胜利歌》长诗两首。先看他 1945 年 8 月 10 日，也是抗战胜利日所作的《胜利凯歌》：

胜利凯歌[①]

连朝胜利逼人来，海上降帆取次开。
日昃刚陪鸡尾酒，黄昏献捷又传杯。
无端技痒学吞刀，十四年前夜度辽。
利刃横胸生受苦，纵教切腹也难消。
黄犊初生气未降，珍珠港内戟先撞。
投桃赠李寻常事，相报争禁弹一双。
蓬莱山下水生波，崖石冲成弹子窝。
毕竟三山天地小，丸泥封偏碎关河。
夜郎之技等黔驴，帏幄田中计已疏。
到底天峤空自大，难禁一纸吓蛮书。
蜃气楼台似有无，一囊饱死笑侏儒。
方思困兽犹能斗，岂料长鲸竟伏诛。

① 八月十日作。

更于何处待春风，劫火先烧半岛红。
霹雳当头春梦醒，牵羊肉袒霸图空。
千年一系屋犹黄，土偶登台作戏忙。
莫道此君无用所，留他降酒长行王。
元祖东征事未成，受降城郭待经营。
朔方三戍黄河外，海上应添第四城。
唐家新调谱伊凉，为纪开边汉武皇。
从此共和新乐府，又添铙吹破扶桑。

接下来，作者又写出《胜利歌》一首，该诗以科学演进论为活的灵魂，以唯物史观的辩论思维，系统总结了中国上下五千年兴衰史，痛定思痛找出成败原因，并告知国人要“居安思危”“不要重蹈覆辙”，如他说：“八年焦土玉石焚，痛定思痛赋策勋”“天下思定定于战，武装之下无和平”“天演淘汰无私情，优胜劣败如持衡。物败因静静以止，物胜因动动而争”“中华立国五千载，居安思危勤无怠。”只有“安不忘危念在慈”，才能“万世永保胜利旗！”且看他的长诗《胜利歌》：

胜利歌

其　一

凯乐红旗动四塞，薄海欢呼同一快。
兵凶战危圣所戒，自古穷兵兵必败。
何时东海窟长鲸，巨鳌赑屃冠山行。
吞舟鱼潜无底壑，海上屡弄潢池兵。
甲午初试鱼龙戏，东亚雄师正酣睡。
遂将杀戮代耕锄，目中直欲小天地。
长白山头秋风高，衔枚乘虚夜度辽。
欲剪吴淞半江水，先断芦沟十孔桥。
狼奔豕突如流电，紫荆山下陵寝震。

席卷中原千百州，万里横布长蛇阵。

飞鸢跌跌铜柱倾，传烽烧遍日南郡。

马来岛上马脱羁，珍珠港内珠探骊。

海峤万千一囊括，自诩东方无敌师。

惟我神州与彼美，国境相望隔一水。

仁义为戈信为弓，赫然一怒仗剑起。

舳舻衔尾横海来，鹈鹕蔽空日翔回。

游鱼在釜鹢鹢退飞，天狗堕地声如雷。

沙虫猿鹤几幻化，朱楼白屋成飞灰。

我临西南天半壁，遥望鲸鳄截波赤。

手挥六师动地来，鲁阳戈起摧残敌。

脑沙漠兮髓余吾，扫天狼兮震霹雳。

坐看方丈海扬尘，笑指三韩与灭国。

八年焦土玉石焚，痛定思痛赋策勋。

一曲凯歌千白骨，万瓮行酒祭忠魂。

九州血补金瓯阙，日月所照皆吾军。

昔见远山朝白帝，今看众水汇白门。

万人鼓吹蒋山下，五云依旧护陵园。

马关奇耻一朝雪，永销剑戟事耕耘。

彼善战者服上刑，从兹四海靖风云。

其　二

枝头鹊争巢，阶前蚁列阵。

蜗角斗蛮触，伏尸动盈万。

弱肉强食理自顺，豺虎难将仁义豢。

三代以来几纷争，天下思定定于战，

武装之下无和平，和平只是弱者声。

天演淘汰无私情，优胜劣败如持衡。

物败因静静以止，物胜因动动而争，
争之不已天为择，弱者自死优者生。
中华立国五千载，居安思危勤无怠。
多难兴邦忧启圣，大地河山终不改。
涿鹿一战擒蚩尤，茫茫禹甸定九州。
秦皇远将漠北收，汉武兵指天西头。
唐家三剑天山留，元祖铁骑遍欧洲。
兼弱攻昧固金瓯，战在一时功千秋。
书生偷安多厌乱，每见兵起辄三叹。
晋宋江山去大半，犹思南度图安宴。
今我仗剑斩蛟螭，誓将歼此不义师。
要令东海绝鲸鲵，杀伐亦如皇天慈。
莫以胜利遽荒嬉，虽处平时犹战时。
天道好远盛复衰，外宁内忧事无疑。
华胥有无未可知，文德武功相扶持。
安能默默终守雌，弥兵直与虎谋皮。
强持刀俎弱为牺，临终束手等噬脐。
国事成败犹弈棋，一着能将全局支。
不可胜者乃真胜，好黩武者终必危。
五千年来一胜利，戒慎恐惧宁为痴。
今日痛饮黄龙卮，惟愿安不忘危念在兹，
万世永保胜利旗。

前已叙述，此时的高一涵是国民党政府高官——甘、宁、青监察区监察使。但他此时毫不避嫌，公然站在真理、公义和人民的立场上，为了“万世永保胜利旗”，使我中华民族永远立于不败之地，而接连发出真理的呼声、正义的呼声、民族的呼声，是十分难能可贵的。这也进一步证明高一涵即便是在艰苦黑暗的岁月里，他追求真理、反对邪恶、秉承公义、向往光明的原则立场也从未动摇。这也为今人考察高一涵在那特殊年代的历史贡献提供了一份不可多得的、内容翔实的珍贵文献。

六安方志专家许正英曾著文说:“高一涵是诗人、学者、政治家。他人是正直的人,官是清廉的官,诗是革命的诗。”

《金城集》气势磅礴,博大精深,字字珠玑,是一部不可多得的抗战史诗。一诗一号角,一诗一刀枪,它对唤起全民抗战,挽救中华民族于水深火热之中,对后人铭记历史教训,从而奋起振兴中华,实现中华民族伟大复兴的中国梦,作用是不可低估的。

第四节 艰难保敦煌

于右任调高一涵去甘、宁、青工作,一是为那里的案件工作的迫切需要;二是为让高一涵远离战火;三是为保护“国宝敦煌”不受战乱破坏。

1941 年 9 月下旬,于右任从重庆动身前往敦煌。10 月 5 日与高一涵结伴从河西走廊一路艰辛到达敦煌,在这里见到了他们的老朋友张大千。此时诗酒逍遥的张大千正在敦煌临摹壁画,并给敦煌石窟整理测量编号存档。见到领导前来视察,张大千热情陪于右任、高一涵参观莫高窟南头张氏编号第 20 窟。开始只见洞口甬道两侧壁画受到人为破坏。但从破壁缝隙处可以窥见里面还有图像,“似为唐代供养佛(人)像”,张大千向二人解释道。右老点头道:“哦,这很名贵。”当时敦煌县政府随行人员为了使大家更清楚地看到底层壁画的真实光彩,手拉着上层已经张开欲裂的坏壁,不慎用力过猛,将坏壁撕碎脱落,露出里边底层高 9 尺,宽一丈零 5 寸的唐代供养人像。有男像 4 身,女像 3 身,女像后侍俾 9 人,这些人物表情慈祥,体形丰满,工笔重彩,线条流畅,具有浓郁的唐代风格。对于研究唐代的服饰、民俗及绘画艺术等都有很高价值。尤其是由于这次剥壁,人们获得了一个重大发现——莫高窟壁画不止一层——许多洞窟曾多次重修!这对于研究敦煌艺术的发展史具有极高的价值。但令人始料不及的是，有人因向张大千求画未得，就传出“张大千有意剥落壁画，破坏敦煌遗迹”的流言，并闹上了法庭。后经有关方面依实解疑，才冰消了事。

当天晚上，张大千亲自下厨房炒菜，在上寺住所招待于右任、高一涵一行。席间大家就敦煌的保护与研究展开了话题。高一涵回顾说：“李怀让大周李君修功德记云：前秦建元二年，沙门乐尊行至此山，忽见金光状有千佛，造窟一龛，有法良禅师从东到此，又于尊师窟册更即营建。后刺史建平公东阳王等……后合州黎度造作相仍。因敦煌石窟在甘肃敦煌县东南鸣沙山中。旧名莫高窟，俗名千佛洞。清光绪庚子，有道士扫除积沙，于复壁破处见一室，内藏书甚富，发之。皆唐前后及五代人所手写。并有雕本，佛经尤多。盖西夏兵革时保存于此也。英人斯泰因，法人伯希和先后至其地，皆择其完好者捆载而去，陈于彼国博物馆中。至我政府更往搜求，精好者已不可得。近人据伯希和所得本印行者有敦煌石室遗书、鸣沙石古佚书等，多为前所未见之秘籍。”说完，他拿出早已写好的《敦煌石室歌》草稿念起来，以求二人帮助修改。

阳关古道接天竺，西连佛国犹比屋，
沙门乐尊托钵来，步入敦煌鸣沙麓，
榛莽蔽天无人室，独坐崖头看落日，
日耀金光烛宵汉，幻作千佛森灿烂，
神僧到此悟禅机，缘于荒崖作彼岸，
鸠工凿石创一龛，开山大业烦圬墁，
物换时移几星霜，踵事增华竟辉煌，
前有刺史建平公，继起复有东阳王，
先后开凿千余洞，通以长廊间以墙，
一洞一龛一世界，千门万户疑蜂房，
符秦经始犹椎轮，大辂之成自盛唐，
下逮宋元历千载，自桧以下无低昂，
画师一一逞意匠，妙到秋毫难穷状，

飞楼涌殿灿珠光，幡刹幢牙列仙仗，
梵家咏歌如闻声，维摩说法花散帐，
一佛化作千万身，千万身生千万相，
就中圣手谁第一，右相宗派推至上，
洞中复壁尘封久，琳琅秘室富二酉，
西夏兵戈动地来，权作文物逋逃薮，
梨枣半属宋前镌，经卷多出唐人手，
斯氏伯氏一顾空，毡苞席卷开关走，
后有好者勤搜求，十存一二遗八九，
琅环富地一朝空，欧西书府栋为充，
石室遗书传万国，秘籍翻为天下公，
世界竟夸敦煌学，失马浑难罪塞翁，
我来又后四十年，烟熏壁坏损妍鲜，
篝火入室摩挲遍，粉末剥落叹神全，
月仪墨迹西夏字，幸从灰烬见残编，
汤盘孔鼎气已渺，文辞述作尚连篇，
敦煌艺术卓千古，薪尽行当看火传，
张八画佛本天授，神妙直追吴道玄，
请君放出大手笔，尽收神采入毫颠，
嗟予十指无一技，坐对至宝空潸然，
夜深道院万籁寂，仰见秋月来娟娟。

读完，二人点头称好。接着三人你一言我一语，就成立敦煌保护研究机关达成了共识。

1942 年 12 月 15 日，于右任向国民政府提出议案，要求成立敦煌保护组织。一个月后的 1943 年 1 月 18 日，国立敦煌艺术研究所筹备委员会成立，高一涵任委员会主任，张大千、王子云、常书鸿任委员。2 月，高一涵主持召开了筹委会一、二次会议，讨论制订了组织章程及其他要案，通过了敦煌艺术保护研究大纲。会议期间,高一涵与常书鸿等人拜访了甘肃省主席谷正伦,省参议长(历史学家)慕少堂等军政要人,寻求他们对国立敦煌艺术研究所的支持。谷正伦于4月6日即将筹委会提交的保护经费计划予以批准。3月,高一涵率常书鸿一行6人,于24日抵达千佛洞,就地设立办事处,开始筹备工作。再访张大千于敦煌,并赋诗鼓励他为保护敦煌艺术多做贡献。王子云、常书鸿二人是当时国民政府委派的官方研究保护队伍主将,他们的工作与张大千一样,都是运用自己的特长,先后率队进入敦煌,开展深入全面的敦煌艺术研究与保护工作。他们在高一涵的直接领导下,分别取得了一批重要成果。成为我国迄今为止记录描绘敦煌石窟艺术最系统最全面而且很多是不可再得的宝贵史料。

高一涵在甘宁青任职期间,对敦煌的研究与保护可以说殚精竭虑。这从他的《金城集》史诗中可见一斑。高一涵一生著文巨丰,但对他自己的活动却很少涉及。然而在他的史诗《金城集》中,对自己考察敦煌的记述却多达十余处。其中陪于右任视察敦煌写得尤其细致入微。他们从兰州出发,途径武威、张掖、酒泉去安西,雇骡车走3天,从安西再坐农家木牛车走180公里到敦煌。中间有3个休息站,他们就在沙漠之中的小草棚度过黑夜,天亮时再往西北行走。一路车履劳顿,风沙之苦自不必说。然而就在这样令人难以想象的考察途中,高一涵这位自称是初入门的诗人,还写下了长诗8首,详细记载了这次考察过程。为今人考证这段历史提供了难得的史料。

此外,《金城集》还收录了3首书赠时在敦煌从事考察研究工作的张大千的诗。诗中无不寄托他对张大千先生此次考察的期待、鼓励与厚望。其中1943年10月的一首《与张八大千同游麦积山》的诗,还记录了他不畏劳苦考察麦积山石窟的壮举。据六安地方史学者许正英先生说:就在这次考察中,他与张大千合作了巨幅《富贵牡丹图》一大张。在中国抗日战争即将取得全面胜利的时候,书画家以画明志,表明中华民族不屈不挠、生生不灭的伟大精神。如今此画收在国内一大博物馆内,成为见证这段历史的重要文物。

关于高一涵与张大千合作《富贵牡丹图》一事，笔者至今未见有文披露。见到的是《高一涵先生年谱》中有这样的记载：这年三四月间，高一涵再访张大千于敦煌，“先生（指高一涵）在《题剑阁图》中记道：‘癸未仲春重游敦煌，访张八大千于莫高窟。盘桓数日，夜间纵谈名胜，忽忆滇池之游，乃展青作画，且谈且绘，口沫横飞，墨花乱舞，于深夜中写成此幅，嘱携交腾冲张舜臣将军’[①]”。至于高一涵在张大千《剑阁图》上题些什么，只有见到此画才能知道。《年谱》中也没有交代高张二人合作的《剑阁图》宝画现藏在哪里。在《高一涵先生年谱》上还见到1943年高一涵为王子云《三危山与鸣沙山写生画长卷》题《鸣沙山》诗一首于该画卷首，诗前还写有一跋。本书顾问高大同先生还将此画拍了照片。

在共同从事敦煌艺术的保护和研究中，高一涵与安徽同乡王子云和后来成为研究所长的常书鸿结下了深厚的书画友情。这在《金城集》民国三十二年稿《题王子云兰州图》诗有明确的记载。该诗前有一小序，云：“岑嘉州咏金城关有句云，山根盘驿路，河水漫城墙，气象万千，一语重的。然非亲至其地不知也，子云其画，似为嘉州注诗；嘉州之诗，又似为子云题画，即未身临斯土者，亦得从容卧游也，爰志以小诗”：

重险金城夕照红，
长虹飞岸影飘空。
嘉州诗句名千古，
收入先生尺幅中。

从1941年9月下旬起，高一涵陪于右任先后视察了西北永登、古浪、武威、永昌等20多个地、县，行程万里，于这年12月底，于右任结束敦煌考察，返回抗战时的国民政府陪都重庆。高一涵一直送到褒河桥头，二人眼泪汪汪，握手告别。返回使署兰州的当晚，高一涵久不能眠，重新掌灯，

① 《金城集》五卷第17页。

作诗《褒河桥畔别右公反兰》一首，云：

白首輶轩万里巡，拈毫和泪写流民。
东风信有回天力，雪里重生满地春。
临歧分手各依依，日短江湖白发稀。
南望剑门旌节远，冰天雪地一人归。

第五节　遥指光明

高一涵在蒋管区工作的18年里，其实是“身在曹营心在汉”。早在1942年他就给二兄德章等人写信说：“斗米斤肉可吃，斗米斗田不可买。农田最终必归农民。”

高一涵的长兄永著之子宗浚（又名文斋），在其四叔的多次引导下，跟着六安县长唐晓光从事党的地下工作，并化名“悦东”。六安反动武装头目但雨获悉后，督阵南官亭保，召开全高氏宗族人员大会，要高家交出“高悦东”这个“叛逆”。高家无奈，只得将“高氏宗谱”搬来让但雨找“高悦东”这个人，翻遍宗谱也没有找到。哪知道这个化名“悦东”的高宗浚就坐在台上。后来但雨队伍又在张家店街上发现一个貌似高悦东的人，就派人盯梢，准备捉拿他。高悦东就机警地从怀中取出事先准备好的标语，往墙上一贴，转身就走。盯梢人一看标语，上面写着“捉拿高悦东”，说：“哈！原来我们是同路。”高悦东就这样巧用“贼喊捉贼”之计逃过了一劫。

1948年下半年，高一涵在蚌埠国民政府工作的房侄高晓初，因公去南京拜会他时，高一涵对他说：“得民者昌，失民者亡。只有共产党才能救中国。”“过去路走错了，现在悬崖勒马，尚不为晚。千万不要与国民党同归于尽。”他的这番教诲，使高晓初于当年底，带着国统区的重要情报，冒着生命危险从蚌埠奔向皖西解放区，走上了起义的道路。十多年前，高晓初特将这段谈话整理成文，交给笔者："从社会关系来说，一涵先生是我的叔辈，他对年青一代，特别对家庭侄辈是很关心的。1948年下半年我在蚌埠市国民党市政府工作，一次因公到南京和他晤见的时候，那时形势正在起着新的变化，济南即将解放，淮海战役即将开始。他就向我指出要依时顺势，认清前途；并引用古语'得民者昌，失民者亡'，肯定共产党必胜，国民党必败。又说：'只有共产党才能救中国。''只有依靠人民才有出路。过去走过错路的人，现在悬崖勒马，尚不为晚，千万不能与国民党同归于尽。'等等。他的这番教诲，对我启发很大。就在这年年底，我毅然带着一些重要的敌方军事情报和政治情报，冒着生命危险，从蚌埠奔向皖西解放区，走上了起义的道路。

我起义后，又被中国人民解放军某部派遣到当时的敌占区芜湖，从事地下革命工作。当时由于国民党已严密封江，安庆、枞阳、裕溪都过不去，最后只得绕道南京，于1949年元月12日夜，从南京老江口冒险偷渡，不料渡过南岸，即被敌江防部队逮捕，后经一涵叔营救获释。

1949年3月底至4月上旬，解放大军云集长江北岸，急待渡江，故而南岸的国民党军警搜查更严，我在芜湖活动就更感困难了。这时组织上要我想办法找一个国民党政府的职务作掩护，所以我又到南京找一涵叔设法。他毫不推辞，即拿国民党督察院的信纸信封给当时国民党安徽省政府秘书长朱子帆同志写了介绍信，要朱子帆同志给我安插工作。我和他分手时，他还一再叮嘱我要'谨言慎行，机动灵活'。最后还说：'再有什么困难，还来找我。'我回到芜湖时，原住在芜湖的朱子帆同志虽然转到屯溪，但这封信却给我起了掩护作用。"

第六节　纵论书文

一、“不能离开现实去写”

据高晓初回忆：高一涵先生一生治学甚严，博览群书，不仅在政治经济学上造诣很深，著有《欧洲政治思想史》《政治经济学》等。（还有其他不少著作我已无法回忆）就是在文学上也是负有盛名的。同时他还愿意指导青年朋友们，如何在文学上下功夫。他常用“书山有路勤为径，学海无涯苦作舟”，以及“宝剑锋从磨砺出，梅花香自苦寒来”等诗句来勉励人们学习。那是1951年4月，正是落花铺地、芳草如茵的暮春季节，我和他在南京最后一次见面，他一再和我说：“你不仅要学政治，同时也要学文学，要锻炼写文章。”我说：“我写文章就是抓不住要领，王奶奶裹脚又臭又长，越写越没劲。”因此他就写作的艺术和诀窍和我谈了不少。他说：“要写文章就要系统地读书，不读书就等于巧媳妇难为无米之炊，不读书就没有词汇，没有语言。文章是表达思想的工具，没有词汇，没有语言怎么能表达出来，写文章首先要立意，一篇文章要说明什么问题？表达什么思想？赞成什么？反对什么？一定要有明确的中心和主题。确定主题是写好一篇文章的关键，其他如文章材料的舍取、结构的安排、语言的运用，都要为表达主题服务。”又说：“写文章要言之有物，不能离开现实去写，而应反映不同社会形态的人和事。这样就须有具体的材料。常说，写文章要‘材料先行’，没有材料，只靠苦思冥想是不可能写出立意深刻、主题鲜明的文章的。”这次谈话，对我启发很大，但想不到那一次分手，竟是我们的永别。可是他的这些遗言，一直深深地印入我的脑际。从这次谈话内容来看，说明他有写作的素养，所以他的文艺作品，总是感人肺腑。解放前后的中学语文课本上都有他的文章选载。

诗词联语本来是艺术性较高的作品，他在这方面也是有所成就的，他的诗联，格调清新，意境优美，写情写景能细致入微，在叙述中有写景、有抒情，而在抒情中又有歌颂，又有感慨。比如他在写借物起兴的诗，总是分不出物和人来，咏物就是说人，说人就是咏物，处处意存双关。对律诗他要求更严，讲究工对、讲究发端、讲究总束，平仄韵调，一定符合要求，决不迁就，往往为一字推敲许久。如他《游香云寺》七律的颈联“芭蕉叶大连窗录”的“连”字，首先曾用过“庶”字，继用过“横”字，几经推敲，结果才决定用这个“连”字。他在诗联中对每个字的认真选用，可见一斑，所以他的诗联总是脍炙人口、百读不厌。

二、一幅中堂镇匪盗

高一涵作为学者，不仅在政、法、诗、文上造诣很深，书法上也有相当成就。他的隶书有邓石如之风，魏碑则近郑文公之体，行楷则汇苏东坡、黄庭坚、赵孟頫之大成，运笔苍劲有力，潇洒自如。可贵的是即使故乡的一介贫民，只要索书，他就一概挥毫。故解放前后，六安许多人家都挂有一涵的赠书。

抗日战争时期，高一涵常给家乡亲朋好友和全国一些名流们书赠中堂楹联，内容多与宣传抗日、弘扬民族正气有关。在高一涵的家乡曾流传着这样一个故事，在东河口镇南官亭一个高家大户，挂了一幅高一涵写的“还我山河”大中堂。这大户叫二财主，今人已不知其名了。

高一涵书法

1943 年腊月，六安南乡的土匪把高二财主家的金银财物洗劫一空。正当土匪们准备满载而归时，一个识字的小土匪忽然惊叫：“啊呀，这家有高四老爷的题字呀？!”

高一涵排行老四，那时南乡人都称高一涵为四老爷。那土匪头子不识字，一听高四老爷，真如五雷轰顶。马上叩头如捣蒜：“啊，他家是高四老爷的家班子呀，上面写的是什么？”

二财主见状，遭匪窃的恐惧、惊慌、愤恨心理一扫而空，只听他大声喝道：“你们这些人不打鬼子，专跑到乡下抢人，这上面写的是‘还我山河’。”由于心情激动，他把“河”读成第四声，致使土匪头子听成了“还我山货”，他不识字呀！只见那土匪头子又捣蒜般地叩头，口中不停说道：“哎呀四老爷啊，你真是神人，我是得了些山货呀。来，弟兄们，快把稻箩中的虎皮、鹿茸、象牙全都拿出来，送给府上，让他们变钱买枪打日本鬼子！四老爷呀，你老人家一定要饶我不死啊！”

高一涵书法

就这样，土匪们把抢来的山货和二财主家的财物全部归还。二财主后来将山货全部拿到六安卖掉，将所得之款全部捐给新四军四支队战地服务团。团领导汪道涵（新中国成立后曾任上海市市长、海协会长）得此消息，捎信给六安抗日人民自卫军独立第一大队大队长储鸣谷（仙逝前曾任霍山县文化馆长，县政协副主席等职），叫他将那支土匪招了安，走上了抗日前线。土匪中的高某某、刘某某后来还在我新四军中担任了领导职务。

三、“老去已无争席意”

1947年3月，在于右任的安排下，高一涵再度赴两湖监察署任监察使，调查违法违纪案件，办结久拖不决的有关公务事项。4月，高一涵被派为粮食部湘鄂区征粮督导团主任委员。这年末，他作诗二首，深刻反映了他面对蒋氏大厦将倾，“老去已无争席意”“渔父狂歌笑独醒”的舒朗心情。

将别武昌感怀

（1947 年岁末）

廿年三度武昌游，三见烽烟半九州。
蜀洛称戈吾党恨，铜驼泣草上京羞。
遭逢直似怀荆璞，局促真疑作楚囚。
老去已无争席意，满江风月付闲鸥。
浮生碌碌岁骎骎，篱畔梅花又满林。
霜鬓疏过黄叶树，风尘阻绝白云心。
脱笼羁鸟惊天阔，转壑流民痛水深。
安得武陵干净地，闭门高卧对书琴。

注：见沈海波、黄丹丹著：《高一涵〈未刊手稿〉被发现》，载《上海党史与党建》2007 年第 07 期，以下数诗出处同此注。

离汉返南京

（1947 年岁末）

征帆斜挂武昌城，晓月寒笳送客程。
三度来游逢乱日，十年奉使负苍生。
澄清素志随冰冷，淡泊孤心对水明。
回首鹿门烟树合，鸟归鱼聚触乡情。
梅落江城又解舲，满天风雪没寒汀。
贾生痛哭嫌多虑，渔父狂歌笑独醒。
俯仰乾坤双白眼，浮沉身世一青萍。
年年笛里关山月，鹤去楼空不忍听。
矶头日日望烽烟，祖帐凄凉断管弦。
度陇少陵当乱世，乞湖狂客正衰年。
横江鹤渡黄州夜，背郭堂依白下天。
心远地偏堪大隐，六朝风月浩无边。

1948年7月，在于右任的安排下，高一涵回到南京，任监察院专门委员，负责起草、审查有关法令草案。不久提出辞职。辞职的当天晚上，他作《解职后喜赋》一首：

解职后喜赋

（1948年）

出处浮沉理亦齐，白头失喜遂幽栖。
寒门车马何妨少，乱世声名莫厌低。
半亩林园堪学圃，十年桃李已成蹊。
明时不禁谭风月，自咏新诗自品题。
闲居白日到羲皇，澹泊为欢意更长。
久嚼菜根忘肉味，乍捐瓜片觉泉香。
身无言责应缄口，锥欲藏锋合处囊。
咫尺五台山色好，低头入户送清凉。

这时国民党正在竞选立法委员，他在六安的宗亲故旧出来为他捧场，帮他竞选。他立即从南京发来加急电报说："选余余不为，请托更不屑，请速转爱我诸公停止活动。"家乡人传看了他的这份电文，都赞佩他不与腐败独裁政府同流合污的可贵行动。

1949年4月，蒋介石集团公布任命高一涵为政府考试院考试委员，以便挟持他逃往台湾，他亦坚辞不就，并与中共地下党领导的民主人士王抚五、朱子帆、沈子修等人联系，为迎接解放大军渡江、解放南京开始积极工作。虽然，当年这些革命先贤相互联系，迎接解放的具体细节已无法知道，但是，我们从高一涵留下的和王抚五的通信和诗中，完全可以读出他们当年是多么盼望"东下白门应驻马"（南京快快解放）"回眸老眼望升平"，让人民当家做主的新时代早日到来！

得抚五鸠江书知已脱险喜赋

（1949 年）

注：抚五即王星拱，高一涵安徽高等学堂同学，北大教授，武汉大学、广州中山大学校长，为高一涵挚友，数十年二人以诗唱和，传递友情。

扁舟载险出危城，消息传来喜又惊。
闻道生还今日事，远书珍重故人情。
从头细读浑疑梦，闭目相思似隔生。
东下白门应驻马，同摩老眼望升平。

新的历程

第十二章　解放盛世
致力党的统一战线工作

1949 年 4 月 24 日，南京解放。64 岁高龄的高一涵直接去请南京市长柯庆施给自己安排工作。从此，他先后担任南京大学教授、法学院院长，江苏省司法厅厅长，江苏省政协副主席，民盟江苏省委副主委和全国政协委，民盟中央委员等职。

他呼吸着解放盛世的新鲜空气，以饱满的政治热情，为马列主义、毛泽东思想的研究和宣传做出了新的成就；为党的统一战线工作做出了突出贡献；特别是在那段非常的年代里，他一生追求法治、反对人治的原则立场从未动摇。

第一节　献身统一战线

一、欢庆南京解放

1949 年 4 月 24 日，南京解放的当天晚上，高一涵在庆祝南京解放座谈会上，列举了“法国多党内阁制的寿命最长的只有两年，短的只有 3 天”的历史教训，“希望年轻的共和国要多多注意，以保江山万年”。[①] 会

① 据 1960 年江苏省委统战部高一涵档案。

后，他喜赋《解放军入城》纪事诗一首：

三十八年四月二十四日解放军入城纪事

（1949. 4. 24）

江南红雨洛花天，江北朱旗照眼鲜。
幡出石头争弃甲，将飞天堑未投鞭。
破荒大业开新运，多难苍生解倒悬。
刁斗无声军令肃，青鞋布袜六街前。

人民解放军占领南京

二、加入中国民主同盟，担任多项领导职务

1949年6月，经民盟中央委员周新民和陈敏之的介绍，高一涵加入中国民主同盟。任民盟南京支部委员、文教委员会主任委员。

民盟于1941年3月19日在重庆秘密成立，当时的名称是"中国民主政团同盟"。参加者有：中国青年党、国家社会党（后改称民主社会党）、中华民族解放行动委员会（后改称中国农工民主党）、中华职业教育社、乡村建设协会的成员及其他人士，公推黄炎培为中央委员会主席。1942年，全国各界救国联合会加入，中国民主政团同盟遂成为集合"三党三派"的政治党派。1944年9月，决定将名称改为"中国民主同盟"，由团体会员制改为个人申请参加。中国民主同盟成立后，在长期实践中经过比较，自觉地、郑重地选择了中国共产党的领导，联合各民主党派和无党派人士，广泛开展抗日民主运动，为彻底推翻南京国民党政府，建立新中国而奋斗。新中国成立后，中国民主同盟在中国共产党的领导下，与党肝胆相照，通力合作，同舟共济，为建设中国特色社会主义而努力奋斗。

同年10月，高一涵加入了中苏友好协会，并担任理事。南京解放后，他以新中国主人翁的身份，首先找昔日战友南京市长柯庆施安排工作。[①]后根据柯庆施的指示，由南京市军管会文教委员会聘请，高一涵任南京大学教授、政治系主任、校务委员会委员、法学院院长。他呼吸着新中国的新鲜空气，以饱满的政治热情为我国法学学科的建设献计出力，积极工作。

1950年春，高一涵曾激情满怀地给房侄高晓初写信说："喜看我们伟大的祖国从个睡狮变成了东方巨人，今天才是我们炎黄子孙扬眉吐气的时候，这是何等幸福、何等光荣而又何等骄傲！这不是共产党的英明领导，那是想也不敢想的。我虽进入晚年，但体质尚健，誓为社会主义建设流尽自己的汗水，借报人民之恩，而遂平生之愿，你亦应克勤克俭，努力工作，为党和人民的事业做出贡献。"为此高晓初还曾写了这样一首诗回复他：

燕语莺歌花似锦，金陵寄语到芜城。
前年庭训情如昨，今日家书意更深。
迷路羔羊公指引，经秋枯木我逢春。
头颅誓为人民掷，万里征程永不停。

全国解放时，高一涵已是65岁高龄。由于新形势对他的鼓舞，使他焕发出青春活力。他写过许多文章，发表过许多谈话，并且都付诸实际行

---

① 柯、高二人曾在安徽国民党省党部（左派）一起从事过反蒋斗争。

动。如土地改革运动开始的时候，他就写信给他家乡南官亭乡人民政府，把自己所有土地全部交给人民政府。他的信中说："我以诚恳的心情，将祖遗土地六十亩连同契约一并呈交政府，请求分配给无田无地的农民。这既符合'耕者有其田'的口号，也表示我拥护土地改革的实际行动。"

1950 年 10 月，党在全国领导开展镇压反革命运动。高一涵坚决站在党和人民一边，一方面发表言论，拥护党的指示，一方面检举揭发反坏分子。

1951 年 5 月，经南京市人民政府的提名，高一涵任南京市人民政府人民监察委员会委员。7 月，任南京市人民政府政法委员会委员、江苏省人民委员会委员，后又任省政府参事，享受高干待遇。

三、送独子参加抗美援朝

1952 年春，中国人民的抗美援朝战争如火如荼。这时他毫不犹豫地将自己的独生子宗沪，送到战火纷飞的朝鲜前线。高一涵一生只生一子一女。高宗沪是他 46 岁时所生。高宗沪的出生给高一涵夫妇带来莫大安慰和喜悦，犹如掌上明珠。宗沪从小白白胖胖，聪明可爱，好学上进。18 岁就考取复旦大学。直到他上大学前，高一涵每天下班一进门就喊："小东西呢？"于是"小东西"宗沪活蹦乱跳地来到父亲面前，父子拥抱亲热一番之后，儿子就乖乖地听从父亲的教导。一天，宗沪的未婚女友樊铮第一次来到高家暗访门楼，高一涵不知就里，一进门就喊"小东西"训话，樊铮问："伯父，你要找什么'小东西'，我替你找？"高一涵一听，哈哈大笑说："我找的小东西就是宗沪呀，他如今虽已 20，但在我面前永远是个'小东西'，你说对吗？"樊铮一听，恍然大悟。对他们父子情深敬佩不已。1951 年，高宗沪大学还未毕业，父亲就要把他送到朝鲜前线，可见高一涵的爱国之情，远远超过爱子之心。

从 1951 年到 1952 年，高一涵积极参加党领导开展的"三反""五反"和"思想改造"运动。并在《新华日报》等报纸上发表文章，旗帜鲜明地拥护党的方针政策，清洗自己旧的思想习惯，这对当时江苏省和南京市的高级知识分子参加党领导的一系列政治运动，产生了良好的影响。

四、参政议政 肝胆相照

1955年2月，高一涵任江苏省司法厅厅长至1959年6月。

1956年当选为民盟中央委员、民盟江苏省委副主任委员兼组织部长。1956—1968年，高一涵连任三届江苏省政协副主席，还当选为第二、三、四届全国政协委员。这期间，高一涵拥护国家的基本制度和党的方针政策，积极参政议政，对全省的大政方针国计民生参与协商，献计献策。

现仅据1954年到1960年的不完全资料，将高一涵参加民盟、政协的各项参政议政活动，分年度总记如下：

1954年（69岁）

出席民盟南京市委集体办公会议18次。其中讨论、安排、总结部署工作13次，讨论指导高等教育工作2次，座谈日内瓦会议意义1次，讨论对台湾工作2次。

1955年（70岁）

出席江苏省和南京市政协会议4次，其中作主题报告1次。

出席民盟南京市集体办公会议15次。其中讨论布置民盟工作8次，讨论反对美帝使用原子弹1次，参加孙中山逝世30周年纪念大会1次，学习“肃反”和知识分子改造文件5次。2月27日，在《新华日报》发表《实用主义政治思想的反动本质》，批判美国杜威的“实用主义”。

1956年（71岁）

出席省市民盟集体办公会议和全体会议11次，其中讨论安排部署民盟工作10次，讨论指导高校及中小学教育1次。

出席全国政协二届二次会议。出席省市政协学习中共八大会议文件1次。11月12日，江苏省政协组织大型参观视察团，高一涵任副团长，前往武汉长江大桥建设工程、武汉冶金联合企业集团建设公司建设工程、江岸机修工厂、武汉医学院附属二院以及中南民族学院等开展视察。

1957 年(72 岁)

出席省市民盟工作会议 45 次,其中整风领导小组会议 44 次。

出席全国政协二届三次会议和省政协一届三次会议。

1958 年(73 岁)

3.26—30 日,出席省民盟二次代表大会被选为常委、副主任委员。

出席省政协一届四次会议并作“改造世界观”的大会发言。出席省政协常务委员会第 27 次会议,作关于农村参观情况的汇报。

1959 年(74 岁)

出席全国政协三届一次会议和全国耆老座谈会。出席省政协专题座谈会,传达周总理主持召开的全国耆老座谈会精神。率团视察慰问苏北大运河工程。出席省政协二届一次会议,作视察苏北大运河工程的大会发言。

1960 年(75 岁)

出席全国政协三届二次会议。出席省市政协工作会议、专题会议、主席会议和专题报告会共 14 次。其中对台工作会 1 次。作学习毛主席著作、改造世界观的大会主报告 1 次。

现分年重点略述如下:

1. 1956 年 3 月 12 日,高一涵在《光明日报》发表《被告人供词应该怎样正确地评价》的政论文章。文章指出:法院判案不得把被告人的供词当作真实可靠的独立证据,必须有其他证据证明被告人供词确实真实,然后才有作为证据意义的价值。

如果我们忽视被告人的供词,不许被告人充分陈述意见,那就是既不尊重被告人的合法权利,又容易轻轻放过了可能得到的线索和证据。

司法人员要从被告人供词中解决其:犯罪意图、动机、方法、促使犯罪或中止的原因、有无同谋、物证等问题，正确评价被告人供词，才能搞清案情，正确定案。

文章强调：用刑讯逼出来的供词是最不可靠的供词，被告人在“苛求得死”的情况下供出的供词如果用作审判证据，那就一定要造成彻底的冤案。

2. 4月10日高一涵出席民盟南京市委员会集体办公会议。讨论高教、中小教工作，并献计献策。

3. 12月19日高一涵在《人民日报》发表《审判人员能不能向科学进军》，文中强调：审判人员在每一案件的审理过程中，从头到尾，都要牢记住“事实是根据，法律是准绳”这一科学的审判原则。

4. 1956年9月25日，高一涵在南京人民大会堂，向省政协委员和各界人士传达中共中央统战部部长李维汉关于学习毛主席著作、逐步改造世界观的报告。

5. 1958年3月7日，高一涵在《人民日报》发表《对于目前婚姻关系变化的分析》。提醒社会各界重视事关社会和谐的婚姻大事。

6. 这年5月19日，先生参加民盟南京市委召开的十教授座谈会，批评撤销南京大学法学院，要求国家重视和充分使用政治学、法律学和社会学的人才。

7. 1959年4月17日—29日，高一涵出席政协第三届全国委员会第一次会议。期间，高一涵应周恩来总理之邀，参加六十岁以上的全国政协委员座谈会。6月16日，高一涵向省政协召开的社会耄老座谈会，介绍了全国政协耄老座谈会的情况，传达了周总理关于做好政协耄老工作的指示。

8. 是年12月1日—19日江苏省政协组织大运河苏北工程段慰问团，赴扬州、淮阴、徐州三个地区慰问。高一涵与吴贻芳、邵幼和等人分别任三个慰问团团长。12月21日—29日政协江苏省第二届委员会举行第一次会议，会议听取了高一涵关于参观大运河工程的汇报和建设发言。1960年1月3日，高一涵出席省政协召开的大运河工程慰问团负责人会议，总结各团活动情况。1月13日，江苏省暨南京市政协举行报告会，高一涵与桂庆和、章师明、周维迅等四人向各界人士 500 余人作关于苏北大运河工程慰问情况的报告。

9. 1960 年 10 月 20 日，高一涵出席江苏省政协主席会议，研究对台工作问题。

10. 6 月 7 日，列席江苏省人民委员会第十五次会议，听取省农业厅副厅长王一香关于当前农村工作的汇报，讨论夏收夏种问题。

11. 1962 年，"三年自然灾害"过后的 1 月 10 日，江苏省政协常委列席省人民委员会第十七次会议，会上，高一涵作关于省政协组织参观团访问农村的情况报告。

12. 是年 6 月 6 日—21 日，政协江苏省第二届委员会举行第二次会议，省各界人士 172 人列席。汪渭清主席致开幕词，高一涵作省政协常务委员会工作报告，竭力推动周总理提出的"调整、巩固、充实、提高"的八字方针的贯彻落实。

13. 同年 9 月 3 日，高一涵出席政协江苏省第二届委员会常务委员会举行的第十四次（扩大）会议，听取瞿树滋关于省"业余政大"第 10 期教学计划的汇报和张敬礼关于省民建、工商联筹办民办学校的情况汇报。

14. 1964 年 1 月 16 日，高一涵作支持巴拿马反美爱国斗争的广播讲话，动员广大人民群众，支持巴拿马人民的反美斗争。会后不久，还参加反美大游行。

15. 1965 年 2 月 26 日，高一涵听取陈毅副总理在南京人民大会堂作的《关于当前形势的报告》。会后组织与会人员分组座谈讨论。4 月 15 日，再赴南京人民大会堂祭悼原华东局书记、江苏省政协主席柯庆施同志。

16. 1966 年 5 月 7 日，原国民党代总统李宗仁来南京参观，高一涵与陈鹤琴副主席等去码头迎接，并出席江苏省委江渭清书记的迎李招待晚宴。5 月 15 日，高一涵等人去车站欢送李宗仁先生到无锡参观。①

---

① 本小节史料摘自《高一涵先生年谱》。

1957 年 2 月 8 日，江苏省司法厅党组在一份报告中对高一涵先生新中国成立后的工作给予积极充分的肯定。说他在党的领导下，精神焕发、任劳任怨、埋头苦干、工作积极主动，认真负责。

这真是：参政议政丹心谱，肝胆相照共乾坤。

五、主管省政协文史工作

在任江苏省政协副主席期间，高一涵亲自主持省政协文史资料研究委员会工作。对辛亥革命、第三次国内革命战争时期、“总统府”及西花园掌故、抗日战争等文史资料的收集整理和研究工作细致筹划，并亲自撰写《长沙大火内幕》等回忆文章。笔者 2016 年 4 月去江苏省政协文史委，该委负责同志很快拿出当年由高一涵组织编写的《江苏省政协文史资料》3 大典册，布面精装，共 400 多万字。其中高一涵亲自撰写的文章两篇。《长沙大火内幕》一文是迄今为止考查研究那段苦难抗战历史的权威文章，特全文录下：

长沙大火内幕

高一涵

一九三八年十一月十二日夜里到十三日的早晨，长沙遭受了一场毁灭性的火灾。这次大火是自“七七”事变到武汉、广州相继沦陷后发生的又一件惊心动魄的大事，引起了全国人民，首先是长沙人民的震惊和痛恨。长沙大火这一焦土政策究竟是谁决定的？由谁下命令执行的？这对当时许多人来说是一个谜。十一月十八日，长沙枪毙了三个人——长沙警备司令酆悌、保安团团长徐昆、警察局局长文重孚，他们被指控要对长沙大火负责。其实，这三个人只能算是代人受过的替死鬼，他们都不是发布焦土政策命令的人，只是“奉命放火者”。我那时任监察院湖南湖北监察区监察使，受监察院之命调查长沙大火的起火原因，因此今天有责任彻底揭穿长沙大火的内幕。

两湖监察使署于一九三八年六月底从武昌撤退到湘西的芷江。

长沙大火的消息传到芷江后，我接到监察院从重庆发来的电报。命我速往长沙调查起火真相，“追究起火责任”“立即具报，听候核办”。大约在十一月二十日前后，我从芷江动身，途径沅陵、常德，前往长沙。一路上只见居民迁徙一空，饭店停业，寺庙的大门紧闭，拖儿带女逃往湘西一带的难民三三五五地含泪步行。由于车站附近的商店、旅馆被敌机炸坏，我们只得乘夜前进。车到岳麓山边，已经夜静更深，水陆洲的老渡口大火后早已断绝交通，我们只得沿途叫醒居民指点道路，转弯抹角走到水陆洲的南头，才找到渡船过江，夜里两点钟后赶到长沙。当我们走到岳麓山时，就嗅到了大火后城内烧余的烟火气味；到了长沙城内，只见一片火灰场，旧日繁华的街道、房屋全无，更没有旅馆可住，我们只得坐在火车上过夜。

天亮之后，我们找到湖南省教育厅厅长朱经农，经他介绍，住进了国民党湖南省党部的空房子，然后便到处去调查这次大火的真相。在八角亭一带的废墟上，有一些商人用木板、芦席搭起临时店面，卖卖杂货，其他地区一片焦土，没有人迹。所遇到的人都是在大火前出走，在大火后回来的，说不出放火时的真实情况，而官僚们又绝口不言“奉命放火”到底是奉了谁的命令。那时广大人民群众的怨言都集中在省主席张治中一人身上，就是第九战区司令部的人员，也都隐隐约约、吞吞吐吐地这样说。当时有人为我口述了一个横批和一副对联，横批是“张皇失措”，对联是：“治世无方，五大政策一把火；中心有愧，三条人命万家空。”口述的对联也许与原来的对联文字上有出入，但是做到这副对联的人，已认定了长沙大火的责任是在张治中身上了。

我到长沙第三天，由省府高级参议黄铁民陪同，与张治中见了面，他那时住在二里牌唐生智住宅内。见面后，我就向他说明到长沙的任务，他听了后，十分镇静，好像事不关己的样子。他只向我谈了大火后办理善后事宜的情况，对凡来申请救济的，几乎是来者不拒。我问他到底决定放火的是谁？他就干脆推到三个替死鬼头上。临别时，他吩咐黄铁民同我联系，说一切情况通过黄铁民向我汇报。

黄铁民的汇报，也只是以口说为凭，不留片纸只字作证。根据黄铁民的口述：自十月起到十一月上旬，武汉各机关撤退，长沙成为“苟全性命于乱世”的国民党高级文武官员的集合地点。军队的高级将领在战场上前进时寸步难行。溃退则一日千里，都争先恐后地向长沙集中，说是奉召到南岳来参加会议。蒋介石本人更先一步逃到长沙，他的消息“灵通”，听到汨罗江方面战事吃紧，马上匆匆离开长沙，再逃到南岳。他从长沙到南岳的途中，忽然灵机一动，计上心来，想出彻底毁灭长沙城市的“锦囊妙计”，便拍发急电，限两个小时内到达长沙的张治中手里。据黄铁民说：张治中是在十一月十二日上午九时接到蒋介石急电的。可是他们既不拿出原电(文)给我看，又不许将原电文抄给我，只许黄铁民口述原电大意。由此可以看出他们那时对蒋介石是何等忠诚。

据黄铁民说：“委员长的急电，措辞非常严厉。”蒋介石命令部下照令而行，彻底烧毁一切财物，“勿使资敌”，“违者定予严惩不贷”。这就是那时黄铁民向我口头汇报的大意。由此可见，发布焦土政策命令的人就是蒋介石自己。

长沙大火事件自发生到现在已经有二十多年了，但此事一直印在脑中；此外，张文心、徐石林两位同志也帮助我回忆，他们两人当长沙大火时都在长沙，亲身经历了这件事。根据张文心同志的回忆：火烧长沙是蒋介石早已预定的政策，原定在日寇达到长沙附近的汨罗江南岸时开始放火。蒋的电报提前把长沙变为火海。又据徐石林同志当时亲自听人说：“当张主席接到蒋介石的焦土抗战、焚烧长沙的电令后，即交省保安处长徐权计划，与警备司令酆悌会商，决定在临撤退时实施。参与其事者有保安处第一科长和警备司令部的参谋长。这两个人在长沙大火时逃出城外，潜回湖南资永原籍。”由此可见，三个替死鬼和他们的部下都不过是承担“奉命放火”的准备工作的人，并不是发布焦土政策命令的人。

他们为什么从放火的准备者变成放火的实施者呢？这里也有客观的原因。当汨罗江一带战事失利后，信息不通，长沙大有岌岌不可终日之势，一时间人心惶惶，谣言四起。十一月十二日晚，早已放上易于引火的柴草汽油，“奉命放火”的人们生怕敌人到来后把长沙团团围住，逃走无路，将会和南京沦陷时被困在城中的三十万军民遭受同一命运。他们当时估计敌人一定要来，长沙一定要沦陷，不如早一点放起火来，完成这一“焦土清壁”之任务，好去逃生。据当时亲身经历的人说：“十二日晚间，军警在放火的准备计划中，决定在天心阁举火为号，因为天心阁在长沙城中地势最高，四面都可看见。号火一起，四面响应，立刻可以把整个长沙城变成火海。”据说在这个“风声鹤唳草木皆兵”的紧急时刻，不知道何处首先起火，于是各处一齐点火，数不清的火柱冲霄而起，黑烟把整个长沙城吞没了。谁知道，“焦土”“空壁”实现了，“奉命放火”的任务完成了，偏偏敌人没来。

高一涵主编的《政协文史资料》

蒋介石在南岳“隔岸观火”以后，得到敌人自汨罗撤兵的情报，便在全国的痛骂声中，于大火后第二天回到长沙。当他走上天心阁观望，发现全市繁华街道片瓦无存时，顿时面红耳赤，头上筋络暴起，口中哼哼叽叽。随行人员窥破蒋介石心机，暗地里告诉别人说：“不好了，委员长要杀人了。”果然不出所料，当天就找了三个替死鬼，借他们三个人的头来搪抵全国人民的痛骂。这就是蒋介石的“有功归自己，有罪诿别人”的惯用手法！长沙大火的事件就是这样结束的。我呈复监察院的报告也如石沉大海，杳无音信。

六、致力祖国统一大业

高一涵十分关心台湾问题的解决，期盼祖国统一大业的早日实现。1959年端午佳节来临之际，他撰写了“发扬伟大诗人屈原的爱国主义精神”一文，表达对祖国统一大业的热切渴盼之情。他曾先后两次致函于右任，敦促他为祖国统一大业做出贡献。1962年信全文如下：

右任先生：

金陵一别，忽已十三年了。天涯海角，晤面无由，时深惆怅！近从报端读到先生吊贾景德诗云：“萧萧落木悲元老，惨惨题诗吊故人”；先生以垂老之年，飘流异地，昔年师友，大半凋零，悲惨心情，不言可喻。古人云：“忧能伤人”，尚望先生善自珍摄为幸。

回忆三年以前，先生在《岁寒诗》中有“凋零师友记同游”之句，可见先生怀念旧友，时时不忘。不禁使我想起往事。1949年南京解放前夕，中山陵音乐台前，玉兰盛开之时，我曾同先生及严敬斋、李群麟亲临游览，大家徘徊于藤廊树下，流连而不忍去。从音乐台回城时，绕道梅花山，正值梅花开放，先生手抚梅枝，为我口述1947年至孝陵前看梅花所赋《浪淘沙》词：“斧赦孝陵柴，乱后梅开，天风远远送香来，缘萼而今存几树，有我亲栽。”为经战乱而幸存的几树梅花而庆幸。现在梅花山，不独当年老树，遍发新枝，就是山前空地，亦皆补种来自各地的名种。十几年来，每当梅花开放时，总是约集老友，赏花赋诗。我曾口占七绝一首云：“树树新枝发老根，手栽绿萼至今存，暗香浮到蓬莱岛，勾起乡思合断魂。”即为纪念旧游而作，不知先生读到此诗，具有同感否？

今年3月12日是中山先生逝世37周年纪念日，在宁老友皆参加南京市政府所举办的谒陵典礼。恰逢江南“杂花生树，群鹭乱飞”之时，音乐台前的玉兰，梅花山上的绿萝，特别开得茂盛。祖国的科技界、文艺界，又正掀起百家争鸣的热潮，不独看到山川生色，而且看到学术增光，这种情景确实令人兴奋！我辈老人，躬逢盛世，人人都有“返老还童”“老当益壮”之感，绝无“时光无情、韶华易逝”“故交星散、师友凋零”的悲痛。

曾记得先生于1949年在《齐天乐》一词中有句云：“天下一家何人今后敢予侮?”又忆起1937年先生所作“长歌复短歌二首”中有句云：“哥哥后，弟弟前，争将生命为国捐，击破胡儿在今年”“爱吾爱，仇吾仇，勇者不惧仁不忧，大家起来卫神州”。大陆解放已十三年，在大陆上早已“天下一家”，所胜台湾尚在美帝占领之下。

正如先生诗中所言，我们应敌我分明，“爱吾爱，仇吾仇”，齐心协力“击破胡儿卫神州”！使台湾早日回到祖国怀抱。“心似孤儿恋故乡”之先生，其时自有“白首欣然返”的一天！[①]

于右任退居后，一直未忘回归大陆。他在见到高一涵的信后，恨不得马上回到祖国怀抱，然而身不由己。据说他在去逝前的几年里，每天都要到海边，遥望大陆，远眺大陆河山，硬是哭瞎了一双老眼。

第二节　坚持依法治国

据原六安县人大代表高晓初回忆说：全国解放时，一涵叔已是65岁的高龄了。由于新形势对他的鼓舞，使他焕发出青春活力。他写过许多文章，发表过许多谈话，并且都付诸实际行动。如土地改革运动开始的时候，他就写信给他家乡南官亭乡人民政府，把自己所有土地全部交给人民

---

① 选自《高一涵文选》2013年版662页。

政府。他在信中说："土地改革运动是惊天动地的壮举，是中国劳动人民迫切的要求，是消灭封建势力的根本措施，是全国人民空前的大喜事。我以诚恳的心情将祖遗土地六十余亩连同契约一并呈交政府，请求分配给无田无地，或少田少地的农民，这既符合'耕者有其田'的口号，也表示我拥护土地改革的实际行动。"①

一、反对取消南京法学院

1952年，在高等院系调整中，把南京法学院取消了，他公开表示反对。

1953年至1954年间，各省都成立国家新《宪法草案》讨论委员会，讨论修订新中国第一部《宪法》。高一涵担任江苏省宪法草案讨论委员会成员，参加了新《宪法》讨论制订工作。他在讨论《宪法草案》时说："现在是第二阶段社会主义革命，把资产阶级列进去是不妥当的。但我们的国家和（其他国家）无产阶级专政程度上有差别也有相同地方，所以既不能把资产阶级写出来，也不能说不要资产阶级。"②为党对这个阶段的阶级分析，提供了重要的理论参考。期间，高一涵对政治与法律的研究，做了大量工作。

1954年4月，我国第一部《宪法》公开颁布，高一涵在1954年4月4日的《光明日报》上发表了题为《热烈拥护中华人民共和国宪法》的文章。高一涵开始就说：《中华人民共和国宪法草案》公布了，这是一件符合全国人民共同愿望的大喜事。"是我国有史以来全国人民政治生活上值得纪念、值得骄傲的大喜事。"文章还说道："从清政府到国民党大半个世纪以来，没有哪一个政府能颁布这样符合全国人民愿望和维护全国人民利益的伟大宪法。"最后他还诚恳地表示："我当垂之年，躬逢其盛，亲眼看到这个宪法的公布，自当虚心学习，衷心拥护，并争取为社会主义彻底实

---

① 摘自《高晓初回忆录》。

② 江苏省委统战部《高一涵补充材料》1954年11月。

现而奋斗到底。”

1957年,“鸣放”开始,在5月19日的《人民日报》上发表八位教授的“鸣放”文章。其中,高一涵对1953年撤销南京法学院提出批评,强调“要巩固人民民主专政,就要加强法治”的批评文章,全文如下:

对撤销南京大学法学院提出批评

高一涵

有人说南京大学重理轻文,其实社会学、法律学更被轻视。马列主义哲学是一切科学的指导原则,但不能代替社会学、法律学;政府的政策方针也不可以代替法律。南京有一大批搞法学工作的人,现在很多人都改行了,还有许多人没有工作岗位。这是否说搞旧法的就不算搞新法?但是,北京有些司法工作的领导同志也是学的旧法,难道南京有旧法观的人是不能改造的吗?要巩固人民民主专政,就要加强法制,但谁来订法,现在审理案件时,法律条文上没有,有时判错了,有时就无法判案。

记得1952年院系调整时把南大法学院取消了,领导上说:“取消是国家政策要这样。”我不同意这种说法,他们还要我作检讨,但我的思想还是不通。

(《人民日报》1957年5月19日)

这篇文章在今天看来,不仅毫无问题,而且是金玉良言。

高一涵为何有如此之坚定的法治觉悟呢?让我们把历史推回到他在日本留学时期,就有了答案。

二、终身追求依法治国

高一涵在明治大学学的就是政治和法律。1915年,他已经留学四年,期间他反复研读了欧美各国主要是英国、美国的古今政治学和法律学。《新青年》创刊后,高一涵先后在这个刊物上发表了《共和国家青年之自觉》的连载文章，系统全面地阐述了现代国家的性质、个人与国家的关系、国家的权限、自由、民主、人权等关于现代国家的全新理念。现代国家理念说到底就是现代国家的法制现代化。紧接着他又在《新青年》上先后发表了《近世国家观念与古相异之概略》(译文)、《民约与邦本》、《戴雪英国言论自由之权利论》(译文)等重要文章。着重对宪法和法律在现代国家中的地位和法理秩序作了系统全面的阐述。

如在《近世国家观念与古相异之概略》的译文中，他批注道："人民为国家牺牲品，若主人之豢畜犬豕麋鹿然，视人若物，剥尽其权，此太古国家盛衰兴废所以……今者国本在民之理，大阐明于西方，举国家全力，保护人民之权利。人智日启，即国家之文化日高，国家文明，因人演进。自今以往，日新月盛，将永绝一治一乱。突兴突败，而立不退转之文明。……保护人权，其今日立国之神髓也欤！"用什么来保护人权，使国家文明而"立不退转"呢？"立国之神髓"又是什么呢？且看他在《民约与邦本》中写道："宪法由国家主权而生，非以限制国家自身之权力，乃以限制国家机关之权力，即规划政府对于人民布政运权之范围者也。"他告诉人们现代国家的宪法来自人民，是限制国家机关的，不是限制人民的，国家主权在民，如果政府不能很好地履行职责，人民就可以更换政府。他在这篇文章中，还进一步阐述了现代国家的法理秩序："人民创造国家，国家创造政府，政府者立于国家之下，同于全体人民受制于国家宪法规条者也。执行国家意思，为政府之责。而发表国家意思，则为人民之任。""人民如何发表个人的意思而使之成为国家意思呢？私下议论当然不够，而是要诉诸舆论，所以共和国必须有言论自由和出版自由作为保障，要通过议会，所以要有自己选举的议员作为代言者。"

他在《宪政常轨中政党活动之正当范围》(载《甲寅》139 号)一文中，针对当时国内军阀政客们置法律于不顾，借助党派之势力，进行封建专制复辟活动，闹得时局动荡、百姓遭殃，大声呼吁说："真正立宪政治之政党行为……应以合法行动……不应越出轨道之外。"也就是我们今天所说的任何政党和人民团体都必须在宪法和法律许可的范围内活动。

高一涵的文章,全是为挽救当时的以人治代法治,导致政局动荡不安而作。祈求年青的共和国在宪法和法律的保护下,实现真正的"共和"。祈求政治文明、法制文明的昌盛局面早日到来。

然而,后来的形势发展很不顺利。但他不气馁,不灰心,他认为只要通过努力,就会"造就一个光明理想的世界"。于是,以文救国、以法护国的壮举仍在进行中:

1917 年 6 月,他在《甲寅》杂志上发表了《论欲实行立宪政治者应有之觉悟》;

1918 年起,他在《每周评论》上,先后发表了社论:《什么叫做"国民制宪"》《学生事件和国家法律问题》;

1919 年 11 月,他在《太平洋》报上发表了《俄国新宪法的根本原理》;

1919 年 11 月起,又先后在《东方杂志》上发表了《我国宪法与欧洲新宪法之比较》《平均地权土地法》等等。

1922 年,他在《新青年》上发表了《对于治安警察条例的批评》,1924 年,又发表了《省宪中的民权问题》;

1926 年后,他先后出版《欧洲政治思想史》《中国御史制度的沿革》《中国内阁制度的沿革》和《政治学纲要》等专著,进一步阐述了宪法和法律法规在民主共和国家中至高无上的神圣地位。

1946 年 5 月,家乡六安县人民选举高一涵、宋树仁为人民代表,参加"国民制宪大会"。是年 11 月,高一涵不负人民的重托,一方面联络国民党左派代表,随时准备向蒋介石发难,一方面联名向大会递交了《宪法上的监察权问题》的提案,力图在国家宪法上形成一个完整的"监察权法制度",成为我国监察工作法制化、制度化的早期倡导者。

新中国成立后的 1953 年,大学院系调整,撤销南京法学院,轻视法制,他顿足捶胸拍桌子,表示不满和遗憾。

已发现的高一涵从 1914 年到 1963 年的著译作品共 290 多篇,专著五种,其中专门论述国家宪法和法律法规的文章、专著共 61 篇,结合论法的 41 篇。关于他在监察法规方面的创树本书已在第九章中作了较详介绍,不包括在内。

写到这里,读者一定会明白,高一涵不仅是我国法制文明建设的先驱者,而且是我国“依法治国”的坚强捍卫者。

第三节　终身追马列

新中国成立后,高一涵不顾年老体弱,如饥似渴地阅读了大量的马克思主义著作。《共产党宣言》《资本论》《马克思恩格斯全集》《毛泽东文选》等,都是他案头常置,手边必备反复研读的书籍。在学习中,他用蝇头小楷把马克思主义的一些基本原理和重要观点摘抄下来,装订为《马克思唯物史观公式集解》小册子,以备随时查阅参考。他还联系自己的思想实际和社会主义实践,思考研究问题,撰写发表了一系列文章,为新生的社会主义鼓与呼。1950 年到 1959 年期间,他先后在《人民日报》《光明日报》《新华日报》等报刊上发表文章十八篇,内容涉及社会主义革命与社会主义建设问题,党的方针政策,历史、哲学、法律等各个方面。1953 年 2 月,党中央颁布了“一化三改”的过渡时期总路线,高一涵说:“这是我们国家坚定不移的社会主义总路线,是中国史无前例的大事件。”他还说:“唯武器论者固然不对的,但是唯精神抗战的论调也值得批判。还有一种依赖苏联老大哥的思想也是不对的。”在讨论工业化和资本主义工商业改造问题时,他认为“主要应从生产关系上来看,由于生产资料公有,就能适合社会化的生产,解放生产力,并可用机器代替人力”。1956 年 12 月 19 日,高一涵在《人民日报》上发表了《审判人员能不能向科学进军》的文章,就是他一生追求科学与真理,研宣马列主义、毛泽东思想的真实写照,且看他说:

在党对知识分子提出向科学进军的任务时,早就由周恩来总理在关于知识分子问题的报告中说过:这一任务是“我们党和全国知识界、全国人民的一个伟大的战斗任务”,由此可见,凡是知识分子,不管他是做科学研究工作的,或者是做各部门实际工作的,都一样要负起向科学进军的责任。

20世纪50年代,我国各行各业百废待兴。中基层的公安、司法干部,特别是第一线的工作人员,多半由工农担任。少数被留用的老旧司法审判人员这时差不多全部离开原有岗位。工农出身的新的司法审判人员在当时无产阶级专政的条件下,多半凭借朴素的阶级感情办事,他们往往认为“科学”二字是个洋玩意,不必在意。这在当时的一线工作人员表现得尤为突出。这样就出现了两个问题:一、审判工作常常是主观认为与客观实际相脱离,认为向科学进军是科学家和从事法律研究者的事,与做司法实际工作者无关。二、其结果是造成了“刑讯逼供”“屈打成招”的冤错假案累累发生。

高一涵的这篇文章,就是针对当时这种情况而发表的,他说:

我个人认为:如果人人抱着这样见解,无论是对于提高国家法律科学水平,或者是对于提高个人法律科学水平,都是不利的。究竟做审判工作的人员能不能负起向法律科学进军的任务来参加百家争鸣的队伍呢?我的答案是肯定的,以下且说明我个人肯定这一答案的两点理由。

(一)审判人员所进行的审判实践就是法律科学的基础。大家都承认:科学的理论是人类在生产斗争和阶级斗争中经验的总结。实践与理论有着不可分离的依赖关系。而且人类的实践活动总是走在理论的前面,没有实践就不可能有真正的科学理论,法律科学是社会科学中的一门,社会科学的理论是由人类阶级斗争的实践中总结出来的经验。审判人员所执行的任务就是阶级斗争的一个部门的主要任务,因此,他们在审判刑事、民事诉讼案件的实践中,就为刑事、民事诉讼法典和刑事、民事诉讼科学提供了丰富而确实的研究资料。法律理论是指导审判实践的原则，审判实践又是检验法律理论的标准。我们判断法律理论是否符合真理，不能单依靠主观上觉得如何而定，一定要依靠客观上实践的结果如何而定。因此，审判实践既是刑法、民法科学的发源地，同时，又是刑法、民法科学的检验所。

……

（二）审判人员所用的治事方法同时就可用作治学的方法。审判人员对于每一案件，要想从调查研究中得到真实情况，做出既合法又正确的判决，那就要客观地认定与案件有关的全部事实，要想使所认定的事实确是真实的事实，那就要以辩证唯物主义的认识论做根据，来进行审理工作。这个认识论的出发点是事物存在于我们的意识之外，不以我们的意识为转移，我们的意识只是客观事物对于我们感觉的反映，这个认识论确信一切事物无论怎样复杂疑难，都是可以认识的，并且确信实践在认识过程中有头等重要意义。因此，审判人员要想弄清楚每一案件的来龙去脉和真实情况，那就只有用辩证唯物主义的客观方法来武装自己，使每一案件在审理过程中，都本着实事求是的精神进行，避免用主观成见去揣摩推测。审判人员在每一案件的审理过程中，从头到尾都要牢牢记住“事实是根据，法律是准绳”这一个科学的审判原则，我们必须认识到：不但事实本身是客观的，就是对事实的认定也必须是客观的，不但法律本身是客观的，就是对法律的适用也必须是客观的，这就是说：我们审理条件：只能以客观事实做根据，不能以主观推测做根据，我们判决条件：只能用客观的法律做准绳，不能用主观的成见做准绳。只有这样的审判方法，才是确能反映真情实况的科学方法，由此得到的审判结论才是符合客观真理性质的科学结论。也只有这样，才有可能克服主观主义的审判作风。

认定事实是审判人员一件最繁难的任务。……这只有依靠侦查人员和审判人员搜集和掌握一切可能搜集和掌握的事实资料，其中包括人证或物证,使得犯罪环境有全部反映出来的可能。这就需要对于这些犯罪证据进行科学上和技术上的鉴定,以便揭露罪犯,证实罪犯。审判人员为了要确定证据,就必须与自然科学家和专门技术家合作,来进行对犯罪证据的鉴定(如痕迹、笔迹、文件、武器、毒品的鉴定等)这就要求审判人员一方面要利用这些掌握犯罪对策学的科学家用科学技术知识鉴定的结论,一方面又须对鉴定的结论作出正确的评价,作为自己判决的根据。……

最后他说:

毛主席在《实践论》中说:"只有感觉的材料十分丰富(不是零碎不全)和合于实际(不是错觉),才能根据这样的材料造出正确的概念和论理来。"这就是审判人员担负向科学进军的任务和贯彻百家争鸣方针的最优越的条件。(《人民日报》1956 年 12 月 19 日)

这里需要特别引起注意的是:"审判实践既是刑法、民法科学的发源地,又是刑法、民法科学的检验所。""事实是依据,法律是准绳"这两句法治格言是经典、是科学,是我们每一位科学行政者所必须牢牢记住的。

第四节　思想家、理论家和教育家

一、现代政治科学体系奠基人

新版《安徽通史》高一涵条目中说:"高一涵(1885—1968)安徽六安南官亭人,早年留学日本时,与李大钊相友善,一起从事留日学生团体活动。1916 年 7 月回国,积极为《新青年》撰稿编辑奔波,后又与李大钊一

1938 年自题照

高希翠竹凌云志，
洁羡青莲出水姿。
十丈红尘浑不管，
一灯风雨写清词。

百代文章罗眼底，
万家忧乐系心初。
研底探奥吾人事，
不为千秋亦著书。

起从事《甲寅》日刊的编辑撰稿工作，1918年，任北京大学丛书编译委员，并与陈独秀、李大钊、胡适、钱玄同等人轮流编辑《新青年》。同年11月，又与李大钊、陈独秀等人共同创办《每周评论》。高一涵是《新青年》杂志第一批作者，他发表的《一九一七预想之革命》《共和国家与青年之自觉》《国家非人生之归宿论》等，提出自由平等的人权思想，强调中国青年要有独立的人格，可以为国家牺牲自己的生命，但不得牺牲一己之人格。”在积极宣扬新思想新文化中，不少文章是可以与陈独秀、胡适文章相媲美的。他还是继严复之后，积极向国人宣传西方政治理论且有所造诣的政治学者，可以说他是新文化时期几个主要杂志《新青年》《每周评论》《努力周报》《现代评论》最忠实的撰稿人，也是在陈独秀、胡适周围，反对军阀统治安徽，主张改革安徽政治，提倡新文化事业最忠实的合作者。

中国人民大学教授文卫勇、舒琪琳著文说：“高一涵是中国现代政治科学体系的重要奠基者。”

如今，仅仅翻开高一涵1914—1919年（“五四”运动）的早期著作，“科学”“民主”“渐进”“文明”“演进”“改革”“发展”“国情”“谋新”“民为邦本”“主权在民”“经世至用”“实验真理”“国家文明”“科学行政”“大同福旨”“主张法治，反对人治”“监察法化制度”等这些概念不断映入眼帘。编者通过对他一系列著作的反复阅读和研究，初步归纳出高一涵的理论特色是“兼容并包”“经世致用”“与时俱进”“独成体系”。

他的这些理论，经过七八十年的历史检验，证明是科学，是真理，是我们民族的一笔重要财富。

二、我国著名的教育家

高一涵是我国著名的新文化教育家之一。他曾在北京大学等国内多所名牌大学任教,并担任院系主任、院长之职。在高一涵的教学生涯中,一直坚持以马列主义为指导,吸收中国传统思想道德中的精良,融入西方近代科学和文明,紧密联系中国社会发展的实际,自编教材,开展教书育人活动,为中国革命培育了一大批优秀人才和骨干力量。他编的许多教材被列为中学和高校的重点课文。现存于安徽省图书馆由高一涵主编的《国学小丛书》就有三种。他著的《欧洲政治思想史》曾作为北大第八套教学丛书,在改革开放后,由北京的东方出版社先后两次再版。他的许多著作和文章成为今天部分高校研究生论文答辩的题材。

第五节　故乡情深

新中国成立以后,高一涵无时无刻不在关心故乡的建设,关心后辈们的成长,关心六安的发展。他多次想回乡观光,但都因工作太忙而未能如愿。1954 年元月,他与安徽省长黄岩同在北京开会,黄岩邀请他回乡观光,他也答应会后即可成行。但在行前,突接江苏省的电话,通知他回省接受新的任务。直到 6 月,高一涵才随江苏省参观团,回六安家乡参观了伟大的治淮工程——佛子岭水库。但因随团集体行动,"虽过家门未见家"。

为了了解家乡的情况,他总在百忙中抽出时间,写信给家乡亲朋故友,请他们回信"报告家乡新闻一二",每接一信,他都及时回复,要求亲友后辈并转告每位乡人,"要听党话,跟党走,为祖国建设努力工作,为彻底实现社会主义而奋斗到底!"

一、情寄六安

在本传的编辑中,我们有幸收集到他给后辈们信札九篇,篇篇都饱含了高一涵对故乡六安的一片深情厚谊,特录如后:

致绪楷侄孙信

绪楷侄孙如晤:

今天接到你的来信十分快慰!几十年以来我处的地方与家乡变成两个世界,彼此皆不能通信,更谈不到见面了。今天,自是同在一个世界中生活,这是何等快慰的事!你们兄弟今天所得到的世界,也是我三四十年前想看见的而未看见,直到白尽了头发,才能看见的世界。虽属可喜,抑甚可悲,究竟你们的幸运比我好,在青年中就可以看见,要算比我早了四十年。我当初入世到现在如走到大沙漠中,风沙蔽天,荆棘满地,所能看到的只是兽蹄鸟迹,绝看不见一条正正当当的道路。到了后来——北伐以后,现在前面的好像是一条道路,谁知走了二十多年,才发现前面却是悬崖绝壑之中了。这个死路,费了一生中正好的光阴。说来真正的可惜可恨。你们现在不同了,你们今天所走的是铺上铁轨的铁路,有绝对聪明的工程师,替你选择了的路线,并且敷下不可移动的轨道,又有技术人员开路,将你们推动起来前进。又有红旗绿旗红灯绿灯指示你们前进的方向。你们就是闭着眼睛,也不至于走错路的。这是何等幸运?我在"五四"运动时,正当年壮,尚能做一个摇旗呐喊的无名小卒。今天老了,再也不能有所贡献了。惟望你们兄弟们天天学习,天天进步,在建设新民主主义的国家中做几个无名小卒,我就死了也闭目了。望你们努力,祝你们进步!

涵庐手启　1950年6月14日

致房侄高晓初信

“党如此关怀我、信任我、支持我、鼓励我,在工作上的安排,让我胜任愉快;在生活上的关怀,让我备受温暖。纵观我们伟大的祖国,从一个‘睡狮’变成东方巨人,从‘华人与狗’变成了英雄人民,今天才是我们炎黄子孙几千年来扬眉吐气的时候。作为一个中国人来说,今天是何等幸福、何等光荣,而又何等骄傲!这不是共产党的英明领导,这样的幸福、光荣、骄傲是想也不敢想的。回顾往事,真是感慨万千,心潮澎湃。现在我虽已进入晚年,但余身尚健,誓为建设社会主义祖国大厦,流尽自己的汗水,借报人民之恩,而遂终身之愿。你亦应克勤克俭,任劳任怨,忠心耿耿,为党为人民甘做孺子牛,把毕生精力献给党、献给人民、献给祖国。以弥补你前半生的遗憾。总之,愿我们在祖国的春天里一同奔向社会主义的锦绣前程。”为此我(高一涵)还写了一首诗,答谢他老人家对我的关怀,表示自己的革命意志和决心。其诗云:

燕舞莺歌花似锦,金陵寄语到芜城。
前年庭训情如昨,今日家书意更深。
迷路羔羊公指引,经秋枯木我逢春。
头颅誓为人民掷,万里征程永不停。

1950 年春

致房侄燧球信

燧球侄:

离乡三十余年,未曾见过你面。来书问我近况,知道你们对我时时关怀。我于四九年任南京大学法学院院长,该院调整后,又调到江苏省人民政府任参事,一切工作均符合我的水平,身体尚健,望你转告知我者放心。

宗沪儿参加空军赴朝鲜作战,保卫祖国,已经一年多矣,望你在文教工作岗位上,为祖国努力工作,好好教育下一代。

一涵　1954 年 1 月 9 日

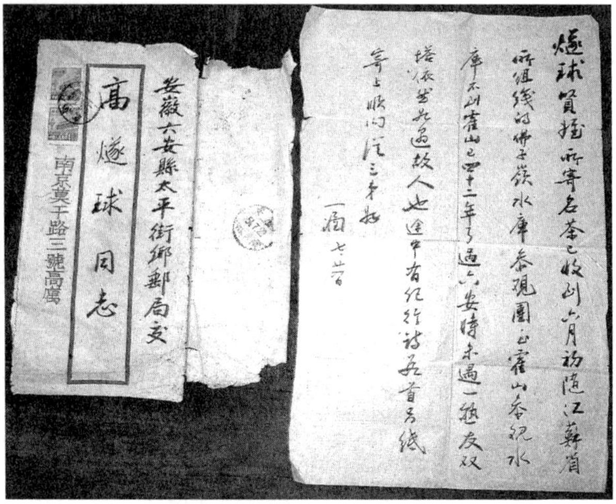

致房侄燧球信

燧球侄：

所寄名茶已收到。六月初随江苏省所组织的佛子岭水库参观团到霍山参观水库。不到霍山已四十二年了。过六安时，未遇一熟友，双塔依然，如对故人也。途中有纪行诗数首，另附纸上。

参观佛子岭水库纪行

一九五四年

（1）

云雾山间旭日红，胞尝新茗腋生风。
茶歌声里闻乡语，真个身回故国中。

（2）

百里郊原万象春，秧针绣地绿如茵。
旧家乔木归新生，剩向青山觅故人。

（3）

天开地劈起工程，蓄泄兼筹举世惊。
莫道禹功江汉大，但凭疏凿抑天行。

（4）

昔日归家仍是客，此番归去喜无家。

人生快事无家别，放荡乾坤一客槎。

一涵　1954 年 7 月 24 日

燧球侄：

得来书，正值我在北京开会，未即作复，喜闻故乡人民公社建成，一幅美景正如旭日东升，快慰奚如！有暇望将家乡新貌报告一二，恍如亲自归来也。

一涵　1959 年 3 月 6 日

致宗溥侄信

宗溥贤侄：

来信收到了，想你们都好。我本拟今年夏秋之交，回六安故乡看看，现在天已热了，我想改在秋天回来一次，看看淠史杭和六安到东河口镇的公路通车。到时再通知你们。现在全国都在争取农业高产、稳产，想你们公社也在努力争取。望你们好好工作，响应党的号召，在生产中争取先进称号。

一涵　1959 年 5 月 20 日

燧球侄：

顷接来书说，瞬将两年未通音问，可见时光之快。上次接到你父亲来信，适我有北京之行，回来又去，先后三次，因此，把复信耽搁了，请你转告，并望原谅。农村整风后，气象一新，全国皆然，可见党的领导英明。农村革命干劲冲天，克服了两年的连续灾害，如在过去，不知多少人流离失所。在风调雨顺之年，丰收容易，在连续灾害之年，能够农业产量超过一九五七年就不是一件容易的事。谁知盘中餐，粒粒皆辛苦。在抗灾之年，体会更深了。今年农业丰收在望。希望你努力工作,教好下一代青年,对党和国家做出贡献,以报党育之恩。想你们必然这样做了。我们都好,感谢你们的慰问。

一涵　1961 年 3 月 14 日于南京

燧球侄:

四月六日来函收到了。离家快六十年,对于家乡的地名,新的固然不知道,旧的地名也大都忘记了。你来信所说的张家拐楼子,横岭都仿佛知道大概,但详细情形已不曾记忆。

最近在报上看到淠史杭要完工,并说河内可以通航,这是一件翻江倒海的大事。接着看到东河口到六安已通车,皆是大喜事。我们以前从家乡到六安,起早带晚要整整一天,有时要一天半。通车后,两个小时就到了,这是显著的“缩地法”。

今年一月在北京会见黄省长(黄岩)、张恺帆厅长,他们都劝我回安徽游览参观一次,我本想这时回来,因为集中学习,把时间耽搁了,拟于今年秋季回六安看看故乡新面貌,新人物,你看好吗?

一涵　1964 年 7 月 4 日

燧球侄:

陈书记托购《毛泽东选集》,一时无法订购。现将新华社出版的单行本一齐购全,寄你转给陈书记阅读。每样两册,可与其他同志分用。前寄书价四元已收到,超过书价请陈书记不必补寄,作为我对学习同志的赠送,聊表诚意。望你好好学习毛主席著作,照毛主席指示办事,教好下一代,这是政治任务,千万不要忘记。

一涵　1964 年 7 月 4 日

二、魂归雨花台

20 世纪 60 年代,高一涵年逾八旬,身体每况愈下,加之在特殊的历史环境下，他也受到不公正的对待，1968 年 8 月 23 日，高一涵在南京家中病逝，享年 83 岁。

1978 年，中共江苏省委为高一涵平反，恢复了名誉。这年 12 月 28 日江苏省政协、民盟江苏省委联合在省政协礼堂为高一涵举行骨灰安放仪式，骨灰由高一涵的独孙女高举红捧送，安放在南京雨花台公墓。家乡亲朋和学生应邀前往，沉痛悼念、深切缅怀了这位客故他乡的一代新文化思想家。江苏省委机关报《新华日报》和《人民日报海外版》对这次仪式作了详细报道。《新华日报》报道说：全国政协、中共中央统战部、民盟中央、江苏省委、政协江苏省委员会、省委统战部、省高级人民法院、政协安徽省委员会、中共安徽省委统战部、南京大学等单位送了花圈。送花圈的还有：许家屯、朱蕴山、吴贻芳、陈鹤琴、刘树勋、陈中凡、王昭铨、廖运泽、朱辉、陈良、叶胥朝、陈玉生、林希昭、王亚东、林浩然、范存忠、戴安邦、戈福鼎、张敬礼、程秉文、陈邃衡、胡颜立、叶橘泉、严恺、李庆逵、吴桢等。

参加骨灰安放仪式的有江苏省委、省政协、省民盟和有关部门负责人，生前好友及亲属共 200 余人。

骨灰安放仪式由省政协副主席管方蔚主持，省民盟副主委范存忠致悼词。

悼词说，高一涵先生早年参加过“五四”运动，从事反帝反封建的活动。解放前，曾经不畏风险，维护过一些共产党员的安全。新中国成立后，他先后担任南京大学教授、法学院院长、南京市人民政府监察委员会委员、中国民主同盟中央委员、民盟江苏省委员会副主委、政协江苏省委员会副主席等职，为巩固和发展革命统一战线做了有益的工作，发挥了积极作用。这是值得我们学习的。对强加给高一涵先生的一切诬陷不实之词，应予推倒，恢复名誉。[①]

高一涵《自题小照》曰：

---

① 1979 年 1 月 14 日《新华日报》：《高一涵骨灰安放仪式在宁举行》。

高希翠竹凌云志，洁羡青莲出水姿。

十丈红尘浑不管，一灯风雨写清词。

百代文章罗眼底，万家忧乐系心初。

研底探奥吾人事，不为千秋亦著书。

（1938 年 6 月）

时光流逝，历史昭昭，高一涵已为我国党史学界公认为著名的启蒙思想家、政治学家、教育家和社会活动家。他的一生是奋斗的一生，光辉的一生，清正廉洁的一生，他是我们民族的骄傲！

高一涵先生离开我们已经有 47 年了。他一生追求科学与真理、追求民主与法制、追求光明与正义的精神值得我们世代弘扬。

今年是高一涵先生诞辰 130 周年，《新青年》创刊一百周年，特作此传，以致缅怀！

2015 年 12 月初稿

2016 年 10 月终稿

参考文献（按参阅先后顺序排列）：

1. 胡绳主编，中共中央党史研究室著：《中国共产党七十年》，中共党史出版社 1991 年版。

2.《六安县文史资料》。

3.《高氏宗谱》。

4.《新青年》。

5.《每周评论》。

6. 高一涵：《金城集》，1945 年版。

7. 江苏省委统战部：《高一涵档案》《高一涵小传》《高一涵自传》

8.《金安文史》。
9. 高大同编:《高一涵先生年谱》,上海文化出版社 2011 年版。
10. 高大同编:《高一涵监察工作文选》,凤凰出版社 2014 年版。
11. 唐宝林:《陈独秀全传》,社会科学文献出版社 2013 年版。
12. 朱志敏:《李大钊传》,红旗出版社 2009 年版。
13. 董必武传编写组:《董必武传》,中央文献出版社 2006 年版。
14. 王军:《高语罕传》,中央党史出版社 2006 年版。
15.《李大钊文选》,人民出版社 1978 年版。
16. 高一涵:《欧洲政治思想史》,东方出版社 2012 年版。

小传　自传　年表

高一涵小传

江苏省委统战部　编写

高一涵，原名永浩，别名涵庐、梦弼。男，汉族。1885年2月生，安徽六安人。8岁始读私塾，13岁即能诗善文，14岁考取秀才。1906年，高一涵入六安州中学堂学习。1909年，被保送入当时设在安庆的安徽高等学堂。1912年，高一涵负笈东瀛，进入日本东京明治大学政治系就读，接受了较为完整的资产阶级教育。

从1915年《新青年》发行开始，高一涵就在《新青年》上发表了不少反对封建帝制、主张民主共和的文章。在此期间，高一涵结识了后来在为"五四"运动领导人之一的李大钊，并参加了由李大钊与中国留日学生中优秀青年秘密组织的爱国进步团体"神州学会"，后被中国留日学生总会推举为该编辑委员会的主任。

1916年夏，高一涵结束了留学日本的生涯，启程回国。1916年8月15日，《晨钟报》在北京创刊，由梁启超、汤化龙、蒲殿俊等主办。李大钊任总编辑，主持工作。高一涵参加编辑工作。1917年，章士钊在北京创办了《甲寅》日刊，约李大钊、高一涵为该报撰写社论。李大钊、高一涵两人轮流写作，每人每隔一天为《甲寅》日刊写一篇论文，其中许多观点是反对军阀统治和封建文化的。同年，经陈独秀介绍，高一涵受聘于北京大学，在北大编译委员会任职，后任讲师、教授，主要讲授政治学及政治思想史，前后长达11年之久。李大钊发起成立马克思主义学说研究会后，高一涵参加了该会并经常发表演讲，宣传马克思主义学说和理论，深受会员们的欢迎。

因陈独秀到北大任职，《新青年》编辑部也于 1918 年由上海迁到北京，并从第四卷起，不再由陈独秀个人主编，成立了由陈独秀、钱玄同、高一涵、胡适、李大钊、沈尹默组成的编委会，轮流主编，一期一轮，介绍新思想，提倡白话文，吹响了新文化运动的号角。从 1915 年《新青年》发行开始，至 1921 年第九卷第一号，高一涵先后在《新青年》上发表了 26 篇文章，主要有《共和国家与青年之自觉》《一九一七年豫想之革命》《共产主义历史上的变迁》等等，着重论述政治、哲学、法律等问题。

1918 年 12 月，陈独秀、李大钊等人创办了一个新杂志——《每周评论》，这是一个具有强烈政治色彩的刊物。高一涵又成为该杂志的撰稿人。《每周评论》坚持反帝反封建的政治和文化思想宣传，为“五四”运动作了重要的舆论准备。

1919 年 5 月，沉寂的中国发出了惊天动地的呐喊，伟大的“五四”爱国运动爆发了。高一涵与陈独秀等人起草了一个反对北洋政府的宣言，号召群众推翻段祺瑞政府，并宣布京师卫戍司令段芝贵的死刑。

1922 年 4 月，高一涵与北京各界人士 200 余人共同发起非宗教运动，该运动对中国近代历史产生了极为深远的影响。同年 8 月 15 日，高一涵与北京各界人士一起，在湖南会馆成立了“民权运动大同盟”。

在大革命中，高一涵致函孙中山先生，建议他对国民党加以改组。孙中山先生接到高一涵的来信后，认为极为有理，便着手对国民党进行改组。在李大钊的劝说和介绍下，高一涵于 1925 年加入了中国国民党。同年，高一涵参加了教育界公理维持会。他与陶孟和、丁西林、李四光、周苏生、王世杰等人一起办《现代评论》杂志，并成为该杂志的经常撰稿者之一，后又与胡适同办《努力》周刊。

1927 年 1 月，高一涵由高语罕介绍秘密加入中国共产党。同年 2 月，高一涵来到武昌中山大学，就任政治学教授、政治系主任、法科委员会主任委员，同时兼任国民革命军总政治部编译委员会主任委员、宣传科代理科长。4 月 12 日，蒋介石在帝国主义和江浙财阀的支持下发动反革命政变。高一涵义愤填膺，连续在汉口《民国日报》和北伐军总政治部的机关报上发表文章，口诛笔伐蒋介石的反动罪行，号召人民团结一致，继续完成国民革命大业。大革命失败后，在白色恐怖日益严重的情况下，高一涵被迫从安庆迁往上海，失去了与国民党、共产党的联系。

高一涵到上海后，执教于上海法政学院，任政治系主任、教授。蔡元培出任中国公学董事长，高一涵又在中国公学任教授，兼社会科学院院长，并与继任中国公学董事长的于右任相识。1924—1930年期间，高一涵先后撰写出版了《欧洲政治思想史》《中国内阁制度的沿革》《政治学纲要》等一系列专著，从而奠定了他作为著名政治学和法学家的学术地位。其中，《欧洲政治思想史》一书被北京大学列为第八套教学参考丛书。

1931年，高一涵经于右任、王陆一介绍，重新加入国民党。经于右任提名，任监察院委员。1935年在武昌任两湖监察使。此后，一直在国民党政府中任职，先后任甘肃、宁夏、青海监察区监察使，直到南京解放。1942年秋，国民党政府教育部聘请高一涵、张大千、常书鸿等8人组成国立敦煌艺术筹备委员会，并指定高一涵为主任委员。1946年12月，高一涵当选为"制宪国民大会"的代表，并参加了这次大会。

南京解放前夕，高一涵婉言拒绝了于右任等人的去台劝说，留在了南京，迎接南京的解放和新中国的诞生。新中国成立后，高一涵不顾年老体衰，如饥似渴地阅读了大量马克思主义著作。《共产党宣言》《资本论》《马克思与恩格斯全集》《毛泽东选集》等，都是他案头常置，手边必备，反复研读的书籍。在学习中，他用蝇头小楷把马克思主义的一些基本原理和重要观点摘抄下来，装订为《马克思唯物史观公式集解》小册子，以备随时查阅参考。他还联系自己的思想实际和社会主义实践，思考研究问题，撰写发表了一系列文章，为新生的社会主义鼓与呼。1950年到1959年期间，他先后在《人民日报》《光明日报》《新华日报》等报刊上发表文章十八篇，内容涉及社会主义革命与社会主义建设问题，党的方针政策，历史、哲学、法律等各个方面。此外，他还积极参加各种学习活动。

1949至1953年，高一涵担任了南京大学教授和政治系主任、法学院院长，为新中国的政治学和法学事业培养了不少人才，作出了积极贡献。

1949 年 6 月,高一涵由周新民介绍加入中国民主同盟。1956 年至 1968 年,任民盟江苏省第一、二、三届委员会副主任委员。他经常参加民盟省委的活动,重视民盟的组织建设和思想建设,关心民盟工作的开展,为民盟的发展作出了重要贡献。1955 年至 1959 年,高一涵担任江苏省司法厅第一任厅长,主管全省司法行政工作。任期内,他兢兢业业,勤勤恳恳,不敢有丝毫懈怠,团结厅领导班子其他成员,为全省司法行政工作的健康发展倾注了大量心血。

1959 年至 1966 年,高一涵在担任江苏省政协副主席期间,积极参加各种重要活动,支持省委和省政府的工作,坦诚建言献策。他曾向省政协委员和各界人士传达中央统战部部长李维汉关于学习毛主席著作、逐步改造世界观的报告;带领省政协委员参观团到农村参观访问;参加欢迎肯尼亚非洲联盟代表团以及坦桑尼亚总统尼雷尔到江苏参观访问的外事活动;在省政协第二届委员会常务委员会第十六次(扩大)会议上,作关于国内形势的报告;他亲自主持省政协文史资料研究委员会工作,对辛亥革命、第三次国内革命战争时期、"总统府"及西花园历史掌故、抗日战争等文史资料的收集整理和研究工作细致筹划,并撰写有关回忆文章。

高一涵十分关心台湾问题的解决,期盼祖国统一大业的早日实现。1959 年端午佳节来临之际,他撰写了"发扬伟大诗人屈原的爱国主义精神"一文,表达对祖国统一大业的热切渴盼之情。他曾先后两次致函于右任,敦促他为祖国统一大业作出贡献。

他曾任第一、二、三届江苏省人大代表,第一届南京市各届人民代表会议代表;第二、三、四届全国政协委员,第二、三届江苏省政协副主席。

1968 年 1 月 23 日在南京逝世,享年 83 岁。

(2005—2006 年撰稿)

编者注:书中《高一涵小传》《高一涵自传》《高一涵年表》等史料。由于其作者不同,又因种种原因,如高一涵当时年事已高,记忆很难准确,加之时代特殊等,对高一涵入六安州中学堂、安庆高等学堂、中秀才等问题的具体时间记述不一,特作说明。

高一涵自传

高一涵

高一涵（在学校读书时用梦弼之名，后因在报纸杂志上发表文章，用高一涵之名。时间是由日本回国时起，即1916年），1885年旧历2月19日生，男，汉，安徽省六安县（南）官亭人，家庭出身封建地主阶级，本人成分大学教授，反动政府官吏，文化程度大学毕业，身体健康。

有何特长和技术？还能写作短文，别无什么特长和技术，正想学点哲学和政治经济学。

结婚否？对方姓名，政治态度，现在何地任何职？妻陈廷祺，接受党的领导，曾在居民委员会任妇女小组长和军属小组长，现因年老辞退，在南京同住。

何时何地何人介绍参加革命工作？新中国成立后在南京参加南京大法学院任教授，系主任，院长，后改任省政府参事，江苏省司法厅长。

何时何地何人介绍加入民主党派？1949年9月由周新民同志介绍加入中国民主同盟南京市支部，为（民）盟会员至今。

一、家庭情况和社会关系

（一）家庭情况

我生在半耕半读的封建地主家庭中，自高祖以来，衣食靠地租收入，用费靠束修收入。高祖父以研究经史和儒家理学为事，逝世后崇祀六安乡贤祠，家在六安和合肥的山区，太平天国战役，多在此地区。祖父在太平天国战役中牺牲，因而家道中落。吾父自幼失学，在乡镇店里做学徒，后来与人合伙经营杂货店，做经理。

我们兄弟四人，大兄梦溪、二兄梦龄，皆郡庠生，在乡间设私塾教书。三兄梦松，业农。三人皆逝世多年。侄辈除高宗浚一人读书外，皆为自耕农。我离家已有五十年之余，听说新中国成立后经过土地改革，皆分到田地，现已同全国各地一样，全部人民公社化，生活均得到大大地提高。

我个人自幼就在大兄和二兄的私塾中读书。用梦弼之名应考入学。后来在国内外进学校读书皆用此名，到日本留学归国后，自 1916 年以后即用一涵之名。在幼年时家庭给我的影响，就是在封建礼教的家庭中，一心一意的由科考扬名，企图做一个文人学士，达到荣宗耀祖的目的。

我自 1906 年离开家乡，到安庆安徽高等学堂去入学，仅每年寒暑假回家两次。1912 年后到日本去留学。1916 年回国后，返家一次，即往北京。1918 年因母丧返家一次，因侄辈多未读书不能以书信通音，除解放前与高宗浚见过面和通过信外，对其他侄辈早已断绝关系了。

（二）社会关系

我自出外求学到做事，时间较长，所交往的人也很多，泛泛之交，多已物故，不及一一叙述，并在思想改造后，也已完全交代过了。兹仅就对我思想行为有重大影响的，列举主要人物如下：

对我思想教育有重大影响的，在求学时代有严复。因为他是安徽高等学堂的总监。他所翻译的关于政治、经济、哲学的书籍，都是资本主义上升时代的名著。我读了，受到的影响很大。

在做事的时候，有蔡元培，因为他是北京大学校长，提倡兼容并包，主张学术思想自由；有陈独秀，他反对封建文学，提倡新文学和科学及民主；有胡适，他传播适用主义思想；有章士钊，他传播政治调和论。这几个人对我的思想都起过很大作用。

关于政治理论，除了欧美各国资产阶级的政治思想毒害外，也受些孙中山先生三民主义和五权宪法的影响。以上是 1917 年到 1926 年底在北京大学时期的社会关系。另外，在北京办《甲寅》日刊时与章士钊有联系，办《每周评论》时，与陈独秀有联系，办《努力周报》时，与胡适有联系，办《现代评论》时，与李四光、丁西林、周甦生、陶孟和等有联系。

我于1926年底离开北京。于1927年2月至6月，在武汉中山大学任教授，同时在总政治部任编译委员会主任委员。这时与邓演达（总政治部主任）、章伯钧（中山大学委员会委员、总政治部宣传科长）有联系。同时，安徽省国民党党部设在武汉，与沈子修、光明甫、周新民、朱蕴山等有联系。

自1928年到1931年底，上海教书时与蔡元培（中国公学董事长）、于右任（继任该校董事长）、胡适（中国公学校长）等有联系；在国民党改组派中与王乐平、常恒芳（皆已故）有联系；在寓居上海的安徽同乡中，与吴建藩、李少川（均已故）等有往来。

1932年到1949年，在反动政府伪监察院服务，所认识的都是一时同事，没有什么交情可说，一经分散，各自东西，以后就没有任何联系。唯从1941年到1946年，在甘肃兰州认识了毛北屏（甘肃省合作社管理处长，现任江苏省文史馆员）、吕同嵛（那时甘肃省外交机关秘书，现任南大俄文组教授）、王辉明（那时兰州大学教授，现任南京师范学院教授）等，因为同在南京同为盟员，故亦间有来往。

另外，有本家高达观（前北京大学学生，现任上海外语学院教授），在甘肃省伪监察署同事张家珏（现任南京科学仪器厂职员）和杨适华（现任南京中级法院书记）等亦时有往来。

二、本人经历

（一）社会经历

自1905年，清廷废除科举后，即入六安县中学[①]，次年考入安徽高等

---

① 据1905年9月25日《六安知州转发"立停科举以广学校"谕》称"前奉各宪扎饬，迭经分别示谕，并将州城中学堂会绅筹款开办。其应设蒙小学堂迄今未办。"据此可见六安州中学堂至迟在1905年9月前就已经开办了。作者《自传》称自己1905年入六安中等学堂是对的。

学堂，至辛亥革命止，都在该校肄业。1912年至1916年在日本东京明治大学学习政治经济学。

1916年7月回国后，应李大钊之约，到北京同办《晨钟报》(后改为《晨报》)，后来又同办《甲寅》日刊。1918年入北京大学编译委员会工作，由讲师改任教授。同时，又在北京中国大学和法政专门学校兼任教授。

1927年因北伐军到达武汉，即往武昌，任中山大学教授兼法科委员会主委，同时兼任总政治部编译委员会主委。

1927年7月，武汉国民党反动派背叛革命、分共，由武汉随安徽省国民党省党部至安庆，随即逃往上海。1928年，在上海法政大学及吴淞中国公学任教授，兼任中国公学大学部社会科学院院长。

1931年至1947年由于右任推荐，任伪监察委员；1935年任两湖监察使；1940年调任伪甘宁青监察使；1947年调任两湖监察使；1948年任伪监察院专门委员。新中国成立前一月，发表伪考试院考试委员，未就。

1949年9月任南京大学教授，兼政治系主任；后又兼法学院长。1953年院系调整后，转任江苏省政府参事，1955年调任江苏省司法厅长。

(二)参加政治组织

1925年由李大钊劝告，北大教授石瑛、王星拱(皆故)介绍加入国民党。1927年由于李大钊的推荐去武汉参加革命工作。从北京到上海时，高语罕来面谈，我即申请加入中国共产党，高语罕过几天，即来通知说：已由党通过我为“名誉党员”。武汉国民党背叛革命，分共，我即随国民党安徽省部到安庆，后即逃往上海，与党失去联系。

1929年在上海由王乐平(被蒋特暗杀)、常恒芳介绍加入国民党改组委员会，1932年后，汪蒋合作，这个组织无形取消。到了“一·二八”战役发生，汪精卫与日本订立“淞沪协定”，丧权辱国，全国公愤，我在伪监察院弹劾案审查会上，通过弹劾汪精卫的弹劾案，闹起“汪于冲突”。我自此与汪贼断绝关系。

1932年到伪监察院任监察委员。照例要入党，因即由于右任和王陆一(伪监察院秘书)介绍,集体加入国民党(1948 年总登记时自动脱离)。

(三)思想演变

我的大半生是研究政治理论和政治思想的。我所研究的政治理论是资产阶级的政治理论;我所研究的政治思想史是欧洲上古及中古的政治思想史;近代政治思想史只研究到资本主义上升时期为止,根本没有接触到社会主义的历史,因此,我的政治思想完全是资产阶级的政治思想。后来经过苏俄十月革命启示,也知道资本主义社会必然灭亡,代替它的一定是社会主义,但是社会主义派别很多,而我所为的,都是假的社会主义,就是英国的“改良社会主义”。因为他们反对革命,赞成改良,他们提出的社会主义四大原则:(一)民主的;(二)渐进的;(三)和平的;(四)合乎宪政的谬论,我都同意,因而,我成为改良主义的信徒。

在国民党反动派末期,政治腐败。我在内心里也表示厌恶政治,不愿再搞政治,那时唯一想法只是退休。解放后本想不涉政治,但政治却来问我。一个运动接着一个运动,每经过一次运动,头脑震动一次,也认识到用老眼光来看新事物,处处发生抵触,不由得思想不发生变化。尤其在三反五反及思想改造的运动时,检查出来自己资产阶级的本质,深知道自己受资产阶级思想的毒害严重,才开始认识了旧我,痛恨了旧我,也想加强自我改造。

但是思想改造并不是一件轻而易举的事,常常是反复的、曲折的前进。几年前的想法就是关门思过,自我检查,使旧思想“内消”。可是一遇到阶级斗争尖锐时,旧思想就不召自来,在头脑中又发号施令。在右派分子向党猖狂进攻时,受到一次极其深刻的教训。经过交心运动,又进一步认识自己,本质上还是资产阶级知识分子。每遇到具体事物发生,总是用资产阶级思想意识来观察党的措施,往往立场表现动摇,不能全心全意地接受党的领导,走社会主义道路。因此,经过整风运动,才开始认识到自我改造必首先自政治立场改造做起。

但是我这时又有一个幼稚想法,认为只要政治立场一改变,一切问题都可迎刃而解。事实并不是这样容易。立场、观点、方法三者是有密切联系的。毛主席教导我们说:“知识分子必须继续改造自己,逐步抛弃资产阶级的世界观,而树立无产阶级的世界观,世界观的转变是一个根本的转变。”使我深深体会到不站稳无产阶级的立场就不能掌握无产阶级的世界观;同时,不能掌握无产阶级的世界观,也就不能站稳无产阶级的立场。我下最大决心,努力学习,努力服务,力求在服务中加强自我改造,绝不辜负党对我的培养教育。一定要诚心诚意接受党的领导,走社会主义道路,用毛主席六项政治标准做尺度,随时随地来衡量自己的言论行动。

三、政治历史关系

我从留学到回国,及在北京大学教书时期,并没有参加任何政治组织。1924 年看到了国民党第一次代表大会宣言,实行联俄、联共,扶植工农三大政策,因而听从友人的劝告,才参加了国民党的组织。那时在北洋军阀的压迫下,不能公开活动,只是由北大同事石瑛、王星拱两人介绍秘密参加,自始至终,并没有在国民党的中央党部担任过任何党务工作。直到 1942 年,伪甘宁青监察使署成立党支部,才被选为该部的监察委员,但没有过什么组织生活,或做过什么党内的活动。

1926 年底,因武汉方面需要人很急,由李大钊同志推荐,到武汉参加革命工作。从北京过上海时,通过高语罕申请入党,高语罕当面回答说:“入党事,已讨论过,因为正式党员纪律严肃,陈独秀的意思,请你同陈豹帆一样,作为‘名誉党员’。又因为你到武汉要为报纸撰论文,关于党内的国内的,国内外形势的报告会,和党内某些小组会,都可允许你去参加。”1927 年到武汉后,即在中山大学和总政治部工作。并在那时的《中央日报》及总政治部的机关报上做社论,曾参加周总理所作的国内外形势的报告会。又因为安徽省国民党省党部迁到武汉,在该省党部正式成立时,被选为执行委员,并兼宣传部长,但在武汉时并没有进行实际工作。

在武汉工作时,正遇到蒋介石阴谋背叛革命。那时武汉方面提出两个口号:“打倒昏庸老朽”“打倒个人独裁”。前一个是指张靖江、吴稚辉,后一个打倒对象是指蒋介石。那时在各报上还没有提出蒋介石姓名时,我在作社论时，就对蒋进行讨伐，因被蒋仇恨，认为我是“跨党分子”，对我严加防范。凡是反动政府提名，只要有我的名字，都被蒋勾销。于右任告诉我说：“当提你当监察委员时，曾受到蒋某人的反对，由我力争才得通过。”就是解放前还不远，伪考试院提出考试委员名单中有我在内，也被勾销。后来李宗仁代伪总统，才（将我）重新提出通过。没有就职就解放了。

1927 年 7 月间，武汉方面，一面分共，一面又虚张声势地东征蒋。当东征到安庆时，指示安徽省国民党省党部回省工作。我同该省党部委员光明甫、沈子修、周新民等几个专职干部，从武汉回到安庆。那时东征军何健占据安庆，防共甚急，不能展开工作，人身安全亦无保障，于是就同沈子修、周新民等先后离开安庆逃到上海，从此，与共产党的组织脱离了关系。

我脱离了党的组织关系，绝不是偶然的，而是由阶级根源和思想根源决定的。资产阶级知识分子具有两面性，当革命高潮时，也可以冒充革命；一到革命失败时，就立刻退却，脱离革命的队伍，现在深深认识到：一个人如果没有远大的理想，坚定的意志，又不明确社会发展的方向，仅带着浓厚的个人目的参加革命，绝不会想到为革命事业而献出生命。经过这次考验，才真正认识到：“党员是特殊材料铸成的”这句话确实有真理。正因为抱着资产阶级自私自利的思想来参加革命工作，一遇到反动派猖狂进攻，掉头就走，悲观失望，毫无斗志。终于走到反动统治下，为反动政府服务，做了反动政府的帮凶。

1927 年 9 月后，隐居上海租界，深怕遭到蒋特的迫害，继续（藏）下去，无以为生，只得暂在法租界中政法大学教课。后来蔡元培任中国公学董事长，约我到吴淞中国公学教书，并且担保我的安全，因此，才到了中国公学大学部去任教授，兼社会科学院长，每周从上海去吴淞两次，上了课仍回上海。

这时畏首畏尾、消极悲观，邓演达于海外来信，通过章伯钧约我共同组织第三党，我拒绝了。汪精卫在北京开什么“扩大会”制定宪法，要我参加我也拒绝了。直到1929年由王乐平、常恒芳相约,为改组派秘密刊物写稿,介绍我加入改组派。“九一八事变”发生,汪蒋合作,改组派的组织无形取消。到了“一·二八”战事结束后,汪贼以反动政府行政院长兼外交部长名义,与日本签订“淞沪协定”丧权辱国,激起全国人民公愤。我在伪监察院弹劾案审查会上通过了对汪的弹劾案,引起了“于汪冲突”,我亦从此与汪断绝关系。

1931年,伪监察院成立后,于右任提名任命我为监察委员,照例凡任反动政府高级官吏,必须奉命入国民党,由于右任和王陆一(监察院秘书、已故)介绍集体入党。

解放后,1949年9月,到南京大学任教,周新民同志在北京民盟总部工作,介绍我参加民盟南京市支部为盟员,取得盟籍至今。

四、做过那些不利于人民的事

我半生学的是资产阶级的政治理论,根本不知道用阶级分析方法来观察问题,我那时总认为:我是中国人,有权利也有义务在中国国家中做工作,而且更错误地认为,我在反动政府下做事,根本上就没有做过坏事。在今天看来,那时所谓“好事”,只有利于反动统治阶级,而不利于被压迫人民的。略举几例如下:

(一)“五四”运动以后,青年知识分子的思想起了变化,可是他们真正能认清政治形势,明确政治方向的,还居少数。到了中国共产党组织成立后,一般青年知识分子,进步的加入共产党或者同情共产党的主张;落后的加入国家主义派或者同情国家主义派的主张;大多数中间分子,多加入国民党或者同情国民党的主张。我那时在北京三个大学里讲政治理论,所讲的完全是资产阶级的政治理论。到了1924年国民党宣布实行三大政策后,我又把欧美各国旧民主主义,同孙中山先生的三民主义和五权宪法结合起来,迷惑了许多青年学生,妨碍他们走共产主义的道路。这就是我在教书时代,在政治思想上做了不利于人民的事。

(二)抗日战争时期,我在兰州伪监察使任内,一方面看到了国民党反动派实行阳为抗日,阴谋反共的诡计,心中着实不满。但另一方面,对于反动政府在政治上限共的罪恶行为不敢反抗。接到伪监察院通令要组织“防奸小组”,不敢反对,就指令秘书处照办。虽然这个小组由总务科长陈果青担任组织,实际上并没有做过反共事体;但在这样大是大非面前不敢表明反抗态度,实质上就是做了不利于人民的事。

(三)1943年的元旦,因为兰州的反动派军政头子都到重庆去开会了,新年庆祝会要我主持,由甘肃省国民党省党部写好了开会词,要我照读,词中就有“妨奸”字样,骨子里就在污蔑共产党。我虽没有完全照读,但反动报纸却登载了一段原文,这也是我做了不利于人民的事。

(四)我曾研究过《中国御史制度》,错误地认为:在旧社会中,只要人能够检举贪污官吏,就是为民除害;而没有认识到贪污是资产阶级的本质。不推翻资产阶级政权,就无法肃清贪污。想用少数人纠弹几个贪赃枉法的官吏,就可扭转贪污风气,简直是欺人的妄想。我因为抱着这种妄想,投身到反动政府中去,为反动政府装点门面,借以迷惑人民,这就是做了不利于人民的事。

(五)我在甘肃伪监察使任内,曾弹劾过西北军区长官司令部中将军需监斑淦,由重庆反动政府宣布他的死刑。后来才知道为的是答复重庆参政会进步人士的质问,表示反动政府正在严厉的惩治贪污官吏,借以缓和人民公愤。我做了这件事,又是为反动政府粉刷门面,欺骗人民,缓和广大人民群众的仇恨,这也是有利于反动政府,而不利于人民的一件事。

(六)1947年武汉大学发生了“六一惨案”,我那时还在伪两湖监察使任内,调查明确后,即提出报告书,要求惩办凶手伪武汉警备司令彭善等一干人犯。反动政府看见“六一惨案”发生后,惹起全国人民愤怒,势不可挡,惩办了凶手后,就把武汉学生“反内战,反饥饿”的群众运动平息下去了。直到1953年思想改造时,才认识到这是有利于反动政府,不利于学生运动的。因武汉大学学生中,真正反对这个运动的是极少数人,绝大多数学生采取中间派的态度。可是一听到残杀学生的消息传出后,中间派也投入学生运动,声势浩大起来了。惩办凶手后,缓和了中间派仇恨反动政府的心理,使主持学生运动的学生陷于孤立,反而助长了反对这个运动的少数人的气焰,使学生运动受到严重的打击。我那时还在报纸上发表谈话,劝学生要(用)心读书,求学报国,不要再搞运动,避免牺牲。直到解放后,才认识到这种行为,不是扩大学生运动,而是约束了学生运动。这又是不利于人民的一件事。

附注:事隔多年,有些事一时回忆不起,以后忆起再行补充。

1959 年 12 月

(此件为刘国元、陈良亭、高大同复印于江苏省委统战部干部处,2012 年 8 月 30 日)

高一涵年表

高大同

1885 年　4 月 4 日　（清光绪乙酉十一年二月十九日卯时）

生于安徽省六安州官亭保田埠榜。为高显墀第四子，取名永灏，字效梁，号一涵。

1885—1889 年　1～4 岁　在家。

1890 年　5 岁　从长兄永著在家且戏且读。

1891 年　6 岁　从长兄在家读书。

1892 年　7 岁　父亲去世，长兄永著掌管家事，在家设（私）塾，从长兄在家塾读书。

1893—1901 年　8 岁～16 岁　从长兄在家塾读书。

1902 年　17 岁　中秀才，从二兄永昭读，以应江南乡试。

1903—1904 年　18～19 岁　从二兄永昭读

1905 年　20 岁

9 月 2 日，清政府发布停罢科举令，嗣后入六安州中等学堂，开始接触梁启超启蒙思想。

11 月原配夫人陈氏去世。

1906 年　21 岁　经县府选送，考取安徽高等学堂。

1907 年　22 岁　在安徽高等学堂就读。

期间目睹徐锡麟被清廷极刑处死，对清廷统治深恶痛绝，对革命党人深表同情。

1908—1910 年　23～25 岁　在安徽高等学堂就读。

接受《民报》宣扬的共和思想。阅读了大量严复译著，向往西方民主政治制度。

1911 年　26 岁　安徽高等学堂预科毕业，奖给优贡生。

1912 年　27 岁　供职于安徽民政司教育司署，任科员。

是年，靠友人资助留学日本，就读于日本东京明治大学政治经济科，开始系统接受西方政治经济学和法学教育。

1913 年　28 岁　继续在明治大学就读。

二次革命失败，资助中断，靠作文维持生计，坚持留学。

1914 年　29 岁　继续在明治大学就读。

在东京结识章士钊、陈独秀，成为《甲寅》日刊重要写手。

1915 年　30 岁　继续在明治大学政治经济科学习。

参与留日学生总会工作，反对"二十一条"；与李大钊相识相交，成为挚友。

9 月，应陈独秀所邀，在《青年杂志》创刊号（后改名《新青年》）发表连载文章《共和国家与青年之自觉》，为其担纲助阵，投身新文化运动。

年末，与在日留学生共同发起组织《神州学会》，以"研究学术、敦崇气节，唤起国民自觉、图谋国家富强"为宗旨。

1916 年　31 岁

2 月，被推选为留日学生总会文事委员会委员长。

4 月 29 日，长兄永著去世，作《先兄熔经传》痛悼。

5 月，在机关刊物《民彝》（主编李大钊）发表《国本》《共和》《程度与民政》，明确主张共和体制。

7 月，东京明治大学政治经济科毕业，获政治学士学位。此后，由神户出发，与许怡荪同船回国，在沪稍作停留后，回故里探亲。

9 月，赴北京，应李大钊邀，参加《宪法公言》编辑工作，并继续为《新青年》撰文。

1917 年　32 岁　应章士钊之约，为《甲寅》日刊编辑及撰稿。

2月，母亲去世，作《先母胡夫人行述》痛悼，10月继配汪氏去世。

1918年 33岁 任北大编译处编译员。

11月，参与创办《每周评论》。

冬，在北大，协助李大钊发起组织中国首个“马客士主义研究会”（即“马克思主义研究会”）。

1919年 34岁 继续在北大任教。

5月，“五四”运动爆发，在《晨报》发表《市民运动的研究》《学生事件和国家法律问题》，在《每周评论》连续发表时评、社论，引领舆论为运动正名。

6月，与陈独秀等散发《北京市民宣言》，鼓动全国各界声援“五四”爱国运动。

9月20日起，记录《杜威哲学与政治哲学》演讲稿，在《晨报》《新青年》连载。

11月在《太平洋》上发表《俄国新宪法的根本原理》。

12月14日，参与发起组织“工读互助团”。

12月27日，启程再赴日本，访问游学。

1920年 35岁

1月2日到达东京，遍收史料，编写《欧洲政治思想史》。

5月，随北大游日学生团，发表演讲，抨击日帝国主义和军国民教育。

6月返回北京，继续在北大任教。

8月，与李大钊、胡适等联署发表《争自由的宣言》。

发起组织成立旅京“皖事改进会”，支持和声援皖省革命运动，整顿教育。

10月，所著《欧洲政治思想小史》由上海中华书局出版。

1921年 36岁 继续在北大任教。

1月，赞成胡适意见：把《新青年》重新移回北京编辑，“仍以趋重哲学、文学为是”。

8月，应邀赴四川讲学，受吴玉章邀请，参与起草四川省宪。

12月，任《晨光》杂志社编辑部主任。

在《新青年》发表《共产主义历史上的变迁》《省宪法中的民权问题》等文章。

1922年　37岁

4月，参与发起《非宗教运动大同盟》。

5月5日，在北大马克思学说研究会举办"马克思诞生百又四周纪念会"上发表演讲。

5月7日，《努力周报》创刊，为其核心成员。与胡适等联署发表《我们的政治主张》，主张"好政府主义"。

8月，在武昌暑期学校讲演《女子参政问题》，与李石曾、李大钊等共同发起组织《民权大同盟》。

1923年　38岁

1月，所著《欧洲政治思想史》(上)由商务印书馆出版发行。

4月21日，胡适南下养病，期间代编《努力周报》。主导关于"制宪"和"国民党改造"问题的讨论。

10月13日，聘为北大教授。

1924年　39岁

发表《二十年来中国的政党》《政党要怎样改造》等。经李大钊劝说，由石瑛、王星拱介绍加入国民党。

9月，为修第十一届家谱，撰写谱序。

12月，《现代评论》同仁杂志创刊，为主要撰稿人之一。

1925年　40岁

1月，聘为《国民议会促成会》讲演大会宣讲人。

3月，聘为专门委员，反对段祺瑞《善后会议》。

4月，得猩红热病休养三月，完成《中国御史制度的沿革》写作。

5月，所著《欧洲政治思想史》(中)由商务印书馆出版发行。

8月，与胡适等人，反对北大脱离教育部。

10月27日，当选为本届北大评议会评议员。

1926 年 41 岁 仍在北大任教，所著《中国内阁制度的沿革》由北大出版社出版发行。

1 月，国民党中执委第四次全会函请为特别宣传委员。

2 月，参加北京各团体讨张（作霖）反日大会，并公开演讲。

3 月，被国民党（左派）安徽省临时党部增补为执委、宣传部长。

“三·一八”惨案发生后，发表《惨案的前途黑暗》《政局的前途》等时评，并参加公祭大会作挽联痛斥军阀黑暗统治。

12 月 25 日，致信林素园对就任女师大教务长职表示辞意。

1927 年 42 岁

1 月抵达武汉。途经上海时，由李大钊推荐，高语罕介绍，成为中国共产党“名誉党员”。

任武昌中山大学政治系主任、教授，法科委员会委员，兼国民革命军总司令部编译委员会主任。

4 月 28 日，挚友李大钊遇害，悲痛欲绝，5 月公祭大会上发表《李大钊同志略传》演讲。

6 月，在《向导》发表《武汉国民政府与共产党》，任国民革命军总政治部宣传科科长。

7 月，避居上海，在上海法政大学任教授兼政治系主任。

1928 年 43 岁 应蔡元培、胡适聘请，出任中国公学社会科学院院长兼本科教授。

11 月，由王乐平介绍参加中国国民党改组同志会，主张“恢复十三年国民党改组的精神”，担任反蒋秘密刊物编辑。

是年，发表《平均地权的土地法》，强调中国国民革命的实质是农民革命，必须首先着眼于农民的利益谋其解放。

1929 年 44 岁 从事中国公学社会科学院的管理与教学。

1930 年 45 岁 继续从事中国公学社会科学院的管理与教学。

1 月，所著《政治学纲要》由神光出版社出版发行，当年四次再版。

2 月，请辞中国公学社会科学院院长职（之前，胡适辞中国公学校长职，马君武接任），胡、马多次挽留。

9月，被国民党中央党部扩大会议约法起草委员会聘为委员。

11月为中公事与胡适闹僵。

1931年 46岁

2月，经国民政府监察院长于右任提请，任首批监察委员，再次加入国民党。

参与起草《弹劾案审查规则》《接收人民诉状规则及审查人民诉状规则》《监察使监察条例草案》《修正弹劾法草案》等一系列监察法规。

8月，赴江苏查灾赈灾。

夏，与杭立武等发起成立"中国政治学会"，参与起草学会章程等。

1932年 47岁。

5月，提交对汪精卫弹劾案审查报告书，认定"申请惩戒行政院长汪兆铭，实为允当"。

6月，对弹劾外交部长王正廷案久拖不办提交质问书。

9月，中国政治学会成立，被选为干事

1933年 48岁 赴江苏视察政务。参与审查《修正监试法案》

3月7日，提交对张学良、汤玉麟抗日不力，失地误国案弹劾文。

4月1日，在《东方杂志》发表《宪法上监察权的问题》。

1934年 49岁

负责召集审查《修正惩戒法案》《修正弹劾法案》《修改监察院组织法第六条、监察委员保障法第六条案》。

4月，就宪法草案所定国民大会职权违反孙文学说，发表《对于国民大会职权规定之商榷》表示异议。

1935年 50岁

4月，任监察院湖南湖北监察区监察使。

6月，出席中国政治学会第一届年会连任干事。

7月，赴湘鄂查灾赈灾，弹劾失职官员。

1936年 51岁

3—4月，巡查钟祥县与长江干堤各处堤工，提呈督办意见。

4月，获准辞监察委员职，专任监察使职。

11月，制定湖南湖北监察使署秘书处及各科办事细则，获监察院批准公布。

1937年　52岁

2月，编辑《使署二十四年度年刊》，于右任题写封面。

4月，赴沅陵巡视。

8—9月，晤途经武汉旧友高语罕、胡适。

9月，为出狱不久的陈独秀租屋，与包惠僧、王星拱等为陈独秀处常客。

1938年　53岁

3月，与王星拱等九人在《大公报》《武汉日报》发表《为陈独秀辩诬》。

6月，随两湖监察使署撤退到芷江。

11月，奉命调查长沙大火起火真相，“追究起火责任”，呈报《调查长沙市火灾案报告书》。

1939年　54岁

与沈子修共同救济安徽难民。秋，奉命赴长沙前线视察。

1940年　55岁

8月，与监察委员黄少谷等建议改进征兵办法，经国防部最高委员会秘书厅函送各省查照办理。

11月，赴兰州，任甘肃、宁夏、青海监察区监察使。

1941年　56岁

1月，在《中央日报》发表《抗战三年来监察法规增定及推行经过》。

4月，调查、调停马步芳部与藏班智达活佛，为青海东南部蒙藏部落统治权火并案。

10月，陪同于右任视察河西、考察敦煌。

1942年　57岁

3月，接待王子云所率西北艺术文物考察团。

5月27日，陈独秀病逝，作《悼仲甫》诗痛悼故人。

6月，严查兰州中央银行仓库囤积居奇案。

10月，奉命前往河南勘察灾情，呈报《河南灾情密查报告书》。

12月，二兄病故，作《哭德章二兄》四首痛悼。

岁末，夫人陈廷祺历经千辛携子来兰州，其时已分别六年，喜极作诗庆贺。

1943年　58岁

1月，出任国立敦煌艺术研究所筹备委员会主任委员。主持制订敦煌艺术保管研究计划大纲与组织规章制度。

3月，率常书鸿等一行六人，抵达千佛洞，就地设立办事处，协调各方支持筹委会运作。

赴所辖各地巡视。

1944年　59岁

查实第八战区司令部兵站总监班淦中将贪污、贩卖鸦片案，班淦被判处死刑。

8月，为修第十二届家谱，撰写谱序，并作《德章二兄传》。

秋，卧病。作怀旧故人诗多首。

1945年　60岁

5月，国民党第六次全国代表大会在重庆召开，特准列席参加。

赴甘肃、青海多地巡视，提交视察青海省政治教育建设及骑五军移防新疆等情况报告。

因“巡回监察任职忠勤、历年以来具著成绩”获国民政府通令嘉奖。

1946年　61岁

1月，自费出版所著《金城集》诗集（1941—1945）。

1月25日，民国教育部决定重建安徽大学，为筹备委员。

8月，国立兰州大学聘为法学院特聘教授。

11月，参加《制宪国民大会》，提交《对于宪法第九章第95条之修正案》第141号提案。“力图制定完整的监察权法制度”。

1947年 62岁

3月,再任两湖监察使。

6月,对制造武大“六一惨案”武汉警备司令彭善及部属提起弹劾。

12月,调任监察院专门委员,由武汉返南京。

1948年 63岁

任监察院专门委员职,7月请辞获准。

1949年 64岁

4月,国民政府任命为考试院考试委员,力促南迁,坚辞不就。与民主人士朱子帆、沈子修等人一起,积极活动,迎接解放。

6月,经民盟中央委员周新民、陈敏芝介绍,加入中国民主同盟。

南京解放后,被聘为南京大学教授、法学院院长兼政治系主任。

1950年 65岁

任南京大学法学院院长、南京大学校务委员。

土改开始时,致信家乡南官亭乡人民政府,把名下所有的土地(共60亩),交给人民政府。

12月,发表《百年来美帝对华政策的透视》。

1951年 66岁 仍任南京大学法学院院长、南京大学校务委员。

5月,任南京市人民政府人民监察委员会委员。

抗美援朝期间送独子高宗沪参加空军。

1952年 67岁 在南京大学参加思想改造学习一学期。

全国院系调整,对撤销南京大学法学院持不同意见,被批。

1953年 68岁 任江苏省府参事。

1954年 69岁 参加南京市民盟市委日常工作。

4月,回家乡参观佛子岭水库等。

12月,被选为第二届全国政协委员,出席全国政协第二届委员会第一次会议。

1955年 70岁

出任新中国成立后江苏省首届司法厅厅长。任期至1959年6月。

1956年　71岁

1—2月,出席全国政协第二届委员会第二次会议。

8月,出席江苏省民盟第一次代表大会,被选为常委、副主任委员。

11—12月,率省政协参观团赴武汉参观。

1957年　72岁

5月,参加十教授座谈会,批评撤销南京大学法学院,要求国家重视法制建设,重视和充分使用相关人才。

7月起到次年3月参加民盟江苏省暨南京市整风领导小组会议计44次。

1958年　73岁

3月,出席江苏省民盟第二次代表大会,被选为常委、副主任委员。

1959年　74岁

4月,被选为第三届全国政协委员,出席全国政协第三届委员会第一次会议。

12月,被选为江苏省政协第二届委员会副主席,率团赴大运河苏北工程段慰问。

1960年　75岁

3—4月,出席全国政协第三届委员会第二次会议。

10月,出任江苏省文史资料研究委员会主任委员。

1961年　76岁

10月10日,出席江苏省暨南京市各界人士纪念辛亥革命五十周年大会并发言。

12月,出席江苏省民盟第三次代表大会,被选为常委、副主任委员。

1962年　77岁

1月,赴广东、福建参观。

3月,以"咏梅花追忆旧游"为题,致函于右任先生。香港大公报予以转载。

6月，赴徐州视察灾情慰问灾民。

力推《江苏文史资料选辑》第一辑出版，并作为不定期刊物连续发行后续史料。

1963年 78岁

6月，出席沈钧儒先生追悼大会，介绍生平事迹。

1964年 79岁

9月，被选为江苏省政协第三届委员会副主席。

12月，被选为第四届全国政协委员，出席政协第四届全国委员会第一次会议。

至1964年6月底，主持江苏省政协文史资料研究委员会，共征集史料1022篇，近700万字，选送全国政协159篇，约170万字。

1965年 80岁

2月，参与接待坦桑尼亚总统尼雷尔一行。

3月，参加江苏省纪念孙中山逝世四十周年谒陵仪式。

9月，参加纪念抗战胜利20周年活动。

1966年 81岁

5月，参与接待李宗仁先生。

11月，出席省孙中山先生诞辰100周年纪念大会。

1967年 82岁

1—4月，因病住院治疗。

1968年 83岁

1月23日上午10时20分，在南京莫干路三号家中病逝。

1978年12月28日，江苏省政协、民盟江苏省委在江苏省政协礼堂，联合为高一涵先生举行骨灰安放仪式。

2013年初稿于上海

2015年4月28日修订于上海

编者注：据《高语罕传》和《寿县革命史》等史料记载，高一涵曾参加辛亥革命，并在日本参加了同盟会。详请参阅本传相关章节。

陈门高氏三门二房
高一涵(永浩)世系简表

陈良亭

高祖:熙爽

清郡庠生,庠名贤,字见思,号燕左,1758 年生。1817 年卒。葬茶叶冲永著佃庄山乾巽向。与妣刘夫人同冢。著有《易经初学快观》等书。圣喻入崇乡贤祠。生子四:鸿楷、鸿模、鸿杞、鸿棣。

曾祖:鸿杞

乾隆庚戌年生,道光甲午年卒,与妣胡夫人附葬父母坟。生子一:灿炉

祖父:灿炉

字纯青,道光元年生,1853 年督(团)练击贼(太平军)阵亡,附葬母冢。入祀忠义祠。生子二:显犀、显均。

父:显犀:

清从九品衔,郡名赞臣,字联臣,号殿南。道光壬寅年生,光绪十八年卒。先儒后商。生子四:永著、永昭、永澈、永灏(浩)。

兄:永著(祧二叔显均),郡庠生,副举人。郡名梦溪,字熔经,号册章。同治元年生,民国五年卒。生子——宗浚。

二兄:永昭,郡庠生,郡名梦龄,字涣文,号德章。同治十年生,民国三十一年卒。生子三:宗淳、宗涛、宗渭。

三兄:永澈,从九品,册名梦松,字澄清,号槛章。光绪六年生,民国八年卒。生子三:宗治、宗法、宗泽。

高一涵,名永灏(浩):郡庠生,郡名梦弼,字效梁,号一涵,笔名涵庐。安徽高等学堂优质毕业生,留学日本回国,民主共和国的先驱者。生子一:宗沪,女一:宗纯,均已故。子:宗沪,生于民国十九年,大学肄业,参加过抗美援朝。住南京。

媳,樊铮,在南京街道工作,现退休。生女一,高举红。

孙女,高举红,现任方正国际软件公司销售总监。

孙婿,施磊,现任新华报业传媒集团质量部主任。生女一,施悦。

重孙女:施悦。现在加拿大留学。

长兄永著房下:

宗浚,字遂如,号文斋。省立五中毕业,任六安县立高等小学校长,油厂厂长,无锡县政府科员。奉唐晓光之命,在毛坦厂办军需被服厂,帮新四军搜集情报,曾遭关押。解放战争时,掩护刘邓大军南下干部多名。新中国成立后在省农产品采购厅茶叶处工作。后曾遭到“左”的不公正待遇。生子三:绪权、绪楷、绪植。

二兄永昭房下:

长侄:宗溥,字子泉,号文渊。光绪三十年生,1990 年卒。生子:绪彬,现住原松湾村部对面小圩。

二侄:宗淳,字文粹,号厚如。宣统三年生,民国三十三年卒。祧长房绪彬为子。

三侄:宗涛,字子松,号文波。民国元年生,1946 年卒。生子:绪模。

三兄永澈房下:

长侄：宗治，字子安，号文华。光绪三十年生。

二侄：宗法，字子度，号文点，宣统二年生，民国二十二年卒。

三侄：宗泽，字子宋，号文润。民国三年生，生子绪模（殇）、绪杞（殇）、绪文，住横冲老庄。

长兄房下：

长侄孙：绪权，字平衡，号从之。六安县直中学毕业。民国十一年生。生子：大震。

二侄孙：绪楷，字仲范，号雪村，1924年生。安徽学院毕业。1949年入伍，任《安庆日报》政教科长。县处级待遇。生子二：大煜、大毅。

三侄孙：绪植，字培安，号易之。六安县立中学毕业。民国十六年生，1983年卒。

二兄房下：

长门侄孙：绪彬，字雅卿，号励生。民国二十九年生。生子：大玖、大丰。

三门侄孙：绪横，字预筹。民国三十年生。

三兄门下侄孙：

二门侄孙：绪杞，字梓琴。民国三十二年生。

三门侄孙：绪桢，字干庭。民国二十七年生。

长兄房下侄重孙：

长侄孙绪权门下：大震

二侄孙绪楷门下：（大）煜（愈），1954年生。大学毕业，在安庆石化厂教育中心工作，生子一，曰韧。

（大）毅，1957年生，硕博士，现任北大历史学院领导。

（陈良亭参阅《高氏宗谱》编）

附录一

何香凝信关于高一涵为同盟会会员的叙述

（摘自《高氏宗谱》燧球公传略）

1965年，祖父想参加民革组织。他直接写信给民革中央领导人何香凝同志，何立即回信说："你3月20日来信要求参加民革组织，这个愿望是好的，此信已转安徽省民革委员会，请你直接去联系。你是同盟会会员高一涵同志令侄，亦是我的侄辈，望你在文教岗位上刻苦钻研，循循善诱，为祖国教育下一代而努力，就是为党为人民贡献力量。"

孙　若愚　霖谨撰

1996年5月13日

高宗沪档案中关于高一涵参加同盟会的记述

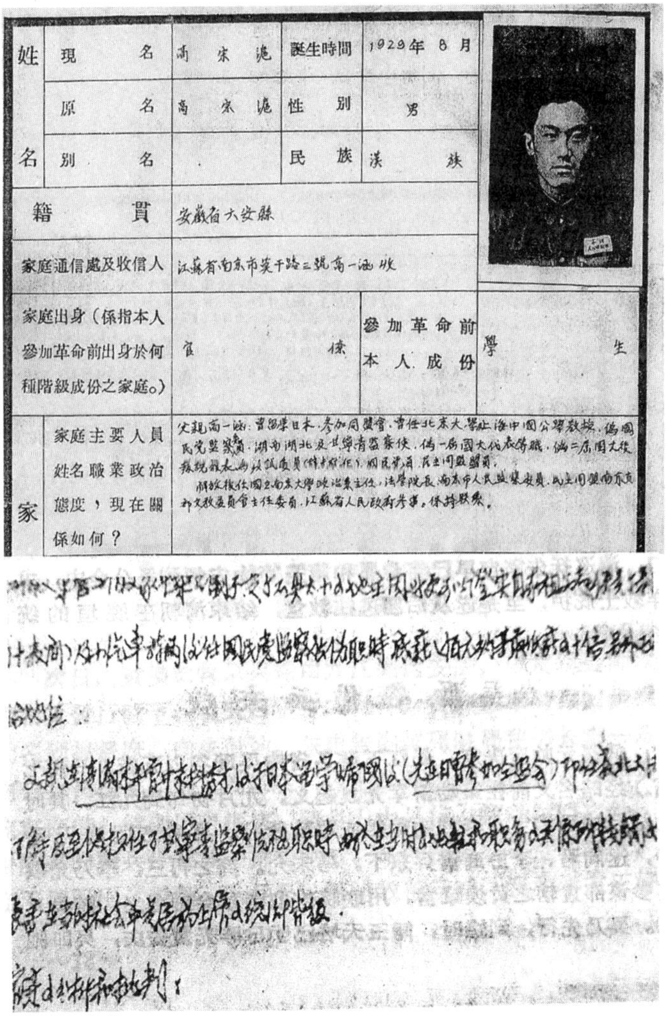

姓名	現名	高宗滬	誕生時間	1929年8月
	原名	高宗滬	性別	男
	別名		民族	漢族
籍貫		安徽省六安縣		
家庭通信處及收信人		江蘇省南京市莫干路三號高一涵收		
家庭出身（係指本人參加革命前出身於何種階級成份之家庭。）		官僚	參加革命前本人成份	學生
家	家庭主要人員姓名職業政治態度，現在關係如何？	父親高一涵：曾留學日本，參加同盟會，曾任北京大學、上海中國公學教授，偽國民党監察委員，湖南湖北及甘寧青監察使，偽一屆國大代表等職，偽二屆國大後[illegible]為考試委員（[illegible]），國民党員，民主同盟盟員。 解放後任國立南京大學政治系主任，法學院長，南京市人民政府委員，民主同盟南京支部文教委員會主任委員，江蘇省人民政府委員。保持聯系。		

朱尊一回忆文章中关于高一涵参加辛亥革命的记述

朱尊一回忆文章中介绍高一涵参加辛亥革命事迹。此文原载《泾县文史资料》。

辛亥革命安庆光复琐记

朱尊一

王天培首任都督

辛亥革命，我省省会安庆光复，时间为农历（本文所有日期均为农历）9月19日，距武汉起义已20余日。首任都督为王天培，当时仅率随员十余人、枪数支，呼啸冲进清巡抚衙门，清巡抚朱家宝早已将眷属和箱笼等物安顿到圣公会中，求洋教士庇护，至时遂从后园逃往教堂，结束清朝在皖垣的统治。

吴旸谷借兵来皖

武昌元帅府决定，长江下游各省由吴旸谷以5省（一说7省）经略名义前往策动新军光复起义。9月初旬到九江。其时九江已由马毓宝、李烈钧等组成军政分府。吴闻皖垣尚无动静，遂向马、李协商借兵东下，马未允。商之再三，李乃允以其参谋部直辖之黄焕章营，用联皖攻取南京会师名义，随吴入皖。吴乃先行，到皖时，闻王天培已于日昨光复安庆，吴即驰往督府晤王，商谈重大事务。

土劣拥朱伺机复辟

清巡抚朱家宝逃往教堂，地方土劣失所凭依，经探悉得知王天培力量薄弱，便一面鼓动无知愚氓起哄，一面和朱密商假借名义，抓住政权，伺机复辟。20日中午，土劣纠集愚氓地痞数百人驱至军政府门外广场上，声言请愿。市民不悉其情，尾随观望，哄闹益甚。王天培坚闭府门，唯吴旸谷闻声挺身骑马出府，前导有枪兵二人，欲以居高临下之势，好向站立在平地的群众演讲革命意义。讵料门甫开启，便有人高喊“革命党要来杀人了！”一时引起一片喧闹。吴骑的马从未经历过战阵，骤闻人声鼎沸，被惊骇的奔跳疾驰，吴不能制，人群两边分开，让出路来随后嚎叫追逐，马益惊窜，及至刁下坡，吴被颠摔下，头部跌伤甚重，当场昏晕不省人事。随员乃急速送至芜湖弋矶山医院治疗。

王天培无力抵抗暴力，逃逸无踪。土劣复拥朱家宝出任都督，煌煌六言八句朱都督的布告，于22日出现于市中了。

黄焕章威慑倒朱

次日，黄焕章首乘兵轮由九江到达安庆，以友军会师攻宁的名义暂行驻下。25日下午二时许，黄焕章率骑兵、步兵16名到都督府，向朱借饷。朱电告咨议局驻局秘书长窦一珏和商会会长程×，三人商酌后，以无法筹借藉口推却。开始黄仍婉言商借，继则厉声相挟。随身卫士见状，疾趋府门之外，转告随来的骑兵步兵放一排枪示威。朱闻枪声旋即逃往教堂，黄亦不辞而出，带领一队兵马，沿路放枪示威，我和学友正好逖面迂之，见其状，便知是故作威慑之举，可畏不可敬。就这样一路回营，自是零落枪声终夜不绝。后又见沿街市店居民均被洗劫一空。市中心四牌楼延烧罄尽。并得悉清藩库所存白银四万余两悉被私饱黄囊。半夜，街上贴出布告安民，黄自称都督，并发出“同胞”二字为口令，派队巡逻。次晨，于怀宁县衙外枪毙地痞二人，称之为抢劫罪犯。多年以后，安庆市民交谈到9月25日事件，犹感咄咄。

组织北伐队暗地驱黄

黄焕章借饷倒朱，殃及市民，引起人民愤怒。当时，韩著伯、王肖三、史大化、黄中、高一涵以及中等学校学生如我辈者10余人，假近圣街六安涂公馆组织北伐队。发出申明，声称所组织的这支队伍，将由河南信阳州武胜关驰援武汉。理由是因其时清廷启用袁世凯，派兵南下，荫昌、萨镇冰等海陆军已进踞汉口、汉阳等重镇，与武昌元帅府隔江相峙，故号召声援。但实际是藉此组织联络各方，以备驱黄，不过以此号召蒙骗黄之耳目。当时就决定由史大化（后曾任皖财政厅长多年）赴枞阳镇筹款，其余成员分别与各方接洽，整理内部，并派人到太湖促皖新军首长胡万泰（胡已先期带队光复太湖），带队来省会，作为驱黄之主要武装力量。

吴旸谷惨遭杀害

这时吴旸谷在芜治伤，得悉黄营祸皖，愤怒异常，便匆匆出院，赶回安庆，径到黄处咆哮斥责。黄焕章表面谦恭悔过，盛筵款待。内心自是怏怏不乐，十分不满。他的一位新任参谋王则，原为随吴旸谷东下来到安庆，因其在九江狂嫖滥赌，趋附黄焕章，曾受到吴的责备，这时他已窃到黄的心事，便生诡计，黄言听计从，于午夜时分将吴枪杀营中，张贴布告诬为冒名汉奸，并将尸体着清官服殓之。后来复验时，仍见左颊跌伤未痊，背中数枪弹痕。显然为惨遭枪杀谋害。

李烈钧权任皖督

九江军政分府的李烈钧这时亦获悉黄焕章祸皖之事，便亲自乘兵舰东下，调黄回浔。并布告市民权任皖督，声明继任有人，即行遄返。他住舰中办公，并不上岸，以示决心。

在李烈钧尚未来皖之前，皖人陶镕欲趋附黄焕章以图进身，他把北伐队有躯黄活动的一切内幕向黄告密，黄仓促下令解散北伐队，并派兵到涂公馆抓人。幸事前为同仁得知，遂匆匆作鸟兽散。田闻黄已派兵到北城门，辗转由西门出，来到距北门外廿华里的集贤关，在桂丹墀营部暂避。后知李已莅皖。北伐队乃移北门附近陆军小学办公。这时史大化已由枞阳筹款返回。胡万泰亦率所部凯旋入城。当即各界推派代表，备了羊、酒，趋往李处慰劳，商谈善后，李表示谦退，尽欢而散，旋即启程回浔。

维持皖省统一机关处成立

李既返浔，我省新军四营营长胡万泰、桂丹墀、黎宗岳、刘××（忘其名）均先后来到皖垣，并各有其啦啦队。北伐队主持召开善后会议，各啦啦队都以各为其主当仁不让的气概出现于会场，争执激烈。嗣以、桂籍皖北，黎、刘籍皖中（当时我省又分为中、南、北或南北两种说法），形成两派，相持不下。韩著伯耳语胡万泰以北伐队同仁属意于胡，但格于当前形势，恐召祸乱。胡亦惊于自身力量不足，表示退让。韩乃指拨胡先行压伏会场争论。然后提出共同组织机构，维持当前局面，再谈下一步。至下午，两派对垒仍气势汹汹。这时胡一跃而起，上台说道："我胡万泰是一个武夫，粗鲁得很，现在先声明，我绝对不争权夺利。今天，听了大家从上午到下午的讨论，没有得到结果，我和两个朋友"说着从裤袋中拿出两支小手枪放在台上，一边指着枪，一边继续说道："它两位火性比我更暴躁，着实忍不住了。我和它两位都知道，9 月 25 日以后，往来奔走呼号，各方接洽，只有现在北伐队中几位先生，不知道高谈阔论在座的各位先生们那时哪里去了。奉劝诸位，不要逞性放肆，要触动它两位（指着手枪）的火炮性子，恐怕要惹火烧身……"这一阵吓唬，把大家怔住了，个个瞪目相对，不再开口。

韩著伯为人机智多谋，有正义感，敢说敢为，不畏权贵，惟主观太强，缺乏涵养，不能容物。后于柏烈武督皖时被刺殒身，逝世前几天有《雨夜独坐》诗发表于安徽报刊上，中有"户外天如墨，一灯惨作花"两句（人谓其有鬼气）。这时，他见会场暂时宁静，便登台提出暂行组织"维持皖省统一机关处”的建议，军事方面由胡、桂、黎、刘分头负责，会商部署；政务则集会协商进行，具体事务设秘书、财务、军需、招待等组。这一建议，当即被采纳，并按提议一一成立，旋即通电各省，很快便得到上海的皖省同乡一千七百人的声援复电（后据在沪同乡胡朴安告知，当时只十七人碰头商定复电的），推荐前清谋刺端方未成下狱才放出来的孙毓筠任皖督。皖垣各方鉴于为维持当前困难，遂复电欢迎。临时机构“维持皖省统一机关处”的寿命，只延长了27日之久，就移交与孙毓筠。

孙毓筠组织军政府

孙毓筠从江苏乘小兵舰驶皖。过大通时被黎宗岳部炮轰而退到南陵县境，后转芜湖，乘大轮来到安庆，其时约在11月间，到任第二天即驰电祝贺孙中山，在元旦就任临时大总统之职。孙毓筠旋即成立军政府，幕府中，聚纳了一时知名人士，如李光炯、洪泽臣、陈仲甫（即陈独秀）、卢仲农、高亚宾、邓艺孙、孙迈瑗，冯××……等。韩著伯矫矫不群，不作入幕之宾，而以北伐队为基础，改组为青年军，自任军长。并又主办安徽船报刊社，聘高亚宾主编。高一涵和我们几位同学，亦在其网罗中。至此，安庆光复后，扰扰攘攘之局面始告安定。

附记：

辛亥安徽省会安庆之光复，曾参予其间。历史须求真实，回忆51年前事犹历历在目，不揣冒昧，琐记如上。

1962年8月29日

高一涵掩护我党高级领导人安全脱险的文献记述

他在“七一五”政变后脱离了共产党，并从武汉转移到上海，在上海法政大学任教授兼政治系主任；同时又在上海吴淞中国公学大学部社会科学院任院长。但他脱党后并没有变节自首，出卖组织。相反的他还以大学教授和以后的两湖监察使、甘宁青监察使等的身份多次掩护董必武、周新民等同志以及党组织派去找他的同志保证他们的安全，还帮助了解敌情，解决党在经济上的困难等，对党做了不少有益的工作。

（摘自1986年《六安县文史资料》高晓初著《高一涵传略》）

12月28日，江苏省政协、民盟江苏省委在江苏省政协礼堂，联合为先生举行了骨灰安放仪式，为先生恢复名誉。

全国政协、中共中央统战部、民盟中央、江苏省委、政协江苏省委员会、省委统战部、省高级人民法院、政协安徽省委员会、中共安徽省委统战部、南京大学等单位送了花圈。

……

参加骨灰安放仪式的有江苏省委、政协、民盟和有关部门负责人、生前好友及亲属共200人。

骨灰安放仪式由省政协副主席管方蔚主持，由省民盟副主委范存忠致悼词。

悼词说，高一涵先生早年参加过“五四”运动，从事反帝反封建的活动。解放前，曾经不畏风险，维护过一些共产党员的安全。

……

（摘自1979年1月14日《新华日报》报道《高一涵骨灰安放仪式在宁举行》中的悼词文字，转引自高大同编《高一涵先生年谱》，上海文化出版社2011年）

《高一涵政治审查材料》中关于掩护共产党人和坚持法制的记述

1926 年(他)带着资产阶级民主思想参加共产党,后因国民党叛变革命,他即动摇脱党,逃至上海任教。但脱党后没有发现破坏党的组织和出卖同志的行为,且对去找他的地下党同志作些掩护工作。

1957 年鸣放时,曾组织旧政法人员座谈会,对党取消法学院和法学教授安排不满,反右开始后表现惊恐,在民主党派整风时,对其进行重点帮助,有所震动。

(摘自中共江苏省委统战部 1961 年政审结论材料)

房东谈高一涵为陈独秀租房经过

陈独秀曾是我家房客

●蓝毓材口述　黄蓝田整理

30年代的陈独秀▶

陈独秀居住的武昌双柏庙◀后街26号及房东大娘

我叫蓝毓材，今年78岁。50多年前曾经和陈独秀有过一段接触，现在记忆犹新。

30年代初期，家父蓝少弥（芝浓）在武昌双柏庙后街26号置有产业一处，即几间平房和一个大院子，院子虽不豪华，但花鸟虫鱼都还有一点。

1937年9月中旬，来了个姓高的人，要求我父母出租一间房给他的朋友住。可我家人多，并无现成空房。但来人称，这朋友是因日兵占领了吴淞，从上海逃难来的。加上武汉8月20日才遭日机轰炸过，全家对外敌的痛恨和对同胞的同情自不待言，于是，也不计房租多少，马上答应腾房了。

第二天，高就陪房客来了，房客是两口子，男的约60岁左右，个子不高，穿长衫，学者风度，说话是安徽口音，在租约上填的名字是陈仲甫。他的妻子叫潘兰珍，只有30岁上下，长得白白净净，说一口苏北话，他对家母说她以前是上海一家烟厂的工人，但同她为什么会结识和嫁给一个文化程度、年龄和自己悬殊的男人时，她却秘而不宣。

陈仲甫每天在家的事，就是看报纸、写文章、到大院花园散步和会客。找他的人都是些有身份的人，如校长、教授、官员等，来得较多的是高一涵（帮陈找房子的老乡、国民党政府监察院湘鄂监察使）、包惠僧（代表武汉地区，参加过中共“一大”。后脱党，时任国民政府内政部户政司司长，后在重庆任内政部人口局局长——编者注）和武汉大学王星拱校长。他俩口子生活很俭朴，似无固定收入，全靠朋友接济。俩口子平易近人，对我们全家老小十分友好、客气。我家8个兄弟姐妹（我是老大，当时21岁）也经常帮他家送个信、买个报、做点事，为这对逃难的外乡人提供点方便，所以两家关系融洽，但从未听到陈先生谈过他的经历。

只是有一次记者来采访过他，并在院子里给他照了相，第二天上了报，我们才知道他就是陈独秀，以前是共产党的“要人”。

记得有天晚上，陈突然请我帮忙，原来他被邀请去文华学堂演讲，因他对武昌街道不熟，当时小街小巷也没有什么路灯，所以要借我家马灯，请我提灯引路，我愉快地答应了，二妹也跟去了。

他演讲的题目是：抗日救国论，他动员师生们有钱出钱，有力出力，抗战到底，决不能对日本侵略者存有丝毫妥协的幻想。鼓励大家要树立抗战必胜的信念。他的每一句话都打动了在场的听众，大家热血沸腾。激情的掌声、口号声此起彼伏，有如雷声和海啸。我在场也和大家一样激动，这才知道陈是一位有民族气节的爱国者和满腹经纶的大演说家。从此，我对他更加佩服和敬重，在称呼上，也由“陈先生”改为“陈伯伯”。但对潘兰珍，我们只称“您家”，因她比我们大不几岁。

由于日机经常来空袭，家父雇人在院子里挖了一个防空洞，其实只是一个地道，上面盖几块水泥板，再堆些土。空袭警报一响，我家和陈家便点着马灯下洞。有次炸弹落在附近，我们居然平安无事。在洞里，家父和陈纵谈时局战事时，我总挤到边上“收听”，然后再将陈的“高论”原封不动地向同学“转播”。

大约在1938年初，国民政府宣布从南京迁都重庆，局势严峻。到了6月底，包先生帮陈家弄到去重庆的船票，陈退了我家房子，总计在我家住了近10个月。9月份，我家也全部乘船去了万县，只有我一人去长沙上学。

1939年，家父在万县病逝，我请假奔丧。埋葬父亲后不久，突然收到陈先生从四川江津寄来的信，他从别人那里知道家父去世，特来函并汇100元法币表示吊唁。信封上地址后加了“探交”二字，说明他还拿不准。信中称我为“世兄”，称我母“嫂夫人”。我将信念给全家听后，大家莫不感叹唏嘘。

一年多后，我毕业给陈写了一封求职信。20天后，得陈复函，并附来包惠僧写给万县某官员的便条。虽就业未成，但我对陈与包的热诚还是感激的。

1942年5月27日，陈因高血压等病并发去世，享年64岁，这一噩耗是大妹在重庆从报纸上看到。从此，一个普通房东和“特殊房客”的故事打上了句号。

附录二

关于资本主义和社会主义的争论的我见

现在中国的社会改革有一个很重大的问题:就是“不经过资本主义的时代,是否能得到实行社会主义的时代?”

这两年来,有一派人的答案是:

“救中国只有一条路……就是增加富力。”

“于此之际,苟目睹资本主义兴焉,Bourgeois 兴焉,皆当认为当然之阶级,与其拒之,不如希其速来”(以上是张东荪的话)。

“……这样讲来,资本家必定要经过的;世界上并没有不经过此阶级而能达到社会主义的……中国若想社会主义实现,不得不提倡资本主义。(杨端六与罗素的谈话)”

近来看见《改造》杂志中,讨论这个问题,就是梁任公也是这样的主张。

我想这派人的第一个根本错误,就是把历史的进化太看作机械的,他们自己也许不尽然承认唯物的历史观,其实比马克思的主张还要死的多。老实说来,简直是“经济的定数论”。因为马克思的一生,处处都是奋斗,并没有坐在家中,作“长期的忍耐”过。且他自己也曾说过:

观察变化,要常常区别两件事:一件是经济的生产状况上所起的物质的变化,这是自然科学所教训我人的。一件是法律上、政治上、美术上或者哲学上——简而言之,观念上——的形态,人在这些形态上发见冲突而奋斗的。[①]

变化既然是人类奋斗的,更可见得人类不能站在变化之外去“忍耐”了。马克思是主张唯物史观的人,都这样说,况且我们是反对机械的唯物

① 一八九五年《经济学批评》第一卷五页。

史观的吗！

我结论就是说：历史的进化是人类本着由经验而来的智识的创造物，并不是离开人类的意志自然而然的发生的。我们认定18世纪的“产业革命”是17世纪科学革命的结果，现在的社会革命是100年来社会主义的学理灌入人心的结果。

从我们这种见解推论起来，觉得人家从前没有历史的经验，所以走错了路，跑进了资本主义的时代。我们现在明明看见资本主义在历史的经验上发见出来种种的弊害，又明明看见社会主义现在正在针对这种弊害下药医治；我们不问是认定中国现在已经中了资本主义的病症，或认定还没有中了资本主义的病症，都应该用社会主义的方法来医治或事先预防的。如果希望资本主义快来，赶快的把国内造成两个阶级，然后再打开书包，去寻出社会主义的方剂来医治他，便是“削足适履”的办法。如果说不在资本主义之下，社会主义便没有用武之地，便是“打酱油的钱不能打醋”的办法。——这都是法国人所说的“经济的定数论”派；那么，只好听他们“长期的忍耐”罢。

这派人还有第二个根本错误，就是把“资本”看得同“资本家”“资本主义”一样的。现在治中国的病要“增加富力”，这是什么人都不能够否认的；可是“富力”的界说和“增加富力”的方法，却不一定要用提倡资本主义的经济学者的学说。从前的经济学者如亚当·斯密一流人，都把经济学者看作国富的科学。国富论中所讨论的大半都是国家的生产。从前的经济学的使命是使国家富足；现在经济学的使命在研究个人的欲望充满或没有充满。所以估计一国的富力，并不以交换的总额做标准，是调查一国之中，贫穷的人数和享幸福的人数，两相比较，看究竟不能满足生活的欲望的到底有多少？所以个人的欲望和满足欲望的事体是最近的经济学所应该第一要知道的。

因此，往年的经济学注重生产；现在的经济学注重分配。只注重生产，以为“生产可以满足一切人的欲望”，是根本错误的。为中国增加富裕力的打算，我以为第一要打破的就是资本家“生产满足万人欲望”的这句话。生产既不能满足万人的欲望,那么,想用资本主义来医治"出来未过过人的生活"的社会,不知道怎样办得到呢?

所以我以为中国现在定要增加富力,——这是和张东荪见解相同的——但是增加富力,只要得资本,不要得资本家,更不要提倡资本主义。资本是生产的必需品;可是资本一为私人所有,便成了资本阶级,便成了资本主义了。在有资本阶级的社会之中,在实行资本主义的社会之中所谓增加富力,只是增加资本阶级的富力,"出来没有过过人的生活"的人仍然压在底下。说在资本阶级之下,可使一切人都可以过"人的生活",是闭着眼睛说瞎话!如果瞧瞧欧美各国现在的情形,如果稍微研究研究社会主义的发生的原因,我想再也不至于有这种错误。

我现在不能详细地证明我的结论,只有简单地说明我的结论。我的结论是什么呢?就是历史的变化是可以人力修补或改变他的趋向;换句话说:就是不从资本主义的时代经过也可以达到社会主义的时代。人类所以有创造的智慧,就是教人不要把古人的失败史"如法炮制"的重抄一遍。换句话说:就是欧美从前的经济学只注重生产,所以造成贫穷的阶级,我们现在注重生产,同时就应当注重分配,千万不要把欧美的资本主义罪恶史重演一遍。以人力改变历史的趋向,不要问他能不能,只要看他的方法善不善。所以我认定我们改造资本主义没有发达的社会,只当研究改造的方法,不当武断的或抄袭的下"世界上并没有不经过此(资本)阶级而能达到社会主义的"的断语。

(原载《评论之评论》一卷三号 1921 年 6 月 20 日)

共产主义历史上的变迁

共产主义的界说学者中间很不一致,有的以"私财公用"为私产为共产,有的以"公财私用"为共产。有的以"公财公用"为共产。但是晚近的共产主义家有一个共同之点，就是反对私有财产权。故共产主义便是一种经济的理想，这种理想是废止私有财产，设立共有财产的社会，使各个人的需要由公共的财源给供，换句话说；就是以建设起来的权力，使社会的生产平均分配于社员的理论。他们最大的条件就是“共同的生产”和“平等的分配”。

共产主义并不是欧洲近代的社会党所发明的理论，乃是最初社会实行过的事实，和两千年的希腊的学者所讨论过的理论。我们要想明白共产主义在历史上的变迁进化的线索，最好是把他们分作三派研究。我的三派区别是：第一，从伦理的基础上立论的共产主义；第二，从人道的基础上立论的共产主义；第三，从经济的基础上立论的共产主义。

第一，从伦理的基础上立论的共产主义。自科学的共产主义发生以前，所有的共产主义本都是从道德上着眼，本都可以叫做道德的共产主义；但是希腊的学者柏拉图所说的共产主义却是从伦理的基础上立论，不像中古基督教徒和乌托邦派所说的共产主义，完全是从人道——慈悲博爱的基础上立论。所以我认定柏拉图的共产主义是“伦理的共产主义”。

凡是看过柏拉图的共和篇的人大概都知道柏拉图的理想国并不单是政治的机关，亦是教育的机关。他所讨论的并不单是政治组织的问题，亦是教育方法的问题，他所提倡的是精神的改善。要想改善精神的生活，便不得不免去物欲之累。因此便反对私产制度，想废止金钱，想以共产制度来救济当时贫富竞争的社会。他的理想国家便是消减独立自足的小我，在正义的观念底下，实现一个普遍的大我。这个普遍的大我之中，最忌的是自私自利，所以必定要叫治国护国两个阶级离开物欲的生活，才可以免去自私自利的弊害。且看他说：财产共有，家族共同，可以造就出来真正的护国的人；不致因为把一件东西认为你的我的，致国家分裂；不致因为把家室看作私有的，不致因为各有各的妻子，遂惹起各人自己的苦乐；如果他们有同一的苦乐，便可引导他们趋到一个共有的目的上去（共和篇·第五卷）。

柏氏不但主张共产，并且主张共妻。他的唯一的目的就是在使护国的人精神气力都可自由，可以一心一意地去做国家的官能。

我们看柏氏在两千多年前就主张共产，似乎很有点奇怪，其实共产主义在希腊古代已经实行过了，当希腊社会没有进到农业的生活的时代，所有土地都是共有，属于一种一族共管，到了农业时代，才把土地分开，归各人私有，每人都有若干段地。后来土地为少数人占去，所以又发生“重新分配土地”的问题。便在希腊有了信史以后，国家仍然可以监督私产，并且自有山林土地。斯巴达虽然久有私产制度，但是他的公共食堂便是他财产私有公用的证据，而且克尼特的陀尼社会也老早就实行共产，这个岛上每一个社会都有公共财产，用公共奴隶耕种，每岁收入都分作“宴乐俱乐部”的伙食和政府开支之用。且看亚里士多德在政治学中说：共产共分三种：（一）土地分给各人所有，但把生产物积聚在公共的储蓄所，以供消费——这是许多国家所实行的；（二）土地归公共所有，共同耕种，但是把生产物分给个人，以备个人私用，这是野蛮人所行的一种共产制；（三）土地与生产一起归公有。由此可见共产制度在希腊古代已经有这么多的种类，已经有许多国家实行，并不算是一件什么私奇的事体了。

柏氏所主张的共产制度，很有一点像亚氏所说的第一种共产制，柏氏的共产不过是护国阶级把农民贡献的财产统归公用，农民自己仍然得私有财产。因此便有人说他是“半共产主义”，就是说所共的财产没有几种，共产的人不到全社会中人的一半。

照以上所说的柏氏的共产主义，和近代共产主义有三个大不相同的地方：（一）柏氏的共产，完全是从精神生活上着想，为的是使护国阶级免除物欲之累，专门去过精神的生活。只要财产没有“你的”“我的”之分，只要“使父母不知自己的子女，子女不知自己的父母”，便可造成至公无私的普遍大我的社会；（二）柏氏死守希腊人的旧习惯，看不起经济事业，把经济看作是消减智慧勇敢的祸根。近世共产主义家把解决经济问题看作是解决政治问题的根本条件，所以想以经济的势力来支配政治的势力，柏氏却想把经济的势力全放逐在政治范围之外；（三）柏氏的共产的范围只限于护国阶级，真正的生产阶级还没有共产的分。近代的共产主义完全替劳动阶级想法子，所以想使劳动阶级出来管理国家社会，柏氏却把劳动阶级放在政治范围以外，使非劳动阶级公同享用劳动阶级的生产。

第二，从人道的基础上立论的共产主义。

除掉柏拉图的共产主义和近代的科学的共产主义之外，都可以叫做道德的共产主义。大概自有社会以来，就有贫富两个阶级互相对立；希腊的富豪和贫民，骑马的贵族和平民，中古的地主和农奴，差不多天天都在互相竞争状态之中，在许多慈悲博爱的宗教家和人道主义家，眼见下层阶级痛苦不堪的现象，或者发为诗歌小说，或者造成慈善的团体，或者梦想完全的世界，或者以同志的私人亲自组成自给自足的社会。故这一类的共产主义又可分为三小派：（甲）博爱派、（乙）小说派、（丙）新村派。

（甲）博爱派的共产主义。这一派的共产主义可推最初的基督教会做代表，如果我们一翻开新约就可以找出基督教徒对于财产的观念。《使徒行传》中说：信者会同，有无相通，有所需变卖物产分之。信者之众一心一意，不私己财，有无相通。……其间无穷乏者，盖有田宅者售而挈其金置使徒前，有所需则分与之。……有田售之，挈其金置使徒前。照几句话看来，耶路撒冷的教会当先的确有共产的精神。因为宗教家主张从精神上解放奴隶，认定人类生来一切平等，在自然法之下，人类都是一样。只要天良不昧，在真理面前便没有主奴之别，阶级的区别都是后起的，都是人为的。并有人相信在自然世界之中，没有什么私有权，凡政府财产种种制度都不是原始人类的自然的制度。而且教徒多尊重劳动阶级，圣保罗说"自己不劳动的人不可吃饭"，这就是基督教徒之所以为穷人说话，劝富人通财周急的原因。

但是教徒的共产却不是绝对的主张，这种"有无相通"的事体乃是信徒随意的行为，并不是入教会做信徒的条件；就是信徒仍然得私有财产。且看《使徒行传》中第五章内："有名亚拿尼亚者，与妻撒非喇粥产，夫妇同谋潜藏数金，余挈置使徒前。彼得曰：'亚拿尼亚胡为散但惑尔心，潜臧售田数金以欺神圣！田未售非尔田乎？既售非尔金乎？心生此念何为？是尔非欺人，乃欺上帝也。'"

照这一段看来，基督教会中并未尝否认私有财产权。拿钱出来公用是由于个人的意愿，并不是做信徒的必不可逃的条件。所谓共产也不过是“多寡相助”“周急济难”的意思，和近代所说的共产主义相差甚远。说“己财”，说“有田宅者”，说“变卖”，说“售”，便是在私产之下的状态或行为，共产制度之下哪能有“物权”或“物权转移”的观念？故基督教徒就说是共产，并不过是“私有公用”罢了。

基督教徒的共产的理想，只是从良心上自发的，并不是用团体的力量强制的，这又是他们和近代共产主义不同的地方。他们良心上为什么发生这种慈悲博爱之心呢？他们根本的观念就是教会一体。且看达哥林多人前书中说：“一身有百体，身之体虽多究为一身……如一体苦，百体同苦；一体荣；百体同荣。”（第十二章十二至二六）这种有机体的教会一体观，极端应用起来，当然要发生“信者之众一心一志，不私己财，有无相通”的半私产半共产的事实。

（乙）小说派的共产主义。小说派的共产主义大概都可以叫做“共产主义的小说”。他们所说的只是主观的理想社会，从他们自己的脑子里边自由描写出来，只说在我们的世界之外有这么样的社会，至于我们的社会能不能做到这样理想的境界？或用什么方法可以实现这样理想的境界？这些问题他们都是不大注意的。所以他们的理想国无论怎样好，在那国里的人类无论怎样舒服，风景无论怎样美丽，此是一场空梦。

这一派第一个代表可推莫尔，他的乌托邦一书有许多地方模仿柏拉图的共和篇。乌托邦的政府由人民选举造成的，一切东西都为社会公有，官吏把生产的工具分给人民，由人民劳动生出来的物产大家都可分用。这个国家只有三四百万的人口，都要从事一定的劳动，生活要朴实，禁止用金钱及虚饰，莫尔的根本观念是：缺失的恐慌是陷一切动物到贪欲境界的东西，因此，便一方面使全国人积极的生产，一方面禁止全国人消极的浪费。

莫尔的乌托邦和柏拉图的理想最不同的一点，就在共产而不共妻，柏氏拿妻子看作丈夫的财产，所以要同财产一样公用起来，莫尔却尊重家庭，尊重婚姻制度。可是乌托邦中有一件特别的事很和柏氏的理想国一样，就是乌托邦中仍然奴隶制度存在，把大家不高兴做的，危险的，有毒害的劳动一起让奴隶去做。把人家生产物拿来供我们不生产的人用，和把一切阶级压在经济的势力之下，都是近代共产主义的仇敌。柏拉图和莫尔却拿来做他们共产主义实行的基础，这不是一件很奇怪的事吗？可是莫尔的立脚点已经站在经济基础之上，他有几句最痛快的话："有钱的人贪想各种方法，用这些方法首先把他们的不义之财保为已有，然后再用最低的价钱把穷人的劳动工作买来，供自己的私用，图自己的私利。一旦有钱的人以公众的名义实行这种计划，便又成为法律。"这样从经济上着眼，从劳动问题上下手，然后得到共产主义必要的结论，岂是柏拉图梦想得到的吗？

这一派第二个代表可推高德文，他在政治的正义之中，大吹共产主义。他把财产等级——即普通所说的分配的方法区别开来，(一)应付必要的分配；(二)对于劳动的分配；(三)私有财产。他以第一个分配的方法为最适当，最能适合自然的法则。他以为人类把自己的财产看作是祖先遗赠的，实在是大错。财产即普通所谓所得皆是由现在活在世上的人劳力所生产的，祖先遗给子孙的财产皆是由剥夺别人劳动的结果积聚起来的。故财物尤其是遗传的财物，不外是由劳动者的手里拿出来，任所有者浪费罢了，现在欧洲和别的文明国家所有的私有财产，都是法律赋予社会中某阶级垄断别阶级生产结果的权利。换句话说，就是创设不劳而得的制度，这是背理最甚的事体。第二个分配法，就是享有劳动的结果，虽然不像私有财产的不正当，但是如果他人对于我的生产物感觉必要的程度超过于我，我乃占据生产物排除他人的要求，不但不合道理，并且往往要由这个制度变成私有财产制度，故也不可以采用。所以要想社会达到幸福圆满的境界，必定要采用第一个制度，使人各应自己的必要，各取所需。高德文以为一切人类如果都本着道德的理想行动，社会的组织便当然要成为共产的组织。人类行动应该以全体社会最大的利益为主，这就是他的"正义"的根本观念。正义的原则，就是对于一物如果让他人受用比较自己受用更有益于社会全体便给他人受用。人类行动都是这样，私有财产制度当然消减，共产制度便当然实现。

高氏把人性看作道德的，以“应该如此”或“当然如此”做议论的前提。他固然是发明了理想的世界，但是却忘记了现在世界的实际状况，却忘记了怎样由实在的世界达到理想世界的方法，只看见人性中合理的一方面，没有看见人性中自私自利的一方面，所以他的著作中发现的只是“目的论”，不是“方法论”。大概一说到“目的论”无论什么人都可以描写出来一点，一说到“方法论”便不能够“藏拙”了。所以这一类玄想派中所说的理想国，往往同画师画鬼一样，想怎么画便怎么画，可以画到极精细的地方。他们的理想么也是这样。譬比克贝的伊加尼亚的航海记中把理想乡中人的服装，劳动年龄，劳动时间，都说得很精细，连议事堂中门铃的设备都想到了，这种无条件的梦想全靠着自己一番脑子，拿脑子里边的世界做理想乡，只能算是浪漫派的小说家，连写实派的小说家都算不上，这就是马克思所以看不起他们，称为“空想的社会主义”的原因。

（丙）新村派的共产主义。共产主义进化上最有趣的一件事体：便是最初以著作言论表示理想国的模范，使熟睡在现在社会之中一般人脑筋中忽然知道有这样完全这样美期的一个社会，这种理想社会的影子留在人类的脑筋中，不知不觉地便对于理想的社会生羡慕心，对于现在的社会生厌恶心，结果便一面以阴谋暴动等方法对于现在的社会下总攻击，一面又集合少数同志组成一个小团体来实地试验。做出理想国的一个样本给人家看。最后这一派便是我所说的新村派，便是从小说派的共产主义到科学的共产主义中间一个过度。

实行新村运动的人先有克贝，他想把他书中所描写的理想社会实现起来，在美国泰克塞斯州买一百万亩土地，纠合 69 个同志，想在此建设一个新村。最初出发的日期是 1848 年 3 月 3 日。

英国有个“乌托邦派”的社会主义家叫做欧文，他的性情虽然欢喜乌托邦，但是却不会忘记了实行社会的改革和实际制度的建设。他本是个机场的管理人，对于工厂工人的安事很注意。他缩短劳动时间，后来竟变成工厂的法律,在劳动运动史上要算是很大的贡献。

他把环境的势力看的非常重要,以为人性的变化完全是环境造成的,要想变更个人,必先变更环境。因此便想重新创造一个社会,改变人类的环境。他在美国恩戴纳州买下了三万亩地皮(1825 年春定约的),把他的计划发表出来,几周后得到八百多人的赞成,由这些同志集合起来组成新村,于 1826 年 2 月 5 日制成宪法,想先做成新生活的样本给世界人看,可惜不到两年便就土崩瓦解了。

还有一位法国的乌托邦派福利埃,以为重新建筑社会是实际问题,不是理想问题,他的实行共产主义第一步方法便是建设“同居舍”,筑下最大的房屋,可容 1500 人居住,分许多房间,使住的人可以自由选择适当的房子,并使住的人天天在一块吃饭。他以为只要有这种大旅馆式的社会,一切社会问题都可以解决。因为他同欧文一样,相信社会环境如果不变迁,不论什么问题都不能解决,环境一变使人类得到一种新式的生活,别的问题自然可以不提了。

福利埃以为在将来的新社会中,人人必把劳动看做最有兴味的事体,人人高兴劳动,人人愿意劳动。他的理想国家便是一种社会的国家,在这个国家之中,无论生活的方面,道德的方面,都没有强力去逼迫他劳动,只因为爱做工而做工,所以没有痛苦,他的同居舍的唯一的目的:便是在协助的基础上举行生产,以园艺种植的方法来做农事,联成许多共产团体便成一个新世界。但是经过多次试验,总是失败了的居多数。

欧文和福利埃都是法国革命后普通思潮的产儿。自卢梭到海格尔的时候,最重要的思想大概都是倾向乐观主义。总以为自然是善的,社会是恶的,恶是群聚的,善是个人的。人类是纯洁的,社会是污秽的。因此便想离开旧社会创造新社会。

这一派的社会运动和近代科学的社会主义家的运动最不同的地方,就是科学的社会主义家想借政治的势力,国家的权力,来达到改造经济组织的目的。新村派却想借个人的能力,或同志的能力,来达到改造经济组构的目的。科学的社会主义家想叫醒在现在社会组织之下一般不益利的人起来组织有力的政治团体，渐次得到参与政治的地步，来改造全体的社会。新村派却想由少数人自由集合，独立于政治的劳力之外，来改善一部分人心。科学的社会主义家想促进旧社会变成新社会，故先从旧社会下手，新村派却想离开旧社会创造新社会，故先从新社会下手，丢开旧社会不问。这种方法只能认为劳动阶级没有觉悟的时期中一时“聊以自慰”的方法，并不是改造社会的正轨。他们所以不能成功，并不是理想太高，实在是方法不善。

把前边这三派——博爱派、小说派、新村派——共产主义总括起来看：可见他们统统是在道德的基础上立论，统统相信人类是善的。他们的实现共产主义的方法，全靠各人自己良心上自动的制裁。所以遇着亚拿尼亚这派人自私自利，便没有办法，便不得不牺牲“有无相通”的主张，承认他们的私有财产。高德文、欧文、福利埃的共产主义实现也和博爱派有一样的缺点，就是高德文的理想国必定要在高德文的理想条件——正义——之下才能够实行，如果人性都是自私自利的，像斯密亚丹一派所说的，那便永远没有实行的时期了？且福利埃等想以园艺种植的方法来做农事，这也是农业时代的田园生活，和克鲁泡特金的经济论犯了一样的弊病，拿少数农业时代的小树艺的小工业的生产组织，来同工业时代的大工业的机械生产相抗，哪能不“一败涂地”呢？我们固然不能以成败来估计这派学说的价值，但是我们注重的是方法不是目的，故方法的研究却是一件很重要的事体，不是可以轻于看过的。

第三，从经济的基础上立论的共产主义。

社会主义逐渐进步，渐渐造成科学的社会主义。科学的社会主义家不是专门描写将来理想的社会，只注意在实际上的社会改革。他们攻击道德派的共产主义，以为他们是感情用事，他们说经济制度的好坏，并不着眼在道德不道德的问题上，单着眼在经济组织的问题上。这一派最重要的人物要推马克思了。马克思的共产主义是从“经济的必要”基础上发端的。他认为私产制度当初还有存在的理由，因为工业未发达，自耕自食，自制自卖，生产货物都是他自己做的，所以得到的财产都应该归他自己私有。后来行工厂制度,用不着自己去做自己去卖,分工的结果使一件东西经过许多手才制造成功,自己制造的东西不知道卖到什么地方去了。所以他说工厂发达以后,所有制造和分配已经成为"社会化"了,生产分配的方法已经变为社会化,所以经济的制度也必然要变成社会化。从前要用手足的气力来生产,所以要有许多奴隶,因此便有奴隶制度。在这种经济生活的状态之下,人家都把奴隶制度看作天然的法则,就是柏拉图、亚里士多德也认为奴隶制为天然的制度,也认奴隶为私有财产。一旦这种经济生活消灭了,奴隶制度也跟着消灭,那种以奴隶为私有财产的习惯便一律铲除了。现在经济生活已经变迁,生产和分配已经成为社会化,那么,土地资本的私有制度,必定与从前的奴隶制一样,一概没有用处,由此可以变成土地资本的共有制度。这是马克思之所以主张的共产主义的原因。

马克思的立脚点全在"经济的必要"上,有了某种经济的必要才有某种经济的制度,某种经济的必要消灭了,跟某种经济的必要而生的经济制度也必然跟着消灭。

在1805年的时候,浩尔发表了一篇《及于欧人的文明之影响》想取消掉地租和利息。他以为穷人一天劳动八个钟头只有一个钟头是为自己劳动的,其余的七个钟头所做的工作,在现在法律秩序之下,都归到富者手中去了。因此便提出两个原则:(一)每人只按照家庭必需的程度而劳动;(二)劳动者应该享受自己劳动成果的全部。由这第二个原则发生出来的权利便是"全劳动收益权"。

全劳动收益权是劳动者自己享受自己生产价值的全部。如果劳动者要实行这种权利,那么,财产制度便不能不改变了。因为私有财产制度只是保障人家已经得到的财产,不管人家用什么方法得到财产。换句话说:就是只是保障那些有得到财产的能力的人,不管没有财产的人取得财产的方法和机会。而且在私产制度之下,总要承认地租和利息为正当的所得,因此便不能铲除不劳而得的弊病。故从劳动收益上着想,不能不推翻私产制度,实行共产制度。

总而言之,从前的共产主义家因为看不起经济,所以率性的把经济问题丢开。现在的共产主义家把经济问题看得很重,所以认定不解决经济的问题,决不能解决政治的问题,从前想用政治的方法解决经济问题,以为只要有劳动代表加入政界便可改良经济的生活,现在却想把政治放在劳动者管理之下,使政治问题同经济问题由劳动者自己一同解决。所以从前劳动界只要求参政,现在的劳动者却想直接来管理国家。如果把国家放在劳动者管理之下,如果国家之中没有不劳而得的阶级存在,共产主义就可以完全实现了。所以近代的共产主义家所商榷的只是实行的方法的问题。至于共产制度本身可行不可行的问题,老早就用不着讨论了。

(《新青年》第九卷第二号)

共和国家与青年之自觉(一)

专制国家,其兴衰隆替之责,专在主权者之一身;共和国家,其兴衰隆替之责,则在国民之全体。专制国本,建筑于主权者独裁之上,故国家之盛衰,随君主之一身为转移;共和国本,建筑于人民舆论之上,故国基安如泰山,而不虞退转。为专制时代之人民,其第一天职,在格君心之非,与谏止人主之过。以君心一正,国与民皆蒙其庥也。至共和国之政治,每视人民之舆论为运施。故生此时代之人民,其第一天职,则在本自由意志,Free Will 造成国民总意。General Wiu 为引导国政之先驰,英国宪法学者。每自诩曰:“吾英宪政,为民权发扬之果,而非以宪政为发扬民权之因。”吾国名号既颜曰共和。与英之君主国体,虽形式迥异,然无论何国,苟稍顾立国原理,以求长治久安。断未有不以民权为本质,故英宪之根本大则,亦为吾华所莫能外。然则自今以往,吾共和精神之能焕然发扬与否,全视民权之发扬程度为何如?澄清流水,必于其源。欲改造吾国民之德知,俾之脱胎换骨,涤荡其染于专制时代之余毒。他者吾无望矣。惟在染毒较少之青年,其或有以自觉。此不佞之所以专对我菁菁茁茁之青年,而一陈其忠告也。

此篇主旨,在述我青年对于国家之自觉,至对于社会对于一身之自觉。则于他篇覼缕之。今于述青年自觉之先,首当陈述共和国家为何物。夫共和云者,有形式,有精神。形式维何,即共和国体。为君主国体之反对者也。其主权非为含灵秉气之生人所固有,而实存于有官智神欲。合万众之生以为生之创造团体。此团体非他,即国家之本体是也。再共和国家之元首,其得位也。由于选举,其在任也。制有定期,非如君主之由于世袭终身也。此义虽浅,然用以区别共和国体与君主国体之形式。夫固朗若列眉,次论共和之精神。共和原文,谓之 Republic。考其字义,含有大同福祉之意于其中。所以表明大同团体之性质与蕲向者也。就法律言，则共和国家，毕竟平等，一切自由，无上下贵贱之分，无束缚驰骤之力。凡具独立意见，皆得自由发表。人人所怀之意向蕲求感情利害，苟合于名学之律，皆得尽量流施。而无所于惧，无所于阻。就政治言，使各方之情感思虑，相剂相调，互底于相得相安之域，而无屈此申彼之弊。致国家意思，为一党一派一流一系所垄断，故民情舒放活泼自如。绝不虞抑郁沈瀹，以消磨其特性。而拘梏其天机，共和精神，其忼略盖如此。且国家之与政府，划然判分。人民创造国家，国家创造政府。政府者立于国家之下，同与全体人民受制于国家宪法规条者也。执行国家意思，为政府之责。而发表国家意思，则为人民之任。所谓发表者，非发表于漫无团结纷纭议论之人。乃假一机关，应合全国各流各系各党各派之代表于一堂。而从多决议，以发布之，即所称国会是也。故一国政治，果能本国民总意，以向此共和精神之轨道而趋与否，是为政府之职。至发扬蹈厉，自舒其能，以来自与共和精神相合辙，而发挥其实际，是则我人民责无旁贷者也。欲政府不侵我民权，必先立有凛然难犯之概；欲政府不侮我人格，必自具庄严尊重之风。政治之事反诸物理乃可以理想变事实，不可以事实拘理想者，惟其可以理想变事实也。故吾人须先立当然之理论，以排去不然之事情，惟其不可以事实拘理想也。故吾人应超出已然之现象，而别启将然之新机。我任重道远之青年，安得不耸起双肩，自负此责。吾人又安得不以此责，举而加诸我任重道远青年之双肩也耶。

顾我青年之欲自负此责，与吾人之欲以此责奉诸青年者，必有其根本之图焉。根本维何，即改造青年之道德是，道德之根据在天性，天性之发展恃自由，自由之表见为舆论。不佞继此，将逐一详叙焉。

古之所谓道德者，泰西则迷信宗教之威势，东亚则盲从君主之权力。及先王之法言，自混沌初辟以来，民智浅陋，茫不知人道之本源。言论思维，全与宗教相混杂。以为天地万物，一造于神。人生良心上之制裁，惟有托诸神意。圣书谓道德为神之命令，颇足表明欧人自法兰西革命以前所怀抱之道德思想。至东亚所谓道德，多惟先王之道是从，不问其理之是否合于现世，但问其例之有无。而“遵先王之法而过者，未之有也”一语，颇足表见吾国儒者守先待后之心。顾王由天亶，故道德渊源，亦由天出。于是有天命天罚天幸之词见焉。夫维皇降衷，各有所秉。特操异撰。人各不同。欲同其最不同者，以企道一风同之化，故不得不于赋畀而外。别求一视之不见听之不闻之物，托道德之基。此基一奠，则人人依违瞻顾。虚与委蛇，而瀹灵启知缮心养性之机失矣。专制之朝，多取消极道德，以弃智黜聪，为臣民之本。如“不识不知，顺帝之则。”“民可使由之，不可使知之”诸词，见诸经传。利其无作乱之能，与犯上之力故也，故往古道德之训。不佞敢断言其多负而寡正，有消积而少积极者，曰惩忿窒欲；曰克己制私；曰守分安命。云云。皆为吾国道德之格言。今按国家原理。与世界潮流。始无一不形其抵触。功利家欲唱为废弃道德说者，盖亦有不得已之苦衷云。

虽然道德者本诸学理，应诸时势，根诸人心。乃因时转移之物，而非一成不变者也。道德而不适时势之用。则须从根本改造之，无所惜也。古者象天尊地卑，以定天泽之分。故君臣大义，无所逃于天地之间；今者地像圆球，飞悬太空，而无上天下泽之判。随所在以观，皆觉平等。故人民思潮，基之趋于齐平，此道德取象天地之说也。然不佞以为道德为人心之标准。本心之物，惟有还证自心，以求直觉，则所谓求之天性是已。所谓天性，乃得诸亶降之自然，不杂于威势，不染夫习惯。顾所谓自然，特不杂第二势力于其中而已，亦非最初最稚之谓也。必也随其禀赋之奇，施以修缮之力。苟为吾性所固有，即当焕然充发。俾无所遗，循特奇之禀。而之于其极，不可奔向轨外，以求苟同。忿也！欲也！己也！私也！既为吾性之所涵，即当因势利导。致之于相当之域。俾各得其发泄致用之机，不当惩之窒之克之制之，使无可排泄之余地，而溢而横流也。太史公曰。“上者利道之，其次整齐之，最下者与之争。”治性之法，亦何莫不然。往古治性，与之争者也。今则首当利道，以宣其蕴，次则整齐。俾趋于名学之律，如斯足已。至于分云命云，皆吾心之所造，而非造吾心者。操纵左右，为所欲为，何有于守，何有于安？青年记之。夫性犹川然，利道之也顺，拥塞之也狂。此不佞所以有改造道德之说也。持今之道德，以与古较，则古之道德重保守，今之道德贵进取。古之道德，拘于社会之传说；今之道德，由于小己之良心。古之道德，以违反习惯与否，为善恶之准，今之道德，以违反天性与否，为是非之标。古道德在景仰先王，师法往古。今道德在启发真理，楷模将来。古人之性，抑之至无可抑，则为缮练。今人之性，须扬之至无可扬，乃为修养。此则古今道德之绝相反对者也，德国史家蒙孙氏（Theodor Mommsen）曰："立宪政体，进取者也，富于生机。专制政体，停滞者也。几于死体。"道德随国势为变迁者，古为专制。故道德停滞抑郁，而奄奄待毙。今为共和，故道德亦当活泼进取，而含有生机。

道德之基，既根于天性。不受一群习惯所拘，不为宗教势力所囿矣。顾启瀹之机，将谁是赖，则自由尚焉自不佞观之。自由之说，不外三种。一绝对自由说；二绝对无自由说；三限制自由说。前者为佛氏、老氏、庄氏之言，后者为普通法家所论，介乎其间者，则为物理学家之所证。美儒柏哲士（Bargcss）谓自由泉源，于国家。如国家不赐以自由权，则小己即无自由之道。定自由之范围，建自由之境界，而又为之保护其享受自由之乐，皆国家之责。自由之界，随文化之演进而弥宽，文化愈高，斯自由愈广。至如十八世纪革命派之所谓自由，则全属理想焉。此即今日盛行法律家之学说，次则由物理以推。凡一事之兴，必有前因后果互持之，无能稍脱其轨范者。法国之言自由，至比之太空浮云。以为真能自由矣，殊不知浮云之舒卷于太空。有通吸力之引摄；有日光热之注射；有大气之盘旋。其上其下，其飞其散，皆感受各力之影响。而循之以之，绝不能稍越其藩。以自行其意向，故真正自由。天地间绝无此物，此物理家之言。赫胥黎等主之，吾国侯官严氏即承其绪余者也。太上有真自由说，谓质力本体，恒住真因，皆存于自然，初无期待。如造化然，如真宰然，孰纲维是，孰主张是，孰居无事而推行是。彼通吸力之所以引，其有所主耶。日光之所以热，其有所燃耶。大气之所以盘旋，其有所运耶。果皆无之。宁非真正自由欤？此其义佛、老、庄氏各主之，今日余杭章氏其发挥者也。然则自由之说，人将何所适从。

不佞所欲告我青年之自由。固无取艰深之旨，然亦不必采法律家褊狭之说。曩读黎高克(Leacock)氏政治学。见其分自由之类：曰天然自由(Natural liberty)，曰法定自由(Civil liberty)，柏哲士所论，即属后者。前者为卢梭氏之所主张，谓“人生而自由者也。及相约而为国，则牺牲其自由之一部”。是谓自由之性，出于天生，非国家所能赐。即精神上之自由，而不为法律所拘束者。夫共和国家，其第一要义，即在致人民之心思才力，各得其所。所谓各得其所者，即人人各适己事，而不碍他人之各适己事也。盖受命降衷，各有本性，随机利道，乃不消磨。启沦心灵，端在称性说理。沛然长往，浩然孤行，始克尽量而施。创为独立之议，故青年之戒。第一在扶墙摸壁，依傍他人。第二在明知违性，姑息瞻依。自贼天才，莫过于此二者。古之人，首贵取法先儒。今之人，首贵自我作圣。古之人，在守和光同尘之训。今之人，在冲同风一道之藩。乡愿乃道德之贼，尚同实蠹性之虫。夫青年立志，要当纵横一世，独立不羁，而以移风易俗自任。因于习俗，莫能自拔，悠悠以往，与世何关？日日言学，徒废事耳，西诗有云：“怀疑莫白，口与心违，地狱之门，万恶之媒。”甚愿青年，三复斯言。

顾自由要义，首当自重其品格。所谓品格，即尊重严正，高洁其情，予人以凛然不可犯之威仪也。然欲尊重一己之自由，亦必尊重他人之自由。以尊重一己之心，推而施诸人人，以养成互相尊重自由权利之习惯，此谓之平等的自由也。发扬共和精神，根本赖此，凡我青年，时应以自省也。

康德曰：“含生秉性之人，皆有一己所蕲向。”此即人与物所以相异之点。物不能自用，而仅利用于人。人则有独立之才力心思，具自主自用之能力，物可为利用者，而人则可为尊敬者也。人之所以为人，即恃此自主自用之资格。惟具有此资格也。故能发表独立之意见。此人品之第一义也。亦即舆论正当之源泉，夫家族之本在爱情，宗教之本在信仰。而共和国家之本，则在舆论。所谓舆论有三：多数之意见，少数之意见，及独立之意见是也。舆论与公论有殊：公论者根于道理，屹然独立，而不流于感情。舆论者以感情为基，不必尽合于道理者也，故欲造成真正舆论。惟有本独立者之自由意见，发挥讨论，以感召同情者之声应气求。莫烈(John

Morley)曰:“凡一理想之发见,决非偶然,苟吾已见及。则此理想,必次第往叩他人之门,求其采纳。吾冥行而见光明,亦必有他人暗中摸索,随以俱至。吾所发明,特其的耳。”然则吾以独立之见相呼,必有他人以独立之见相应。相应不已,而舆论成焉。舆论在共和国家,实为指道政府引诱社会之具。故舆论之起,显为民情之发表。但当问其发之者果为独立之见与否?不当先较其是非。孟德斯鸠曰:“自由人民,其一己之推论。果为正当与否,往往不成问题。所当考究者,其所推论,确为人民自主足已。此即言论之所以自由也。”共和国家之本质,既基于小己之言论自由,然则逡巡嗫嚅,不露圭角。宁非摇动国本之媒欤?专制国家之舆论,在附和当朝;共和国家之舆论,在唤醒当道。专制时代之舆论,在服从习惯;共和时代之舆论,在本诸良心。以造成风气,其别也有如此。

虽然,真正发挥舆论,尤有金科玉律宜由焉。即(一)须有敬重少数意见与独立意见之雅量,不得恃多数之威势,抹杀异己者之主张;(二)多数舆论之起,必人人于其中明白讨论一番,不得违性从众,以欺性灵;(三)凡所主张,须按名学之律。以名学之律为主,不得以一般好恶为凭。共和国家,所以能使人人心思才力,各得其所者,即由斯道。政府抹煞他人之自由言论,固属巨谬,即人民互相抹煞自由言论,亦为厉禁。何则,不尊重他人之言论自由权,则一己之言论自由权已失其根据。迫挟他人以伸己说,则暴论而已矣。非公论也。屈从他人,违反己性。则自杀而已矣。非自卫也。故曰:欲造成真正舆论。惟本独立者之自由意见。发挥讨论,以感召同情者之声应气求。

以上所陈,乃国法所不能干,观摩所不能得,师友所不能教,父兄所不能责,何也?以所主唯心,苟非吾心。见象即殊,直觉不能。动则成翳,故也。输扁对齐桓公曰:“得之于手,而应于心,口不能言,有数存焉于其间。臣不能以喻臣之子,臣之子不能受之于臣。”即此义也。不佞所言,糟粕而已。至於精神,则仍吾在青年自觉云尔。

(选自《青年杂志》一卷一号,民国4年9月15号)

共和国家与青年之自觉(二)

近者讨论国体之声,震惊中外。饩羊仅存之共和名号,尚在动摇未定之秋。斯篇之论,似可不续。然国体之变更与否,乃形式上之事,不佞所论。乃共和国民立国之精神。政府施政之效其影响不逾乎表面之制度。而政治实质之变更,在国民多数心理所趋不在政治之形式。昔罗马之初变帝政也,政治尚不离共和。周室之衰也,仁义之道,满乎天下,及春秋已四五百载矣。而其余业遗风,流而未灭。可知立国精神,端在人民心理。人人本其独立自由之良心,以证公同,以造舆论。公同舆论之所归,即是真正国体之基础。无论其间若何变迁,而探其远果,转在为吾人精神之资助。若有意玉成,而防其少怠者然。故国体之变更与否,由吾人精神以观。几无研究之价值。吾辈青年责任,在发扬立国之精神。固当急起直追。毋以政治变迁,而顿生挫折。令吾人最贵之精神,转役于曲折循环之时势。而为其奴隶焉,则庶几欤?

不妄此篇所欲述者,乃共和国家之青年对于社会之事。今者通功易事之制兴,公共生活之业起。一自有生以后,盖无一举一动,而不息息与社会相关者,生计教育等事业,其最著者也。处独立生计时代,自耕自食、自织自衣,无交易之习惯,故可以老死不相往来。今则分功协力,为生计之原则,一人之学问职业,举莫不与社会相需相待。以底于成,孤立营生,微特反天演之进化,抑且危一己之生存。闭门自守之生活,既非今世之所能。则吾辈青年,即应以谋社会之公益者。谋一己之私益,亦即以谋一己之私益者,谋社会之公益,二者循环,莫之或脱。损社会以利一己者固非,损一己以利社会者亦谬,必二者交益交利,互相维持,各得其域。各衡其平者,乃为得之。故今之为社会谋公益者,第一须取自利利他主义,自利利他主义,即以小己主义为之基,而与牺牲主义及慈惠主义至相反背者也。不妄谨继此分论之。

何言乎自利利他主义也，社会集多数小己而成者也。小己为社会之一员，社会为小己所群集，故不谋一己之利益，即无由致社会之发达。近世生计学家，以自利心及公共心二者。为撑拄生计事业之两大砥柱。所谓自利者，即欲使一己之利益，着着落实。非特不害他人之利益，且以之赞助他人之利益之谓也，所谓公共者。即以为社会一员之我，藉公同之事业，而以谋全社会之利益者，遂其一己之生活也。共和国家之人民，互相需待，互相扶持。凡一己所为，莫不使及其效力于全体，各尽性分，以图事功。考其所为，果为自利，抑为利他，举莫能辨。何也？以群己之关系至密，自利即以利他，而利他亦即以自利故也。顾近世国民之自利，绝不与独立生计时代之自利相同。彼之自利，夺他人之利益，窃为己有，此之自利藉社会之公益，以遂吾生。彼之自利，与社会之公利分道僢驰，此之自利与社会之公利同归合辙。彼以行险儌幸为能，故自利实所以败风化，此以同心协力为主，故自利即所以遵德行，此即不佞所以合生计之二大砥柱，而名曰自利利他主义之本旨也。

何言乎自利利他主义，必以小己主义为始基也。共和国民，其蕲向之所归，不在国家，乃在以国家为凭藉之资，由之以求小己之归宿者也。国家为达小己之蕲向而设。乃人类创造物之一种，以之保护小己之自由权利。俾得以自力发展其天性，进求夫人道之完全，质言之，盖先有小己后有国家，非先有国家后有小己。为利小己而创造国家，则有之矣。为利国家而创造小己，未之闻也。欧洲挽近，小己主义，风靡一时。虽推其流极，或不无弊害，然其文明之所以日进不息者，即人各尊重一己，发挥小己之才猷以图，人生之归宿。而其社会国家之价值，即合此小己之价值为要素，所积而成。吾国数千年文明停滞之大原因，即在此小己主义之不发达一点，在上者持伪国家主义，以刍狗吾民。吾民复匿于家族主义之下而避之，对于国家之兴废，其爱护忠敬之诚。因之益薄，卒致国家、社会、小己、交受其害。一至于此。今日吾辈青年，正当努力以与旧习俗相战。以独立自重之精神，发扬小己之能力，而自由权利二者。即为发扬能力之梯楷，务须互重权利，互爱自由，沦灵启智，各随其特操异秉，而充发至尽。

一己之天性，完全发展，即社会之一员。完全独立，积人而群，积群而国。则安固强盛之国家。即自其本根建起，庶足以巍峨终古，不虞突兴突废矣。国家社会，举为小己主义所筑成。此不佞所以以小己主义为自利利他主义之起点也。

且不佞所谓小己主义者，有二要义焉。一曰用才，二曰重法。共和国家，为各展才能无所曲抑之国家。凡有寸长，均当致诸适宜之境以用之。所谓用者，又非授人以进退黜陟之柄，自为皂隶牛马，供彼颐指气使也。乃己有一分之长，即举而贡献之于社会。无所谦退，亦无所夸张。古之用才，权在君相。今之用才，权在自身。古之怀才者，多待价而沽。今之怀才者，宜及锋而试。怀才于共和国家，而犹待人荐擢。是反主为仆，自侪於皂隶牛马之列。显然自丧其人格。共和国民，不宜若是其贱也。至于共和国家之法，乃人民之公约。用以自治自克者，非他人任意制定，举以束缚吾人者也。吾人所以乐共和而恶专制者。即在欲得此制法机关，自审吾人所利所害所乐所苦之何在。谋自为趋避之计耳。法律果真由人民总意以定，即应绝对服从，绝对遵守。所谓服从，所谓遵守者，非服从遵守其形式，须服从遵守其精神。非因执法者在前，乃勉为自好之士。须于无人察觉之际，而深其自懔之心。惧执法者在前，而始不敢犯者。实寡廉鲜耻，不能自立之辈。乃其所不敢为，非其所不甘为。乃惧他人之察觉，非惧良心之察觉也。夫所谓人格者，乃节操之当然，伦理之本然。凡为人类，皆当自知爱护，自知尊重，以副其远于禽兽之实。非所以要誉于乡党朋友者也。违法而不视为人格上之奇辱，乃视为交际上之缺点。不耻无以对己，乃耻无以对人，是即根本上违反小己主义之处。凡我青年，皆当用以自省者也。

此外尚有背戾自利利他主义者二事，即牺牲与慈惠是也。凡为社会共通之原则，奉行之者千万人，流传之者千百世。必其则焉。得乎人情之中，放诸四海而皆准。不使一部感其无妄之灾，一部得其分外之惠者。乃克如此，若损其一以利其一。凭一人一时之意气，偶一行之则可。非所望于大公无我，相安相得。区处条理，各适其宜之共和国民也。任侠之徒，愤季世之不平，凭一时之义勇，偶然行此牺牲主义，固足以振起颓废之习俗，激发腐坏之人心，至共和国家。乃合人人之利益以成社会之利益者，人己交际之间，必俱益俱利。乃不违乎社会公益之原则，设损一己之利益，以利他人，则一己之利益既丧。即社会利益之一部，缺而不完。而所谓利他人者，未必即能为他人之利。即苟能之，然一方弃其所应得者而不得。一方乃取其不应得者而得之。亦绝非相安相得各适其宜之道。且生计通例，凡大利所存，必其两益。已受勤劳之苦者，即应享勤劳结果之乐，乃克维持一群而不涣。今持牺牲主义，使我尽受勤劳之苦，而勤劳结果之乐，乃尽让他人享之。人人皆思受苦而不思享乐，则享乐之事，将谁甘受之。有苦无乐之世界，其能发育人类者几何？反之而人人皆待他人勤劳之结果，以供一己之享乐，则勤劳之事，又将谁任之？有乐无苦之世界，其能锻炼人类者又几何？夫人各有所欲，各有所求，身养其欲，自给其求。且以致人人之所欲所求，各安其相适之域，而如量发泄，安行尽利。乃所以利益社会之过，损其一以利其一，则其利也。必有所穷，而其损也亦必不绝，非大公无私相安相得区处条理各适其宜之共和国民所宜行者也。此牺牲之事，所以尽反乎自利利他主义也。

复次有慈惠主义。夫社会之利益百端，要皆由勤劳而得。约翰弥尔晚年自叙传中有云："吾深盼夫无贫无富之社会，为可企及也。吾深盼夫不勤劳者不衣食，举世之芸芸总总，均莫逃此规则也。必尽其勤劳之因，乃获生产百物之果。生产物之分配权，万不可决之于诞生，要当决之于正义。"不佞引此说。乃取其"不勤劳者不衣食"及"生产物之分配权，应当决之于正义"二语。其立论之旨，非所问也。人之所以可贵者，在有人格。日本浮田博士曰："人格因勤劳而成立，因勤劳而实现。……斯道德于凡属有益于社会之勤劳，皆视为神圣。而尊之敬之。视为发育人类之品性，完全人类之人格，所不可或缺者焉。"然则欲保全人人之人格，必令其藉服劳之结果，以自遂其生。仰给于他人者，举为丧失人格之事。今抱慈惠主义者，固明明以丧失人格之事，期诸被惠者矣。使之不劳而得财，既反乎生计之原则。其终也必养成被惠者之依赖心。挑动其侥幸之念，而败坏其勤劳之力。且己既以慈惠为仁为善而行之矣，则被惠者必为不仁不善。以仁善自居，而以不仁不善之事，转加他人，一方受道德之美誉。一方犯不道德之恶名，已非一视同仁者所忍出。矧更违生计之原则，而与社会上以莫大之恶害哉。然则共和国家之青年，他日立身之计，惟以勤劳易利益，自保其人格。并以保他人之人格，不以慈惠之名，诱起社会之恶德，斯为中庸之正道矣。

总之今者既入于社会生计时代，社会利益，乃根基於小己利益之上。积合而成者，欲谋社会之公益，必先使一己私益。著著落实，乃克有当。非然者全其一以丧其一，则社会利益，将终古无完全发达之时。德国伯伦知理（Bluntschli）有言曰："社会富孕生计知识之原力，以扶助国家者也。社会不良，则国家之不良随之；社会安宁利达，则国家亦强。故社会者治安之条件也。"社会与国家之关系，其重要如此。吾国徒以隶于宗法制度之下，垂四千余年，人各重夫一家之私，多不识社会为何物，而"以谋社会公益以自遂其生"之思想。举凋零颓丧，发达难期，遂奄奄至今，日濒于危矣。而犹守宗法制度，奉爱若神，稍一置议，则目为大逆。习俗浸润，浃髓沦肌，法令教育，一时皆难以收效。非人人自悟其非，而以明于中者行于外，持自利利他主义。以振起颓俗，夫固未易言也。语其根源，惟在青年之能改造时势，不为旧说所拘，则庶几也。

（选自《青年杂志》一卷二号，民国4年10月15日）

共和国家与青年之自觉（三）

秋风萧瑟，霖雨经旬。槛前淅沥之声，似有意扰吾旅人。故示其变征音节以相逼。东瀛秋节，风恶潮汹，固时予人以可怖。然大抵多倏起倏落，从未有掀天撼地。相逼而来者，今年何年，胡乃变态若此，诚有令人不寒而栗者矣。乃返瞻故国，萧墙之内，隐伏干戈，激变挑衅，无所不至。一若鹬蚌不久相持,即无以惠彼渔人者,彼行尸走肉之辈,原无足责。独怪吾辈活泼青年,本自居于国家主人之列。放主人之职而不尽,是谓暴弃。要知今年今日,绝非吾人所能自暴自弃之时。今日之变,非但国体之良否问题,实为国家之存亡关键。他日或可旁观,此日则断不容袖手。他人或可贷责,吾辈则断不能少卸仔肩。此不佞所以再四叮咛,苦口忠告者也。前此二篇,乃吾青年之对于国家社会也,当思发挥其实以副之。此篇之旨。则吾青年自今以往,当思所以立身处已之道。故此后所陈,皆就原理往例以为言,俟读者之自觉焉耳。

夫总人类集合之全体,而名之曰国家。指人类协同创设之制度,而称之曰国体。是国家为人类所合成国,体为人类所创造,均非本有自体,由勾萌析甲,含生负性,而自生自长,以底于成者也。近世学者,自伯伦智理(J. K. Bluntsohli)以迄韦罗贝(Willoughby)氏,均以国家之起,肇自人类之自觉、感情、意志。而国家有机体说,又为多数学者所斥驳,掊击之至无完肤。然则国家之立也立于人,国体之变也变于人。吾人欲创造何种国家,立何种国体,吾人即向何方面着着进行,无所用其顾虑。美国法苑之诠国家也,曰"国家者乃自由人民,为公益而结为一体。以享其所自有,而布公道于他人者也。"(A. State is adody of free persons united together for common benefit to enjoy what is their own and to do justice to others.)吴汝雪(Woolsey)亦曰:"国家者宜有公道者也。国家而无公道,则其组织,即为不适宜于人群。"然则国家创造之主,曰自由人民,所以创立之因曰为公益,所以永存不灭之理曰主公道,曰适宜于人群兼备。此四种要素,而后国家方克巍然,存乎天地之间。反乎此者,皆谓之违反今世国家成立之原则。夫违反其原则未有能生存于今世国家之林者也。国家非物,违反原则与否,非由自动,其自身绝无功过之可言,设其主人袖手旁观。以听国家之自处,欲其自赴于原则也。于理于势,皆有所不能。万众齐趋造成时局,曰:景运。万众瑟缩,酿成祸患,曰:浩劫。抖擞精神,着着前趋,曰:进步。灰心颓气,任其颠覆,曰:退化。吾辈青年,活泼其心,方刚其气。仔肩巨责,来日方长。如以造成景运,着着进步自任也,是谓之自觉,如任万几退化漠不关心,浩劫长流永陷不复也,是谓之自杀,使吾辈青年而欲自杀也。则亦已矣。否则正宜猛然奋进,趋于自觉之途,以免自杀之惨。虽然蠢然盲动,君子所羞。吾辈果欲自觉,必有真正自觉之道焉,而非可盲然以进者也。

青年自觉之道,首在练志。志者,根诸心,发诸已,非可见夺于他人,而亦非他人所能夺者。以他人之志,强夺吾志,及用他人之志,以代吾志者,皆属横暴之事。练志之方,第一即在打破此种横暴障碍,以还我本然之自由,而后志乃可立。曰吾志被人劫夺,曰吾志被人强代者,皆庸庸碌碌,懦夫奴性之流,聊以解嘲而已。果为志士,其动也必随心而之,吾志暂时不行或有之,若夺云代云。必吾先有易夺易代之弱点,动人轻视之念,或先露可夺可代之破绽,予人可乘之机,不然已不被夺。已不甘使人代,又谁能夺之代之。夫国家者由吾人之志而成。政策者,合吾人之志,同心戮力,以向一定之方向而之者也。故国家建筑于人民意志之上,主权发见于人民意志之中。无志则国已无基。奚由而建,主权无主。奚由而生,世人动曰。吾非不欲立志,特强横暴我,时势迫我,境遇苦我,故俾我颓丧至于斯极。不知所谓志者,正在掊此强横,创造时势,战胜境遇。而后志之名称乃称,志之能事乃完,志之实力,乃予人以可见。否则皆谓之无志,待时会之来,乘之以自见于世者,因缘际会而已,非志也。仰他人之势力,利之以显吾身者,侥幸成功而已,亦非志也。吾所云志,乃预定其当然之理,排除万难,拨开障碍,而循轨赴的以求之。设已然之事,而不与吾当然之理合,则立除其已然者,而求合乎吾所谓当然,若徒叹其不然,听其自然,或待其将然,幸其或然者,举非吾人志内之事,志士绝不为也。人类所以为万物之灵,不为天演所淘汰者,正以负有此志。可以人力胜天行,能胜物而不为物胜,先定一当然之方针。因之以求其将然之归宿。而幸福、安宁、自由、权利,乃可获得,乃可常保。此则立志之用也。

天下万事,凡理之所在。即为事实之始基。初不必旁征故例,以相质证。然即欲明证其例,亦自非远。今为简单便利计,请引法兰西史以明之迈尔通史(Myers' General History)论法兰西革命之原因,首谓由其君主之专横凶暴，妄用其权。人民之生命财产，得以任意处置。人民被囚，往往不识身犯何罪。而暴征苛俭，又皆为所欲为（见迈尔通史第六百二十七八页），以不佞所闻。法自路易十四以来，屡行暴政，赋税之担负，至贫民而益重。强制公债，滥发无垠，不良泉币，遍布于市，贫富相悬，益不可以道里计。握特权者，穷奢极欲。而耕农苦力，至贫无立锥，至千七百八十九年。国债山积，国家财政，几于破产。呜呼何其危也？及观其革命既成而后，建设共和，实施宪政，人民之生命自由，举为宪法所保障。人权宣言之大旨一曰：自由平等，根于天生；二曰：国家主权，完全在民；三曰：法律主于人民总意，一视同仁。[①] 至其赋税，不得人民许诺，即不得增加一钱。自脱去革命厄运，以迄于今，其享受自由幸福，在世界民族中为第一。呜呼又何其幸耶？当其暴政横行，国势叠卵，举国志士，绝不苟安旦夕，自取灭亡。而乃怒发冲冠，捐躯殒命，血潭骨阜，炮震肉飞，虽其间几经挫折，共和方成。专制旋复，而奋其义勇，绝不迟回，前者覆亡，后者又起。此其故何哉？志在共和。共和未得，故身可捐而志不可违也。彼知不牺牲今日之身家，即无由致国家于安宁巩固之域，而有以保护其神圣之自由也。志之所指，险阻立化为坦途，危亡立转为安泰，法兰西国民知之，法兰西国民行之，此正有志之效也。

青年自觉之道，又在练胆。夫志者，理义既明。定其正鹄，以为趋赴之的者也。胆者，本此正鹄。鼓其豪兴，以赴前途，无所于惧，无所于恐者也。志为心之所之，胆为行之所主，太平之世，因故袭常，循例以行，罔有所阻。当此之时，瑟缩怯懦之夫，亦得滥竽其列。而吾所谓胆，乃退处于无权，及一旦天倾地裂，雷震风惊，狮象在前，猛虎蹑后。国势阽危，千钧一发，覆亡之惨，悬诸目前，瑟缩懦怯之夫，汗颜咋舌，慑伏退避，而不知所为。吾所谓胆，乃于是脱颖而去，故胆之为用，专在危急存亡之秋，过此以往将无用武之地。今者吾国险象，迭见环生，为有史以来所未见。时之所以锻炼玉成吾人之胆者，委曲周至。吾人须知魔力横生，强邻虎视，在在

---

① 见 The Declaration of the Rights of man, Augnst 26, 1789.

皆为吾人试胆之时。语曰:英雄造时势。时势何以造?以胆造之青年,第一秘诀要以时势危急,为吾人练胆之资,不得因时局垂危,遂生丧胆之象。故自今以往,吾国时势,诚为吾人练胆之第一好机也。

彼法兰西自革命以后,制度破坏,秩序荡然,迨入于恐怖时代(Reign of Terror)。激烈党之互遭残戮者,不下百万。外而列国王侯,又以革命影响,将不利于已。从英俄之提倡,联结诸邦,合兵攻法,四境敌兵,长驱深入,血战不利,至千七百九十九年一败涂地。国势之不绝者直如缕耳。然法人求共和之心,谋自由之志,未尝因是而止也。其后拿破仑以一世之雄,刍狗法人,从事远略,欧洲列强,莫不为其铁马金戈所践踏,对外如此,对内其又奚言。共和既翻,帝政旋始,生杀予夺,从其一心,然法人求共和之心,谋自由之志,未尝因是而止也。云其危急,其有过于四面楚歌,声声相逼。外兵既临城下,而国内党祸,尚自相水火者乎。云其迫压,其有过于盖世魔王,手操兵柄,长驱普澳之郊,几如入无人之境。况或少怀顾忌于所谓民意民气者乎。何法人迫于党争而不惧,迫于联军而不惧,迫于一世魔王之残摧而不惧,而必善始善终,求所谓共和。求所谓自由者乎,曰:胆为之也。惟其胆略之壮,故能成此掀天撼地之殊勋。为民族而战,为国家而战,为世界之人道而战,而无所恐怖也,此又练胆之功也。

青年自觉之道,又在于练识。识者,御事以理,判案以律。推其原因,而有以知其结果者也。故识之本在学。学者,籀其因果公例,用以数往知来,见其然而必以推其所以然者也。如见日而知其朝升东海,夕沉西山。见木叶之入水而知其浮,见金石之入水而知其沉。此但知其然,非可以之为学也。若见太阳之西向而走,即识为地球东西回转之结果。知地球之回绕太阳,为由引力作用之所致。见木叶金石之浮沉,即理解其从比重之法则而然,此乃谓之科学。非依据律令,不得以臆擅断之,学之真乃于是见。夫求科学之道,不外于万殊物理之中,归籀其统一会通之则。执此统一会通之则,以逆万殊之事,以断未然之机也。前者谓之归纳,后者谓之演绎;前者用以读书,后者用以应事。其所以求此之法,应分二种。一曰:试验,试验者,见一物之既然,因以求同此物者之皆然,所得者事实也。次曰：推证，就其事实，谨慎研求，以寻其常然之例，常然之例者何。曰因同者果莫不同，是也。再次曰：推概，推概者，既得物理之常然，著为公例，用以逆睹未形者是也（语本严复名学浅说）。如化学家分验杂质，合炼原素，执因求果。凡显见之象，变化之节，均如所期者，谓之试验。由此试验，而求某质之所以显某象者，因于某理。某原素之所以呈某变化者，因于某故。由其然而推其所以然者，谓推证。至于推概，则执此所以然之例。以逆未然，就纷然万殊之物，以籀其同然合理之原。吾见虽或有涯，而吾例则统摄万有，于是归纳之事尽矣。明同因同果之法，则知凡因确同，果必无果。他人以甲法强国者，苟其因确与吾同。则吾用甲法，亦必强国。他人用乙法争得自由者，苟其因亦与吾合。则吾用乙法，亦必争得自由。故准卢梭自由平等来自天生之例。则可知吾既为人，亦应享受天然之自由平等，或有障碍，皆为外缘，吾得排而去之也。准卢梭主权为人民总意所成之例，则可知吾国主权，既无物质，亦应由吾人人民总意肇发之。非然者，即为伪造主权，与吾人无与，凡此皆物理人事，例有相通者也。

虽然，今者文明大启，而人事之发明，有不必为物理之例所拘者，即物理者每由例以求理，人事者可由理以肇例，是也。物理学家，先于例中考求，由旧有之例，以推阐新理。设例不吾从，吾之理即不能立。当变吾理以殉之，至人事之学则不然，主观在我。凡我以外皆客观故吾理苟觉可通，吾例即从之而见。凡例有未当吾理者，得以吾理变其例，徒例不能立也。前者由已然而推其所以然，后者则以当然易其未然者也。此又近世物理人事之根本不同处也。论政者、人事之学。即不引例，吾说亦自可行。矧吾国今日情形。在在与他国之往例有合，理例俱符。他日结果，又安能逃人国之公例哉？

顾吾所谓由理肇例者，乃谓理不必限于例，非谓凡例皆非理，或理皆先于例也。大抵文化初开之时，多以政例肇政理。故有尧舜禹汤之政治，而后孔孟之政论乃大明，至文明大启之秋。则常以政理启政例，故孟德斯鸠之三权分立说。为近世宪政之精神，卢梭之平等自由论，遂唤起法国之革命。盖以政例肇政理者,其思想常拘于守成,以政理启政例者,其思想常趋于改进。今之世固脱故谋新,日日演进之世也,固理论一出,而世界之趋势,因之丕变之世也。吾人今日第一要务,即在求确当之政理,以为政例之前驱。确信于理可通,于例即有可立。察他人之理论,可行于其国者,则知吾人之理论,必可行于吾邦。其所难者,在于察因耳。察因中所含之条件,果确与平日所推论之原理同,则遵吾所推论者以行之。他日自必收相同之果,此按诸逻辑,其律不爽者也。吾国今者,其原因何在,因中所含之条件何若,果宜从若何之理论而行,乃有转危为安之望。此则专在吾辈青年之自觉,欲自觉其正途,不致彷徨道左也。则识尚焉,此练识又所以为自觉之要道也。

总之练志、练胆、练识,三者互相为用,不可缺一。以志言,则胆与识所以定志者也。以胆言,则志与识所以壮胆者也。以识言,则志与胆所以致识于用者也。志何以不移,有胆有识以定之故不移。胆何以不怯,有志有识以壮之故不怯。识何以能行,有志有胆以致之于用则行。吾辈丁兹国运,第一戒在抱悲观,第二戒在图自了,一抱悲观,则灰心颓气,而不存猛勇奋进之心。一图自了,则朝不谋夕,而不存任重道远之念。境由心造,心神强壮,则虽残山胜,水亦为我动心忍性之资。心志颓唐,即壮版雄图,反增我感喟凄凉之恨,至欲图自了。则今日更非其时,若吾身昨年已死,自了之愿固可告终,苟吾之死应在明年,则今年尚为吾奋斗之期,而非吾告终之日。非特明年然也,即吾之死在次月次日次时次刻,而吾之奋斗,尚当于此月此日此时此刻行之,急起直追,至死乃止。则主人之责已尽,而吾怀乃可少安,吾心乃可明告于天下后世。此所以当共和告别之顷,而殷殷然对我青年,为此临岐握手,各自珍重之最后一言也欤。

(选自《青年杂志》一卷三号,民国4年11月15日)

我国宪法与欧洲新宪法之比较

自1917年到现在总共不过五年，这五年之中欧洲大陆上产出好几个新国家；这几个新国家又都制定成功他们的新宪法。这几种新宪法各有各的精神：例如俄国的宪法，是代表共产主义精神的；德国的宪法，是代表社会革命精神的；波兰宪法，捷克斯洛伐克宪法，南斯拉夫宪法，是代表最近民治主义精神的——都有他们特别的彩色。我国的宪法怀胎已经10年了，今年究竟能不能分娩，还不能说定。就是今年能够"呱呱坠地"，可是拿他的内容和上述的五国宪法相比较，恐怕断没有人能够猜想到他们是同一时代的产儿。

宪法是时代思潮的结晶体，当美国独立的时候，社会契约说的势力最大，故美国各邦及中央的宪法，都充满了自然权利的精神；法国革命的时候，也是人权说大盛的时代，故法国第一次革命后的宪法，也充满了民权自由的精神。但是那个时代的普遍思潮，只注重个人，不甚注重社会，只注重政治，不大注重经济，所以那时的宪法也只注重个人的权利和个人政治上的自由。至于社会的权利和经济上的自由，都一齐放在宪法的范围之外。简单一句话：那时的宪法只可算是个人主义的政谱。

我国的宪法不啻是这一百四五十年个人主义的宪法的汇纂。在10年前世界上还没有代表最新思潮的新宪法发现，故还可以藏头盖面的掩饰过去，现在不幸世界上有了代表新思潮的新宪法，拿这几种新宪法来和我国的宪法比较比较，便发现出来许多不可遮掩的破绽。我本不是研究宪法的专家，故不能作逐条的比较；现在且把我国宪上违反时代思潮的几个最大缺点指出来，给研究宪法人的参考，我以为我国宪法——以经过二续会者为限——所没有顾虑到的有下列四个大问题：

（一）经济生活的问题

（二）团体生活的问题

（三）分职的问题

（四）立法的问题

一、经济生活的问题

少数研究过近代民治主义的人大概都知道：近代的民治主义的基础不仅仅的建设在政治的自由上边，并且要建设在经济的自由上边。因为政治自由的幸福，必定要在经济自由之后，才能够享受得到。从希腊到19世纪，凡在政治范围之内活动的人，大概都是有产阶级，他们自己并不曾尝过经济压迫的滋味，所以他们开始就要求政治的自由权。那时不但不重视经济的自由，并且把经济事业排除在政治范围之外。柏拉图的共产主义，就是想教治国的阶级，专门做政治事业，把经济事业让给奴隶阶级去做，所以柏氏的结论：就是想使经济的生活完全与政治的生活分开。直到法国革命之后，个人主义家也都一个个力争人类政治上的自由权，把经济事业划在国权范围之外，好让个人去自由竞争。我国的宪法仍然死抱着个人主义的旧说，所以对于社会中的经济生活，一个字也不提。

经济自由的唯一条件：就在打破地租、利息、遗产等种种经济制度，单以劳动做生活的基础。俄国的宪法是共产主义的宪法，所以《劳动群众权利的宣言》第二章中明定土地、森林、矿产、水道、六畜及田地附属品等，一切宣告为公产；并于宪法大原则章中（第五章）规定："俄苏维共和国宣言劳动为人人应有之义务，凡不劳动者不应得食（第十八条）。"他的财政政策就在："没收资本家之财产，使全国人民对于生产分配上立于平等之地位。（第十六章第七十九条）"。总而言之：俄国宪法的目的在打破资本主义，消灭剥夺阶级，使全国人民都以劳动为生活，这是他想达到人人经济生活自由的唯一的途径。

但这是共产制度，究竟这种制度能否试验无弊，就俄国这几年的政治情形看看，还不敢武断的肯定。我们且退让一步，再研究非共产主义的宪法。德国一九一九年八月十一日所公布的宪法，并不曾采取共产制度，故社会的公益和个人的私利并重，但是德国的宪法虽然是公益和私利并重，可是却有个人人共见的特点：就是他的目的是想用社会主义来代替个人主义。因为如此，所以注重社会的公平，限制个人的自由；所以渐废个人私有制，代以社会公有制，渐废遗产继承制，代以遗产国有制，渐废私人营业制，代以国家营业制。

德国宪法第五章特别规定经济的生活。在这一章中可以看出个人自由主义和社会主义的调和。且看第一五一条："经济生活的秩序，应该和公平的大原则及人类维持生存的大目的相合，"同时又规定："工商业的自由依国法之规定保障之"。这是一方面维持公平的原则，一方面保障个人自由的铁证。

德国的宪法仍然保障私有的财产，仍然保障土地私有制；但是一方又注重社会的公共幸福。且看一五三条："私有财产受宪法上的保障。"但是同时又规定："公用征收，在发达公共幸福的范围内而有法律根据时，方得行之。"由此可见私有财产，一方面为个人财产的安全起见，可得宪法的保障；一方面为发达公共幸福起见，又可以用报酬去征收他。财产的继承权也是这样，一方面可由私人继承，一方面又可由国家继承（第一五四条）。

土地所有权在德国也没有完全废止；但是"为供住宅的需要，为移民耕樵的发展，为农业的发达，可以征收私人的土地所有权（第一五五条）"。再土地的价值增加，如果不因为劳力应用资本应用者，应由国家拿来谋达公众的利益（同上）。至于土地的宝藏，及可以利用的天然力，——如矿山水利等——都一齐放在国家的监督之下，私人的矿业特权，依法律所规定，可以移归国家（同上）。国家对于土地的监督：（一）为防止土地权的滥用；（二）想使人民有卫生的家宅（同上）。这就是防止土地集中于大地主的手中的最好的办法。

私人营业的原则，在德国宪法中也没有禁止，但是适于社会所有的私人的营业，得收为国有财产（第一五六条），至于现有的私人营业，虽然不完全废止,可是得由国家令各邦或地方团体参与管理,国家对于私人营业认为不适当的,又得有抗议权(同上)。

综看这两国——俄国、德国——的宪法都充满社会主义的精神。俄国宪法上明定,俄罗斯共和国为一切劳动者之社会主义的团体(第五章第十条),目的在铲除社会中的寄生阶级。果能行之久远,则全国只有一个劳动阶级,绝没有资本阶级可以存在。在这种制度之下,当然不再有阶级战争的弊病。就是德国,虽然还没有实行共产,但是已经用全力向共产方面走去。故俄国的激进的共产,虽然不能仿效,而德国渐进的共产,未始不可取法。我国宪法就是不采取共产主义,也应该把眼光放远些,预先防止资本阶级的成立,断不能设法扶植资本阶级,使将来的社会又要发生阶级战争。现在且看我国宪法的规定。第十二条:"中华民国人民之财产所有权不受侵犯,但公益上必要之处分,依法律之所定。"此处所说的"公益上必要之处分依法律之所定",大概是指着土地收用法一类说的。我国宪法上关于债权遗产继承权,土地所有权,私人营业权,都没有特别的规定,可见得这些权利都一齐包括在财产权之内了。这样囫囵吞枣的规定,实在很有些危险,以下且说明危险的理由。

关于财产权的理论虽多,但是各派共同的一点:"就是财产权是使劳动的人得享受劳动的结果。"照这个定义严格的解释起来,只有亲手弄来的财产,才可以由自己享受;此外如遗产、地租、利息、利润都不是自己劳动的结果,当然不能算做财产权了。如果财产权的内容是这样,为鼓励人人劳动起见,当然有受宪法上保障的必要。可是我国宪法上财产权的内容,绝不能作这样严格的解释,多半包括不劳而得的遗产、地租、利息、利润等在内。换句话说:我国宪法上所认为不受侵犯的财产权,并不是由自己劳动的结果,却是劫夺人家劳动结果的贼物。把这种财产看作神圣不可侵犯,便不啻替贼人来保护财物!

再财产权包括土地所有权在内,更有许多危险。因为土地本是天然生成的东西,土地所有权便是占据天然物认为已有的结果,世界上人口渐渐增加,所有的土地尽让先来的人占去,后生的人岂不要活活地饿死吗?

所以马尔萨斯说道:“一个人生在一切东西都被人家占去的世界之中,如果他不能向他老子要求到生活费,社会再不要他的劳动,那么,他便没有得到一点食物的权利,他生在这个世界上只是多生的。‘自然’的大宴会中,没有他的座位,并且叫他走开,立刻就执行自然的命令。”(《人口论》第二版五三一页)

由此看来,假如宪法上绝对的保障土地所有权,结果一定要使后生的人活活饿死了!个人主义派关于财产权的理论,有个不可遮盖的缺点:就是只要财产安固,不要财产平均(乐利主义派的边沁就是这样主张)。我国宪法上虽然容认“公益上必要之处分”,但是目的只在使为公共利益而设之事业,有收买或租用土地的机会(参看《土地收用法》第一条),并不像德国宪法对于土地所有权的规定,目的在防止土地权的滥用,和使人民得有卫生的家宅。归综一句话:我国的宪法对于遗产继承权、土地所有权、私人营业权、都取积极的保护主义,无论财产所有主怎样使财产集中,绝不受宪法上的限制;德国的宪法却不是这样,他对于遗产继承权、土地所有权、私人营业权都取消极的限制主义,财产所有主私人的利益如果违反了“公平的大原则及人类维持生存的大目的”时,国家即有权力去实地限制。所以拿德国宪法关于财产权的规定和我国宪法相比较:一个可以代表社会主义的精神,一个只可以代表个人主义的精神。

近来社会主义家把从前宪法上所规定的各种权利(如我国宪法自第五条到第十六条所规定的权利)通同叫做政治的基本权,把生存权、劳动权、全劳动收益权叫作经济的基本权,全劳动收益权,非在共产制度之下不能实现,至于生存权和劳动权,德国宪法中已经有了相当的规定。第一六三条:“凡德意志人,应予以机会,使得由劳动而维持其生计。有求相当劳动机会而不得者,则为之筹尽每人所需之生计。”我国的法律尚没有容认劳动阶级参政的余地(因为选举法以纳税为原则,治安警察法更不容工人作政治的集会结社),更说不上生存权和劳动权了。但是凡是制宪的人都应该放大一点眼光,或稍微翻一翻欧洲的社会主义家的名著,使脑筋中知道:政治的基本权是中产阶级享受的,要想保障无产阶级的生命，非在宪法上容纳经济的基本权的精神不可。这就是因为经济生活问题是近来宪法上的一个中心的问题。

二、团体生活的问题

从前的学者多把个人从团体中解放出来，听凭各个人自己去自由发展。所以十八十九两世纪的宪法学者，极力打破国家的专制，要求个人自由；极力打破"同业公所"的专制，要求职业自由；极力打破教会的专制，要求信仰自由。这是解放个人的时期，当然要在宪法上绝对的保障个人的自由权利。可是现在的国家之中，个人的地位已经和从前大不相同了。因为现在社会的生活进步，一国之中，绝没有纯粹孤立的个人，只有做社会之一员的个人。个人的能力和特性，大半都是社会养成的。现在人与人的群集生活，并不像堆积许多鹅卵石在一块，倒很像丝丝相连的一个细网子，这条线牵连那条线，没有一条线不与别条线发生关系。因此，便有许多学者把国家看作"群"的结合体。且看白尔克说："如果我们要是现在的个人主义家，我们便是结合的个人主义家。我们的个人，正在结合成群。"我们不要再做《个人与国家》（斯宝塞所著的书）的书了，只做群与国的书了。……我们以为每个国家多少总是联合的社会，包括许多不同的人群，不同的教会，不同的经济组织在内，各个团体都可以行使对于团员的支配权（见英国《政治思想史》）。

这些话如果是实，那么，适应现在思潮的宪法，便应该特别注重团体生活了。

俄国的国家是由许多苏维埃联合而成的，所以中央苏维埃，分区苏维埃等组织和权利，都得到宪法上的保障。凡是劳动者的集会结社，都绝对的不受限制。德国宪法更特别的规定《团体生活》一章（第二章），这一章中关于群集生活——如婚姻、家庭、教会等——都受宪法的保障。至关于集会结社，更有极明了的条文规定。第一二三条："凡德意志人，平和的，且不揣武装，可不必通知，并不必得特别许可，有集会之权利。"第一二四条："凡德意志人，关于不背于刑法之目的，有结社之权利。此项权利不以预防方法限制之。各项团体遵民法之规定，有取得法人资格之权利。此项权利，不得以其团体所抱为政治上、社会政策上、宗教上之目的，从而拒绝之。”这种规定，虽然没甚稀奇，但是总可算是适应现在社会生活的潮流。我国的宪法又怎么样呢？且看第九条的规定：“中华民国人民有集会结社之自由，非依法律不受限制。”这一条的规定从字面上看来，似乎很严重，很冠冕堂皇；但是仔细分析起来，便不啻把集会结社的自由权根本取消（其余言论、著作、信仰、职业……等自由的规定也犯了同样的毛病）。因为从正面说，“非依法律不受限制，”自反面说，“依法律便得受限制。”如果依戒严法，还不过暂时受限制，若要依治安警察法便要时时刻刻的受限制了。因为治安警察法把集会结社的自由，放在行政官厅手中，不但政治的集会结社，要受行政官厅干涉，就是关于公共事务的集会结社，也要听行政官厅的裁度。宪法上很好的一条规定，可以被“依法律”三个字，把他根本取消了。在现在群集生活盛行的时代，群众的集会结社，如同吃饭睡觉一样，又何必要经官厅特别许可。就是极守旧的英国人，也老早就承认这层道理了（见戴雪的《英国意法论》）。不想1922年新出来的中国宪法，还不加以承认！——这又是我国宪法不能适应社会生活的潮流的一个铁证。

三、分职的问题

从前的国家大部分职务在于治人，所以国家的动作，都含有权力的意思；现在的国家大部分职务在于治事，所以国家的动作，却含有义务的意思。从前唯其是权力，所以分配国家职务，叫作“分权”；现在唯其是义务，所以分配国家职务叫作“分职”。大概近来社会事业一天复杂似一天；国家是谋社会公共利益的机关，故国家的职务也一天扩张似一天。但是近来国家的职务是专门替社会做事业的，故每一个国家都有他分内应该做的种种职业，职业本是专门的事体，不分工便不能做得好。工厂内分工的目的，全在“效率”的增加，国家内各机关分职的目的，也全在“效率”的增加。故最近的国家，不按照中央和地方的性质分职，便按照国家和社会的性质分职,断没有不论何事都由中央立法或执行的。

近来国内有一派人害了神经病,以为宪法上一列举中央政府的职权,便是联邦国家,又以为凡是联邦国家都是不能统一的:这话只有教人笑死!最近如波兰捷克斯洛伐克、南斯拉夫的宪法,都是采取单一制;就是像德国从前本采取联邦制,现在的新宪法却把地方主义的观念完全打破,几乎变成一个很集权的单一制。所以我的朋友张慰慈先生就断定:联邦制度实是违反今政治的趋势(见本号欧洲的新宪法)。我以为小国家不取联制邦,犹或可说,断没有大国家如中国可以单一制成功的。德国的新宪法诚然把地方主义的观念打破,但是中央与地方分职的观念比较从前的宪法更加明了。且看德国新宪法第一章国家与各州分职的规定。第六条:以下各项关于国家独有之立法:(甲)对外关系;(乙)殖民地;(丙)国籍,自由还徙,出入境,递解;(丁)国防制度;(戊)币制;(己)关税,关税区商业区统一问题,货物自由交通问题;(庚)邮政,电报,电话。第七条:以下各项属于国家立法:一,民法;二,刑法;三,法庭规则,刑事执行,官厅互助;四,护照及外人警察;五,救质制度,游民管理法;六,报纸,结社,集会条例;七,人口政策,产妇,婴孩,孩童,及青年保护法;八,卫生法,兽医法,及植物受病之保护规则;九,劳动法,保险,劳工及佣工之保护,劳动供求所法;十,国境内职业代表机关之设立;十一,战事军人及遗族之保护;十二,公用征收法;十三,矿产及生计的企业之收归社会所有,关于公共生计上生计的财物之生产,制造,分配,以及定价;十四,商业度量权衡,纸币发行,银行及交易所制度;十五,饮食品,享乐品,及日用需要品之买卖;十六,工业,矿业;十七,保险制度;十八,航船,公海及沿海渔业;十九,铁路,内河航路,水陆空中之自动机交通,公共交通上及国防上道路之建设;二十,戏馆及电影。

中央政府的职权这样列举的规定,和美国联邦宪法第一章第八条的规定,性质上有什么区别?故我说德国新宪法虽然没有联邦之名,可是他分职的精神却和联邦国丝毫没有差别。至于俄国的宪法开首就把"联邦"两个字抬出来,明白写下"俄罗斯苏维埃联邦共和国之宪法大原则"

云云;各条文内用联邦字样的不知几多次:又安见得俄国的宪法不适应“现今政治的趋势”呢?且俄国宪法第四十九条规定“全俄苏维埃会议”及“中央执行委员会”的职权,也和美德的宪法一样,列举17项大权属之中央政府。所以我的结论:就是现今的宪法趋势除掉几个小国家而外,没有不仿效联邦国家列举中央政府职权的;就是宪法上不明说采取联邦制度的名称,却断没有不明明采取联邦制度精神的。

我国的宪法却是怎么样呢?经过80天的争议(自民国五年十月二十日到六年一月),会议到10次之多,仅仅通过“第〇章地方制度”6个大字。而地方制度草案之中,充其量不过把省议会暂行法中的权限微微列举几条充数罢了。现在虽然有人提议增加“中央政府权限”一章,但看看议会内的空气和议员先生们脑筋,觉得总有十之八九流于悲观!而通过二续会的条文,只是囫囵吞枣的说:中华民国之立法权由国会行之(第二十条)。中华民国之行政权由大总统以国务员之赞襄行之(第五十五条)。如果要问:中央的立法行政权与各省立法行政权有什么界限?无论何人,不能解答;无论根据何法,也不能解答。这样集权的宪法,不想还要出现在20世纪中,真是奇事!

据我看来,古今权限的冲突,多半起于政权的不确定;故免除权限冲突的好方法:只在有明确的划分。当现在社会生活极其复杂的时候,要想不论何种职权都一齐揽在中央政府的手中,结果只有使一件事都不能做罢了。现在的分职学说,只有两种:(一)分职于地方;(二)分职于社会。前边是联邦制或地方自治制的分职;后者是同业的社会主义的分职。同业的社会主义现在已经丢开独受中央支配的集产主义的方法,在“行会”(Guild)名义之下造群。一方面承认国家为生产工具的所有主,一方面却要求把这种生产工具的动用权付托在各种行会管理之下;国家只做鼓奖文明的事业,社会却要管理经济生活的事项。一个国家之内,划分许多区域,使各区域都有独立做事的权限,叫作联邦;一个国家之内,划分许多行会,使各行会都有独立做事的权限,叫作联群,但是现在的宪法,不采取地方分职主义,便要采取行会分职主义;如果一个都不采取像我们中国的宪法，那倒真是“违反现今政治的趋势”了！

四、立法的问题

近来的学者对于议会制度——代议制度——都不十分表示满意，所以对于限制立法的问题，想出三种新方法：（一）是专门家立法制；（二）是执行部立法制；（三）是国民直接立法制。前两种方法，只有实例可引，在宪法上还没有明文规定；第三种方法，现在的新宪法差不多都采用了。

为什么要用专门学者的立法呢？因为近代各国的立法都全由政党把持，所以立法事业完全由政客包办。又因为用政党协议的选举制，凡是品行高洁和思想独立的人，都不大愿意就政党的范围，所以每一次选举，总要便宜了许多党的庸人，拒绝了许多不入党的学者。立法本是一种专门的事业；当现在社会事业和情形越过越复杂的时候，要想有科学技术的立法，便不能不在被政客所盘踞的机会之外，另想出一个方法，来救济政客式的立法的弊病。美国各邦近几年来试用的新方法：就是设立“立法起草局”来代替议员专门做起草的事务。据1913年的报告，各邦设立立法起草局的，已经有13邦之多了。这13邦中为议会或议员筹备有两件事：一是立法的参考，一是立法的起草。这便是帮助议会立法的一种新趋势。

再从前国会对于立法事项，几乎毫无限制。但是照最近政治上的经验，政府的职务还有许多不能够按性质分类的；有许多立法事业，为执行的便利起见，不得不委托行政部去做。例如英国的地方行政部，如果要不能立法，便没有重大的职务可做。最近英国的税务部部长说道：现在税务的事务和前二十年或十年绝不相同。那时国会议决一种租税，规定的非常详细，只把执行的事务交给税务部，使他照着国会设定的标准去实行。现在国会的意向：只定下一些原则，把困难的事实让给税务部去自行裁度。所以现在我们税务部所做的事务，很可以说是司法的事务，和近于立法的事务（见拉斯基 Authority in Modern State）。这是从经验上表现出来议会包办一切立法，在事实上是绝办不到的。

但是这两种方法，不过是帮助议会立法，或分去议会立法权的一小部分，并不是夺去议会的重要的立法权。至于这第三种方法便是不信任议会立法的最大的表示。德国宪法中关于“国民公决”的规定如下：“第七十三条 议会议决之法律，如总统在一月以内，决定提交国民公决时，得在公布之前，提交国民公决。法律之由议会议员三分之一要求展限公布者，如选民二十分之一提议，提交国民公决时，此项法律应即提交国民公决。选民十分之一要求提出某项法律草案者，亦以国民公决之。”

（《东方杂志》十九卷第二十二期）

宪政常轨中政党活动之正当范围

吾人论政，首应标明终极之限度。凡在此限度之中，行其活动，方有政治之可言，逾此一步，无论其施设何如，举人于非政治之状态，吾所谓宪政常轨者，即指前者言之也。

政党之活动，有一大主旨，即集合群意，积极推行本党之政策是也。此外，更有一大范围，即正当运动，必在政治状态之下是也。真正宪政轨内之政党行为，惟在谋本党政策着着见诸实行，不在毁他党之计划，事事从中掣肘。即曰推倒敌党，不过使之下野而已。足断不可溢出轨道，芟夷蕴丛绝其本根，尽其基础而摧之，排而绝之于政治范围而外。政党之联合运动，固在得友党之助援，然所谓友党，不重其宗旨之相同，惟重其在政治状态中久，具有政党之资格，藉非政党之力以诛锄敌党。即无异假盗以刃俾，残杀吾骨肉之至亲。敌党之命脉方尽，己党之死生亦操诸他人铁肘之下，消焉？息焉？存焉？亡焉？惟有伏首乞怜于强有力者之前而已。

政党之生命本与政治相终始，故必有政治，乃有政党可言。政府不存何有于政治，政治既亡，何有於政党？故凡国家陷入非常之境，政府正在飘摇之中，斯时也，护国护法为上。护国护法之事必诉诸全体国民，绝不得认为一党一派之政策。质言之，斯时也，但有国民运动之余地，绝无政党运动之余地是也。吾所谓政党活动之正当范围,即于此画鸿沟焉。

本此二义以论,今日之政变,彼奔至极端,越乎常轨之一派,非口诛笔伐所能稍折其锋。律以吾人论政之限度,已越乎立论范围而外,姑不具论所。欲与一试商榷者,惟在号称稳健之流。今日稳健诸公,举足左右便有轻重,此派所指即为旧进步系一流。律以真正立宪政治之政党行为,则今日进步系所得为者,但应以合法行动,抵制国民系之主张,不应越出轨外,籍他力以推翻旧国民党。推翻且滋物议,奚况迹近诛锄,使之翻然下野,固不失堂堂正正之师,若使之绝其根株,则终昧。夫政力向背之理。且称兵独立,脱离中央者,已达数省,中央政府根本飘摇,已陷入无政府之状态,政府不存,党于何有?悬崖勒马,惟有出於国民运动、护国护法之一途,仗义执言,平情释忿,方不失为大政党之德量。即如人言,称激烈者为暴民,然暴民虽厉容之,尚有令其忏悔之机,暴力一伸,则炙手可热,欲其悔祸殆无望已,亡中国者果为暴民?抑为暴力?尚不可知证,以史例,则暴民能力,仅能扰乱和平之秩序,至暴力之贻患,每足以倾覆国家。甚愿稳健诸公,认定肇亡之媒,以自正趋向可也。

(载民国6年6月8号《甲寅》日刊第一百三十九号)

宪法上监察权的问题

监察制度本是中国特有的制度;将各国议会中关于监督行政权的一部分割分出来,另外设立一个独立的机关来行使,也是将来的中国宪法的一个重要的特点。二十年六月一日所公布的《中华民国训政时期约法》,仅在第七十一条中规定五院的名称,对于各院的基本组织及职权,并没有一个字提及,一概委诸普通法律(第七十七条:国民政府及各院部会之组织以法律定之)。如是重大的五权分立制度,不在国家的根本法上规定基本原则,乃将各院与各部会一同看待,让普通法去自由规定,根本上就失掉"五权宪法"的重要意义。凡在三权分立的国家,没有一国的宪法上不把行政、立法、司法各部的基本组织及职权,详细的一一规定。三权分立,在各先进国有成例可考;新兴国家的宪法尚且规定得详详细细;至于五权分立,乃是中国特创的制度,中国历史上的成规既不能一一采用,而世界各国的宪法,又没有这样制度,可供我们的参考,如宪法上对于五权的基本组织及职权,不作详细的规定。不但在理论上失去五权宪法的意义,并且在事实上助长五院制度的纠纷。故监察权应当在宪法上规定基本原则,似乎是毫无疑义的。

监察权既然必须要在宪法上规定,就要首先决定监察权的内容。监察权的内容是什么?是各国会议中所行的弹劾(Imprachment)权呢?或是中国历史上固有的监察权呢?按照现行法律解释:国民政府组织法第八章第四十六条:"监察院为国民政府最高监察机关,依法行使劾审计之职权",则监察权中,除审计外,只有弹劾一个职权。这个弹劾权,如照各国议会的通例解释:就是议会对于总统,国务员,或其他官吏的犯罪。得向宪法上指定的有审判弹劾案权限的机关,提起诉讼,请他审理和处罚的权力。照这样解释,那么,监察院仅仅为事后的监察机关,绝对不能行使事前监察的权力。在公务员的犯罪,未成事实之前,监察院只能袖手旁观,不得过问;必得要等到犯罪的事实已经演成之后,才得施行事后惩戒的弹劾权。这是监察权只是弹劾权的解释的结论。

如果说:今日监察院所行使的职权,就是中国从秦汉以来御史的监察权,那么,监察权的解释,便不能这样的侠义。因为中国的御史,权力非常大,就在前清的都察院也有下列的几种特权:(一)建议政事权;(二)弹劾权;(三)监察行政权;(四)考察官吏权;(五)会谳重案权;(六)辩明冤枉权;(七)检查会计权;(八)封驳诏书权;(九)注销案卷权;(十)监察礼仪权(参看拙著中国御史制度的沿革第四章)。故从前都察院的监察权,打破普通的行政系统,无论是对于上级官员,或对于下级官员,更无论是对于中央官员,或对于地方官员,皆一律可以行使。不但可以监察法律范围以内的事件,并且可以监察道德范围以内的事件;不但可以监察百官违反法令,乃防害公益的行为,并且可以监察官吏个人的私德私行;不但可以监察在职官吏,并且可以监察退职的官吏与非官吏的恶霸土豪;不但可以弹劾那证据确凿的犯罪行为,并且可以弹劾那传说未得确证的嫌疑行为;不但可以弹劾犯罪于已成事实之后,并且可以弹劾犯罪于将成事实之前。都察院的监察权,所以这样的广大,现为中国固有的特殊的三权分立制所酿成。所谓中国的三权分立:就是指那明朝的(中书总政事,都督掌军旅,御史掌纠察)的政权、军权、察权的三权鼎立的制度。现在在五权制度之下,有许多职权都有独立的机关专掌:例如考察官吏中的京察大计之类,考绩,已由考试院专掌;会谳重案权与辩明冤枉权,已由法院专掌。建议政事权亦将由民选代表的机关专掌;监察行使权,与注销案卷权,亦有行政各部分别专掌。在今日五院制度下,监察院当然用不着行使这样庞大的权力,这也是一般人所共同承认的。

但是监察权虽然不能依照历史上的成规,扩张到极大的限度;可是依照现行的法律,又未免把监察权缩得过小。现在的监察权,终始只是一个弹劾权,监察院对于公务员,除弹劾外,一无所知,一无所能。在这个地方,并不是主张监察院在弹劾权外,还有有完全的监督行政权,只主张监察院除弹劾权外，应该还要有知道各行政官署施政的状况，任免人员的经过，与考核人员的成绩等等的机会。现在各官署施政的状况任免人员的经过，与夫考核人员的成绩，通同不向监察院报告；监察院对于某一官署的公务人员，不但不知道他的履历，他的施政，与他的成绩，并且不知道他的姓名。即近在咫尺的行政院各部会，他们的任免人员，监察院不知道；他们所考核的人员成绩，监察院不知道；他们终年做下什么事，监察院也不知道。若谓在平时完全不必要知道各官署公务人员的资格经验与成绩，而一到他们违法失职的时候，即能不告而知，天地间宁有此理？故监察院对于全国的公务人员，天天在监察之中，即天天在监不能监，察不能察之中。若单靠人民举发，则又与设立监察院之原意显有违背。因为平时的监察，是临时弹劾的前因；而临时弹劾，是平时监察的后果。如果各官署对于监察院完全隔绝，而监察院对于各官署的用人行政完全不闻不问，则监察权之行使，自难周密了。

如果说按照现行的法律，监察院的监察权，完全以弹劾权为限，换句话说：完全以事后监督为限，那么，各官署的公务人员在未违法失职以前监察院当然概不得过问了。但是在现行的法律中，也有例外。就是每次举行文官考试（无论是高等的，或普通的，更无论是中央的，或各省的），依法要由监察院指派监察委员监试；而公债基金的保管，依法要由监察院指定监察委员监察。由此可见即在现行法律中，也没有把监察院完全看作事后监督的机关有几种特殊事项，也许监察院在未违法或失职以前，即施行事前的监督。既然允许监察院有事先监督权，那么，再把这些先监督权稍微扩大一点，也不见得就是完全有害无利了。况法律上如果只教各官署将施政的状况，任免人员的经过，与考试人员的成绩等等，向监察院报告，使监察院明瞭一切公务人员在职的情况，那么监察院的监察自然要比较的周密的多了。关于这一点似乎是将来规定监察权的内容时，应该补充的。

此外还有关于弹劾案的审判机关问题，也与监察权有密切的关系，不能不特别注意。按照现行的法律，弹劾案的审判机关，支离破碎分而为四：

（一）被弹劾人为国民政府委员者，送中央党部监察委员会；

（二）被弹劾人为前款以外之政务官者，送国民政府；

（三）被弹劾人为前任以上及为中央各官署委任职者送中央公务员惩戒委员会；

（四）被弹劾人为地方各官署委任职者，送各该省地方公务员惩戒委员会（以上均见公务员惩戒委员会组织法及公务员惩戒法）。

本来“弹劾权与审刊权应否归在一个机关?”这个问题，很有详细讨论的价值。现行的法律，是采取弹劾权与审判权分立主义的。根据国民政府组织法，弹劾权关于监察院，（第四十六条）审判权关于司法院（第三十六条）这个原则，在五权分立的制度下，当然有存在的理由，就是凡是弹劾权一概归诸监察院，凡是审判权一概归诸司法院，是最合乎分权原理的。现行法律，如果彻底的遵守这个原则，当然有相关的理由。可是公务员惩戒法，便首先与这个原则相冲突。所谓审判权关于司法院的，只有一个中央公务员惩戒委员会，换句话说：只在政务官以外之荐任职以上人员及中央各官署支委任职人员被弹劾时，才送由这个直隶于司法院的中央公务员惩戒委员会审判；至于在地方各官署委任职人员被弹劾时，却送由那个间接隶属于司法院的地方公务员惩戒委员会审判。至于被弹劾人为国民政府委员时，送由中央党部监察委员会审判。也还说得过去，因为在训政时期，中央党部代行国民大会的职权。国民政府委员被弹劾，送由国民代表审判。就是属于司法院，也是很名正言顺的。我们最不解的：就是在国民政府委员会以外的政务官被弹劾时，何以审判权不在这个为最高审判机关的司法院，却在这个不司审判专责的国民政府。这个规定，无异将审判权属于司法院的一个原则，根本取消了。故现行的法律，只可说是将弹劾权与审判权完全割开，并没有严格的采用“凡是审判权一概归诸司法院”这个原则。

现行的法律，既然不采用“凡是审判权一概归诸司法院”这个原则，那么，“弹劾案的审判权究竟以属于什么机关为相宜?”这个问题，当然可以讨论了。查欧洲许多国家,如法国和普鲁士等,都在普通法院以外,另设一种行政裁判所。去专管行政诉讼。凡属行政诉讼,一概不许普通法院受理,只由特别设立的行政裁判所受理。他们的理由就是以为行政的裁判,要有行政上的知识与经验,这并不是普通法院所能胜任的。近来采用行政裁判所制度的国家,成绩都很有进步。向日非难这个制度或怀疑这个制度的学者,多改变他们的态度甚至于转而赞成这个制度。因为行政诉讼,固不宜归普通法院审判,尤不宜归行政官审判。折中的适当辨法:就是特设立一个行政裁判所审判。我个人的见解:以为审理弹劾案的审判机关,也应该在普通司法机关及普通行政机关而外,另设一个审判机关。故既不赞成将审判权归于司法院的主张,又不赞成审判权归于国民政府的主张。就是现行法律,也应顾虑到这一点,故中央及地方公务员惩戒委员会的委员,皆在法官之外,加以具有行政经验之专任委员。这就是认定审理弹劾案与法院的普通审理不同,不专靠法律的知识与经验,还要靠行政的知识与经验。由此可见弹劾案的审判,为特种审判,并不是普通审判。如军事的审判,另由军事法庭掌理,而不由普通法院掌理,为同样的理由。我们既然认定弹劾案的审判与普通审判性质不同,那么,弹劾案的审判机关,便没有一定要隶属在司法院之下的理由了。可是弹劾案的审判机关,固然没有一定要属于司法院之下的理由,同时也没有一定要隶属于普通行政机关的理由。因为以行政机关审判那些关于行政机关要的案件,无异教被告的人自己审判自己。然则弹劾案的审判权究竟以属于什么机关为最相宜呢?我的答案:就是以属于监察院为比较的相宜。

何以说:弹劾案的审判权以属于监察院为比较的相宜呢?理由是一事权而专责成。监察院是为专门监督行政官吏而设立的机关,他的唯一的职责,就在监察一切官吏的行为。如果只教监察院司弹劾,不教他司审判,便是半弹劾。若以为弹劾与审判同归在一个机关,审判恐有不公不平的弊病。试问普通法院,将检察与审判合在一处,果有不公不平的弊病吗?所谓弹劾权与审判权通同放在监察院,并不是说通同要放监察院的监察委员手中,自己弹劾,自己审判;仍然要组织一个与监察委员对立的审判机关,与现今的公务员惩戒委员会组织相同,也与普通法院的检察官与推事关系相同。这样一来,监察权才可以称为真正的独立,弹劾权才可以称为整个的弹劾权,而审判的机关也不像现在那样的支离破碎。这也是关于监察权本身的一个重要问题。

(原载《东方杂志》第三十卷第七号)

抗战三年来监察法规增定及推行经过

一、抗战前监察权行使之程序

监察院在平时行使监察权,及惩戒机关在平时行使惩戒权,皆问每翔实为主,为实现审慎详实之原则起见,法定程序自比较繁重,为监察委员或监察使所风闻访知者,或由于被动监察,为人民用书状陈诉者,皆必须经过下列程序:

(甲)调查事实,搜集证据。

(乙)提出弹劾案。

(丙)发交原提案委员外监察委员三人审查。

(丁)审查经多数议决,认为应付惩戒,由监察院移付惩戒机关。

(戊)惩戒机关对于受移送之惩戒事件,得指定惩戒委员自行调查,或委托行政司法官署调查。

(己)惩戒机关指定期间,命被付惩戒人员提出申辩书,或到场质询。

(庚)惩戒机关以出席委员过半数之同意议决,作成议决书,送达被付惩戒人,并通知监察院及被付惩戒人所属官署。

上述甲乙丙丁四项为监察院对于每个弹劾案件在移付惩戒机关前,所必须经过的法定程序;戊己庚三项为惩戒机关对于每一移付惩戒之弹劾案件,所必须经过之法定程序。如弹劾案中被弹劾人有涉及刑事嫌疑者，惩戒于接受惩戒案件后应即将该案移送该管法院审理，非由法院经过刑事诉讼程序，于刑事确定裁判后，不得开始惩戒程序。

由此可见在抗战前关于监察权之行使，法定程序比较繁重，监察院提出弹劾案件后，必须经过调查、审查、移付等程序；惩戒机关接受弹劾案件后必须经过调查、申辩（或质询）、议决等程序；司法机关审理涉及刑事嫌疑之弹劾案件，又必须经过刑事诉讼程序，自侦查、起诉、审讯、判决，以至再审、三审、判决确定，稽延时日更多。因此，每一弹劾案件，自移付惩戒机关以后，动辄经过数月或数年之久，尚未终结，被弹劾人因未受惩戒，仍得照常执行职务，以致法律之尊严，人民之疾苦，与监察之效果，惩戒之效率，均不无交受影响。

二、抗战后监察权行使之程序

抗战军兴而后，监察院为适应战时需要，并使监察权得以有效急速行使起见，特拟定《非常时期监察权行使暂行办法》五条，提经国防最高委员会核准，由国民政府于二十六年十二月十七日公布施行，其后复经立法院审议，于二十八年八月二十日修正公布。该办法因修正结果为七条，综其要点有二：即事后监察与事前监察并重，审慎翔实与简捷迅速并行。

（甲）事后监察与事前监察。依该办法第二条规定："监察委员或监察使对于公务员违法或失职行为，认为应速去职，或为其他急速处分者，得以书面纠举。"第五条规定："各机关或公务员对于非常时期内应办事项，有举行不力或失常者，监察委员或监察使得以书面提出建议或意见。"纠举为对于公务员违法失职行为而设，在违法失职业经构成事实后行之，是谓事后监察。建议为对于各机关或公务员在非常时期内应办事项有举行不力或失当者而设，在应办事项将构成尚未构成违法失职之事实前行之，是谓事前监察。因为在抗战时期，对于公务员违法失职，业经构成事实之行为，固应急速惩处；然仅为事后之惩处，而不为事前之预防，贻误于抗战时期之行政效率者必多，凡属于非常时期内应办事项，大都直接或间接与抗战建国有关，而为刻不容缓及适应事（时）机之事项，与其监察于事后，毋宁监察于事前；与其惩戒于构成违法失职行为之后，毋宁警惕于尚未构成违法失职行为之前。一见其有举行不力或失当之处，即以书面提出建议或意见，送交各该机关或其上级机关，俾得及时为适当之计划与处置。于消极的警惕告诫之中，隐寓有积极的督促纠正之意，对于违法失职之行为，防止一分，即对于抗战建国之实效，增加一分。故建议权之增设，不独在消极方面可以除去抗战建国工作之妨碍，并且在积极方面督促抗战建国工作之进行。

（乙）审慎翔实与简捷迅速。监察权之行使，重在不枉不纵，故审慎翔实，为监察院提出每一弹劾案件前，及惩戒机关议决每一惩戒事件前，所必须严格遵守之原则。但在抗战时期，审慎翔实，又必须与简捷迅速相辅而行。该办法所特别注重之点，即在于翔实中求简捷，于审慎中求迅速。依第二条之规定：监察委员或监察使，对于公务员奸污或失职行为，“认为应速去职，或为其它急速处分者”第一步即可不提弹劾，“得以书面纠举”。因弹劾需经繁重程序，已如前述；而纠举之提出，则程序较为简单，既不须经过审查，复无须移送惩戒机关。如纠举荐任职以上之公务员，呈经监察院审核后，即可送交被纠举人之主管长官或其上级长官；如纠举委任职公务员，并于呈送监察院长时，即以书面迳送各该主管长官或其上级长官。故监察委员在分派执行任务之省市内，监察使在该管监察区内，对于委任职公务员之纠举，可以立即以书面迳送各该长官，其程序异常简捷迅速。

被纠举人之主管长官或其上级长官，于接受纠举书后：（一）因对被纠举人平常有隶属关系，并有任用与监督指挥关系，故对于被纠举人之贤否及其行为之违法失职情形，知之必较为翔实；（二）因主管长官或其上级长官，均有权可立将被纠举人撤职，或为其它行政处分，故决定亦必能迅速；（三）因决定撤职或其它处分者，即为被纠举人之主管长官或其上级长官，知之既甚翔实，故处分亦自必公平。一举而翔实迅速公平之数效毕见，与惩戒机关相比较其审慎翔实如出一辙，而简捷迅速即有过之而无不及，此为该办法之最大优点。

该办法第四条规定：被纠举人之主管长官或其上级长官，如不依法为行政处分，或不依法声复不应处分之理由，监察院即以纠举文件为弹劾案，得不经过审查程序，而逕行移付惩戒机关。如被纠举人受惩戒时，各该主管长官或其上级长官，亦应负责。可见该办法第一用意，在求简捷迅速，但并不因求简捷迅速，而忽略审慎翔实之原则。至简捷迅速之目的不能达到时，则宁愿严守审慎详实之原则，以达到维持法纪整饬官场之目的。

三、抗战后集体巡察制度之推行

依非常时期监察权行使暂行办法之规定，固较抗战前监察权行使之程序显有不同，然仍守一相同之点：即视察、调查、纠举、建议，完全与弹劾相同，仍由监察委员或监察使单独行使是也。自二十七年后，复有集体巡察制度之创设。集体巡察制度，约可分为二类：甲、由监察院院外组织者，乙、由监察院院内组织者。由监察院院外组织者，亦有两种：①由他机关设置巡察考察团体，而由监察院指定监察委员为该团体委员，参加巡察；②由职权有关各机关合组监督团体，而由监察院派重要人员为委员，并由监察院召集。由监察院院内组织者，即由监察院独立组织巡察团体，自派院内委员组织之，在指定区域内巡回视察。

（甲）由监察院外组织之巡察监督考核团体。此项集体巡察制度计有三个组织：一为军事委员会战区军风纪巡察团，一为中央兵役监督委员会，一为战时行政工作考核团。

（1）战区军风纪巡察团。军事委员会于二十七年制定战区军风纪巡察团组织规程草案及服务细则，公布施行，旋经合并为战区军风纪巡察团规程，于二十九年三月十八日修正公布。设置该团之目的，在整饬战时纲纪，以促进抗战效能。其设置团数及团巡察区域，由军事委员会视需要情形，随时以命令规定。该团之权责如左：（一）纠察并处理区内军风纪，及文武官员贪污渎职与其他不体事项，并接受民众关于各该事项之控告；（二）考察并促进改善各省市役征及伤退官兵之治疗管理与难民救济等事项;(三)考察并促进改善各部队之经理卫生事项;(四)督促地方官员整饬庶政,并促进军民合作精神;(五)其他与抗战攸关或临时指派事项。

考察团之职权,除巡视外,并包括有行政上之督导权,而且所偏重者在军事,与监察院所行使之纯粹监察权性质不同,故该团直属于军事委员会,监察院仅对于每团指定监察委员一人至二人参加工作。

(2)中央兵役监督委员会。军事委员会政治部于二十八年二月间制定《兵役宣传及监督实施方案》关于兵役监督机构之组织:A 常设兵役监督机构为:(一)《中央兵役监督委员会》,由中央监察委员、国民参政会,监察院、最高法院检察处、军事委员会政治部、军法执行总监部及宪兵司令部等各派重要人员为委员组织之,由监察院召集;(二)《各省兵役监督委员会》由省党部监察委员会、省参议会、当地高级政治部、本区监察使署、高等法院检察处等各派重要人员为委员组织之,由省参议会召集。B 巡回兵役监督机构为《巡回兵役监察团》,由国民参政会及政治部指派人员组织若干团,分赴各划定地区实行监督。此项监督施行方案于二十八年三月间奉令暂缓实施,故各省兵役监督委员会虽间有成立而由各区监察使署派员参加者,但中央兵役监督委员会及巡回兵役监察团,则概未组织。

(3)战时行政工作考核团。该团为严密考核战时行政计划之实施机关,以考查战时行政计划工作进展之实施,及审核战时行政计划工作报告等为主,监察院亦指派委员二人参加工作。

(乙)由监察院院内组织之战区巡察团体。监察院为推行第二期战时监察工作实施纲要,并加紧巡回监察起见,特于二十九年八月间,制定《战区巡察团组织规程》十六条,经提请国防最高委员会核准,设立战区巡察团,该团直隶于监察院,其设置之团数及各团巡察区域以军事委员会划定之各区域为准,各巡察团以监察院监察委员三人组织之(该区有监察使署,监察使为当然委员),由监察院长指定一人为主任委员,主持事务。其责权除各巡察团之监察委员依法行使监察权外,并承监察院长之命,办理特定任务。各巡察团在巡察区域内,得接受人民控告公务员书状，并须普遍巡察，或由各委员随时分途出巡。关于人民诉状之办理，出巡之分配，工作之改进，及其他应讨论事项，均取决于委员会议。各巡察团所至之地，与本区各级党部、军风纪巡察团、战区司令长官部、战区军法执行监部、及其他有关机关，须随时联络，为执行职务，并得指挥当地宪兵警察。该团之特点，一面得由该团在指定区域内集合巡察，并以团的名义接受人民书状，以团之委员会议决定处理书状办法，一面又得由充任团员之监察委员依法单独行使监察职权，是为集体巡查，分别纠弹制度。

四、监察院对于战时监察工作之实施

中央既颁布非常时期监察权行使暂行办法，以救济监察法规应付战时之不足。俾程序效果，愈趋简捷确实，监察院在该办法公布施行时，即一面厘定施行细则，一面规定非常时期监察委员分赴各省市工作准则，以期切实推行，增进战时监察效率。兹将自二十七年起至二十九年年终止，监察院对于战时监察工作之推进办法最重要者列举如左：

（甲）制定非常时期监察院视察调查工作纲要。监察院于二十七年二月间公布非常时期视察调查工作纲要九条，将视察工作分为二种：①专案视查；②一般视查。就指定之机关团体或某种事项为特别之视查为专案视查；就指定区域为各地方一般事项之视查，为一般视查。一般视查尤特别注重下列各事项：

（一）关于兵役征募及军事征用事项。

（二）关于民众组织训练事项。

（三）关于食粮之储调备济事项。

（四）关于交通及运输事项。

（五）关于抗战及肃奸事项。

（六）关于治安及防空设备事项。

（七）关于伤兵之处理事项。

（八）关于难民之救济事项。

（九）关于生产建设及战时教育事项。

以上视查工作用左列方法行之：

(一)由院长派遣监察委员或其他视查人员前往各地视查，或令各区监察使在其所管区内视查。

(二)由各区监察使在其所管监察区内，自行视查或派员视查。

(乙)派遣监察委员分赴各省市工作或视查。监察院在抗战以后，即遵照中央命令，派遣监察委员分赴各省市工作，其留院者亦随时分派出外视察，其后更遵照中央决议暨总裁讯示，制定监察院第二期战时监察工作实施纲要，次第推行。二十八、九两年度中，按各省行政专员区，分派监察委员前往普遍视察，先从贵州、云南、四川各省起，分区派监察委员二人前往各县视察战时一切政治设施。至中央之各院部会处等，亦指定监察委员或视察员分别前往视查。

(丙)视察各地精神总动员办理情况。二十九年五月间准国民精神动员会函托，请乘监察院监察委员多人分赴各省考察政务之便，连带视察所经各地精神动员情形，并将视察所得，随时报转该会。各区监察使于巡视时，亦乘便随地视察，报转该会。

(丁)派员参加军风纪巡察团工作。自各区军风纪巡察团成立后，监察院对于每一巡察团，均依法指派监察委员二人，参加工作。所派委员均常年在战区以内，或亲临战线，执行法律上所赋予之权责。并有时深入敌人后方，或随同作战部队，出入火线，视察各部队作战情形。

(戊)组设战区巡查团。二十九年八月间，奉国防部最高委员会秘书处函知奉准组设战区巡察团，于二十九年度内组设两团，爰即划定区域分别出巡。第一团巡察长江以南各战区，第二团巡察长江以北各战区。第一团已于十月中旬出发，经湖南之芷江沅陵常德益阳而达长沙一带。第二团正在整装待发中。

五、结论

监察院对于监察工作较平时更为努力推进，工作之繁，较前增加数倍。以上所述，不过就其大者要者言之，其他则概从简略。总之在抗战时期,后方政治工作之推进,十分重要,故监察院特本总裁“政治重于军事,后方重于前方”之训示,努力推行战时监察法令,以增进战时监察之效能,使抗战建国之大业,得以顺利完成。此为监察院之权限,亦即为监察院之责任。兹当三十年度开始谨述战时监察法规及推行之经过,以待留心监察制度者之考证焉。

（载《高一涵监察工作文选》）

后　记

陈良亭

（一）

高一涵（1885—1968），我国著名现代启蒙思想家、政治学家、教育家和社会活动家，民主运动的先驱者，中国现代政治科学体系的奠基人，陈独秀、李大钊的挚友和同志，安徽六安市金安区东河口镇茶叶冲人。长期以来，由于种种历史原因，国内对他的研究和宣传一直过少，导致他的故乡六安大多数人不知道其为谁？

对高一涵研究相对过少的原因主要有以下几方面：

一是史料奇缺。由于当年的时局动荡不安，高一涵政治足迹遍及四方，所著文章不是尘封史海，就是散落无踪。加之他一生很少写自己的文章，这就为当今研究者、写传人带来了极大的困难。

二是他在《新青年》后期，与陈独秀兵分两路，陈独秀、李大钊从事激进的革命斗争实践；高一涵曾随胡适从事渐进革命论的理论研究，被人们误认为他“落伍”了。

三是他在脱党后，当了十八年的国民政府监察使，给人留下了一个模糊的背影。

早在2009年，中国李大钊研究会理事、国家社科基金重大招标项目《中国马克思主义学术史》首席专家、南京航空航天大学马克思主义学院特聘教授吴汉全在《高一涵研究的现状及今后努力方向》一文中就提出：

“全面考查高一涵中青年时期的政治和社会活动，广泛收集整理高一涵在各个历史时期的大量珍贵著作，以便在适当时候出版高一涵文集、全集，对高一涵在中国近代史上的历史地位作一全新评价，是今后高一涵研究的主要方向。”他还说：“要深入他的家乡六安县，了解他青年时期的社会活动；要到日本，了解他在留学时期的社会活动，特别要了解他在‘五四’运动中的实际活动。现在史学界只看到他当时在各大报刊上发表的文章，有的甚至连当时的文章都没有看全，对他在‘五四’运动中的实际活动了解甚少，这是一大缺憾”等。

据我了解，从“五四”运动80周年开始，在《中共党史研究》等中央和省市级权威刊物上发表研究高一涵的文章有20多篇，吴汉全教授2013年出版了《高一涵“五四”时期的政治思想研究》一书，高大同先生2011年出版了《高一涵先生年谱》一书，2014年他又出版了《高一涵监察工作文选》。从此，国内对高一涵的研究进入了新阶段。

新世纪前后，我作为高一涵先生故乡的一名政协联络委老主任，在国内高一涵研究大家吴汉全、李新宇、张春丽、六安文史专家马育良、许正英、高大同等人的鼓励和支持下，编成《高一涵文选》初稿。2013年，由金安区政协审核出版。

在编辑之前，编委高大同先生先后去了中国历史档案馆，江苏省、安徽省政协档案馆，江苏省档案馆，甘肃档案馆，台湾档案馆等十多家档案馆。我先后十多次去了安徽省图书馆、安庆市图书馆等多家图书馆，还跑了郑州、苏州等十多家古旧书店，并多次上门或书信与合肥史学家吴炳南、六安地方史专家许正英、杜志洪、何晓明等先生取得联系和支持，高大同先生去年还亲自去了日本进行考查。2013年8月和2015年4月，我在区政协和镇党委的支持下，先后两次去了江苏省委统战部、省档案馆，并几经辗转，寻找到高一涵的儿媳和孙女，并去了高一涵儿子高宗沪的原工作单位南京起重机厂，查阅了有关档案，取得了许多第一手资料。我还利用在高一涵故乡的便利，访问了高一涵的亲朋故友40多人。

通过以上一系列努力，我们挖掘到高一涵的珍贵历史资料共500多万字，珍贵文章和专著共950多篇（首）。其中，专著5部，论文100多篇，传记书札80多件，诗词楹联750多首，历史照片60多张。还收集到陈独秀、胡适、章士钊、吴玉章等人与高一涵的来往信件41通等等。史料中属于文物级的20多件。在编辑中，我们在反复研读了高一涵的原文和每一件珍贵史料的基础上，阅读了马恩全集的部分篇章，阅读了《中国共产党七十年》党史全文，阅读了《中共党史研究》《安徽党史纵览》《安徽史学》《安徽通史》的有关文章，阅读了《陈独秀全传》《李大钊传》《董必武传》《高语罕传》《周新民传略》《六安县志》《六安文化志》以及《高氏宗谱》等十多部历史文献和志书的有关篇章。通过两年多的努力，终于揭去了蒙在高一涵头上的一切不实之词和模糊背影，基本理清了高一涵在辛亥革命、新民主主义革命、社会主义革命和建设这三大革命历史阶段中的政治活动和理论贡献，查明了高一涵研究史上100多个历史事件、情节和细节。编成了集文选为主体，融珍贵史料、最新研究成果和现代专家权威评价于一身的特色鲜明的《高一涵文选》。还原了高一涵在中国近代史上奋斗多彩的光辉一生。

但是，由于当时的重点是编辑《文选》，对于他的生平事迹和理论贡献，只是择其要者，形成一个《高一涵传略》附录在《文选》的最后。2014年底，这篇《传略》虽在省政协《江淮文史》上全文刊发。但毕竟只是个《传略》，许多鲜为人知的重要珍贵史料至今未能面世。

吴汉全教授曾致信给我说："高一涵是一位中国现代史上的著名人物，他在中国现代史上有着特殊的地位，值得深入研究和广泛宣传。"党的十八大召开前夕，央视台播放了向十八大献礼的党史专题片《苦难辉煌》，片中把陈独秀、李大钊、高一涵三人比肩并列宣传。"五四"明星，百位之多，仅仅突出他们三位对高一涵和高一涵研究来说意义重大而深远。接着，央视台又播放了重大革命历史题材故事片《日出东方》，片中的陈独秀、高一涵和李大钊等共领"五四"运动，营救陈独秀出狱等革命事迹生动再现……每看到这些，高一涵一生追求科学、民主、法制的高贵品格和英勇事迹，在我的脑海中总是挥之不去。我想，我作为先生故乡一名文史爱好者、研究者，在有生之年，如果不把高一涵的光辉一生记录下来，就有可能得而复失，那样，又怎能对得起历史？对得起先贤和人民呢？

于是，在国内高一涵研究东风的感召和鼓舞下，在市内外同仁们的帮助和支持下，从 2014 年元月起，我便开始着手《高一涵传》写作工作了。

（二）

历经三年多，如从先期收集资料、产生念头、设计框架、撰写《专题》算起，应该是十多年时间，2015 年秋终于完成初稿。此时，市政协司敏副主席、马德俊常委、市民盟驻会主委王首炳等领导，得知此情，先后深入我镇，审阅初稿，视察高一涵故居，访问高一涵后人，并将《高一涵传》的出版工作提上议事日程。今天，《高一涵传》正式出版发行。

我们六安市政协、市民盟联合出版的这部《高一涵传》是国内为高一涵先生出的第一部长篇传记，它填补了国内高一涵研究的历史空白。它的出版发行，可能将引起中国党史学界的关注，它的出版发行也将可能开启六安乃至安徽现代革命史研究的新篇章，高一涵也将为更多中国人、外国人所熟知，并将永远留存在我们民族的历史记忆之中，其历史意义和现实意义不言而喻。正因如此，我在撰稿中，自始至终，努力坚持马克思辩证唯物主义和历史唯物主义的原则立场，努力坚持开拓进取、与时俱进的时代精神，努力做到：

1. 纲目分明，突出重点

本传以高一涵一生成长经历为经线，以他在乡求学及留学东瀛、参加辛亥革命、参与领导“五四”运动、投身大革命、出任监察使、建设新中国五大阶段为时间节点，围绕五大历史节点，详细记述高一涵对我国旧民主主义革命、新民主主义革命、抗日战争、解放战争、社会主义革命和社会主义建设，所做的历史贡献。从而形成了 8 章 40 节的初稿。马德俊常委看了初稿后说道：高一涵先生是我国近代著名的启蒙思想家，他和李大钊等人秘密发起成立中国第一个马克思主义学说研究会，最早在中国传播马克思列宁主义；高举科学与民主两面大旗，为陈独秀、李大钊创建民主共和担纲助阵；参与推动和领导伟大的“五四”爱国运动，构建现代国家理念、法治理念、监察理念等，内容丰富，博大精深，历史研究价值很高，现实意义很强。因此，要把他在各个历史阶段中的政治实践活动和理论贡献，作为重点，突出展开来写。于是我立即着手，将这几大主题内容有的升节为章，有的从零开始，最终由原来8章40节扩展到现在的12章52节。例如，“五四”新文化运动时期，是高一涵先生对中国现代革命史贡献最卓越的时期，对此，编者以五个章标为纲，突出重点，用20多个小节为目，浓墨重彩，纵横密织，从而把我们六安唯一能与陈独秀、李大钊相比肩的这颗最闪亮的“五四”明星的光辉形象生动地展现在广大读者面前。

又如，高一涵在解放前曾在国民党政府当了18年的监察使，在形式上从革命阵营投入到国民党的怀抱，因此给后人留下一个模糊背影。如照过去一般理解，自然是一定做了许多不利于人民的事。对此，编者坚持用辩证唯物主义和历史唯物主义的视野，用与时俱进的时代眼光，以事实为依据，实际求是，用《弹劾国贼贪官，力主监察立法》和《同流不污，锦绣史话》为总纲，在这条总纲下，纬以“老虎苍蝇一起打”“力主监察法制化”“为民请命民为本”“从政清廉传佳话”“掩护董周过险关”“为诗抗日作干戈”“艰难保敦煌”等九个小节篇幅，从不同角度，全面记述了高一涵在蒋管区的特殊岁月里，虽同流而不合污，利用他那特殊身份，为中国人民夺取抗日战争的胜利和中华民族的解放事业所做的特殊贡献。这样使全传做到泾渭分明，纲举目张，重点突出，使高一涵孜孜不倦地追求科学与真理、追求民主与法制、追求光明与正义的光辉一生呈现在广大读者面前。

2. 叙论俱到，说史存经

所谓叙，就是对高一涵的生平事迹用记叙手法于全面陈述。在记述中，又着重对他留日参加孙中山的同盟会；与朱蕴山、高语罕等人一起，投身辛亥革命；与陈独秀、李大钊共同推动领导“五四”运动；由李大钊推荐，与陈独秀一起投身大革命，由高语罕介绍，陈独秀批准参加中国共产党；致信孙中山，改组国民党；公开从事反对蒋介石的独裁专制的革命活动；出任国民政府监察使，弹劾惩办95名贪官国贼；不畏风险，助资金，供情报，多次掩护我党高级领导人董必武、周新民等人的安全脱险；新中国成立前，多次拒绝蒋介石集团裹挟去台，毅然回到党和人民的怀抱，为党的统一战线工作贡献余生，等等，不仅做到应详尽详的记述，还把我们这次发现的相关历史证据编在附录之中。如参加同盟会，掩护董必武，我们就将何香凝、周新民的相关证明史料附录在册。

我们知道，高一涵对中国现代革命史的最大贡献是他的理论贡献。撰写《高一涵传》当然要把他那以科学演进论为活的灵魂，以“主权在民”为核心的现代国家理念和以马克思历史论做底子的“民主的、渐进的、和平的、合乎宪政的”科学社会主义理念，以及以“兼容并包”“经世致用”“与时俱进”独成体系为主要特色的理论体系，作为重头大戏加以解读和介绍。

但在传记中，能否使用长篇论文体，我一时很难拿定主意。后来我反复阅读最新出版的《陈独秀全传》《李大钊传》和《董必武传》，发现除《董传》是以叙为主，夹叙夹议外，陈李二传几乎全是用论述体写成的。由此可见，写传记和其他工作一样，一切都要从实际出发，因事因人制宜，方是上策。于是，我在编撰中，对高一涵的唯物史观理念、现代国家理念、科学与民主理念、法制与监察理念，大胆采用论文体，分别加以解读和介绍。

读者可能注意到，无论是“叙”还是在“议”中，我较多地引用了主人公当年的原始文献，这主要是因为自20世纪80年代以来，高一涵研究开始在国内兴起。在研究中，有的人或没有看到高一涵原始文献，有的看了全文或没有全面领会，为了赶浪头，或抓住片言只语，或以讹传讹，就写了那么一两篇文章，把刚见光明的高一涵，又变成“模糊的高一涵”。如说高一涵只讲“渐进论”，不讲“激进论”（即阶级斗争），进而说他的理论脱离了马克思主义。根据这种情况，我在介绍高一涵研究宣传马列主义时，多处引述了他的《唯物史观的解释》和《关于资本主义与社会主义的争论之我见》等多篇论著中，关于科学社会主义的经典论述的主要段落。通过引述，突显高一涵在一生中是如何宣传介绍马克思主义的唯物史观、经济论和阶级斗争学说的。从而说明高一涵从一开始就是马克思主义忠诚全面的宣传者。接下来又用大量事实,特别是他晚年还用蝇头小楷著成《马克思唯物史观公式集解》的小册子,随身携带,研究撰写了18篇论文,从哲学、法学、社会学等各个不同的角度,为新生的社会主义鼓与呼的感人事迹,证明高一涵还是马克思、列宁主义、毛泽东思想的坚强捍卫者。

3. 多传荟萃,体裁丰富

本书正传之后,还编进了江苏省委统战部的《高一涵小传》和他们提供的高一涵《自传》,以及曾发表于安徽省政协《江淮文史》上的《高一涵传略》(笔者所著)等。在附录篇中,还编进了高一涵关于科学社会主义论文、现代国家理念论文、科学与民主论文、法制与监察论文文献共10篇。这样编排的目的,一是为正传提供可靠而充分的文史依据。二是为借助权威文章,消除方方面面的疑虑。三是让读者从中领略在高一涵研究中思想解放的曲折历程,进而体会到本书出版的重要意义。

本传所写的历史人物、重大事件均离我们很远了。为了方便读者特别是青少年读者的阅读,把传中所涉及的重要历史人物如陈独秀、李大钊、胡适、董必武、周新民、鲁迅、蔡元培、章士钊、章伯钧、钱玄同等;重要历史事件如"五四"新文化运动;重要经典如《天演论》;重要理论名词如"改良主义""调和论"等等,分别作一简介,附在各所在章节之中。

4. 文图并茂,首尾呼应

本传收进了珍贵历史照片20多张,有的照片是首次与读者见面。

高一涵的故乡大华山是国家级地质森林公园和风景名胜区。合肥工业大学一项最新科学考察发现,这里的磁场负异常和丰富的优质矿泉水以及优越的海拔山高,造就人才辈出,证明"人杰与地灵确相关"。为体现这一特殊地域人文特色,本传第一章第一节以"故乡名胜"开篇,以"人杰与地灵确相关"这一最新科学考察成果引出文星高一涵。接着,用52节的篇幅,书写了高一涵的丰功伟绩,结尾以"故乡情深"为全书最后收篇,篇中以高一涵的9封家书为主线,情深意重地展现了主人公在新中国成立后无时无刻不在关心后辈的成长,故乡的建设,六安的发展,仿佛让阔别故土60多年的高一涵的英灵又回到他可爱的故乡。

（三）

值此传书出版之际，编者悃诚致谢六安市政协、市民盟为本书出版所做的辛劳和努力；致谢江苏省委统战部、省政协为本书提供大量珍贵档案支持；致谢本书顾问中国李大钊研究会理事吴汉全教授为本书作序；致谢南开大学教授李新宇、中国青年政治学院中国马克思主义研究院教授张春丽、英国卡迪夫大学历史考古学院教授李丹阳、文史学者高一涵房重孙高大同为本书写了若干章节和诸多史料支持；致谢高一涵儿媳樊铮，80高龄，抱着病恙，为本书口叙回忆文章；致谢本书所引文字和所列的参考文献的所有作者和出版社；致谢东河口镇党委政府为我提供良好的书写环境和平台……没有你们，也就没有本书。

由于编者水平有限，加之历史资料欠缺，《高一涵传》在取材和表述等诸多方面肯定有许多不当之处，诚望领导和广大读者批评指正。

2016年12月